Governança Digital 4.0

Aguinaldo Aragon Fernandes
Jose Luis Diniz
Vladimir Ferraz de Abreu
(coordenadores)

Governança Digital 4.0

Rio de Janeiro
2019

Copyright© 2019 por Brasport Livros e Multimídia Ltda.

Todos os direitos reservados. Nenhuma parte deste livro poderá ser reproduzida, sob qualquer meio, especialmente em fotocópia (xerox), sem a permissão, por escrito, da Editora.

Editor: Sergio Martins de Oliveira
Gerente de Produção Editorial: Marina dos Anjos Martins de Oliveira
Editoração Eletrônica: Abreu's System
Capa: Use Design

Técnica e muita atenção foram empregadas na produção deste livro. Porém, erros de digitação e/ou impressão podem ocorrer. Qualquer dúvida, inclusive de conceito, solicitamos enviar mensagem para **editorial@brasport.com.br**, para que nossa equipe, juntamente com o autor, possa esclarecer. A Brasport e o(s) autor(es) não assumem qualquer responsabilidade por eventuais danos ou perdas a pessoas ou bens, originados do uso deste livro.

G721 Governança digital 4.0 / Aguinaldo Aragon Fernandes, Jose Luis Diniz, Vladimir
    Ferraz de Abreu (coordenadores). – Rio de Janeiro: Brasport, 2019.
    360 p.; il; 17 x 24 cm.

    Inclui bibliografia.
    ISBN 978-85-7452-943-1

    1. Governança corporativa. 2. Meio digital. 3. Informática. I. Fernandes,
    Aguinaldo Aragon. II. Diniz, Jose Luis. III. Abreu, Vladimir Ferraz de. IV. Título.

                  CDU 658:004

Catalogação na fonte: Bruna Heller (CRB10/2348)

Índice para catálogo sistemático:
Empresas, governança 658
Informática, meio digital 004

BRASPORT Livros e Multimídia Ltda.
Rua Teodoro da Silva, 536 A – Vila Isabel
20560-005 Rio de Janeiro-RJ
Tels. Fax: (21)2568.1415/3497.2162
e-mails: marketing@brasport.com.br
vendas@brasport.com.br
editorial@brasport.com.br
www.brasport.com.br

Dedicamos este livro a nossas famílias.

Agradecimentos

Agradecemos aos profissionais, executivos, professores, colegas e organizações com os quais convivemos no passado e no presente, assim como à comunidade de profissionais de TI e àqueles que estão engajados em jornadas de transformação digital. Vocês são a fonte de nossos conhecimentos e de grande inspiração.

Coordenadores

Aguinaldo Aragon Fernandes

Doutor em Engenharia pela USP, Mestre em Administração pela UFRJ e Bacharel em Administração pela UFRGS. Possui especialização em gestão da qualidade pela FGV. Profissional atuante em gestão empresarial e de tecnologia, autor de vários livros em gestão de TI e consultor em projetos de Governança e Gestão da TI e de EMC em corporações de mais variados portes e finalidades. Atualmente conduz projetos de transformação digital, indústria 4.0 e de gerenciamento de serviços de TI.

E-mail: <Aguinaldo.aragon@gmail.com>
LinkedIn: <https://www.linkedin.com/in/aguinaldo-aragon-fernandes-ab49b96/>

Vladimir Ferraz de Abreu

Graduado em Engenharia da Computação pela UNICAMP (1993), com especializações em Administração de Empresas pela ESAN-SP (1995), em Qualidade e Produtividade pela Fundação Vanzolini-USP (2001) e em Gestão de Processos de Negócios pela COPPE-UFRJ (2007). Coautor do livro "Implantando a Governança de TI: da Estratégia à Gestão de Processos e Serviços", juntamente com Aguinaldo Aragon Fernandes, publicado pela Brasport (1.ed. 2006; 2.ed. 2008; 3.ed. 2012; 4.ed. 2016). Profissional da área de tecnologia da informação com atuação no mercado há mais de 25 anos. É professor da disciplina de Governança de TI no Programa EAD no MBA de Gestão de TI da Universidade Anhanguera e do curso de Gestão de Processos de Negócios da DMSP. Possui certificações COBIT®, ITIL® e ISO/IEC 20000 e participou da comissão constituída pela ABNT para localização da norma ISO/IEC 20000 no Brasil. Atuou em funções técnicas, gerenciais e de garantia da qualidade em empresas como Icatu Seguros, CPM, EDS, Getronics e Econocom. Tem conduzido, através de sua empresa Conceptus Solutions, projetos e atividades de consultoria em governança, gestão e melhoria de processos de TI e de negócios em organizações de diversos tamanhos e segmentos, utilizando padrões e modelos de melhores práticas como COBIT®, ITIL®, *PMBOK® Guide*, *Balanced Scorecard*, ISO e CMMI®, entre outros.

E-mail: <vladimir.abreu@gmail.com>
LinkedIn: <https://www.linkedin.com/in/vladimirabreu/>
Web page: <http://www.conceptussolutions.com.br>

Jose Luis Diniz
Economista, Consultor independente de TI, atua há quase 40 anos na área de TI em carreira desenvolvida em empresas nacionais e multinacionais dos segmentos industrial e de serviços. Desenvolveu projetos e liderou equipes em todas as áreas de TI em empresas como Metrô de São Paulo, Itautec, Agroceres e Monsanto do Brasil. Na Monsanto foi responsável por toda a infraestrutura da subsidiária brasileira e representava a América Latina nos comitês internacionais de direcionamento estratégico relacionados com essa área. Em carreira prévia à área de TI, atuou como auditor e gerente nas áreas financeira e de controladoria. Possui certificação em ITIL® e COBIT®. Participou como Diretor da ISACA – Capítulo São Paulo, onde são desenvolvidos trabalhos e atividades ligadas à divulgação e ao fomento da governança de TI.

E-mail: <joseluisdiniz2@gmail.com>
LinkedIn: <https://www.linkedin.com/in/jose-luis-diniz-b7227b/>

Autores

Daniela Emiliano de Souza
Engenheira Mecânica, formada pelo centro universitário da FEI, cursando mestrado na escola politécnica da USP. Possui experiência com gerenciamento de projetos de consultoria focados na transformação digital e tecnologias da Indústria 4.0 (SPI) e também atua na área acadêmica com foco na área de gerenciamento de conhecimento em projetos e implementação de modelos de negócios inovadores.

E-mail: <daniela.souza@integradora.com.br>
LinkedIn: <https://www.linkedin.com/in/daniela-emiliano-de-souza-69675aa0/>

Daniel H. Paiva Tonon
Mestre em Governança Corporativa pela FMU. Advogado formado pela Faculdade de Direito de Bauru. É auditor especialista em governança e *compliance* pela QMS e RINA. Professor palestrante na Fundação Getulio Vargas, coordenador de cursos da Escola Paulista de Negócios. Atua nas áreas de direito empresarial, civil e tributário. Especialista em LGPD formado pela Futurelaws. Atua como advogado desde 1996 com registro na OAB. Atualmente trabalha com projetos de LGPD, governança e *compliance*.

E-mail: <tonon.blv@terra.com.br>
LinkedIn: <https://www.linkedin.com/in/daniel-h-paiva-tonon-81a25614b/>

Elcio Brito da Silva
Doutor em Ciências pela USP, Mestre pela FEI, MBA em Sistemas de Informação pela FIA, Bacharel em Administração de Empresas pela FAAP, Tecnólogo em Processamento de Dados pelo Mackenzie. Profissional com atuação na área de automação industrial superior há 30 anos. É Sócio-diretor da SPI Integração de Sistemas, empresa brasileira de engenharia focada em implantação de projetos de Indústria 4.0. Atua no desenvolvimento de soluções de automação, internet das coisas, robótica, realidade

XII Governança Digital 4.0

aumentada, inteligência artificial para as indústrias, tendo participado e conduzido projetos de grande complexidade nas indústrias dos setores: agrícola, alimentício, automobilístico, farmacêutico, produtos de consumo e químico. Grande experiência internacional em projetos no Japão, na Argentina, no México e nos EUA. Como pesquisador do GAESI/USP, participou da estruturação do projeto para a implementação do sistema nacional de controle de remédios do GAESI/USP. Cocoordenador do livro "Automação e Sociedade: Quarta Revolução Industrial, um olhar para o Brasil", também publicado pela Brasport. Membro do conselho superior de competitividade e inovação da FIESP.

E-mail: <elcio@integradora.com.br>
LinkedIn: <https://www.linkedin.com/in/elcio-brito-ph-d-0198627a/>

Ivanir Costa

Bacharel em Física pelo Instituto de Física da USP em 1972, pós-graduado em Tecnologia da Informação pela UNIP em 1996, mestre em Engenharia de Produção com ênfase em Informática pela UNIP em 1999 e doutor em Engenharia de Produção pela Escola Politécnica da USP em 2003. Professor e pesquisador dos programas de mestrado e doutorado em Informática e Gestão do Conhecimento (PPGI) da Universidade Nove de Julho (UNINOVE) desde 2014. Professor de cursos de pós-graduação e MBA na FIA/FEA da USP, INPG e IBTA. Orientador de mestrado no curso de Engenharia da Computação do IPT (Instituto de Pesquisas Tecnológicas) do estado de São Paulo. Desenvolve pesquisas e ministra cursos e consultoria nas áreas de sistemas de informação, tecnologia da informação, metodologias de desenvolvimento, qualidade, métricas de estimativa, governança de TI e métodos ágeis desde 1983. Diretor técnico do ITAC (Instituto de Tecnologia Aragon & Costa). Possui mais de uma centena de artigos publicados em congressos e periódicos nacionais e internacionais nas áreas de métricas, processos, qualidade e governança de TI. Escreveu 1 capítulo de livro nacional e dois capítulos de livros internacionais na área de qualidade, processos e governança de TI. Publicou em 2013 o livro "Qualidade em Tecnologia da Informação".

E-mail: <icosta11@live.com>
Currículo Lattes:
<http://buscatextual.cnpq.br/buscatextual/visualizacv.do?id=K4710830D6>.

Jairo Cardoso de Oliveira

Doutorando em Administração pela Universidade Nove de Julho, com tema de pesquisa em Cidades Inteligentes 4.0. Mestre em Administração – Gestão de Projetos – pela Universidade Nove de Julho. Tecnólogo em Eletricidade, modalidade Eletrônica pela Universidade Mackenzie, MBA Executivo Internacional em Gestão Empresarial pela Fundação Getulio Vargas e University of California – Irvine, ênfase em Gestão da Tecnologia da Informação. Certificado PMP® (*Project Management Professional*) pelo PMI® (*Project Management Institute*). Atua há mais de 30 anos em coordenação e gerência de projetos, tendo sido responsável por grandes projetos de telecomunicações, tecnologia da informação e infraestrutura para arenas, aeroportos e *data centers*. Palestrante e professor especializado em Gestão de Projetos, Tecnologia da Informação e Telecomunicações, atua em instituições como Uninove, FIA, FGV, USP, Senac e Anhanguera.

E-mail: <jairo.cardoso@integradora.com.br>
LinkedIn:
<https://www.linkedin.com/in/jairo-cardoso-de-oliveira-pmp-msc-1451b31/>

João Alberto de Seixas
É CFO da SPI Integração de Sistemas Ltda, empresa com foco em projetos de automação industrial e tecnologias da Indústria 4.0. Iniciou a carreira pelo Banco Itaú, com 10 anos na área de tecnologia em projetos, passando seis anos pelo planejamento da área comercial. Desde 2010 foi responsável pela área financeira em empresas como JSL S.A., Grupo Ibmec Educacional S.A., Mãe Terra Produtos Naturais e Orgânicos Ltda., visando o *turnaround*, com objetivo do lucro, de *funding*, da preparação para a venda ou de aporte de capital. Liderou vários projetos envolvendo consultorias (McKinsey, Accenture, IBM, PwC, Controlbanc, Ernst & Young Terco, INDG, TOTVS) e times multifuncionais, com extenso conhecimento de soluções tecnológicas para gestão de negócios e revisão de processos. Engenheiro Eletrônico formado pelo ITA, possui MBA pelo MIT e pós-graduações em Gestão Estratégica de Pessoas e Negócios pela Fundação Dom Cabral, e também em Controladoria e Fusões e Aquisições pela Fundação Getulio Vargas.

E-mail: <joao.seixas@integradora.com.br>
LinkedIn: <https://www.linkedin.com/in/jseixas/>

Leonardo Leão
Bacharel em Sistemas de Informação pela Faculdade de Negócios e Tecnologia da Informação (FACNET), Pós-graduado em Governança de TI pela Universidade Católica de Brasília (UCB), ITIL® v3, ITIL® 4 *Foundation* em Gerenciamento de Serviços de TI e COBIT® 5 *Implementation* pela PEOPLECERT, *Consultant/Manager* ISO/IEC 20000 e VeriSM *Foundation* pela EXIN, COBIT® 4.1 *Foundation* pela ISACA, COBIT® 5 *Foundation* pela APMG-International e *GeneXus Analyst* pela Artech. Trabalha com

Tecnologia da Informação há mais de 16 anos, sendo que os últimos 12 dedicados às áreas de conhecimento de gerenciamento de serviços, gestão e governança de TI, tendo atuado como consultor sênior em grandes projetos no âmbito da Administração Pública e no setor privado. Como pesquisador, conduziu um projeto de pesquisa aplicada junto à Universidade de Brasília (UnB) e o Ministério da Economia, para o desenvolvimento de um modelo de governança de TIC para órgãos e entidades pertencentes ao SISP (Guia GovTIC). É instrutor acreditado pela EXIN e PEOPLECERT para ministrar treinamentos oficiais nas carreiras de gerenciamento de serviços, gestão e governança de TI.

E-mail: <leonardoleao.consultores@gmail.com>
LinkedIn:
<https://www.linkedin.com/in/leonardo-le%C3%A3o-itil-expert-a8463923/>

Maritza Carvalho Francisco

Doutoranda em Engenharia pela Escola Politécnica da USP, Mestre em Engenharia da Computação pelo IPT, Pós-graduada em Engenharia de Software pela São Judas e Pós-graduada em gestão de tecnologia da informação pela FUMEC. Profissional com mais de 20 anos de experiência em TI. Atua em gerenciamento de grandes equipes, desenvolvimento, implantação e gerenciamento de diversos projetos corporativos em estudos de viabilidade de unidades de negócio, registro de submissão de medicamentos, planejamento estratégico, implementação e gerenciamento de escritórios de projetos (PMO), gestão de portfólio, gestão de BPO/SMO, implementação de governança de dados e informações, implementação de processos e metodologias de desenvolvimento de sistemas, *business intelligence* e *data warehouse*, gestão da arquitetura de dados, mapeamento de processo de negócio e qualidade de dados. Como consultora especialista em governança de dados e informações, BI e DW, atuou em empresas como BNDES, Grupo Pão de Açúcar, BMF&BOVESPA, Keyrus Brasil e Hospital Albert Einstein. Atualmente é responsável pela área de governança, processos, projetos e orçamento de uma grande rede de *fast food* e Docente no PECE Escola Politécnica/USP e Instituto de Pesquisa do Hospital Israelita Albert Einstein.

E-mail: <mmc2711@gmail.com>
LinkedIn: <https://www.linkedin.com/in/maritza-carvalho-francisco-09318920/>

Paulo Sergio Fonseca Rodrigues

MBA em gestão estratégica de compras pela FGV, em Gestão da Tecnologia da Informação pela UNIP e Bacharel em Administração pela FEAO. Profissional atuante em organizações bancárias há mais de 30 anos. Especialista em análise de negócios e gestão de dados e ambientes analíticos. Em sua vida profissional já atuou em planejamento estratégico de TI, gerenciamento de serviços terceirizados, análise de negócios e projetos de sistemas de grande porte. Atualmente participa de um dos maiores projetos de gestão de dados em uma organização financeira. Como docente, atuou em instituições como Estácio, UNINOVE e Universidade Mogi das Cruzes. Atualmente trabalha na área de governança de dados de uma instituição financeira.

E-mail: <paulorodrigues@bol.com.br>
LinkedIn: <https://www.linkedin.com/in/paulo-s-fonseca-rodrigues-861478b7/>

Ronaldo Brito
Doutorando em Engenharia pela Escola Politécnica da USP em inteligência artificial. Mestre em Engenharia pela Faculdade de Engenharia Industrial (FEI) e Bacharel em Tecnologia de Sistemas pela Universidade Presbiteriana Mackenzie. Diretor de Pesquisa e Desenvolvimento da SPI Integradora, com atuação em projetos de Indústria 4.0 e projetos de inovação para o segmento industrial, conduzindo projetos de Jornada 4.0. É especialista em Inteligência Artificial. Um dos autores do *best-seller* "Automação e Sociedade", publicado pela Brasport em 2018. Também atua na implantação de sistemas de *Manufacturing Execution Systems* e de *Production Information Management Systems*. Implantou o Laboratório de Manufatura Digital da FEI.

E-mail: <ronaldo@integradora.com.br>
LinkedIn: <https://www.linkedin.com/in/ronaldo-brito-1031561/>

Rosangela Riccotta
Mestre em Governança Corporativa e Inovação pela FMU, pós-graduada em gestão de projetos pela USP e Bacharel em Matemática pela FMU. Profissional de TI com mais de 30 anos de experiência em desenvolvimento e gestão de projetos, análise de negócios, implantação e gestão de processos e governança de TI adquirida em empresas do setor de bens de consumo, serviços financeiros e bancos como Sharp, Bayer, EDS, BankBoston, CPM/Bradesco, IBM, Cielo e Serasa Experian. Possui certificações em *Agile Coach*, *Scrum* e *Management* 3.0. Atua coordenando projetos de transformação digital implementando o *mindset* ágil em grandes organizações, trabalhando com *frameworks* no estado da arte e com ferramentas ágeis. É autora de ferramenta para apoiar decisões acerca do nível de agilidade de que a organização necessita em função de suas características.

E-mail: <rriccotta@hotmail.com>
Linkedin: <https://www.linkedin.com/in/rosangelariccotta/>

Soraya Correia de Oliveira

Fundadora e CEO da i3 Consultoria de Tecnologia em Inovação e Transformação. Autora do jogo-treinamento Tekrails, premiado como "Projeto Inovador do Ano 2016" pela Revista Mundo PM. *Coach* formada e associada à SOBRARE (Sociedade Brasileira de Resiliência). Possui mais de 20 anos de atuação no desenvolvimento de pessoas, enquanto implantava projetos de tecnologia e inovação em empresas. Foi responsável pela implantação e gestão de escritórios de projetos e atuou na governança de grandes programas estratégicos para empresas de grande porte, nacionais e multinacionais. Tecnóloga em TI, MBA em Finanças pela FIPECAFI e especialista em gerenciamento de projetos. Possui certificações como: PMP, PRINCE2®, PSM I (*Scrum*), CFPS e HCMP (*Human Change Management Professional*), sistemas da qualidade envolvendo CMMI (*Capability Maturity Model Integration*), 6-Sigma e ISO.

E-mail: <soraya@i3gp.com.br>
LinkedIn: <https://www.linkedin.com/in/sorayacorreiadeoliveira/>

Tereza Cristina Maia Fernandes

Mestre em Informática e Gestão do Conhecimento pela UNINOVE. Bacharel em Ciência da Computação pela UFPE. Profissional com experiência de mais de 30 anos na área de TI. Engenheira de software atuando na implementação de *DevOps*, Fábrica de Testes Ágeis e projetos ágeis com *Scrum* e *Kanban*. Em sua carreira coordenou a implementação de processos de software e sistemas da qualidade baseados em ISO e CMMI. Participou em projetos de vanguarda no Governo Federal e na indústria bancária e de seguros, coordenando equipes e delineando especificações. É instrutora de *Scrum* e de temas relacionados à engenharia de software. Já participou ativamente de projetos de ECM em grande instituição bancária. Atualmente coordena fábrica de testes ágeis na indústria de varejo de alimentos.

E-mail: <crismaia9699@gmail.com>

Prefácio

Muitas empresas e seus executivos ainda não perceberam a amplitude da transformação que está em curso. A escala, a velocidade e a profundidade da revolução tecnológica, base da chamada Quarta Revolução Industrial, vão afetar toda a sociedade, seja na maneira como vemos o emprego e suas capacitações, seja destruindo ou criando novas funções. Obviamente, vão afetar de forma radical a maneira como as empresas se organizam e operam. Os sintomas dessas mudanças já estão à vista. Um exemplo é a vida média das empresas da lista S&P 500, que era de 67 anos há 100 anos, e agora é de apenas 15 anos. As fontes de disrupção se originam de todos os lados. As fronteiras entre os próprios setores de indústria começam a se dissolver e de forma crescente – não apenas *startups*, mas empresas de outros setores entram em setores considerados sólidos e fechados.

Esse novo contexto, caracterizado pela incerteza e volatilidade, obriga as empresas a darem respostas rápidas e criarem inovações constantes. Em consequência, demanda um modelo organizacional diferente do criado para dar sustentação às empresas da sociedade industrial. A velocidade das mudanças sinaliza claramente que o modelo hierárquico e matricial não permite a agilidade necessária para sobreviver no século XXI. A razão é simples: o fluxo de informações das grandes corporações hierárquicas segue um lento movimento circular, que começa no topo da organização e se dissemina aos poucos pela empresa. Quando chega na ponta, já está obsoleta. O processo de *feedback* também segue, de forma inversa, esse mesmo processo e ao chegar, filtrado, à alta administração, já não reflete a realidade. As decisões são, então, baseadas no passado.

Aí vem a pergunta: como uma grande empresa, modelada para operar na velocidade da sociedade industrial, pode se tornar uma organização exponencial, ágil e inovadora? Como quebrar o *mindset* de reduzir riscos, que, obviamente, é a antítese de inovação e experimentação? Sim, fazer uma transformação em uma grande corporação não é tarefa fácil. É um superpetroleiro, que manobra lentamente. Mas não é impossível. E deve ser feita, até por questões de sobrevivência empresarial.

O primeiro passo é não deixar que a mudança ocorra no desespero. A transformação de uma empresa depende de mudança da mentalidade na alta administração. Os executivos precisam entender a urgência da mudança para a provocarem. Sem apoio e comprometimento do CEO e dos demais executivos *C-level*, as mudanças não avançarão. Com esse apoio, uma nova mentalidade incentivadora de mudanças provoca a contratação de talentos que hoje inexistem.

Por exemplo, em TI, deve-se se olhar com atenção capacitações e funções inexistentes até poucos anos atrás, como *data scientist* e *user designer*. Isso implica em contratar para o futuro e não apenas especialistas para o dia de hoje. A mudança passa pelo repensar do modelo organizacional, de hierárquico a mais fluido e em rede. Menos níveis hierárquicos e menos restrições às inovações e ideias que divirjam do "que é feito hoje". Novos processos e métodos ágeis devem passar a ser *business as usual* e não experimentações isoladas.

Quais os impactos nos CIOs e nas suas áreas de TI? Não existe mais necessidade de governança? Não, pelo contrário. A complexidade do ambiente de negócios e a demanda por resiliência, agilidade e velocidade implicam que a governança seja essencial para que a agilidade não se torne um caos. Para que a diminuição ou eliminação dos níveis hierárquicos não se transforme em um vácuo de decisões. E que a empresa não sucumba às mudanças das variáveis do cenário de negócios. O livro "Governança Digital 4.0", de Aguinaldo Aragon Fernandes, Jose Luis Diniz e Vladimir Ferraz de Abreu e de outros competentes colaboradores, joga luz sobre o assunto. De forma clara e direta, mostra a importância da governança em um mundo digital, ágil e rápido na tomada de decisões. Leitura obrigatória para os gestores das empresas, sejam os responsáveis diretamente pelas operações de TI, sejam os executivos que utilizam tecnologias digitais para gerar valor para suas operações. Em resumo, todos os executivos! Boa leitura!

Cezar Taurion

Sumário

1. O que é a transformação digital **1**

1.1. A transformação digital está mudando os paradigmas de gestão 1
1.2. Para quem é este livro? 4
1.3. Estrutura do livro 4

2. Entendendo a governança de TI e de TA **8**

2.1. Governança de TI não é a mesma coisa que gestão da TI 8
2.2. O que é a governança de TI 9
    2.2.1. Abordagem da estrutura 10
    2.2.2. Abordagem dos modelos de controle 12
    2.2.3. Abordagem dos processos 13
    2.2.4. Outros elementos da definição 13
    2.2.5. Os processos de governança de TI 15
    2.2.6. Conclusões sobre o conceito de governança de TI 16
2.3. A abrangência da gestão da TI 16
2.4. Por que você precisa da governança de TI 23
2.5. Como manter a governança de TI 24
2.6. E quanto à governança e à gestão da tecnologia da automação (TA)? 26

3. As tecnologias habilitadoras da transformação digital **30**

3.1. Robótica colaborativa 31
3.2. Impressão 3D 32
3.3. Internet das coisas 32
3.4. Gêmeos digitais, realidade virtual e realidade aumentada 33
3.5. Inteligência artificial, *machine learning* e *deep learning* 35
3.6. *Blockchain* 39
3.7. Edição genética 40
3.8. Modelagem e simulação biológica 42
3.9. *Big data* e *analytics* 42
3.10. *Robotic Process Automation* – RPA 46
3.11. Métodos ágeis 47
    3.11.1. O que são métodos ágeis 48
    3.11.2. A abrangência dos métodos ágeis 51

XX Governança Digital 4.0

3.12. *DevOps* 54
    3.12.1. A abrangência do *DevOps* 55
    3.12.2. Práticas do *DevOps* 58
    3.12.3. Benefícios e desafios da implantação do *DevOps* 60

4. Indústria 4.0, Agronegócio 4.0, Saúde 4.0 e Cidades 4.0. 69
    4.1. Indústria 4.0 69
    4.2. Agronegócio 4.0 76
    4.3. Saúde 4.0 80
    4.4. Cidades 4.0 84
        4.4.1. A mudança do paradigma da população 84
        4.4.2. O fenômeno das Cidades 4.0 Inteligentes 86
        4.4.3. O que é uma Cidade 4.0 Inteligente? 90

5. Dados: a energia do futuro 97
    5.1. Dados: elementos principais para a transformação digital 97
    5.2. O valor dos dados na estratégia das organizações 101
    5.3. O papel da curadoria na gestão de dados na estratégia corporativa 106
    5.4. Como implantar projetos voltados aos dados nas organizações 110
    5.5. Como a energia dos dados será consumida pelas companhias 111

6. A transformação digital necessita de inovação 116
    6.1. Conceito de inovação 116
    6.2. Tipos de inovações 118
    6.3. Motivadores da inovação 121
    6.4. Fatores que influenciam a adoção da inovação 122
    6.5. O processo de inovação 125
    6.6. Resumo das técnicas de inovação 128
    6.7. Métricas para a gestão da inovação 129
    6.8. Considerações gerais 130

7. No mundo digital, as organizações necessitam ser ágeis 133
    7.1. Para ser ágil precisa ser enxuto: o pensamento *Lean* 133
    7.2. O Manifesto Ágil e o *Lean IT* 135
    7.3. *Frameworks* e métodos ágeis 138
    7.4. Arranjos organizacionais ágeis 140
    7.5. Implicações na gestão da tecnologia da informação 148
    7.6. Um *framework* para a transformação ágil 149
    7.7. Considerações finais 155

8. A Governança Digital 4.0 160
    8.1. Revisitando o COBIT® como *framework* para a governança e gestão de TI e de TA 161
    8.2. Gerenciamento de serviços com a ITIL® V4 173
    8.3. A Governança Digital 4.0 177

8.3.1. O cenário da transformação digital 177
8.3.2. Principais fatores de impacto 181
8.3.3. Impacto nos objetivos de governança e gestão da TI 183
8.4. O impacto da transformação digital na governança e gestão da tecnologia da automação 190
8.4.1. Conceito e abrangência da tecnologia da automação 190
8.4.2. A configuração da Governança e Gestão 4.0 para a tecnologia da automação 195
8.5. O modelo da Governança 4.0 202

9. Planejando a Transformação Digital 4.0 206
9.1. Visão e estratégia digital 206
9.1.1. Liderança 209
9.1.2. Mudança cultural 209
9.1.3. Capacidades atuais e futuras 209
9.1.4. Fluxo de valores dos clientes 211
9.1.5. Estratégia de *sourcing* 212
9.1.6. Desenvolvimento de pessoas 212
9.1.7. Desenvolvimento/aquisição das soluções digitais 212
9.1.8. Governança e gestão digital 212
9.1.9. Estratégia de entrega de resultados 213
9.1.10. Gerenciamento do valor 213
9.1.11. Estratégia de financiamento 213
9.2. O plano de transformação digital: concretizando a estratégia 214
9.3. O plano da jornada para a Indústria 4.0 219

10. Governança e gestão da TI em um ambiente de forte terceirização 221
10.1. Considerações preliminares sobre terceirização 221
10.2. Características de ambientes de forte terceirização 223
10.3. Entendendo as relações de governança e gestão entre a área de TI e seus fornecedores 224
10.4. Existem modelos de melhores práticas para a governança e gestão da TI no contexto de terceirizações? 227
10.4.1. eSCM-SP 227
10.4.2. eSCM-CL 228
10.4.3. CMMI® *Supplier Management* 230
10.4.4. *Vendor Management using COBIT® 5* 230
10.5. O que é preciso fazer para governar e gerenciar em um ambiente de forte terceirização? 231
10.5.1. Estruturação do modelo de terceirização 232
10.5.2. Ciclo de vida do relacionamento cliente-fornecedor 234
10.5.3. Gestão e governança do modelo de terceirização 236
10.6. Um exemplo prático de cenário de governança de TI em um ambiente altamente terceirizado 237

XXII Governança Digital 4.0

11. Abordagens específicas de governança e gestão de TI **241**

11.1. Governança de dados 241

    11.1.1. Motivação 241

    11.1.2. Definição de governança de dados 242

    11.1.3. Implantação da governança de dados – modelos, guias
       e *framewoks* 244

11.2. Governança de conteúdo 250

11.3. Governança de processos 252

11.4. Governança de projetos 252

11.5. Governança e gestão de cidades inteligentes 253

11.6. Governança e gestão de TI em pequenas e médias empresas 256

11.7. Governança em operações de desenvolvimento de software 258

11.8. Governança em operações de serviços de TI 259

11.9. Governança em segurança da informação 260

11.10. Governança da proteção de dados 261

**12. Governança de TI e transformação digital na Administração
Pública Federal** **268**

12.1. Governança de TI 268

12.2. Agentes e estruturas envolvidas na governança de TI 270

    12.2.1. Contexto externo 271

    12.2.2. Contexto interno 274

    12.2.3. Governança de TIC no Poder Executivo 277

    12.2.4. Governança de TIC no Poder Judiciário 279

12.3. Implantando a governança de TI 280

    12.3.1. Sensibilize a alta administração 280

    12.3.2. Especifique os direitos decisórios sobre TI 280

    12.3.3. Estabeleça o comitê estratégico de TIC 281

    12.3.4. Estabeleça os processos de governança de TI 281

    12.3.5. Aprimore continuamente os seus processos de gestão de TI 281

    12.3.6. Mantenha o movimento 282

12.4. Transformação digital 283

    12.4.1. Casos de sucesso na APF 284

**13. Para que servem os modelos de melhores práticas para a
governança e gestão na transformação digital** **290**

14. Como implantar a Governança Digital 4.0 .... **296**

14.1. Componentes de implementação do modelo de Governança Digital 4.0 ... 296

14.2. Roteiro de implantação da governança de TI 298

    14.2.1. Sensibilização 299

    14.2.2. Modelo objetivo 299

    14.2.3. Situação atual 301

    14.2.4. Análise de *gaps* e priorização 301

    14.2.5. Programa de Governança Digital 4.0 302

Sumário **XXIII**

14.2.6. Implementação dos processos 303
14.2.7. Transição 303
14.2.8. Operação contínua 304
14.3. Fatores críticos de sucesso para a implantação da governança de TI 304

15. A sua área de TI é auditada com frequência? Então veja isso 306

15.1. Como as auditorias avaliam o nível de capacidade dos seus processos de TI 306
15.2. Como se preparar para essas auditorias 313

16. A gamificação do aprendizado para a transformação digital 314

16.1. A transformação do capital humano para a transformação digital 315
16.2. Um caso prático: construindo uma nova forma de aprendizagem 316
16.3. *Framework* para construção de soluções de aprendizagem gamificadas .. 322
16.4. A importância da estratégia de aprendizagem conectada ao plano de transformação digital 326
16.5. Revolução nos processos industriais e o papel da gamificação e outras tecnologias digitais 327

1. O que é a transformação digital

Aguinaldo Aragon Fernandes,
Jose Luis Diniz e
Vladimir Ferraz de Abreu

1.1. A transformação digital está mudando os paradigmas de gestão

Acreditamos que a drástica evolução da tecnologia e dos novos modelos de negócio baseados em plataformas digitais de negócio tem um impacto bastante significativo no que entendemos por governança e gestão da TI.

Entretanto, achamos que a governança não morreu. Alguns pensadores advogam que no mundo da transformação digital a gestão tem que ser ágil, portanto, não caberia mais a existência de processos estruturados para fazer as coisas. As equipes autogerenciadas se encarregariam de determinar a melhor forma de trabalhar ou atender a um objetivo.

Se atentarmos para o conceito da governança de TI, isso parece a fábula do copo meio cheio e meio vazio.

No conceito clássico, a governança de TI significa governar a tecnologia através de conhecer o seu status *vis a vis* a estratégia do negócio, dirigir através de princípios e talvez de políticas e monitorar se esses princípios e políticas estão em prática, assegurando dessa forma o alinhamento da tecnologia ao negócio, considerando agregação de valor e evitar perdas por causa da tecnologia.

A gestão, por sua vez, que se preocupa em planejar, construir e fornecer serviços, com certeza vai requerer abordagens mais perenes na forma de operar.

Por exemplo, organizações exponenciais[1] (que são aquelas organizações que crescem de forma acelerada e exponencial, ou seja, cerca de 100 a 1000 vezes em curto espaço de tempo) seguem princípios massivos de propósito, como trabalhar com pessoal

---

[1] Vide o excelente livro "Exponential Organizations" (ISMAIL et al, 2014).

sob demanda, não ter ativos, engajar a multidão na sua plataforma, trabalhar com metas claras e de curto prazo, focar em plataformas digitais, estruturar e gerir um ecossistema de parceiros, empresas e de outras entidades agregando valor continuamente (exemplo; Uber, Airbnb, Amazon, Facebook, Apple, Red Bull e por aí vai).

Ora, se governança de TI é avaliar-dirigir-monitorar, os próprios princípios massivos podem ser avaliados, dirigidos e monitorados, ou seja, podem ser governados, sendo que a gestão de ecossistemas baseados em uma plataforma digital requer regulações sobre quem pode ser agregado, quais os termos de uso e assim sucessivamente. Nesse quesito então, a literatura fala muito em governança das plataformas digitais e dos ecossistemas.

Em nível de gestão, acreditamos que, para que se obtenha agilidade, práticas e roteiros simples podem ser usados sem a necessidade de procedimentos complexos. A gestão ágil que está se espalhando pelas organizações a partir da área de TI é focada fortemente em pessoas, equipes autônomas, multidisciplinares, os chamados esquadrões (ou *squads*) e tribos. Portanto, juntando-se princípios, as práticas de governança e gestão, pessoas e mais retenção do conhecimento, podemos obter uma nova visão da gestão para o mundo digital.

Com base nos trabalhos do MIT[2] sobre as fundações da transformação digital, elaboramos uma visão adaptada do que até agora estamos vendo sobre transformação digital e que dirige o projeto deste livro. Veja a Figura 1.1 a seguir.

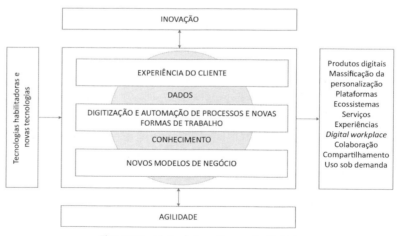

Figura 1.1 – Visão da transformação digital.
Fonte: os autores.

---

[2] Vide o trabalho "Digital Transformation: a roadmap for billion-dollar organizations". Procure no Google, é "free" (MIT CENTER FOR DIGITAL BUSINESS; CAPGEMINI CONSULTING, 2011).

O que é a transformação digital **3**

Para você entender a transformação digital:

- ➤ As tecnologias habilitadoras e novas tecnologias como internet das coisas, inteligência artificial, robótica, *deep learning*, *machine learning*, *big data*, *DevOps*, realidade aumentada, etc. criam as condições para a transformação digital das organizações.
- ➤ A inovação é fundamental para que essas tecnologias habilitadoras sejam introduzidas nas organizações de forma que possam gerar o retorno sobre a interação com os clientes, a digitização[3] de processos, a implementação de novas formas de trabalho e de novos modelos de negócio.
- ➤ A agilidade fornece a base para novas formas de organizar o trabalho e novas ferramentas para fazer o trabalho mais rápido e melhor, acompanhando a demanda dos clientes e da competição de forma geral e a rápida evolução da tecnologia, geralmente em escala exponencial.
- ➤ O pilar experiência do cliente diz respeito a toda interação que a organização tem com seus clientes. Procura entender quem é o cliente, suas necessidades, e analisa montanhas de dados sobre o cliente para lhe proporcionar uma experiência ao adquirir produtos e serviços que o fidelizem ao negócio.
- ➤ A digitização de processos pode significar a automação de uma indústria, a integração e automação de toda uma cadeia de valor, o "backoffice" zero para um banco, o uso de *Robotic Process Automation* (RPA) para fazer um fechamento de vendas, o uso de inteligência artificial nos processos de negócio apurando a tomada de decisão ou tomando decisões autônomas. Também vemos que, para apoiar a "onda" de foco em pessoas, equipes e conhecimento, novas formas de organizar o trabalho estão surgindo onde a comunicação, a retenção de conhecimento e a colaboração são a tônica.
- ➤ Novos modelos de negócio também são baseados puramente em plataformas digitais que podem englobar várias tecnologias e que podem mudar radicalmente como a organização se posiciona perante clientes, fornecedores, governo, parceiros e colaboradores. Por exemplo, dizem que os carros estão se transformando em software sobre rodas.
- ➤ Todos esses fundamentos ou pilares da transformação digital não existiriam sem o mais importante e que chamamos de **ouro do futuro**: os **dados** e o

---

[3] De acordo com PWC, "digitização" é um termo utilizado para representar a transformação das empresas por meio das ferramentas digitais. Neste livro, usamos esta palavra como o ato de criar um negócio digital, seja a partir do zero ou por meio de transformações profundas em sua estratégia e nos instrumentos que a habilitam, tais como processos, estruturas, sistemas e ferramentas de colaboração. Esta palavra difere de "digitalização", mais associada à passagem de dados físicos para algum formato digital. Ambas as palavras fazem parte do contexto da transformação digital.

4 Governança Digital 4.0

conhecimento gerado por eles, pelas interações com os clientes, com os processos operacionais automatizados e pelo ecossistema ao redor de uma plataforma digital.

➢ Por fim, a transformação digital irá gerar experiências para os clientes, novos produtos e serviços baseados em plataformas digitais, processos totalmente automatizados, inteligentes e robotizados, massificação personalizada de produtos e serviços, *digital workplaces* para as novas formas de trabalho, uso de produtos sob demanda, compartilhamento de serviços e produtos, etc.

Dentro dessa visão elaboramos este livro, cujo foco é governança e gestão da TI e de tecnologia da automação para essa nova era de transformação digital.

1.2. Para quem é este livro?

Este livro é voltado para profissionais que ocupam posições de liderança dentro das organizações, principalmente *C-Level* e naturalmente os gestores envolvidos com tecnologia da informação (TI), tecnologia da automação (TA) e inovação de uma forma geral, como os CIO (*Chief Information Officer*), CDO (*Chief Data Officer*), CTO (*Chief Technology Officer*), *Chief Innovation Officer* e demais gestores envolvidos com tecnologia.

O meio acadêmico também pode usufruir do conhecimento contido ao longo do livro, pelo nível de atualização do tema e por ser uma matéria instigante.

Lembramos aos leitores que muito do conhecimento contido no livro vem da experiência dos autores nos temas correlatos ou também é objeto de pesquisa que está ocorrendo, neste momento, em universidades brasileiras e de fora do Brasil.

Este livro serve para quem deseja apurar a governança e gestão de TI para esse mundo da transformação digital.

1.3. Estrutura do livro

O livro foi estruturado em 16 capítulos, apresentando de forma ampla, porém embasada, os aspectos que envolvem a governança e gestão de TI no cenário da transformação digital.

O que é a transformação digital **5**

A partir do presente capítulo, procuramos estruturar o livro como segue.

- ➢ **Capítulo 2 – Entendendo a governança de TI e de TA:** apresenta os conceitos sobre o que se entende, correntemente, sobre governança e gestão de TI e de TA (tecnologia da automação). Na realidade, realizamos uma grande condensação do livro "Implantando a Governança de TI" (Brasport, 2014), na qual são mostradas as diferenças entre os conceitos e sua interação. Dessa forma, conduzimos o leitor para as implicações das novas tecnologias para ambas as disciplinas.
- ➢ **Capítulo 3 – As tecnologias habilitadoras da transformação digital:** seguindo o projeto do livro, aborda as principais tecnologias habilitadoras da transformação digital, como robótica, internet das coisas, realidade aumentada, inteligência artificial, *big data*, *analytics*, *DevOps*, métodos ágeis, dentre outras.
- ➢ **Capítulo 4 – Indústria 4.0, Agronegócio 4.0, Saúde 4.0 e Cidades 4.0:** são explorados os conceitos e abrangência da indústria 4.0 não só na manufatura, mas também sua difusão para outros segmentos, como agricultura, saúde e cidades inteligentes, e seu impacto na economia, nos empregos e na sociedade e o que significa de impacto para as organizações e para os cidadãos.
- ➢ **Capítulo 5 – Dados: a energia do futuro:** conforme o projeto do livro aborda, apresenta a necessidade de se ter uma estratégia de dados para a organização e aspectos de sua implantação, e justifica a importância da governança dos dados.
- ➢ **Capítulo 6 – A transformação digital necessita de inovação:** trata do conceito e de processos de inovação necessários para apoiar a introdução das inovações baseadas nas tecnologias emergentes para a experiência do cliente, a digitização dos processos, novas formas de trabalho e novos modelos de negócio. Apresenta também tipologias de inovação (aberta, fechada, incremental e radical).
- ➢ **Capítulo 7 – No mundo digital, as organizações necessitam ser ágeis:** aborda que a agilidade é a tônica no mundo dos negócios digitais – para não dizer de todas as organizações. E isso tem profundo impacto na forma como a governança e a gestão da TI são tratadas. Elas também devem ser ágeis. Portanto, nesse capítulo são abordados os elementos de organizações ágeis que estão sendo utilizados por outras áreas da organização.
- ➢ **Capítulo 8 – A Governança Digital 4.0:** trata do que muda na governança e gestão de TI e TA considerando os novos *frameworks*, como o COBIT® 2019 e o ITIL® V4. Por fim, é apresentado um modelo para a Governança 4.0 incorporando as abordagens de *Lean*, inovação e agilidade.
- ➢ **Capítulo 9 – Planejando a Transformação Digital 4.0:** apresenta um roteiro de como conduzir uma Jornada 4.0 para a transformação digital da organização.

6 Governança Digital 4.0

> ➤ **Capítulo 10 – Governança e gestão de TI em um ambiente de forte terceirização:** apresenta alguns princípios que devem ser adotados para ambientes grandemente terceirizados em desenvolvimento e implantação de sistemas integrados de gestão, de automação e de serviços de TI e TA. Em cenários dessa natureza, alguns processos de governança e gestão de TI devem ser tratados de forma específica, principalmente quanto a quem faz o quê entre a organização contratante e os fornecedores.
> ➤ **Capítulo 11 – Abordagens específicas de governança e gestão de TI:** apresenta várias abordagens e fatores críticos de sucesso para disciplinas específicas como governança de dados, de conteúdo, de processos, projetos, Lei Geral de Proteção de Dados (LGPD), dentre outras. Aqui os aspectos intrínsecos de cada disciplina são realçados.
> ➤ **Capítulo 12 – Governança de TI e transformação digital na Administração Pública Federal:** apresenta modelos e abordagens atualmente usados pelo governo brasileiro tanto no poder Executivo como Judiciário e Legislativo e os instrumentos e experiências em transformação digital correlatos.
> ➤ **Capítulo 13 – Para que servem os modelos de melhores práticas para a governança e gestão na transformação digital:** aborda como você pode usar os principais modelos de melhores práticas na governança e gestão de TI. Nesse capítulo trazemos *insights* importantes com base em nossa experiência de implantação e uso desses modelos.
> ➤ **Capítulo 14 – Como implantar a Governança Digital 4.0:** explora como implantar de forma bem-sucedida a governança de TI e de TA, considerando o modelo proposto de Governança Digital 4.0.
> ➤ **Capítulo 15 – A sua área de TI é auditada com frequência? Então veja isso:** mostra como as auditorias independentes avaliam a maturidade das atividades de TI usando modelos de capacidade.
> ➤ **Capítulo 16 – A gamificação do aprendizado para a transformação digital:** mostra como a gamificação pode ser base para o aprendizado ágil de tecnologia e de processos de governança e gestão da TI. Acreditamos que a preparação de pessoas e times nessa era da transformação digital deve ser efetiva e realizada de forma ágil.

Bem, leitor, esperamos que a leitura e o conhecimento apresentados possam ser usados com resultado em sua organização e também para o seu crescimento profissional.

Referências

ISMAIL, S.; MALONE, M.; GEEST, Y.; DIAMANDIS, P. H. **Exponential Organizations:** why new organizations are ten times better, faster, and cheaper than yours (and what to do about it). New York: Diversion Books, 2014.

MIT CENTER FOR DIGITAL BUSINESS; CAPGEMINI CONSULTING. **Digital Transformation:** a roadmap for billion-dollar organizations. 2011.

PWC. **Pesquisa Global sobre a Indústria 4.0:** Relatório Brasil. Disponível em: <https://www.pwc.com.br/pt/publicacoes/servicos/assets/consultoria-negocios/2016/pwc-industry-4-survey-16.pdf>. Acesso em: 05 ago. 2019.

2. Entendendo a governança de TI e de TA

Aguinaldo Aragon Fernandes,
Jose Luis Diniz e
Vladimir Ferraz de Abreu

2.1. Governança de TI não é a mesma coisa que gestão da TI

De acordo com a ISO 38500 (ABNT, 2009) e posteriormente com a nova versão do COBIT® 5 (ISACA, 2012), separou-se o que se entende por governança e por gestão da TI.

A Figura 2.1 mostra essa visão mais atualizada.

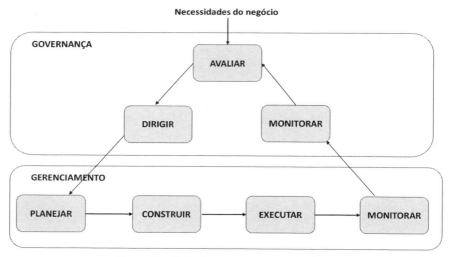

Figura 2.1 – Visão da governança e gestão de TI.
Fonte: ABNT, 2009.

A governança é de responsabilidade da alta administração e procura:

➢ Avaliar o uso atual e futuro de TI.
➢ Dirigir e orientar a preparação e a implementação de planos e políticas, para assegurar que o uso de TI atenda aos objetivos dos negócios.
➢ Monitorar o cumprimento das políticas e o desempenho em relação aos planos.

A gestão, por sua vez, planeja soluções e serviços, constrói e implementa essas soluções e serviços, executa os serviços de TI e monitora as atividades e garante a continuidade dos serviços de forma alinhada com a direção estabelecida pelo grupo de governança, visando o atingimento dos objetivos corporativos.

A seguir iremos explorar os conceitos para melhor entendimento.

2.2. O que é a governança de TI

No final dos anos 90 e durante os anos 2000, surgiram várias conceituações sobre governança de TI, vindas de vários autores.

Conforme explica Assis (2011):

> O termo governança de TI tem sido muito usado, com significados diferentes, refletindo uma literatura confusa: adoção de melhores práticas, gestão de riscos, gestão de projetos, relacionamento com a governança corporativa. Mesmo sendo um campo relativamente novo de pesquisa, a governança de TI encontra-se numa confluência de disciplinas: tecnologia da informação, administração de empresas, economia, estratégia empresarial, conformidade legal e riscos.

Revisando a literatura sobre governança de TI, Webb, Pollard e Ridley (2006) identificaram que estrutura, modelos de controle e processos são termos que surgem com frequência na literatura em referência.

Ainda de acordo com esses autores, para que se chegue a uma definição da governança de TI é importante explorar esses elementos que são as várias abordagens encontradas na literatura:

- ➤ Abordagem da estrutura.
- ➤ Abordagem dos modelos de controle.
- ➤ Abordagem dos processos.

Vamos analisar essas três abordagens.

2.2.1. Abordagem da estrutura

A corrente com foco na estrutura e nos direitos de decisão é capitaneada pelo pessoal do *Center for Information Systems Research* do MIT, mais especificamente pelos professores Weill e Ross (2006). De acordo com esses autores, governança de TI:

> Consiste em uma ferramenta para a especificação dos direitos de decisão e responsabilidade, visando encorajar comportamentos desejáveis no uso de TI.

Analisando essa definição, uma função da governança de TI define quem deve tomar decisões acerca das questões de TI na organização e as respectivas responsabilidades.

A outra parte da definição, que **visa encorajar comportamentos desejáveis no uso de TI**, significa que deve haver um conjunto de políticas que moldam os comportamentos desejáveis, principalmente no uso de TI no dia a dia da organização e mecanismos para verificar se tais políticas estão sendo seguidas.

Weill e Ross (2006), com base em uma pesquisa realizada em 256 empresas, identificaram padrões para a tomada de decisões em TI relativas a:

> ➢ Princípios de TI (pode-se entender como políticas).
> ➢ Arquitetura de TI.
> ➢ Estratégia de infraestrutura de TI.
> ➢ Necessidades de aplicações.
> ➢ Investimento e priorização.

Os seguintes padrões foram identificados:

> ➢ **Monarquia dos negócios:** neste padrão, os executivos seniores dos negócios tomam as decisões relativas à TI.
> ➢ **Monarquia de TI:** neste padrão, os profissionais de TI tomam todas as decisões pertinentes à TI.
> ➢ **Feudal:** neste padrão, cada área da empresa ou unidade de negócios decide sobre a TI de forma isolada.
> ➢ **Federal:** neste padrão, tanto a matriz, a *holding* ou o *board*, juntamente com as unidades de negócios, tomam as decisões relativas à TI.
> ➢ **Duopólio de TI:** neste padrão, as decisões são derivadas de acordo entre os executivos de TI e outros executivos de negócios.
> ➢ **Anarquia:** neste padrão, indivíduos e pequenos grupos tomam suas próprias decisões com base em suas necessidades locais.

Nessa pesquisa, pesquisadores descobriram que as empresas de maior desempenho em TI usam diferentes arquétipos de tomada de decisão, conforme o tipo de decisão.

As decisões de TI não são mais a seara somente dos executivos de TI, pois a TI permeia praticamente todos os negócios da empresa. Decisões sobre TI passam a ser decisões de negócios; portanto, os executivos de negócios devem ser envolvidos.

A Figura 2.2 apresenta os arquétipos de decisão utilizados nas três empresas que apresentaram maiores desempenhos com o uso de TI.

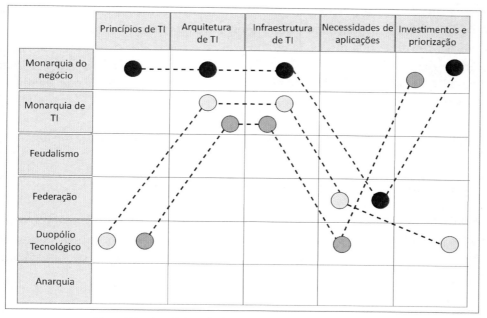

Figura 2.2 – Arquétipos de decisão em TI de maior desempenho.
Fonte: adaptado de WEILL; ROSS, 2004.

As consequências práticas dessa definição é que um dos principais papéis da governança de TI (e não estamos falando de uma área organizacional) é o estabelecimento de mecanismos de decisão para definir as políticas, a arquitetura e a infraestrutura de TI, as necessidades de aplicações (aqui no sentido mais amplo), os investimentos e as prioridades.

Geralmente as organizações estabelecem Comitês de Tecnologia da Informação (ou Comitês de Investimentos) com a participação de executivos de negócios e de TI para os processos de tomada de decisão ou, simplesmente, a pauta de TI começa a ser discutida nos fóruns de mais alto nível de decisão das organizações.

Há organizações que trabalham com dois níveis decisórios: um onde os projetos de TI e de negócios (que usam TI) são discutidos e priorizados e em outro fórum decidem-se sobre os investimentos e liberação de verbas para esses projetos.

É comum em grandes organizações que haja alçadas para que os projetos sejam aprovados. Essas alçadas estão relacionadas ao nível do tomador de decisão e associadas a valores. Por exemplo, um diretor pode aprovar projetos até um determinado valor, o presidente da empresa pode aprovar outro valor superior. É comum que essas alçadas estejam documentadas em políticas ou documentos internos em forma de normas.

Mas o fato de a maior instância da organização aprovar a verba não significa que o dinheiro estará disponível imediatamente para o projeto. O responsável pelo investimento vai ter que fazer o plano do projeto e colocá-lo no orçamento anual e plurianual da organização. Quando a verba comumente é aprovada, significa o limite em que a alta administração está disposta a autorizar as despesas; não significa a imediata liberação do dinheiro.

Isso geralmente passa por um processo institucional de priorização de investimentos.

2.2.2. Abordagem dos modelos de controle

Webb, Pollard e Ridley (2006) sugerem que o entendimento dos modelos de controle é quaisquer tipos de conjunto de processos, procedimentos e políticas que permitem uma organização medir, monitorar e avaliar sua situação em relação a fatores predefinidos, critérios ou *benchmarkings*[4].

Nessa corrente, podemos destacar o *framework* COBIT® (ISACA, 2012).

Os modelos de controle também fornecem suporte à abordagem de processos.

Sumarizando, os autores argumentam que os *frameworks* auxiliam a administração no monitoramento do desempenho e eficácia de TI, podendo coexistir com a corrente da estrutura.

---

[4] *Benchmarking* é uma abordagem empregada pela XEROX para comparar suas práticas de negócios e industriais com práticas similares em outras organizações, com o intuito de prover melhorias para o seu desempenho. Essa abordagem surgiu quando a XEROX estava perdendo a competitividade de suas copiadoras em relação às que estavam sendo fabricadas no Japão. A XEROX definiu *benchmarking* como: "o processo contínuo para medir os nossos produtos, serviços e práticas com os mais fortes concorrentes ou com as companhias reconhecidas como líderes da indústria".

2.2.3. Abordagem dos processos

Ainda de acordo com Webb, Pollard e Ridley (2006), na abordagem de processos a literatura também preconiza que, para a efetiva gestão dos recursos de tecnologia da informação, permitindo o fornecimento das informações de que os negócios necessitam para atingir seus objetivos, deve haver um conjunto de processos de TI.

Essa visão parte do pressuposto de que o alinhamento de TI aos negócios requer processos para que isso possa ocorrer; processos estes que atendem aos objetivos de TI – que, por sua vez, suportam os objetivos do negócio.

Essa abordagem é bem sustentada pela ISACA (2012).

Podemos subentender que a abordagem dos modelos de controle pode servir de base para os processos de TI.

Outra definição que se encaixa na abordagem de processos, de acordo com Assis (2011), é a da ISO/IEC 38500 (ABNT, 2009) onde:

> A governança de TI é o sistema pelo qual o uso atual e o uso futuro de TI são dirigidos e controlados. Significa avaliar e direcionar o uso de TI para dar suporte à organização e monitorar seu uso para realizar planos. Inclui a estratégia e as políticas de uso de TI dentro da organização.

2.2.4. Outros elementos da definição

Analisando 12 definições de governança de TI encontradas na literatura, Webb, Pollard e Ridley (2006) identificaram os seguintes elementos embutidos nas definições:

- ➢ Alinhamento estratégico de TI aos negócios.
- ➢ Entrega de valor pelos negócios através de TI.
- ➢ Gestão de desempenho.
- ➢ Gestão de riscos.
- ➢ Políticas e procedimentos.
- ➢ Controle e prestação de contas.

A Tabela 2.1, a seguir, apresenta as 12 definições de governança de TI analisadas da literatura pelos referidos autores e sua referência.

Tabela 2.1 – Definições de governança de TI na literatura.
Fonte: WEBB; POLLARD; RIDLEY, 2006.

Referência	Definição
Segars e Grover (1996)	A governança de TI é o sistema de estruturas e processos para dirigir e controlar os sistemas de informação.
Rezaee e Reinstein (1998)	O núcleo conceitual dos processos de governança de TI é um modelo organizacional de tomada de decisão, definido como um processo de identificação e resolução de problemas.
Sambamurthy e Zmud (1999)	As estruturas ou arquiteturas relacionadas com a TI (e associadas com um padrão de autoridade) são implementadas para a realização bem-sucedida das atividades de TI, em resposta aos imperativos da estratégia e do ambiente da empresa.
Korac-Kakabadse e Kakabadse (2001)	A governança de sistemas de informação e de TI se concentra na estrutura de relacionamentos e processos para desenvolver, dirigir e controlar os recursos de TI, a fim de atingir os objetivos dos negócios através de contribuições que adicionem valor, com o balanceamento dos riscos *versus* o retorno dos recursos de TI e seus processos.
Broadbent (2002)	A governança de TI especifica o modelo dos direitos de decisão e de responsabilidades pela prestação de contas para encorajar comportamentos desejáveis quanto ao uso de TI.
Patel (2002)	A governança do *e-business* tem sido conceituada por abranger tanto as atividades planejadas como sistemáticas e necessidades orgânicas emergentes, a fim de assegurar o desenvolvimento de aplicações bem-sucedidas de *e-business*. Modelos de *e-business* necessitam atender aos requisitos emergentes e também aos relacionados com fornecedores, parceiros de negócios e, especialmente, os clientes, integralmente.
Turban, McLean e Wetherbe (2002)	A capacidade organizacional para controlar a formulação e implementação da estratégia de TI e guiar a direção para o propósito de apoiar as vantagens competitivas para a corporação.
Kingsford, Dunn e Cooper (2003)	A governança de TI de uma organização compreende as regras e orientações que determinam a divisão dos papéis e responsabilidades de TI e como as decisões sobre TI são feitas.
McGinnis, Pumphrey, Trimmer e Wiggins (2004)	A governança de TI refere-se a como a organização assegura que a estratégia e as práticas de TI são usadas para apoiar a estratégia da organização e a como são implementadas.
Ross e Weill (2004)	A governança de TI refere-se aos padrões de autoridade para atividades-chave de TI em empresas, incluindo a infraestrutura do uso de TI e a gestão de projetos.
Sherer (2004)	Governança se refere aos processos internos de governança de uma organização. Nesse caso, a governança permite a criação de uma definição pela qual outros podem gerenciar suas tarefas efetivamente.
ISACA (2012)	A governança assegura que as necessidades, condições e opções dos *stakeholders* sejam avaliadas para determinar objetivos empresariais acordados e balanceados a serem alcançados; o estabelecimento do direcionamento através da priorização e tomada de decisão e o monitoramento do desempenho e conformidade em relação à direção e objetivos acordados.

Nesse contexto, Webb, Pollard e Ridley (2006) propuseram a seguinte definição para a governança de TI:

> A governança de TI é o alinhamento estratégico de TI com os negócios, de forma que a maximização de valor para os negócios seja alcançada através do desenvolvimento e manutenção de controles efetivos de prestação de contas, gestão do desempenho e da gestão dos riscos.

2.2.5. Os processos de governança de TI

Pensando em processos para a governança de TI, o COBIT® 2019 (ISACA, 2019) apresenta cinco objetivos de governança[5]:

- ➢ Estabelecimento e manutenção de um *framework* de governança de TI garantido.
- ➢ Entrega de benefícios garantida.
- ➢ Otimização dos riscos garantida.
- ➢ Otimização dos recursos garantida.
- ➢ Envolvimento dos *stakeholders* garantido.

Esses processos envolvem principalmente questões sobre:

- ➢ Alinhar a governança de TI com os requisitos da alta administração.
- ➢ Estabelecer um modelo de direitos decisórios sobre questões críticas em TI.
- ➢ Definir os princípios aos quais a TI tem que se alinhar.
- ➢ Monitorar o modelo de governança de TI.
- ➢ Assegurar que os projetos de investimentos realizem os benefícios esperados, através do gerenciamento do portfólio.
- ➢ Assegurar que o modelo de risco de TI esteja alinhado com o modelo de risco da organização.
- ➢ Assegurar que haja recursos de toda ordem (humanos, infraestrutura, terceiros, fornecedores e sistemas) para atender à demanda por serviços, aplicações e soluções de TI para a organização e assegurar a plena utilização desses recursos para apoiar os objetivos do negócio.

---

[5] No COBIT® 2019, a cada objetivo de governança e de gestão está associado um processo de mesmo nome. Neste livro, para fins de simplificação, faremos referência aos objetivos de governança e gestão do COBIT® 2019, tratando-os como processos de TI.

16 Governança Digital 4.0

> Assegurar que o desempenho da TI, considerando níveis de serviços, qualidade, continuidade e atendimento a requisitos de políticas internas e legislação, seja gerenciado e comunicado para as partes interessadas de forma clara e transparente.

2.2.6. Conclusões sobre o conceito de governança de TI

Analisando essas definições, podemos concluir que a governança de TI, como disciplina, busca o direcionamento de TI para atender aos negócios e o monitoramento para verificar a conformidade com o direcionamento tomado pela administração da organização.

O mercado, entretanto, vai moldando o conceito e as abordagens que cada organização adota para a sua governança de TI, muitas vezes influenciada pelos fornecedores de produtos e serviços.

Como você vai ver mais tarde, cada organização deve ter o seu modelo de governança de TI mais apropriado ao seu estilo de gestão e nível de dependência dos negócios de TI.

A organização de uma função, ou o que muitos denominam como o escritório de governança de TI, depende desse modelo da organização e da estrutura de direitos decisórios adotada.

Todavia, os elementos principais que devem ser pensados no modelo são a estrutura de direitos decisórios, alinhamento e a entrega de valor, os riscos, os recursos de TI e a comunicação transparente do desempenho de TI para TI e deste para os negócios.

2.3. A abrangência da gestão da TI

Considerando o modelo da Figura 2.1, a gestão da TI abrange várias disciplinas e o seu objetivo é entregar as soluções e prover serviços de TI em linha com as necessidades de níveis de serviços requeridas pelo negócio.

Se olharmos para os grandes blocos de gestão mostrados na Figura 2.1, temos uma série de processos agrupados ao planejamento, outros relacionados com a construção, outros com execução de serviços e outros com os aspectos de medição (*compliance*, desempenho de processos, projetos e serviços, etc.).

Entendendo a governança de TI e de TA **17**

Iremos basear essa discussão no modelo de referência do COBIT® 2019 (ISACA, 2019), que é o mais abrangente e o mais disseminado. Entretanto, não entraremos nesse momento em detalhe sobre o modelo de referência. No Capítulo 8 você poderá vê-lo em maior detalhamento.

Assim como ocorre com a governança, a gestão da TI é orientada por objetivos, que embutem na sua própria definição: fluxos de trabalho, autoridades e responsabilidades, habilidades necessárias, informações, serviços, aplicações e infraestrutura, atributos de execução, de gerenciamento, de padronização, de medição e de melhoria, ou o que é denominado de componentes da gestão.

Para o COBIT® 2019, há quatro domínios de objetivos de gestão[6] (que correspondem a processos) contemplados na gestão da TI:

- ➤ Alinhar, Planejar e Organizar.
- ➤ Construir, Adquirir e Implementar.
- ➤ Entregar, Serviços e Suporte.
- ➤ Medir, Avaliar e Aferir.

Quando estamos falando no domínio "Alinhar, Planejar e Organizar" você tem que considerar vários objetivos que contribuem para manter a TI alinhada ao negócio e com foco no planejamento estratégico e na sua organização (estrutura, direitos decisórios, alçadas, etc.), como:

- ➤ Estabelecer a estrutura organizacional da TI, limites de alçada, responsabilidades e autoridades, assim como o gerenciamento da arquitetura organizacional de TI e sua melhoria.
- ➤ Gerenciar a estratégia da TI. Sim, a TI deve ter sua estratégia para atender às demandas e às necessidades estratégicas e operacionais da sua organização e dos seus usuários. Essa estratégia pode tomar a forma de um mapa estratégico e que é desdobrada em um *Balanced Scorecard* ou através da determinação de OKRs[7]. A execução da estratégia, que geralmente é baseada em iniciativas e projetos, deve ser gerenciada quanto ao seu progresso e aos resultados esperados.

---

[6] Lembramos mais uma vez que, no COBIT® 2019, a cada objetivo de governança e de gestão está associado um processo de mesmo nome.

[7] OKR (*Objective Key Results*) são, de acordo com Niven & Lamorte (2016), "um *framework* de pensamento crítico e uma disciplina prática que assegura que os fucionários trabalhem juntos focando seus esforços em fazer contribuições mensuráveis que fazem com que a organização avance para frente".

18 Governança Digital 4.0

> A arquitetura de TI deve ser gerenciada e guiar os novos desenvolvimentos ou aquisição de soluções, tanto de aplicativos, software, como hardware. A arquitetura atual deve suportar as demandas do negócio e deve ser aprimorada em função da evolução da estratégia da organização. Mesmo que esteja na "nuvem", você deve conhecer a sua arquitetura.

> A TI atualmente é um dos principais instrumentos de inovação para as organizações (obviamente, desde que você tenha uma ação proativa nesse sentido). Mas a inovação tem que ser gerenciada desde o momento que você faz a prospecção, passando por estudos e provas de conceito, até a aquisição/desenvolvimento e implantação das soluções. Os resultados devem ser avaliados quanto à sua efetividade.

> O portfólio de TI, inovações, projetos e serviços deve ser gerenciado para garantir que você esteja fazendo a coisa certa e que os benefícios estimados para a organização estejam sendo alcançados. A gestão do portfólio também permite que você redefina prioridades, avalie o impacto de mudanças no portfólio e mantenha a TI permanentemente alinhada com as necessidades do negócio[8].

> A TI tem que gerar projetos dentro de um orçamento estimado e aprovado e prover serviços a um custo efetivo que, uma vez considerando os riscos, traga os benefícios exigidos pelo negócio. Dessa forma, a gestão de custos dos projetos e dos serviços se torna crucial para que a TI gere valor para o negócio ou que seja percebida como fonte de geração de valor pela organização. Como medida de desempenho e para fins de previsibilidade, tudo que se relaciona a TI deve ser orçado. Portanto, elaborar orçamento, gerenciar sua execução e controlar os custos também deve estar no radar do gestor de TI.

> Gerenciar os recursos humanos próprios também deve ter a atenção do gestor de TI, principalmente no tocante a: retenção de pessoas-chave, atração de talentos e planos de desenvolvimento de capacitação. Geralmente, o restante das atividades de recursos humanos é executado de forma corporativa pela área de recursos humanos da organização. Em um ambiente de forte terceirização, você precisa saber como é a política de retenção de talentos do seu fornecedor, pois isso pode impactar a sua "performance".

> Para que você administre a demanda que chega das áreas da organização, tanto no que se refere a questões legais, de evolução de aplicativos, da arquitetura tecnológica e de novas soluções, a TI precisa gerenciar esse relacionamento. O gerenciamento desse relacionamento é crucial para o gerenciamento da

---

[8] Lembramos ao caro leitor que nem sempre as necessidades dos gestores são as necessidades do negócio. Quando há divergência há riscos para a organização. Então, ao definir as necessidades, cerque-se de pessoas que conheçam o negócio (processos, estrutura e regras de negócio, leis, requisitos de *compliance*, etc.).

demanda no sentido de se antecipar às necessidades das áreas da empresa e de negociar e redefinir prioridades, identificar oportunidades e manter um processo de posicionamento de projetos e níveis de serviços transparente. Dessa forma, a TI fica mais perto do seu "cliente". Também é fundamental o gerenciamento do relacionamento com os fornecedores.

➢ Acordos de níveis de serviços são balizadores do desempenho que o negócio espera dos serviços de TI, tendo em vista os seus próprios níveis de serviços que devem atender aos seus "clientes" dentro e fora da organização. Portanto, acordos de níveis de serviços devem ser mantidos e gerenciados tanto para os serviços fornecidos internamente ou por fornecedores externos. É uma medida de qualidade que deve atender principalmente às necessidades do negócio.

➢ Se a sua organização tem o costume e expediente de terceirizar desenvolvimento de soluções, manutenção de soluções, serviços na nuvem, dentre outros, você deve saber qualificar antecipadamente os fornecedores dos serviços e produtos requeridos, ter um processo claro e transparente para a seleção do fornecedor, um processo de contratação robusto e garantir que os riscos que os fornecedores representam para o negócio sejam identificados e gerenciados.

➢ A qualidade deve estar embutida nos projetos e serviços de TI, assim como nos processos de TI. Com qualidade há menor retrabalho e maior produtividade, e, dessa forma, a TI se torna indispensável aos olhos dos executivos de negócio.

➢ Os riscos de TI na verdade são riscos de negócio. O ideal é que sua organização tenha um mapa de riscos de negócio onde os riscos de TI estejam apontados. Dessa forma, você pode identificar quais ativos devem ser mais seguros e contingenciados, por exemplo.

➢ Atualmente, uma organização não pode mais viver sem seu sistema de segurança da informação. Quanto mais conectada (analogicamente) como digitalmente com entes externos, maiores são os riscos de raptos de dados, de perda de dados, de acessos às informações sensíveis, de continuidade de processos críticos de negócio, de interrupções de serviços críticos para o negócio e assim sucessivamente (lembrando que as ameaças são externas e internas à organização). Atualmente, você precisa tomar ações e gerenciar a privacidade dos dados de pessoas que estão armazenadas na organização em função do GDPR e da Lei nº 13.709/2018, que trata sobre o tema (denominada LGPD – Lei Geral de Proteção de Dados).

➢ Por fim, os dados da organização precisam ser gerenciados. Seus metadados devem ser identificados, gerenciados, os dados devem ser preservados, a qualidade dos dados deve ser gerenciada e assegurada. A arquitetura de dados deve também ser conhecida e gerenciada.

20 Governança Digital 4.0

Quando estamos falando no domínio "Construir, Adquirir e Implementar", você deve considerar vários objetivos que têm como foco a disponibilização da solução de TI, seja através do desenvolvimento, da aquisição de soluções ou da implementação em si.

> Iniciativas de transformação digital necessitam de uma abordagem de programa para serem implementadas, pois envolvem várias tecnologias e fornecedores e uma precedência técnica e repleta de projetos.

> Tanto o desenvolvimento interno como a aquisição de uma solução que atenda aos requisitos do negócio devem ter os seus requisitos funcionais e não funcionais muito bem definidos. A principal causa de problemas no teste e na implementação de soluções de TI são os requisitos mal compreendidos e mal definidos e especificados.

> O desenvolvimento da solução deve seguir métodos e roteiros de construção bem definidos e práticas para testes e integração. Aqui são alocados à solução os requisitos funcionais e não funcionais definidos, inclusive os de segurança da informação.

> A entrega de serviços dentro de níveis de serviços acordados depende da disponibilidade e capacidade dos recursos e serviços. Portanto, o planejamento e o gerenciamento da disponibilidade e capacidade se tornam críticos para atender aos níveis de serviços de que o negócio precisa para ser bem-sucedido.

> Dependendo da solução a ser implantada, pode haver a necessidade de mudança organizacional, de processos e da forma como as pessoas trabalham. Nesse caso, inevitavelmente, haverá resistência das pessoas afetadas. Portanto, um plano de mudança organizacional deve ser elaborado e executado para dar apoio às mudanças que a solução acarretará, reduzindo as resistências identificadas.

> Ao se implementar uma solução de TI no ambiente de produção (operacional), há riscos que a mudança possa acarretar à arquitetura tecnológica e de serviços que está configurada. Dependendo da extensão e complexidade da mudança (implantação da solução), serviços podem ser interrompidos por outros riscos. Dessa forma, um processo de gerenciamento da mudança deve ser implementado visando reduzir os riscos para a configuração instalada no ambiente operacional.

> A implantação de uma solução (mudança) e sua passagem para o ambiente de produção devem ser aceitas pelos gestores do negócio afetados. Portanto, deve haver um processo onde haja os testes de homologação realizados pelo pessoal do negócio. Uma vez que a mudança tenha sido aceita, esta tem que ser promovida para a produção. Dependendo do ambiente, pode ser um processo com certa complexidade, quando se tem necessidade de portabilidade para vários canais simultaneamente.

Entendendo a governança de TI e de TA **21**

➤ O gerenciamento da TI gera um volume imenso de informações que podem ser reutilizadas, como, por exemplo, documentação de programas e projetos, informações de monitoramento do ambiente, de incidentes, problemas, novas demandas, lições aprendidas, etc. A gestão do conhecimento é um dos processos que mais impulsionam a produtividade e contribuem para a redução dos custos operacionais, pois permite interromper a síndrome da "reinvenção da roda".

➤ Não existe gerenciamento da arquitetura, da configuração e de mudanças se não houver o pleno conhecimento dos ativos de TI, sejam equipamentos, sejam software e demais dispositivos. A confiabilidade e a continuidade dos serviços estão intimamente ligadas ao conhecimento do estado dos ativos de TI usados pela organização.

➤ Os itens que formam a sua arquitetura tecnológica devem ser configurados quanto ao seu relacionamento lógico, de forma que mudanças na arquitetura possam ser avaliadas em relação aos impactos nos serviços de TI.

➤ Por fim, a implementação das soluções deve ser gerenciada através de práticas que incluem definir escopo, elaborar cronograma, orçamento, elaborar o plano do programa ou projeto, o seu controle e monitoramento e por fim o seu encerramento.

Quando estamos falando no domínio "Entregar, Serviços e Suporte", você deve considerar vários processos que têm como foco a entrega do serviço de TI às partes interessadas (usuários e gestores da organização, clientes, fornecedores, comunidade da empresa, etc.).

➤ A operação dos serviços de TI é o objetivo principal de tudo. É onde sua operação fornece os serviços para usuários, gestores, processos de negócio, comunidades, parceiros e fornecedores. É onde os procedimentos operacionais são executados em ambiente de produção, as instalações, o ambiente e os equipamentos auxiliares são gerenciados e mantidos. Com os serviços na nuvem, essas práticas começam a migrar para fornecedores de serviços de TI.

➤ Neste domínio, os usuários solicitam serviços, como, por exemplo, a instalação de um software ou troca de teclado, e chamados relativos a incidentes são abertos para resolução. Esses chamados são identificados e categorizados e são encaminhados para a resolução, considerando o acordo de níveis de serviços que TI tem com o negócio.

➤ Caso os incidentes forem recorrentes, as suas causas raízes têm que ser identificadas e uma solução deve ser dada para a eliminação do tipo de incidente.

➤ A continuidade dos serviços de TI deve ser mantida para atender ao negócio. Planos de continuidade devem ser elaborados e testados levando em consideração todos os impactos ao negócio e os riscos associados com as respectivas medidas de contingência e de recuperação dos serviços.

➢ No dia a dia, os serviços e a operação têm que ser protegidos contra *malwares*; a segurança da rede deve ser administrada, os equipamentos ligados à rede também devem ser protegidos contra uso indevido, os acessos à rede têm que ser gerenciados, os ativos físicos de TI também e os eventos de segurança da informação precisam ser monitorados.

➢ Por fim, neste domínio, os controles embutidos para o processamento da informação devem ser gerenciados, os níveis e privilégios de acesso devem ser gerenciados, as informações devem ser protegidas e os erros e exceções no processamento também devem ser gerenciados.

Por fim, quem não mede não gerencia, e se você não mede fica muito difícil entender o desempenho do processo. Este é o objetivo do domínio "Monitorar, Avaliar e Aferir", que compreende quatro objetivos.

➢ Você precisa ter medições relativas aos seus processos, projetos, inovações e serviços. Estão atendendo às metas de desempenho e aos níveis de serviços acordados? Estão conforme as metas traçadas em seu plano estratégico? Com essas medições os processos podem ser melhorados e os serviços que sua área presta também.

➢ Se sua organização tiver sistema de controle interno, é preciso saber se os processos de TI estão aderentes e de acordo com os controles internos. Se estiverem em conformidade, significa que os riscos de TI estão dentro de padrões aceitáveis para o negócio. Geralmente essas avaliações são feitas por área interna de *compliance* ou de risco empresarial e, eventualmente, por auditorias internas ou externas.

➢ Dependendo da situação, a TI deve estar aderente a requisitos externos. Por exemplo, algumas organizações são obrigadas por lei a digitalizar e preservar seus documentos críticos, como contratos, contas de clientes, etc.

➢ Por fim, atividades de auditorias independentes devem ser planejadas, e seus resultados comunicados. Planos de ação para melhorias devem ser elaborados face a esses resultados.

A breve descrição dos domínios e processos de gestão da TI permite a você entender a abrangência do tema.

Se desejar maior detalhamento sobre o modelo COBIT® em suas versões 5 e 2019, acesse <https://www.isaca.org/pages/default.aspx>.

2.4. Por que você precisa da governança de TI

Você, como um gestor de TI na empresa, necessita de um suporte em princípios, práticas, processos e em políticas, de forma que a TI possa entregar o que o negócio precisa dela e, obviamente, de mecanismos que assegurem que as pessoas e áreas da organização estejam seguindo esses direcionamentos.

A TI, para o negócio, é um instrumento para agregar valor, na medida em que implanta novas soluções, busca inovação tecnológica que vai impulsionar o negócio e também é um instrumento que evita perdas monetárias para a organização através do gerenciamento dos riscos operacionais que a TI representa.

Alguns itens que podem motivá-lo a ter uma governança de TI:

- ➢ Investimentos não estão alinhados com a estratégia da organização.
- ➢ Investimentos não são avaliados quanto ao seu retorno.
- ➢ Áreas usuárias adquirem ativos e serviços de TI sem o conhecimento da área de TI.
- ➢ Projetos de TI sempre atrasam e ultrapassam os custos.
- ➢ Contratos de serviços de TI não são gerenciados.
- ➢ A capacidade da infraestrutura tecnológica é desconhecida para atender ao crescimento do negócio.
- ➢ Incidentes em aplicações são corriqueiros e não se descobrem as causas raízes.
- ➢ Não há políticas de *backup* claras.
- ➢ Muitas vulnerabilidades no que tange à segurança da informação, comprometendo a continuidade dos serviços de TI.
- ➢ Não se tem ideia do que fazer para garantir a continuidade dos serviços de TI.
- ➢ Frequentemente aplicações ou correções são promovidas para a produção sem a devida avaliação de seu impacto no ambiente e na configuração.
- ➢ Os riscos de TI são desconhecidos e não são gerenciados.
- ➢ A alta administração e o negócio veem a TI como área de suporte e não como área crítica para a organização.
- ➢ As partes interessadas e os próprios executivos de TI desconhecem o desempenho da TI.
- ➢ Papéis e responsabilidades referentes ao negócio e à TI não estão claros e frequentemente há confusão quanto a esse entendimento.
- ➢ O negócio não sabe qual o nível de serviço que é fornecido em atendimento às suas necessidades.

24 Governança Digital 4.0

> O pessoal do negócio raramente faz o aceite de soluções através de um processo de aceitação.
> O ambiente de produção não está contingenciado.
> A disponibilidade dos serviços e aplicações não é monitorada.
> Requisitos de políticas internas e de legislação e que podem expor a organização a riscos não são devidamente tratados.
> Não se tem uma visão do portfólio de investimentos.
> Aquisições são feitas de forma incompatível com a arquitetura tecnológica e de aplicações.
> O desempenho dos fornecedores de serviços de TI raramente é avaliado.
> Os ativos são gerenciados de forma precária.
> Não se conhece exatamente a configuração da infraestrutura tecnológica e de software da organização.

Se você se identificar com alguns desses itens, sua organização necessita de uma governança de TI.

É importante saber que, com a **transformação digital**, muitas coisas estão mudando, inclusive o escopo e a abordagem de gerenciamento e de estruturação. Exploraremos os impactos da transformação digital sobre a governança de TI no Capítulo 8.

2.5. Como manter a governança de TI

Em cenários mais tradicionais de governança e gestão de TI, nossa experiência tem demonstrado que é uma tarefa bem difícil manter funcionando os processos, as políticas e os procedimentos. Acreditamos que há um componente cultural brasileiro na forma de adotar e executar os processos. Talvez seja um dos motivos pelos quais abordagens *Agile* estejam sendo adotadas rapidamente.

Ao contrário do que se fala no mercado, acreditamos que a governança não morreu. Ela tem formas de ser executada e mantida. Em organizações mais tradicionais e altamente reguladas, é bem possível que encontraremos métodos e formas tradicionais de executar processos.

Em ambientes organizacionais menos regulados, podemos ver formas menos procedimentais. Nesse caso, bastam a manutenção de princípios, a forma de organização e a clara definição de responsabilidades pelas tarefas, independentemente de isso mudar todo dia de pessoa para pessoa. O importante é que os papéis sejam mantidos e executados. É óbvio que a execução de práticas de um processo, como na execução do *Scrum* ou XP[9], já se configura como elemento da governança.

Mas mesmo que você tenha uma *startup* ou trabalhe em uma organização exponencial, sempre haverá a parte da regulação, pois organizações formalmente constituídas têm obrigações tributárias, trabalhistas, previdenciárias, dentre outras, o que requer a abordagem tradicional de governança.

Fora esses aspectos, vemos que os executivos de TI têm grandes dificuldades para assegurar que uma prática esteja incorporada no dia a dia e dê os resultados esperados. Em ambientes ágeis, por assim dizer, isso depende de equipes auto-organizadas. Entretanto, a criação de novas formas de trabalho e de equipes de alto rendimento depende de uma forte liderança para que aconteça.

Obviamente, além do líder que conduziu a implantação, deve haver liderança para evoluir e manter a governança de TI.

Algumas organizações fazem avaliações periódicas de maturidade ou capacidade dos processos, apontando *gaps* ou melhorias para evoluir as práticas e os processos. Acredite, já existem trabalhos acadêmicos que tratam da maturidade do *DevOps*[10]. Ou seja, você não precisa se ater somente aos modelos renomados de maturidade para avaliar *gaps* e tomar ações corretivas ou de evolução. Também existem modelos para o mundo ágil.

É importante que você faça aferições periódicas, seja usando a auditoria interna ou também auditorias externas. O resultado pode até não lhe agradar, mas com isso você consegue o patrocínio para a melhoria, pois ninguém do *board* vai querer receber uma nota vermelha em um requisito de *compliance* ou controle interno.

Portanto, você pode ver as áreas de auditoria, riscos e *compliance* como grandes aliadas para manter a governança de TI.

Entretanto, de qualquer forma, o valor da governança de TI somente pode ser entendido se ela ajuda a TI a agregar valor ao negócio ou se evita a perda monetária para a organização em decorrência de eventos de riscos cuja origem é a TI. E para isso você precisa de indicadores.

---

[9] Veremos mais adiante neste livro o conceito dessas abordagens ágeis de gerenciamento de projetos e de desenvolvimento de software.

[10] Vide Humble e Russell (2009).

26 Governança Digital 4.0

Para reforçar mais ainda a governança de TI, é recomendável que metas de *compliance* sejam cumpridas pelos executivos e funcionários de TI, estando essas metas atreladas a benefícios financeiros, usualmente o PLR (participação dos lucros e resultados). Dessa forma, as pessoas estarão mais interessadas em seguir os processos.

Por fim, você deve se concentrar naquilo que faz sentido e sempre cotejar o resultado que a execução do processo traz para a excelência de serviço na sua área e para os resultados do negócio.

2.6. E quanto à governança e à gestão da tecnologia da automação (TA)?

No Capítulo 8 discutiremos melhor as questões da governança da tecnologia da automação (TA).

A tecnologia da automação é orientada para a automação de processos de negócio e de processos de manufatura e de logística, tais como robótica, impressão 3D, inteligência artificial, *Robotic Process Automation* (RPA), internet das coisas, dentre outros.

O que diferencia a governança de TI da governança de TA?

> *Nada no que se refere à automação de processos de negócio e de manufatura pode ser feito pela metade, senão uma fábrica para de funcionar. A tecnologia da automação está inserida em processos denominados de ciberfísicos, ou seja, faz máquinas operarem de forma assistida ou de forma autônoma.*

Entretanto, conforme nossos estudos e análises, verificamos que o COBIT® pode ser adotado em sua totalidade no que tange à governança e gestão da tecnologia da automação.

Porém, alguns objetivos e processos se configuram como de alta criticidade para a Indústria 4.0, são eles:

> ➤ **Gerenciamento dos dados:** dados são críticos para a Indústria 4.0.
> ➤ **Gerenciamento da arquitetura:** imagine uma fábrica com centenas de sensores e dispositivos que se comunicam em questões de milissegundos. Como não ter a arquitetura toda documentada e atualizada?

Entendendo a governança de TI e de TA **27**

> **Gerenciamento da segurança da informação:** a fábrica inteligente estará usando serviços de nuvem. Como garantir que não haja uma ação mal-intencionada e que mude um movimento robótico, por exemplo? Imagine o caos que seria.
> **Gerenciamento de fornecedores:** em um ambiente de Indústria 4.0 há equipamentos de vários fornecedores. A participação desses fornecedores em projetos e na manutenção tem que ser muito bem gerenciada.
> **Gerenciamento do conhecimento:** os algoritmos, os dados e os demais ativos organizacionais como políticas, documentação de processos e lições aprendidas que permitem a produtividade da gestão da automação precisam ser preservados, organizados e conhecidos pelos participantes dos processos.
> **Gerenciamento da configuração:** imagine se não houver controle dos softwares nos PLCs? Se cada operador modificar o software da máquina ao mudar de turno, o caos está próximo.
> **Gerenciamento de serviços:** os componentes físicos e lógicos podem ter incidentes que devem ser resolvidos de forma quase imediata, quanto mais automatizado for o processo.
> **Gerenciamento da continuidade dos serviços:** serviços de *cloud* e de rede no ambiente fabril devem ter a sua continuidade garantida.
> **Gerenciamento da mudança:** qualquer mudança na arquitetura da manufatura e da fábrica tem que ser avaliada quanto ao seu impacto, de forma que não haja paralisação dos processos.
> **Gerenciamento de riscos:** os riscos da TA para os sistemas ciberfísicos devem ser gerenciados visando garantir a continuidade dos serviços.
> **Gerenciamento da aceitação e testes:** mudanças na arquitetura devem ser aceitas formalmente.
> **Gerenciamento do desempenho dos processos:** os processos devem ser gerenciados quanto a seus objetivos e metas de desempenho.

No Capítulo 8 voltaremos a explorar a governança e gestão de TI e TA no momento em que estamos vivenciando a transformação digital e o mundo da agilidade e da inovação.

Referências

ABNT. NBR ISO/IEC 38500:2009. Governança Corporativa de tecnologia da informação. Rio de Janeiro: Associação Brasileira de Normas Técnicas, 2009.

BROADBENT, M. CIO futures – lead with effective governance. **ICA 36th Conference**, Singapore, Oct. 2002.

28 Governança Digital 4.0

HUMBLE, J.; RUSSELL, R. **The agile maturity model:** applied to building and releasing software. ThoughtWorks Studios, Sep. 2009.

ISACA. **COBIT® 2019 Framework:** governance and management objectives. Rolling Meadows: ISACA, 2019.

ISACA. **COBIT® 5:** a business framework for the governance and management of enterprise IT. Rolling Meadows: ISACA, 2012.

KINGSFORD, R.; DUNN, L.; COOPER, J. Information Systems, IT Governance and Organizational Culture. *In*: **14th Australasian Conference on Information Systems**, Perth, Western Australia, Nov. 26-28, 2003.

KORAC-KAKABADSE, N.; KAKABADSE, A. 2001, IS/IT governance: need for an integrated model. **Journal of Corporate Governance**, vol. 1, n. 4, 2001, p. 9-11.

MCDONALD, M.; TUCKER, C. **Making time:** the office of the CIO. Gartner Group, 2003.

MCGINNIS, S. K.; PUMPHREY, L. K.; TRIMMER, K.; WIGGINS, C. Sustaining and Extending Organizational Strategy Via Information Technology Governance. *In*: **Proceedings of the 37th Hawaii International Conference on System Sciences**, Big Island, Hawaii, 2004.

NIVEN, P.; LAMORTE, B. **Objectives and Key Results:** driving focus, alignment, and engagement with OKRs. New Jersey: John Wiley & Sons, 2016.

PATEL, N. V. Emergent forms of IT governance to support global e-business models. **JITTA: Journal of Information Technology Theory and Application**, vol. 4, n. 2, 2002, p. 33-48.

REZAEE, Z.; REINSTEIN, A. The Impact of Emerging Information Technology on Auditing. **Managerial Auditing Journal**, vol. 13, n. 8, 1998, p. 465-471.

ROSS, J.; WEILL, P. Recipes for Good Governance. **CIO: Australia's Magazine for Information Executives**, 12 July, 2004.

SAMBAMURHY, V.; ZMUD, R. W. Arrangements for information technology governance: a theory of multiple contingencies. **MIS Quarterly**, vol. 23, n. 2, 1999, p. 261-290.

SEGARS, A. H.; GROVER, V. Designing Companywide Information Systems: risk factors and coping strategies. **Long Range Planning**, vol. 29, n. 3, 1996, p. 381-392.

SHERER, S. A. IS Project Selection: the role of strategic vision and IT governance. *In*: **Proceedings of the 37th Hawaii International Conference on System Sciences**, Big Island, Hawaii, 2004.

TURBAN, E.; MCLEAN, E.; WETHERBE, J. **Information Technology for Management**: transforming business in the digital economy. 3rd. ed. New York: John Wiley and Sons, 2002.

WEBB, P.; POLLARD, C.; RIDLEY, G. Attempting to Define IT Governance: wisdom or folly? *In*: **Proceedings of the 39th Annual Hawaii International Conference on Systems Sciences**, Kauai, 2006, p. 10.

WEILL, P.; ROSS, W. J. **IT Governance:** how top performers manage IT decision rights for superior results. Boston: Harvard Business School Press, 2004.

3. As tecnologias habilitadoras da transformação digital

Elcio Brito da Silva, Ivanir Costa, João Alberto de Seixas
e Tereza Cristina Maia Fernandes

A Quarta Revolução Industrial é uma nova etapa no desenvolvimento da humanidade, cuja origem se deve ao amadurecimento simultâneo de diversas tecnologias originadas no mundo físico, biológico e digital. Existem várias tecnologias de maior destaque, que apresentam até o momento avanços significativos que refletem em oportunidades de benefícios para os negócios e para a humanidade, em decorrência da sua aplicação. São elas:

1. Robótica colaborativa
2. Impressão 3D
3. Internet das coisas
4. Gêmeos digitais, realidade virtual e realidade aumentada
5. Inteligência artificial, *machine learning* e *deep learning*
6. *Blockchain*
7. Edição genética
8. Modelagem e simulação biológica
9. *Big data* e *analytics*
10. *Robotic Process Automation* – RPA
11. Métodos ágeis
12. *DevOps*

As tecnologias (1) e (2) são classificadas como originadas no mundo físico; (3) a (6) referem-se às tecnologias do mundo digital; e (7) e (8) são tecnologias do mundo biológico. (9) é tecnologia voltada para os dados; (10) ainda do mundo digital, enquanto (11) e (12) são voltadas para a construção de softwares e soluções digitais.

3.1. Robótica colaborativa

A terceira revolução industrial teve como base a robótica, que cresceu isolada dos humanos. Tarefas repetitivas passaram a ser executadas por máquinas (que hoje denominamos robôs), porém nem tudo podia ser automatizado, havendo um misto de produções com seres humanos e com robôs em partes distintas da linha de produção.

Uma grande revolução que estamos vivendo é a introdução da **robótica colaborativa**. Através dela os robôs são dotados de sensores e sistemas de visão e conseguem executar tarefas ao lado do homem. Isso expande a capacidade de aplicações e melhora muito a produtividade (DAUGHERTY; WILSON, 2018).

Usando esse conceito expandido, os robôs passam a não ser somente as máquinas que estamos acostumados a associar, do tipo braços mecânicos ou máquinas que se assemelham a um humanoide. Estamos vendo, nessa revolução, aparecerem novos tipos de robôs:

➢ Veículos sem motorista (do inglês AGV – *Automated Guided Vehicles*), onde despontam empresas como Waymo (da Alphabet, mesma investidora do Google), Uber, Tesla (DAVIES, 2018).
➢ Veículos com dispositivos de autonomia ou segurança, resposta das montadoras às iniciativas dos veículos sem motorista, já podem ser encontrados na Mercedes, Volvo, Cadillac (General Motors), Audi, Ford, Lexus, Honda, Toyota e Nissan (VINCENT, 2018).
➢ Drones ou robôs [como o recém-lançado Amazon Scout (SIMON; PARDES, 2019), em lugar da iniciativa com drones que esbarra no controle de espaço aéreo e depende de regulamentação] pendentes que fazem o *picking* no *warehouse* e também que repõem os repositórios com produtos.
➢ Sistemas que conseguem entender textos e automatizar tarefas que antes estavam restritas a advogados, como, por exemplo, análise de contratos.

Outra grande evolução que explicaremos mais adiante são os avanços em *machine learning*. Com o uso dessa tecnologia, os robôs colaborativos podem ser "ensinados" em vez de programados, portanto aprendem a executar tarefas e podem replicar o que "aprenderam" na rede. Assim, será possível o carro autônomo do futuro se atualizar com os melhores procedimentos para utilizar na sua forma de dirigir, seja através da conexão remota ou por meio do processamento em nuvem.

3.2. Impressão 3D

Outra tecnologia disruptiva que vem ganhando destaque é a da **impressão 3D**. Essa tecnologia também é conhecida como manufatura aditiva, pois as camadas de materiais vão sendo adicionadas umas sobre as outras (SILVA et al, 2018).

Essa tecnologia viabiliza uma série de abordagens que antes não eram possíveis:

- ➤ Manufatura de peças de reposição *in loco*, sem necessidade de recorrer a compras e logística ou de manter estoques (imagine, por exemplo, a dificuldade para atender a uma plataforma petrolífera em alto mar).
- ➤ Teste antes da fabricação efetiva de componentes, como, por exemplo, garras de robôs (dependendo da resistência necessária, a peça pode até ser usada na prática).
- ➤ Disponibilidade de um protótipo em um pequeno espaço de tempo.
- ➤ Viabilidade de construção de peças porosas, que seriam inviáveis para serem usinadas como peça única em metal.

O funcionamento é muito semelhante ao de uma impressora a laser, onde o pó é depositado sobre o papel, aderindo a ele. Na impressão 3D o material é depositado sobre ele mesmo e vai aderindo em camadas. O sistema utiliza como guia um software de desenho técnico em 3D, que faz interface com o equipamento.

3.3. Internet das coisas

Uma tecnologia que está desde os primórdios da internet, e que tomou novas proporções, é a **internet das coisas**, do inglês IoT (*Internet of Things*) (SILVA et al, 2018).

Originalmente as coisas se limitavam a computadores e servidores. Com a evolução das tecnologias 3G e 4G e o lançamento de *smartphones*, os celulares também adquiriram essa conectividade, mudando a forma como fazemos tudo hoje. É possível dispor de informações, entretenimento, compras, tudo na palma da mão.

Mas o que está revolucionando é a possibilidade de conectividade de qualquer coisa na internet. Assim, todos os componentes de um prédio inteligente ou de uma casa moderna poderiam estar conectados, propiciando gestão de consumo de energia, automação da temperatura, monitoramento do conteúdo da geladeira e dispensa e movimentações que necessitem gerar alerta de segurança por conta do horário.

Na indústria, além da conexão dos itens como motores e robôs, as informações dos operadores humanos podem ser capturadas por meio de itens com conectividade à internet nos próprios equipamentos de segurança e no crachá dos funcionários. Isso propicia o controle de fluxo, monitoramento de segurança e, principalmente, o monitoramento de equipamentos e máquinas, viabilizando a manutenção preventiva por meio do sensoriamento. Outro ponto fundamental é a gestão e a localização de itens armazenados.

Para viabilizar cidades inteligentes, também é necessária a conexão de inúmeros equipamentos, como semáforos, câmeras para acompanhar fluxo de veículos e de pedestres, além dos controles de velocidade e de estacionamento, que estão presentes no nosso dia a dia.

O monitoramento de tráfego das cidades hoje é feito massivamente por aplicativos como o Waze, mas nos primórdios (2004) foi a distribuição de sensores que viabilizou o monitoramento de velocidade e também dos melhores caminhos no trânsito (com o Google Maps, por exemplo). Assim, o que começou com sensores conectados evoluiu para *smartphones* enviando informação em tempo real.

Por fim, vemos cada vez mais funcionalidade embarcada nos relógios inteligentes, que primeiramente evoluíram desde o monitoramento de batimentos cardíacos (viabilizando o acompanhamento de esportes) até ser integrado com GPS. Essa evolução está chegando no ponto em que quase se torna um acompanhante pessoal, com funcionalidades como o ecocardiograma. Rapidamente veremos serviços de socorro médico acionados por anomalias nos batimentos.

3.4. Gêmeos digitais, realidade virtual e realidade aumentada

A tecnologia dos **gêmeos digitais** permite a simulação digital de todos os elementos de uma determinada situação: máquinas, seres humanos e topologia física. Dessa forma, é possível abordar ergonomia, fluxo de processos, funcionamento de peças e equipamentos, além da possibilidade de visualizar de forma integrada tudo ao mesmo tempo (SILVA et al, 2018).

Dessa forma, podemos ter o equivalente digital de um item físico, até mesmo com monitoramento *on-line*. Um exemplo seria um veículo e todas as suas peças com os respectivos gêmeos digitais em nuvem. Podemos ter inúmeros aplicativos acessando

34 Governança Digital 4.0

um *big data* de informações e monitorando cada item do veículo, e atuando para otimizar à distância (como na telemetria dos carros de Fórmula 1, só que lá quem identifica o problema é um engenheiro analisando os dados, que avisa o diretor da equipe, que entra em contato com o piloto, que, por sua vez, toma uma ação corretiva ou se dirige aos boxes).

Com a evolução da tecnologia vão ser os *apps* na nuvem, com as mais diversas funcionalidades, que tentarão corrigir à distância o problema ou monitorar o desgaste de alguma peça, para sinalizar o momento mais adequado para a manutenção. Haverá também aplicativos identificando o funcionamento das peças em todos os veículos do mesmo tipo de uma montadora e sugerindo o momento ideal para a manutenção preventiva, que obviamente depende da forma de dirigir de cada motorista e do ambiente a que é exposto o veículo. Com a evolução dos veículos autônomos, eles mesmos poderão se dirigir no horário mais adequado para eles para uma unidade de serviço robotizada, terem os serviços executados e capacidade para permitir a manutenção preventiva.

Mas qual seria o horário adequado para o veículo se dirigir para a manutenção? Se eles tiverem um dono que trabalha durante o dia com o carro, certamente à noite. Porém, se eles forem propriedade das montadoras, que utilizam a plataforma[11] Uber ou qualquer outra que venha a existir, será o momento em que houver menor rentabilidade dos veículos, para maximizar a receita que pode ser gerada com aquele veículo.

Dentro das abordagens de gêmeos digitais, é possível a imersão de uma pessoa por meio dos óculos de **realidade virtual**. Com esse dispositivo, que é uma evolução dos óculos 3D e cuja utilização iniciou em jogos e brinquedos de parques de diversão como Disney e Universal para dar a sensação de realidade para os jogadores, é possível perceber tudo o que ocorre à sua volta apenas com a projeção de imagens, ou até sentindo o movimento junto, para dar a percepção da realidade. As aplicações criadas foram muitas, desde as cabines de simulação para treinamento de pilotos de avião até a possibilidade de simular uma fábrica ou um hospital inteiro com cada um dos seus funcionários, equipamentos e toda a tratativa de ergonomia.

Outra aplicação do conceito de gêmeos digitais pode ser vista por meio da **realidade aumentada**. Um exemplo simples foi o *app* da Coca-Cola lançado no Natal de 2018[12], que percebe que o aplicativo está apontando para uma lata ou garrafa de Coca-Cola, mostrando uma animação com pequenos ursos polares interagindo

---

[11] Vide McAfee e Brynjolfsson (2017) sobre o conceito de plataforma.

[12] Vide CANAIA TUTORIAIS, 2018.

com a embalagem. No exemplo, a movimentação do celular permite que o usuário enxergue de vários ângulos a animação, melhorando o efeito de sensação de 3D para a projeção que é feita no celular.

O exemplo é simples, mas a aplicabilidade é muito ampla, com a efetiva interação do usuário com o meio físico. No mundo real há máquinas muito complexas e que podem ferir o usuário, e os procedimentos ficam cada vez mais complexos de manutenção (imagine, por exemplo, a quantidade de equipamentos em uma plataforma de petróleo e a dificuldade de ter especialistas para tudo). Assim, utilizando óculos de realidade aumentada, o usuário poderá visualizar o equipamento, ser conduzido passo a passo enquanto o equipamento mostra qual a peça a ser tratada (piscando ou destacando a peça nos óculos), qual ferramenta a utilizar quando o usuário olha para a sua caixa de ferramentas, o movimento a ser feito, conduzindo passo a passo até a finalização do procedimento.

Em uma outra solução, em um laboratório em que precisa ser feita a titulação de elementos, o usuário poderá ser conduzido a usar primeiramente os equipamentos de segurança necessários. Ele identificará cada um dos itens por meio de QR Code, código de barras ou o rótulo das embalagens dos itens, saberá as quantidades que precisam ser usadas, registrará a confirmação das quantidades por meio da interação (visual ou sem fio) com uma balança e poderá executar todos os passos na ordem adequada, sem ter que folhear um ou vários *checklists*. Esse mesmo tipo de solução pode ajudar também uma fábrica de alimentos, garantindo a qualidade e uniformidade daquilo que é produzido.

3.5. Inteligência artificial, *machine learning* e *deep learning*

Essa é uma tecnologia que vem sendo perseguida por muitos anos, porém ainda está distante do que vemos em filmes ou no conceito geral que a população tem sobre o assunto. A percepção geral é que a **inteligência artificial** será atingida quando um sistema ou um robô adquirir o equivalente à consciência humana, podendo tomar decisões melhores do que nós [Chollet (2018) menciona o Teste de Turing formulado por Alan Turing em 1950, em que a máquina deveria exibir um comportamento e se passar naturalmente por humano].

Ao mesmo tempo que isso está muito longe de ser atingido, na prática recentemente foi mais do que superado. Explicamos: do ponto de vista de consciência, e de termos um ser capaz de interagir entre humanos como se fosse um igual, com seus senti-

36 Governança Digital 4.0

mentos, ou que decida exterminar a raça humana por conta de suas imperfeições, trata-se de algo que não enfrentaremos tão cedo.

No entanto, a grande revolução que está ocorrendo se deve desde 2015 à introdução de algoritmos de *deep learning*, que já permitem a uma máquina tomar decisões e automatizar tarefas melhor que nós.

Mas como isso é possível? Para que tipo de decisões? Para entender, é preciso explicar a evolução do conceito.

A inteligência artificial é uma linha de conceitos e algoritmos, e o termo foi inicialmente usado em 1955 pelos pesquisadores McCarthy (Dartmouth College), Minsky (Harvard University), Rochester (IBM) e Shannon (Bell Telephone Laboratories), com o objetivo de buscar as bases para essa consciência. Foram desenvolvidos programas ao longo do tempo para, por exemplo, jogar xadrez com o usuário. Esses programas eram tanto melhores quanto maior a quantidade de regras e informações que eram programadas neles, como informações como aberturas e teste de algumas jogadas para frente, para ver se seria cometido algum erro ao fazer aquele movimento.

Duas grandes evoluções que ocorreram ao longo do tempo viabilizaram o grande destaque de hoje à inteligência artificial: capacidade de processamento e armazenamento de dados (LEE, 2018).

Assim, o mesmo programa que funcionava com poucas jogadas passou a vislumbrar centenas de milhões de jogadas diferentes por segundo, além de compor em sua base de dados todas as aberturas praticadas pelos jogadores mestres internacionais. Em 1996 o Deep Blue da IBM, com capacidade para 100 milhões de jogadas por segundo, perdeu por 4-2 para Gary Kasparov, então com 33 anos e campeão mundial de xadrez tido como o mais brilhante de todos os tempos (liderou dos 22 aos 42 anos, quando se aposentou). No entanto, em 1997, com capacidade aumentada para 250 milhões de jogadas por segundo, foi a vez de Deep Blue ganhar de 3 ½ – 2 ½.

Em 1965, Gordon E. Moore fez uma constatação da manutenção do preço com o adensamento da quantidade de transistores em *chips*. Segundo essa "lei" de Moore, a cada 12 meses (depois revisado para 24, mas na média 18 meses) teríamos o dobro da capacidade de processamento. Com essa evolução, o Deep Blue, que tinha 11 GFlops de capacidade (NICK T, 2014), é deixado para trás pelos equipamentos de hoje, como o iPhoneX, com 350 GFlops (KEKS, 2017), permitindo que qualquer celular vença partidas de xadrez nos níveis mais avançados.

As tecnologias habilitadoras da transformação digital **37**

Estão é isso... com aumento de capacidade e dados, a máquina conseguiu superar o homem?

Não, não foi bem assim. Houve uma evolução a partir da década de 90 para uma abordagem diferente, similar aos conceitos de engenharia, com a introdução de **machine learning**. Com essa abordagem, que é um subconjunto da inteligência artificial, em vez de programar regras, passou-se a treinar as redes neurais com dados similares e validar se as regras criadas internamente pelo sistema "inteligente" eram capazes de ser aplicadas a outros casos com precisão (CHOLLET, 2018; LEE, 2018). Com isso e a evolução de processamento paralelo de imagem (hoje presente nas placas de vídeo), foi possível aplicar esses conceitos e permitir que as máquinas conseguissem, por exemplo, distinguir imagens de um determinado tipo de animal (CHOLLET, 2018).

Até então, problemas como reconhecimento de imagem e voz tinham baixa efetividade. Com essa funcionalidade, foi possível ao longo de quase duas décadas melhorar as classificações de informações, além de ter sido possível processar o *big data* das informações que se tornaram cada vez mais acessíveis por meio da internet.

Atualmente, já é possível um robô "aprender", por meio dessa abordagem mais próxima da tentativa e erro, e chegar empiricamente no conjunto de movimentos mais eficiente para executar uma determinada tarefa. Para vários robôs executando a mesma tarefa, essa atividade de aprendizado se torna mais rápida, depois sendo possível fazer a "carga" ou *deployment* da maneira mais eficiente para todos os robôs. É usando esse mesmo conceito que a Tesla vai melhorando os seus veículos... ao disponibilizá-los para venda e monitorar o que os usuários estão fazendo por meio de sensores, é possível aperfeiçoar os sistemas do carro para atuar de forma cada vez mais autônoma.

Por fim, a grande revolução ainda estava por vir, com os algoritmos de **deep learning** em 2015. Para esses algoritmos, que são um subconjunto das abordagens de *machine learning*, tivemos a inovação necessária para causar o *boom* da inteligência artificial. Por meio do *deep learning*, que consiste basicamente em treinar diferentes camadas (quanto mais camadas, mais profunda – *deep* – a aprendizagem; ver Chollet, 2018) que vão filtrando desde o conteúdo original até chegar ao resultado final, inúmeras aplicações de automação se tornaram viáveis com eficiência superior aos humanos. O reconhecimento de imagens, por exemplo, teve a evolução que precisava, permitindo uma precisão altíssima.

Mas a aplicabilidade do *deep learning* se restringe ao processamento de imagens? Não, ela vai muito além. Da mesma forma que os filtros podem ser aplicados às

38 Governança Digital 4.0

imagens e vídeos, os sons também têm suas representações digitais que podem ser passadas por filtros para permitir a transcrição de qualquer língua. Indo além, um texto de um contrato terá uma série de palavras-chave que permitem classificar os conteúdos, ou até responder a demandas por meio da aplicação do mesmo conceito. Assim, já é possível encontrar sistemas que tratam dos assuntos legais de maneira mais eficiente que o ser humano (GALEON, 2017).

Outra aplicação impressionante da mesma tecnologia foi o AlphaGO (CHOLLET, 2018; LEE, 2018), um sistema para jogar Go elaborado pela DeepMind, empresa que foi adquirida pelo Google. O Go é um jogo de origem chinesa de mais de 2.500 anos de posicionamento de peças brancas e pretas e captura de territórios. No tabuleiro de 19x19 linhas, a quantidade de combinações possíveis é gigantesca, da ordem de $2,1x10^{170}$ (SHOTWELL, 2016). Note que o número de átomos do universo é estimado em 10^{80} (HELMENSTINE, 2019), e que o número de combinações possíveis das peças num tabuleiro de xadrez é da ordem de 10^{50} (CHESSDOM, 2007). Pela quantidade enorme de combinações no Go, não é possível, por meio de computação, entender o impacto e as implicações do posicionamento de qualquer peça, mesmo para o supercomputador mais possante do planeta. O Summit (SINGLETON, 2018), que por enquanto ocupa essa posição, tem capacidade de 200 PFlops, ou 200 quatrilhões de cálculos por segundo ($2x10^{15}$ cálculos por segundo). Usando a tecnologia de *deep learning*, alimentada com o histórico de jogos existente na internet e jogando contra si mesmo, o AlphaGO definiu onde posicionar a próxima peça pelo mesmo sistema de filtro em camadas e fez jogadas que muitos consideraram inusitadas, mas foram muito efetivas para vencer de Ke Jie, o melhor jogador humano do mundo em 2016.

Para viabilizar o treinamento em *deep learning*, principalmente de vídeos, é necessário o processamento em paralelo da informação, tornando cada vez mais comum o uso de GPUs (*Graphics Processing Units*) em lugar das CPUs (*Central Processing Units*), criando espaço para um crescimento dessa tecnologia no mercado, não se restringindo à utilização para processamento de imagens de jogos.

Ainda está por vir uma revolução no reconhecimento de voz, tradução entre diferentes línguas e capacidade de extrair informações de vídeos. Além disso, cada vez mais processos poderão ser automatizados utilizando a inteligência artificial. Esse entendimento tem sido alvo de inúmeras considerações nos últimos anos do Fórum Econômico Mundial acerca do impacto nos empregos (SCHWAB, 2016).

3.6. *Blockchain*

O *blockchain* é hoje uma tecnologia muito confundida com o *bitcoin*, que é uma moeda virtual. Na verdade, o *blockchain* é o que está por trás da criação do *bitcoin* e tem começado a ser usado em outras aplicações.

A principal funcionalidade é a capacidade de validar itens de maneira descentralizada, para garantir a segurança das transações envolvidas. É quase como se fosse uma chave de criptografia ou um certificado digital, que, sabida entre as duas partes envolvidas, poderia ser usada para decifrar uma mensagem. Só que o que está por trás da tecnologia garante que, mesmo sem saber a chave do outro, e sem passar por uma estrutura centralizada, é possível fazer cálculos que garantem que as transações e informações são válidas. Todos os nós da rede envolvidos são obrigados a executar esses protocolos computacionais de verificação.

É como se pudessem ser validadas as transações entre duas partes de uma rede sem que se tenha uma chave específica um do outro.

Essa tecnologia já está sendo utilizada não só para a validação de contratos entre partes da J.P. Morgan (LEGAL, 2018), mas também para a transferência de recursos entre instituições financeiras internacionais, como ocorreu recentemente entre o Banco Itaú e o Standard Chartered (MANDL, 2018).

Uma possível aplicação no futuro ajudará a ampliar o uso da tecnologia de IoT. Um grande problema é que, ao conectar seu veículo à nuvem, nada impede que alguém tome o controle dele, por exemplo. Criar barreiras de *firewall* para proteger cada dispositivo IoT hoje ainda é proibitivo (com a miniaturização e a Lei de Moore eventualmente isso virá a ser possível), pois seria necessário o processamento de um servidor para fazer esse trabalho. Além disso, se algum *hacker* ficar tentando acessar aquele dispositivo, e este depender de alguma informação *on-line* para executar alguma atividade, a sobrecarga de acessos pode atrapalhar o correto funcionamento do dispositivo. Isso por si só eliminaria a possibilidade de usar dispositivos de IoT em nuvem para operações de missão crítica, o que atrapalharia a possibilidade de expansão do uso de plataformas e a retroalimentação positiva que essas plataformas trariam.

Dados todos esses problemas, os dispositivos de IoT poderiam se comunicar com as plataformas em nuvem, passando por uma camada de interação e utilizando a tecnologia de *blockchain*. Isso permitiria descartar mais rapidamente pacotes de informação ou acessos inadequados, mediante essa validação descentralizada. Ob-

40 Governança Digital 4.0

viamente, seria computacionalmente proibitivo hoje adotar isso para cada dispositivo IoT – por exemplo, cada sensor de um carro autônomo se conectando à nuvem de monitoramento. Dessa forma, uma pequena central de acesso, que poderíamos denominar de *blockwall* (pelo uso conjugado de *blockchain* e a tecnologia de *firewall*), seria o *hub* de comunicação de todos os itens monitorados com os seus respectivos gêmeos digitais em nuvem.

3.7. Edição genética

Ao longo da evolução do *homo sapiens*, passou-se pela revolução agrícola, por meio da seleção das plantações mais eficazes para aguentar as condições climáticas. Tentou-se também a combinação de diversos tipos de espécies, e em diferentes climas, para aumentar a produtividade gradualmente ao longo do tempo. No entanto, foi através da introdução dos organismos geneticamente modificados (do inglês GMOs – *Genetically Modified Organisms*) (PHILLIPS, 2008) que houve uma grande evolução visando buscar:

➤ Tolerância das plantas a herbicidas (soja).
➤ Resistência a insetos (milho).
➤ Alteração na composição de gordura (canola).
➤ Resistência a vírus (ameixa).

Ainda há a busca na agricultura por variações genéticas para ter:

➤ Pés de laranja resistentes ao psilídeo (do inglês *citrus greening*), doença que faz com que as frutas caiam ainda verdes do pé.
➤ Arroz enriquecido com vitaminas, dentre outras pesquisas.

A mesma tecnologia também vem sendo usada para buscar melhorias nos principais animais usados na produção de alimentos para a raça humana, como, por exemplo, vacas que produzem mais leite e frangos que crescem mais rápido para chegar ao abate.

Em muitos casos, o que se busca no setor agropecuário é um aumento de produtividade (tanto pela maior quantidade produzida por metro quadrado quanto pela velocidade com a qual as plantações ou animais crescem, e até mesmo pela capacidade de dar frutos mais de uma vez por ano) e a redução de custos com inseticidas, fertilizantes e alimentação (no caso dos animais, por meio do confinamento). Por outro lado, existem algumas dúvidas entre aqueles que advogam a utilização de produtos naturais ou integrais, os ditos não transgênicos, e também pelos veganos (que não se alimentam com nada de origem animal), dado que não temos informações sobre o impacto na saúde humana de tal uso. No entanto, é cada vez mais difícil garantir a pureza do que é produzido, dado que ventos e pássaros acabam polinizando áreas diferentes e podem carregar um tipo de semente de um lugar para o outro.

A engenharia genética também é vastamente utilizada para criar clones das matrizes mais eficazes, como é o caso de mudas de eucaliptos utilizadas em florestas para a produção de papel e celulose.

No campo da medicina, acompanhamos desde o início da década de 1990 os esforços para o mapeamento do genoma humano, ou seja, o sequenciamento dos genes e o entendimento das suas principais funcionalidades. Em 2003 esse esforço estava concluído, compondo um conhecimento que serviu de base para inúmeras pesquisas.

Isso viabilizou uma grande revolução com a disponibilidade de informações, pois tornou possível o cruzamento entre variações genéticas e doenças. Começam a surgir os primeiros tratamentos genéticos, em especial para o câncer. Assim, hoje é possível solicitar o sequenciamento genômico por cerca de US$ 1.000 e identificar casos de células com anomalias, indicando a possibilidade de desenvolvimento de câncer. Mas o esforço não termina por aí! O foco expandiu o conhecimento e viabilizou o desenvolvimento de três tipos de tratamentos (DANA-FARBER CANCER INSTITUTE, 2018):

> **Vírus criados geneticamente:** são organismos orgânicos fabricados pelo homem com o objetivo de localizar células com defeitos e removê-las do organismo, evitando a contaminação de outras células e propagação do câncer.
> **Transferência genética:** substituição de genes com problema por outros, podendo fazer com que as células cancerígenas morram ou evitar que as células em volta continuem enviando nutrientes e alimentando as células com problemas, aumentando o tumor.
> **Imunoterapia:** reforço das células T do próprio organismo, que são programadas para atacar as células defeituosas e evitar o espalhamento dos tumores.

O que mais impressiona na evolução dessa tecnologia é a acessibilidade dela, o que tende a gerar um universo cada vez maior de usuários e pesquisadores, permitindo que ocorram avanços nas aplicações disponíveis. Hoje é possível comprar *kits* de CRISPR (do inglês *Clustered Regularly Interspaced Short Palindromic Repeats*) e testar diferentes intervenções genéticas. Nos Estados Unidos, basta fazer a encomenda pela Amazon que seu *kit* estará disponível por menos de US$ 200.

3.8. Modelagem e simulação biológica

Da mesma forma que a simulação robótica evoluiu, permitindo a simulação do que ocorrerá com o meio físico e o impacto da interação entre os componentes, está crescendo um campo de atuação unindo ciências biológicas, química e materiais.

Por meio dessas novas soluções, como é o caso da Biovia da Dassault Systèmes (BIOVIA, 2019), é possível hoje simular a interação entre os componentes biológicos, químicos e materiais, e antecipar o resultado desses sistemas. Isso se tornará cada vez mais útil para organizar os desenvolvimentos de pesquisa em grandes corporações farmacêuticas e também para a pesquisa em geral.

As aplicações não param por aí, pois se estendem também ao resultado da industrialização dos produtos agrícolas e à melhoria de processos. Pode-se, por exemplo, colocar sensores biológicos para monitorar acidez ou grau de doçura do que se está produzindo e gerar soluções para alcançar os objetivos de uniformidade do resultado sendo produzido, da mesma forma que em uma fábrica de itens físicos. Também é possível desenvolver processos para atuar e retroalimentar os sistemas, garantindo que, mesmo ao termos entradas individuais (pois biologicamente cada organismo vai ter uma característica única), que o resultado consolidado seja tão uniforme. Isso permite atender a requisitos na produção e maximizar a lucratividade da produção por atender às especificações, em vez de ser uma matéria-prima variável com necessidade de intervenção posterior para garantir essa uniformidade.

Com a evolução, será possível também simular componentes de nanotecnologia (biológicos ou geneticamente construídos), permitindo grandes avanços, desde a construção de computadores biológicos até mesmo mecanismos de autorregeneração.

Ainda sobre a autorregeneração, ou corrida contra a morte, perseguida por empresas como a Calico (também debaixo do guarda-chuva da Alphabet), o homem estará desafiando a própria morte. Segundo Yuval Harari, em 2050 já teremos os primeiros seres humanos capazes de chegar aos 150 anos, e talvez até 500 anos até a virada do século em 2100 (HARARI, 2015).

3.9. *Big data* e *analytics*

Conforme Begoli e Horey, ***big data*** é a prática de coletar e processar grandes conjuntos de dados, sistemas e algoritmos usados para analisar esses conjuntos de dados.

Big data analytics, por sua vez, é a aplicação de técnicas analíticas avançadas sobre conjuntos de dados muito grandes (RUSSOM, 2011).

O Instituto Gartner, por sua vez, atribui ao *big data* três atributos: (i) volume: tratamento de grandes volumes de dados; (ii) variedade: trata vários tipos de conjuntos de informação vindos de várias fontes de dados, incluindo redes sociais e dados não estruturados; e (iii) velocidade: velocidade na aquisição e no armazenamento de dados. São os três Vs que caracterizam o *big data* das arquiteturas de bancos de dados relacionais tradicionais.

De acordo com esse conceito, o volume trata *pentabytes* e *exabytes* de dados, vindos de várias fontes, sistemas transacionais, redes sociais, dados não estruturados sendo capturados massivamente e em alta velocidade. O exemplo mais perfeito disso é o Waze.

Figura 3.1 – Os três Vs do *big data*.
Fonte: adaptado de HAGERTY, 2016.

Para as organizações obterem os benefícios dessa tecnologia, surge o *analytics* como o meio para fazer com que decisões embasadas em dados sejam feitas.

A inteligência analítica é um campo abrangente e multidimensional que se utiliza de técnicas matemáticas, estatísticas, de modelagem preditiva e *machine learning* para encontrar padrões e conhecimento significativos em dados (SAS, 2019).

De acordo com Hagerty (2016), a inteligência analítica é aplicada em quatro tipos básicos de situações para auxiliar a tomada de decisão:

➢ Obter informações sobre o que aconteceu para entender padrões que possam auxiliar em uma tomada de decisão.
➢ Obter informações para entender por que uma determinada situação aconteceu.
➢ Obter informações para prever o que poderá acontecer.
➢ Obter informações para indicar a melhor alternativa (ou decisão) para uma dada situação.

Nesses quatro tipos de situação há modelos matemáticos e estatísticos que, uma vez aplicado aos dados do *big data*, ou conjuntos de dados extraídos do *big data* e tratados previamente, podem fornecer o *insight* necessário para o decisor.

Eventualmente, em um processo de aprendizagem de máquina, as avaliações e resultados dos modelos vão se aprimorando ao longo do tempo, considerando o aprendizado com base em padrões ou em função de novas situações.

A Figura 3.2 apresenta a abrangência da inteligência analítica[13].

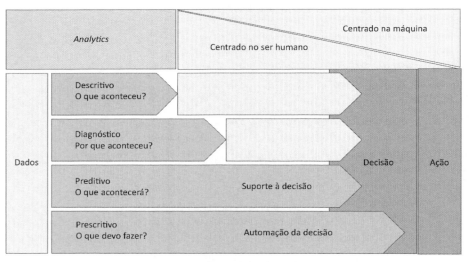

Figura 3.2 – Abrangência do *analytics*.
Fonte: adaptado de Hagerty, 2016.

Begoli; Horey (2012) e Singh; e Reddy (2014) advogam que as tecnologias do *big data* devem ser tolerantes a falha, permitir escalabilidade, elasticidade, arquitetura distribuída, armazenagem e processamento de grandes volumes de dados.

---

[13] No Capítulo 5, que trata sobre os dados, a questão da interação do *analytics* com o *big data* é mais uma vez comentada, inclusive com recomendação de uma arquitetura.

Dentre as principais tecnologias se destacam[14]:

> **Hadoop**: *framework open source* que permite o particionamento de processamento entre vários servidores ao mesmo tempo. É a plataforma padrão usada no mercado.
> **Spark**: tecnologia que trabalha dentro do *Hadoop*, mas que tem um *engine* que permite o processamento várias vezes mais rápido que o *engine* nativo do *Hadoop*.
> **R**: é uma linguagem de programação e ambiente de software projetado para trabalhar com estatística.
> **Data lakes**: são enormes repositórios que coletam dados de muitas fontes diferentes e as armazenam em seu estado natural. São tecnologias usadas quando a organização não tem certeza se vai usar os dados.
> **Database** NoSQL: São bancos de dados especializados no armazenamento de dados não estruturados e proporcionam rápido desempenho, apesar de não fornecerem o mesmo nível de consistência de bancos de dados relacional.
> **Soluções de análise preditiva**: software de *vendors* que permite a análise preditiva a partir do tratamento dos dados do *big data*.
> **Bancos de dados em memória (*in-memory data bases*)**: são soluções que permitem o processamento de dados armazenados na memória em vez de em discos. Proporciona processamento bem mais rápido.
> **Segurança do *big data***: são soluções que envolvem controle de identidade, acesso, criptografia dos dados e segregação de dados.
> **Soluções para a governança de *big data***: são soluções que focam na disponibilidade, usabilidade e integridade dos dados.
> **Ferramentas de *self-service***: são ferramentas de análise que permitem os usuários e pessoal do negócio serem autossuficientes em ter acesso aos dados e analisá-los.
> **Streaming analytics**: são soluções que aceitam dados de múltiplas fontes e as processam muito próximo da fonte de geração dos dados, já fornecendo resultados de forma rápida. Útil para internet das coisas.
> **Edge computing**: são soluções que analisam o dado muito próximo da fonte que o criou, reduzindo o tráfego de dados na rede.

---

[14] Vide Harvey (2017) para maiores detalhes das tecnologias.

3.10. *Robotic Process Automation* – RPA

Na sua essência, o RPA é um conjunto de "ferramentas" de software que podem ser usadas para automatizar as tarefas habitualmente efetuadas por utilizadores reais, imitando as ações realizadas por esses usuários e usando exatamente os mesmos sistemas e interfaces de utilizador já existentes (DA SILVA, 2017).

É um software projetado para automatizar o ambiente operacional atual e para reduzir a intervenção humana em tarefas repetitivas. Basicamente, é um software que opera como uma força de trabalho virtual e reduz ou substitui a intervenção humana em tarefas repetitivas e recorrentes das tarefas (THEYSSENS, 2017).

Para Sabharwal (2018), RPA é uma ferramenta de software configurável que usa regras de negócio e sequências de ações para automatizar processos completos, usando várias aplicações diferentes da mesma forma que um humano faria.

É uma tecnologia que tem por objetivos reduzir custo, tratar maior volume de tarefas de forma mais rápida, operar 24/7, fazer o mínimo de intervenção possível nos legados de TI, atender a requisitos de *compliance* e ter sua implementação feita em vários tipos de aplicações diferentes, da mesma forma que o humano faria com o auxílio de pessoas para o gerenciamento das exceções.

As áreas com potencial para receber o RPA são:

> ➢ Áreas de *backoffice* das organizações.
> ➢ Processos de recursos humanos como contratação e gerenciamento de postulantes.
> ➢ Processos financeiros como ativação de cartão de crédito, identificação de fraudes, processamento de reclamações, processamento de pedido de crédito, aquisição de seguro, tratamento de sinistros.
> ➢ Processos na área de saúde como reconciliação de contas e automação de relatórios.
> ➢ Processos de manufatura como requisições de materiais.
> ➢ Processos de serviços de telecom como gerenciamento de ordens de serviços e atendimento ao cliente.
> ➢ Processos de distribuição de energia como validação de leituras de medidoras.

Geralmente são encontradas as seguintes funcionalidades em ferramentas disponíveis no mercado:

- ➢ Capacidade de *drag and drop*.
- ➢ *Scripts*.
- ➢ Gravador de tarefas e ações.
- ➢ Gestor de tarefas e eventos planejados.
- ➢ Captura e manipulação de telas.
- ➢ Monitoração.
- ➢ Tecnologia OCR.
- ➢ *Auto login, single sign on*.
- ➢ Tratamento de exceções baseado em regras.
- ➢ Filas de trabalho.
- ➢ Fontes para automatização.
- ➢ Formas de automatizar.
- ➢ Tecnologia de visualização.
- ➢ Robôs cognitivos.
- ➢ Gestão de usuários.
- ➢ Controle remoto de robôs.

3.11. Métodos ágeis

Há cada vez mais desafios para as organizações na produção rápida de soluções automatizadas de alta qualidade, tanto nos produtos quanto nos serviços prestados à sociedade.

A tecnologia da informação (TI) marca presença nos mais diferentes tipos e estruturas de uma organização moderna, não se restringindo mais à execução de simples transações repetitivas e automação de seus processos de negócio e de produção.

Nota-se um grande esforço no mercado na busca de uma TI organizada em seus processos, no uso de práticas e ferramentas adequadas da engenharia de software que levem a um novo patamar na qualidade de seus produtos e serviços de software.

Dessa forma, conforme os especialistas, adotar modelos de práticas reconhecidos no mercado nacional e internacional é também um fator importante para a obtenção do sucesso nessa empreitada organizacional. Esses modelos de práticas de desenvolvimento e de qualidade assegurada contribuem, sem dúvida, para a realização do grande objetivo de se ter uma empresa competitiva e desafiadora no mercado.

Por outro lado, diferentemente das grandes organizações, as pequenas empresas de software possuem poucos recursos financeiros para investir na utilização dos modelos de melhores práticas do mercado e, diante desse fato, perdem competitividade no mercado nacional e internacional, deixando de atender aos padrões consagrados de qualidade.

Uma das alternativas que o mercado vem implementando é o uso dos **métodos ágeis**, que foram desenvolvidos exatamente para atender aos pequenos projetos e para ser utilizado por pequenas equipes de desenvolvimento.

Esses métodos procuram deixar os processos de software mais simples, menos burocráticos (porém não menos organizados) e com o objetivo de construir sistemas de forma mais rápida e com maior qualidade.

3.11.1. O que são métodos ágeis

Os métodos ágeis surgiram na década de 1990 e têm sido apontados como uma alternativa aos modelos tradicionais para o desenvolvimento de software (cascata, espiral e incremental). Discutem-se há muito tempo as diferenças e semelhanças entre essas duas abordagens, e algumas características têm sido apresentadas para definir as suas aplicações e implicações, principalmente culturais, nos processos de desenvolvimento de software.

As abordagens tradicionais eram consideradas, pelos seguidores dos métodos ágeis na década de 1990, como sendo soluções complexas, pesadas ou fortemente calcadas no planejamento. Com certeza, a prática mostra que elas nem sempre conseguem atender aos projetos onde há muitas mudanças ao longo do desenvolvimento e quando não existe muita clareza nos objetivos e nas soluções que deverão ser implementadas.

A história dos métodos ágeis inicia-se formalmente em fevereiro de 2001, quando membros proeminentes da comunidade de software se reuniram em Snowbird, em Utah, e adotaram o nome "métodos ágeis".

Dessa reunião nasceu o "Manifesto Ágil", documento que reúne os princípios e práticas desse paradigma de desenvolvimento. O Manifesto Ágil é uma declaração de princípios que fundamentam o desenvolvimento ágil de software e que contém quatro valores fundamentais:

1. Os indivíduos e suas interações **"mais que"** procedimentos e ferramentas.
2. O funcionamento do software **"mais que"** documentação abrangente.

3. A colaboração com o cliente **"mais que"** negociação de contratos.
4. A capacidade de resposta às mudanças **"mais que"** seguir um plano preestabelecido.

Esses valores não significam a eliminação total dos procedimentos, da documentação, de planejamento de projetos, mas, sim, diminuir em muito a burocracia, dar mais valor às pessoas e às interações dos envolvidos, focando nos resultados (produtividade) e nas práticas envolvidas com os processos de desenvolvimento.

Fowler (2005) coloca que as metodologias modernas e ágeis são uma reação a modelos extremamente conceituais e às metodologias consideradas monumentais.

Avaliando-se as estruturas dos métodos ágeis, nota-se que um método ágil também é um conjunto de atividades, métodos ou processos necessários para desenvolver softwares de forma rápida sem abrir mão da qualidade. As formas e os padrões na aplicação dos métodos ágeis são normalmente referenciados como sendo um conjunto de boas práticas no desenvolvimento de software.

Os métodos ágeis têm muito em comum com técnicas de Desenvolvimento Rápido de Aplicação (RAD) (*Rapid Application Development*) da década de 1980, sugerido por James Martin, Steve McConnell e outros autores. O RAD propunha:

> ➢ O uso do mínimo de planejamento em favor de uma rápida prototipagem.
> ➢ O planejamento é intercalado com a escrita do software, o que indicava uma entrega por partes.
> ➢ A eliminação dos pré-planejamentos extensivos que não permitiam que o software fosse escrito mais rapidamente.
> ➢ O trabalho em pequenas partes para tornar mais fácil aceitar mudanças de requisitos ao longo do processo de desenvolvimento.
> ➢ Uma metodologia que envolve o desenvolvimento iterativo e a prototipagem de software.
> ➢ Uma combinação de várias técnicas estruturadas, especialmente da engenharia de informação, que é dirigida por dados, com técnicas de prototipagem para acelerar o desenvolvimento de sistemas.
> ➢ O uso de técnicas estruturadas e da prototipagem para a definição dos requisitos dos usuários e para o *design* do sistema final.

Existem inúmeros métodos ágeis de software, sendo que a maioria busca minimizar o risco do desenvolvimento de software, trabalhando com pequenos espaços de tempo, chamados de iterações, que geralmente duram de uma a quatro semanas.

50 Governança Digital 4.0

Em muitos casos, o software é liberado ao final de cada iteração, principalmente quando é baseado em ambiente *web* e pode ser facilmente liberado. A cada fim de iteração, o time reavalia as prioridades do projeto junto aos clientes ou usuários.

Os principais métodos ágeis mais citados na literatura são:

> ➤ **XP (*eXtreme Programming*)**, que é definido como sendo uma disciplina leve do desenvolvimento de software e que é fortemente baseado nos princípios: simplicidade, comunicação, *feedback* e coragem. Desenhado para aplicação em times pequenos, seu sucesso é atribuído ao esforço pela satisfação do cliente.
>
> ➤ **Crystal**, que faz parte de um conjunto de metodologias criadas por Alistair Cockburn, editor da série "Agile Software Development" publicada pela Addison-Wesley. O método foi direcionado para projetos pequenos com equipes de até seis desenvolvedores, existindo uma forte ênfase na comunicação entres os membros dos times.
>
> ➤ **TDD (*Test Driven Development*)**, onde o desenvolvimento de software se baseia em um ciclo curto de repetições: primeiramente o desenvolvedor escreve um caso de teste automatizado, depois é produzido o código que possa ser validado pelo teste. Após o teste o código pode ser refatorado para se ter um código mais adequado para os padrões de qualidade aceitáveis pelo projeto.
>
> ➤ **Scrum**, que foi inicialmente concebido como um estilo de gerenciamento de projetos ágeis para fábricas de automóveis por Nonaka e Takeuchi (1986) e adaptado para desenvolvimento de software na década de 1990. Um projeto *Scrum* começa com uma lista de necessidades do cliente denominada de *Product Backlog*. A cada iteração (*Sprint*), que deve durar cerca de 30 dias, um conjunto de itens (*Sprint Backlog*) é construído e, se possível, liberado para o *Product Owner* (dono do produto). Todas as equipes devem trabalhar dentro do padrão *Scrum* e acompanhados pelo *Scrum Master* (garantidor dos valores e práticas do *Scrum*) na organização. O time de desenvolvimento (*Scrum Team*) deve ser auto-organizado, pequeno e deve trabalhar em tempo integral na equipe.
>
> ➤ **Kanban**, cujo objetivo é otimizar o fluxo de trabalho através da mudança incremental e entregar valor para o cliente o mais rápido possível. Um outro objetivo é a melhoria contínua de processos. O método ajuda dando a visão instantânea de onde os fluxos de trabalho estão com problemas ou parados. Ele pode mostrar quais passos devem ser automatizados e quais devem ser melhorados antes de ser automatizados. Dessa forma, as equipes de desenvolvimento de software ágil são incentivadas a desenvolver, testar e lançar novas funcionalidades e correções de forma contínua, completando o trabalho em andamento antes de iniciar um novo trabalho.

As tecnologias habilitadoras da transformação digital **51**

➤ **Método *Lean*** é uma adaptação dos conceitos *Lean* (enxuta) oriundos da manufatura enxuta. Chamado de *Lean IT*, é um conjunto de princípios e práticas para o domínio de desenvolvimento de software. Os princípios são: eliminar desperdício; amplificar o aprendizado; decidir o mais tarde possível; entregar o mais rápido possível; capacitar a equipe; construir integridade; e ver o todo. O *Lean Software Development* ajuda as organizações a otimizar seus processos de software e métodos de produção, a fim de entregar os seus produtos ao mercado muito mais rápido e com melhor qualidade. O foco principal é nas pessoas e na comunicação.

3.11.2. A abrangência dos métodos ágeis

Há anos que se discute se os métodos ágeis podem ser utilizados em uma empresa grande, que possui milhares de pessoas envolvidas. Para funcionar de forma organizada e eficiente, além dos serviços prestados aos seus clientes, ainda deve obedecer a regulamentos governamentais e se sujeitar a auditorias internas e externas.

Ou será que os métodos ágeis somente podem ser usados em pequenas empresas com equipes pequenas?

Sabe-se que, para manter todos os seus processos sob controle, as grandes empresas desenvolvem ou compram sistemas de informação, muitas vezes antigos, que apoiam a sua infinidade de produtos, serviços e processos de negócios.

Nesse cenário, quando os "agilistas" tentam implementar um método ágil, acabam esbarrando em muitos obstáculos, tais como: a área de TI usa inúmeras tecnologias diferentes e trabalha com fornecedores localizados em todo o mundo; seus projetos têm dependências de outros sistemas que não permitem seguir cronogramas ágeis como os seus *Sprints*; esbarram com o gerenciamento de projeto tradicional, que impõe metas baseadas nos seus estilos de gestão, independentemente da metodologia de desenvolvimento que o projeto está usando.

Por outro lado, os métodos ágeis, desde o início, tiveram como foco tanto os processos como as técnicas de desenvolvimento, aplicadas no nível inferior (programação, testes de software), e não abordavam os projetos a nível estratégico.

Mas, de acordo com os especialistas do mundo ágil, nos últimos anos isso está mudando e já se observa o surgimento de modelos e técnicas que tentam abordar os níveis mais estratégicos das organizações.

52 Governança Digital 4.0

Como exemplo, pode-se citar o *Scaled Agile Framework* (SAFe)[15]:

➢ Que afirma que as empresas precisam aprender a se adaptar rapidamente às mudanças tecnológicas e às condições econômicas, ou elas se extinguirão, não importando o tamanho, a inteligência ou a força.

➢ Isso vale até para empresas que não se consideram empresas de tecnologia da informação (TI) ou de software. Serviços profissionais, serviços financeiros, instituições de saúde e entidades governamentais são altamente dependentes de sua capacidade de desenvolver novos produtos e serviços baseados em tecnologia.

➢ Empresas que entendem a urgência de se mover e se adaptar mais rapidamente – e mudar suas formas de trabalhar – terão sucesso.

➢ Os modelos como *Scaled Agile Framework* (SAFe) ajudam as empresas a enfrentar os desafios significativos de desenvolvimento e fornecimento de software e sistemas de classe corporativa no menor *lead time* sustentável.

➢ É uma base de conhecimento *on-line* e livremente revelada de padrões de sucesso comprovados para a implementação de software e sistemas *Lean-Agile* em escala corporativa, já que combina o poder do *Agile* com o desenvolvimento de produtos *Lean*.

➢ Sincroniza o alinhamento, a colaboração e a entrega de várias equipes ágeis, resultando em melhorias drásticas na agilidade dos negócios, incluindo produtividade, tempo de colocação no mercado, qualidade e engajamento dos funcionários, e muito mais.

➢ O modelo suporta soluções de menor escala, empregando de 50 a 125 profissionais, bem como sistemas complexos que exigem milhares de pessoas.

➢ A configuração *Full SAFe* é a versão mais abrangente do *framework*. Ela suporta empresas que criam e mantêm grandes soluções integradas, que exigem centenas de pessoas ou mais, e inclui todos os níveis de SAFe: equipe (*Team*), programa (*Program*), solução grande (*Large Solution*) e portfólio (*Portfolio*). Nas maiores empresas, podem ser necessárias várias instâncias de várias configurações SAFe.

➢ SAFe foi criado por Dean Leffingwell e hoje é mantido pela *Scaled Agile Academy*. Sua estrutura é baseada em princípios *Lean* e *Agile* e está ganhando cada vez mais reconhecimento e adoção por todo o mundo.

➢ SAFe tem como base o *Scrum*, XP (*Extreme Programming*) e o *Lean*, além de muita experiência obtida através de implementações que funcionaram e não funcionaram em grande escala.

---

[15] Detalhes sobre o *Scaled Agile Framework* (SAFe) podem ser encontrados no endereço: <https://www.scaledagileframework.com/>.

> O SAFe traz consigo o que melhor tem funcionado em equipes ágeis, na maneira de fazer gestão de programa e na maneira ágil de tratar um portfólio de demandas organizacionais. O que o *Agile* e o *Scrum* são para as equipes, o SAFe (*Scaled Agile Framework*) é para as empresas.

A visão simplificada do *framework* SAFe (*Team and Program*) é apresentada na Figura 3.3. O *framework* utiliza na sua essência os conceitos de desenvolvimento/gerenciamento do método ágil *Scrum*; como base do programa propõe os pilares do movimento *DevOps*; e como práticas e ferramentas o *Kanban* e princípios *Lean*.

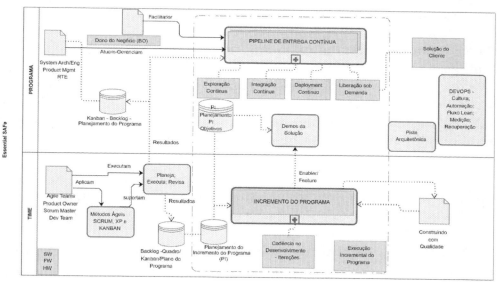

Figura 3.3 – Visão adaptada de *Essential* SAFe.
Fonte: <www.scaledagileframework.com>

Estudos de casos escritos por clientes desse modelo confirmam os benefícios apontados, pois ele é escalável e configurável, permitindo que cada organização faça adaptações de acordo com suas próprias necessidades de negócio.

Outro fator importante no uso dos métodos ágeis ou movimento *Agile* aliado com a filosofia *Lean* está no surgimento do *DevOps*, que é um termo amplo e ainda não totalmente prescritivo e que envolve inúmeras atividades e aspectos envolvidos com o desenvolvimento e a operação dos softwares com agilidade e qualidade.

Estudos e publicações mostram que os métodos ágeis, na atualidade, são aplicados em todos os tipos de empresas e que já estão sendo usados também em outras áreas

54 Governança Digital 4.0

que não necessariamente de desenvolvimento de software, como, por exemplo, em escritórios de projetos, áreas de marketing, etc.

3.12. *DevOps*

O termo *DevOps* é atribuído a Patrick Debois, um dos maiores entusiastas do método ágil (desenvolvimento e infraestrutura ágil), sendo popularizado mundialmente através de eventos conhecidos por *DevOpsDay*. Nasceu em 2008, durante o evento *Agile* 2008, promovido pela *Agile Alliance* em Toronto, no Canadá. Rapidamente a abordagem ganhou o mundo.

DevOps é um movimento cultural, inspirado no Manifesto Ágil de 2001, que promove a melhoria da comunicação, integração e colaboração entre as áreas de desenvolvimento (*DEVelopment*) e operações (*OPerations*), através de um movimento ligado à cultura organizacional que envolve valores, princípios, métodos, práticas e ferramentas, no intuito de entregar software de melhor qualidade a contento e dentro de um ambiente controlado (SHARMA, 2014).

Enquanto o desenvolvimento aproximou as equipes de desenvolvimento do negócio, reduzindo os *gaps* entre essas áreas, o *DevOps* trouxe a agilidade para as entregas, reduzindo os *gaps* entre desenvolvimento e operações (IBM, s.d.).

O *DevOps* fomenta uma cultura de colaboração entre as equipes de desenvolvimento e de operações através de um fluxo bidirecional de comunicação contínuo e de compartilhamento não só de resultados, mas também de ideias, o que permite tornar a TI mais ágil e controlada, melhorando as entregas das necessidades de negócios com velocidade e confiabilidade (ERICH; AMRIT; DANEVA, 2014).

Para Wettinger, Andrikopoulos e Leymann (2015), o *DevOps* é um paradigma emergente que tem por objetivo eliminar as barreiras entre o pessoal de desenvolvimento e de operações.

Zentgraf (2012) preconiza que uma organização necessita entregar funcionalidades de software a um ritmo constante, contínuo e de forma sustentável. O autor também propõe uma taxonomia de recursos para o *DevOps* composta por: elementos como a gestão da mudança; a orquestração; o *deployment* da aplicação; o monitoramento da aplicação em ambiente de produção; e o fornecimento da configuração apropriada da infraestrutura tecnológica.

No *DevOps*, o time de operação passa a ser mais valorizado e ter voz ativa, trabalhando em conjunto com a equipe de desenvolvimento, dentro de um processo ágil, possuindo uma resposta mais rápida às exigências do mercado e reforçando o conceito de infraestrutura como código (HÜTTERMANN, 2012).

Sharma e Coyne (2015) conceituam *DevOps* como um movimento cultural, que tudo tem a ver com pessoas, sendo que de nada adianta a empresa possuir ferramentas de automação e processos eficientes se não dispuser de uma cultura baseada em alto grau de colaboração e foco no negócio, em vez de objetivos departamentais.

3.12.1. A abrangência do *DevOps*

O *DevOps* defende a necessidade de que as empresas, primeiramente, devem conscientizar as equipes para uma nova cultura (*Agile*) de colaboração, seguida de implementação de ferramentas de automação e avaliação que simplifiquem e norteiem essa migração e os resultados, inserindo, em tudo isso, treinamentos e orientação adequada.

O movimento *DevOps* se baseia em cinco pilares que formam a sigla CALMS (Cultura, Automação, *Lean*, Medição e Compartilhamento) e são o que define a essência do *DevOps*. Essas áreas também descrevem *DevOps* como um "fluxo" (RILEY, 2015).

Esses pilares, quando implantados, determinam a abrangência proposta pela abordagem *DevOps*:

> - **Cultura** – Este pilar abrange a cultura de colaboração (trabalho de forma orquestrada) entre profissionais de áreas e até de departamentos distintos para garantir o sucesso da estratégia, pois o foco do negócio está no resultado obtido e não em metas alcançadas por um determinado departamento.
>   - Para o autor Sato (2013), essa cultura é muito importante para obter o compromisso com a nova forma de trabalho e para o monitoramento de informações e fatos tão claro e honesto quanto possível.
>   - A construção de uma cultura *DevOps* exige que os líderes da organização trabalhem suas equipes para criar um ambiente e uma cultura de colaboração e compartilhamento, devendo remover qualquer barreira que impeça a cooperação, pois adotar *DevOps* não é apenas adotar um produto ou um processo, mas realizar mudanças transformacionais na empresa (GALLITELLI, 2016).

56 Governança Digital 4.0

> **Automação** – Este pilar tem como objetivo as práticas de automação de *DevOps* e conseguir prazos mais curtos e *feedback* mais rápido. Isso implica no uso de um *pipeline* de implantação que cobre todas as alterações feitas por qualquer equipe. Para Sato (2013), a automação das diversas atividades necessárias para se entregar código rápido e de qualidade em produção envolve:
> - Compilação do código; testes automatizados; empacotamento; criação de ambientes para teste ou produção; configuração da infraestrutura; migração de dados; monitoramento; agregamento de *logs* e métricas; auditoria; segurança; desempenho; *deploy*; entre outros.
> - Consegue-se mudar a forma de considerar o departamento de TI como um gargalo e passa-se a considerá-lo um agente de capacitação do negócio.

Para Humble e Farley (2011), o *pipeline* de implantação é uma manifestação automatizada do processo de levar o software do controle de versão até os usuários. Cada mudança passa de forma consistente no percurso de entrega através da automação.

A automação torna passos complexos e suscetíveis a erros em passos repetíveis e confiáveis. Fowler (2013) acrescenta que o *pipeline* é para detectar quaisquer mudanças que levem possíveis problemas para produção e para permitir a colaboração entre os envolvidos, possibilitando a visibilidade de todo o fluxo de mudanças, juntamente com uma trilha para uma auditoria completa.

> **Lean** – Este pilar é a implementação da filosofia de gestão inspirada em práticas e resultados do Sistema Toyota de Produção (LEAN INSTITUTE BRASIL, 2019). O sistema de produção *Lean* (enxuto) foi criado pela Toyota e consagrado mundialmente como o mais eficiente sistema de produção em massa de automóveis. Essa filosofia aplicada em processos se disseminou em diversas áreas, inclusive em desenvolvimento de software (WOMACK; JONES; ROSS, 1990). *Lean* é uma forma de pensar a melhoria e a organização de um ambiente produtivo. É o valor para o cliente, onde se é capaz de identificar e eliminar os desperdícios, reduzir o número de falhas, aumentar a rotatividade do estoque, diminuir os custos de produção e melhorar o atendimento e o relacionamento com os clientes através do melhoramento contínuo dos processos de produção, e assim alavancar a sua competitividade. Refere-se a fatores como a velocidade no atendimento aos clientes, a flexibilidade para se ajustar aos seus desejos específicos, a qualidade e o preço do produto ou serviço ofertados (WOMACK; JONES, 2004). O *DevOps* é uma abordagem baseada em princípios *Lean* e *Agile*, em que as organizações e as equipes de desenvolvimento, operações e departamentos de controle de qualidade colaboram para entregar software de forma contínua, permitindo à

empresa aproveitar mais rapidamente as oportunidades de mercado e reduzir o tempo para obter o *feedback* do cliente (BRAGA, 2015). Com os princípios *Lean*, centrados na preservação do valor, o *DevOps* aumenta a competitividade das empresas através de inovação, entrega e aprendizado contínuo fornecendo às organizações o aumento das oportunidades de mercado e a redução no tempo do *feedback* do cliente (SINGH; REDDY, 2013).

➢ **Medição** – Este pilar é fundamental para avaliar a eficácia dos procedimentos operacionais padrão e identificar oportunidades de melhoria. Usando as métricas certas, uma equipe de *DevOps* pode entender seus pontos fortes e fracos. A equipe pode explorar maneiras de transformar suas fraquezas em pontos fortes. A identificação das métricas é essencial não só para entender o estado atual das coisas, como também para identificar focos de melhorias ou defeitos que sejam necessários manter ou corrigir no futuro. Segundo Hashimoto (2013), as métricas oferecem uma visão ampla dos efeitos do código do desenvolvedor sobre o sistema como um todo. A documentação da infraestrutura permite ao desenvolvedor aprender mais sobre a arquitetura em produção, para ajudar a entender melhor os efeitos de diferentes modificações. As máquinas virtuais, juntamente com um fluxo criado sobre *scripts* de configuração automáticos, economizam tempo para a equipe de operações, pois permitem que haja uso de ferramentas de produção para criar ambientes de desenvolvimento; enquanto isso, oferecem aos desenvolvedores uma área para realmente experimentarem a arquitetura do sistema.

➢ **Compartilhamento (*Sharing*)** – Este pilar abrange a transparência das informações organizacionais e é essencial para adoção da abordagem *DevOps*. É necessário que todos percebam que podem expressar o que pensam e, mais importante, que possam contribuir com o processo (ERICH; AMRIT; DANEVA, 2014). Desenvolvimento e Operação devem elaborar uma documentação compreensível para ambos os lados. Isso pode ser conseguido através de padrões estabelecidos de documentação e codificação. Segundo Hüttermann (2012), para aumentar o fluxo dentro do processo, todas as informações necessárias sobre o processo e o produto devem ser compartilhadas entre as equipes. Isso inclui o fato de que as pessoas devem estar autorizadas a acessar todas as informações pertinentes. Várias ferramentas de monitoração estão disponíveis para monitorar o progresso da equipe e o desempenho do sistema. Essas informações também podem ser analisadas e usadas como *feedback* para melhorar o processo. Debois (2011), um dos "pais" do *DevOps*, também observa que esse fluxo de trabalho compartilhado é um elemento-chave. Quando uma organização tem um *pipeline* de implantação que é visível para todos, todos os membros da equipe sabem quais são as implantações e quais são as fases do fluxo de trabalho.

3.12.2. Práticas do DevOps

O *DevOps* utiliza um conjunto de práticas da cultura ágil que permite que as mudanças sejam levadas rapidamente para a produção de forma coordenada e com qualidade, reduzindo o *time to market*.

Segundo Sharma (2015), na cultura *DevOps* os times e as organizações adotam uma variedade de práticas e princípios de acordo com seu tamanho, natureza ou metodologias utilizadas. Ainda de acordo com o autor, existem práticas comuns entre eles, tais como: desenvolvimento e testes em ambientes semelhantes ao da produção, processo de implantação repetível e confiável, monitoramento e validação da qualidade operacional e o aumento dos *feedbacks* dos consumidores/clientes.

Conforme apresentado na Figura 3.4, a equipe de operação da organização de TI trabalhando com *DevOps* utiliza práticas ágeis desde a concepção do projeto, fornecendo apoio à equipe de desenvolvimento.

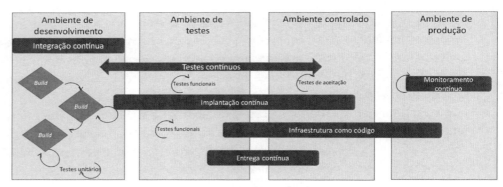

Figura 3.4 – *Pipeline* do *DevOps*.
Fonte: adaptado de SHARMA, 2014.

Esse ambiente de colaboração evita vários problemas, afina a comunicação entre as equipes, verifica o comportamento da aplicação e facilita o processo para a entrega contínua de software.

Os autores Jabbari et al (2016), Virmani (2015), Sharma e Coyne (2015) e Braga (2015) apontam as práticas mais referenciadas no mercado, que são: planejamento contínuo; integração contínua; entrega contínua; implantação contínua; monitoramento contínuo; testes contínuos; e infraestrutura como código.

O **planejamento contínuo** significa que o plano está preparado para mudar e responder às mudanças, e já que a velocidade da equipe pode mudar, o escopo aumentar ou diminuir.

Já a **integração contínua** indica que o desenvolvedor deve integrar continuamente o código desenvolvido ou alterado ao projeto principal, permitindo detectar e corrigir erros rapidamente e permitindo múltiplas integrações por dia (FOWLER, 2013).

A integração contínua pode trazer diversos benefícios para a organização e dentre eles podem-se citar um tempo menor de depuração, maior adição de características do software, redução de problemas e um menor tempo de integração, bem como o aumento de visibilidade e comunicação entre as equipes (DUVALL; MATYAS; GLOVER, 2007).

Segundo Humble e Farley (2011), a **entrega contínua** é uma prática que garante a entrega do software da equipe de desenvolvedores para o ambiente de produção em um processo confiável, previsível, visível e o mais automatizado possível, com riscos quantificáveis e bem entendidos. Significa um conjunto de práticas e princípios com o objetivo de compilar, testar e liberar *releases* de software[16] de forma mais rápida e frequente. Em vez de planejar grandes *releases*, a TI deve elaborar software em ciclos mais curtos, garantindo que o novo código possa ser implantado no ambiente de produção a qualquer momento de forma eficiente, sem comprometer a qualidade (DUVALL; MATYAS; GLOVER, 2007).

A **implantação contínua**, ou *deployment* contínuo, é uma prática que começa onde a integração contínua (IC) termina. É a ação de instalar um pacote do software de forma automática e sistêmica, ou seja, toda vez que o software passar por todas as fases da integração contínua (baixar o código, integrar, gerar o *build*, rodar os testes e gerar o artefato) e for criado o pacote em "estado de pronto", é disparado o processo de *deployment* e o software é instalado em um determinado servidor (HUMBLE; FARLEY, 2011).

O **monitoramento contínuo** é uma prática que ajuda os times de desenvolvimento e operações a identificar rapidamente quando um serviço está indisponível, entender as causas subjacentes e, sobretudo, aplicar esses aprendizados para antecipar os problemas antes que ocorram (PALKO, 2015).

Para os autores Duvall, Matyas e Glover (2007), não existe integração contínua sem a implementação da prática de testes contínuos, pois é por meio deles que os desen-

---

[16] *Release* de software é uma liberação ou lançamento de nova versão oficial de produto de software.

volvedores e as demais partes envolvidas no projeto têm confiança nas mudanças feitas no software. O objetivo é testar o quanto antes e continuamente, durante o ciclo de vida do desenvolvimento, o que leva à redução nos custos e nos tempos de testes, bem como a uma melhor qualidade do software.

Já a **infraestrutura como código** (IAC) é um tipo de infraestrutura de TI, na qual os times de infraestrutura e operação podem gerenciar configurações e automatizar o provisionamento da infraestrutura além de implementações e realizar o fornecimento de serviços através de código escrito. Isso elimina os processos manuais, seja para a configuração ou para os servidores e serviços, ou seja, gerenciar a infraestrutura como um sistema de software, com funcionalidades bem testadas, tarefas operacionais e rotineiras de gerenciamento, atualização e documentação da infraestrutura de forma segura e em larga escala (HUMBLE; FARLEY, 2011).

3.12.3. Benefícios e desafios da implantação do *DevOps*

A filosofia *DevOps* é fortemente apoiada no desenvolvimento ágil e propõe a utilização de ferramentas e práticas em conjunto com a comunicação, o que fomenta uma cultura de colaboração entre as equipes de profissionais de desenvolvimento de software e da infraestrutura de TI.

A seguir são apresentados os diversos benefícios que uma organização pode obter quando da implantação dessa filosofia, tais como (HUMBLE; FARLEY, 2011; VELASQUEZ, 2014; SATO, 2013; GALLITELLI, 2016; ZANETTI, 2018):

> ➢ **Integração das equipes** – O *DevOps* promove a união dos times de desenvolvimento e dos times de operação/produção e, com isso, também aproxima os donos do produto com suas áreas, melhorando de forma considerável a comunicação, que se torna mais aberta e eficiente. Essa integração e o trabalho em parceria possibilitam a identificação de problemas rapidamente. A troca de experiências permite implementar soluções com maior velocidade. Assim, o trabalho se torna mais estável e fluido. Essa integração é fundamental para organizações de pequeno porte, principalmente na redução de custos de pessoal, já que é comum observar essas duas áreas dando lugar a uma equipe única, mais enxuta e multidisciplinar.
>
> ➢ **Processos mais simples e automatizados** – Diversas práticas, métodos ágeis e ferramentas de automação aparecem na solução *DevOps*, o que permite deixar os processos mais simples e menos burocráticos. Como exemplo pode-se citar

o método ágil/ferramenta *Kanban*, que usa a gestão visual (quadro *Kanban*), dando transparência à evolução dos projetos, tanto com relação às etapas do projeto quanto a quem está realizando cada atividade, dessa forma facilitando a interação entre os profissionais envolvidos. Quanto à automação, sempre que possível devem ser usadas ferramentas em todas as atividades, como: na codificação dos programas, nos testes, na gestão de configuração, no uso do *pipeline* de implantação e nos *deploys* contínuos.

> **Entregas com mais qualidade e velocidade** – As melhorias significativas nos processos de desenvolvimento e produção, com a cooperação entre as equipes, garantem a confiabilidade dos softwares produzidos, a melhoria da qualidade e principalmente a velocidade das entregas para produção. De acordo com Zanetti (2018), essa capacidade de lançar recursos com frequência e corrigir problemas com agilidade, mantendo uma experiência de uso positiva para o cliente, agrega uma importante vantagem competitiva ao negócio.

É importante ressaltar que, atualmente, mais e mais empresas privadas e públicas estão adotando a abordagem/filosofia *DevOps*. Um relatório publicado no início de 2014 pela Puppet Labs, uma empresa global de desenvolvimento de aplicações e consultoria, relata que 63% dos CIOs respondentes de uma pesquisa já estavam adotando algum aspecto de *DevOps* em seus negócios (VELASQUEZ, 2013; ZANETTI, 2018).

Um estudo encomendado pela CA Technologies à empresa britânica Vanson Bourne, que ouviu 1.425 executivos em 15 países, sendo desse total 150 no Brasil, mostra que 73% dos respondentes brasileiros disseram já utilizar *DevOps* de alguma maneira em suas empresas, contra 24% da média global (BASSI, 2015). O estudo ainda indica que o Brasil já é a quarta maior referência em *DevOps* em todo o mundo e que cerca de 16% das empresas nacionais já obtiveram sucesso na implementação dessa abordagem, o que coloca o Brasil logo atrás de Estados Unidos e Índia (25%) e da Suíça (23%). E mais: apenas 24% dos executivos consultados disseram que estão atuando em companhias que ainda não estão maduras o suficiente para iniciar um processo de implementação dessa inovadora estratégia (DELFINO, s.d.).

Adotar a abordagem *DevOps* é uma tarefa que exige que a organização realize mudanças culturais, tecnológicas e adequações em seu processo de desenvolvimento de software.

Como em qualquer iniciativa de melhoria de processo de software, o caminho para uma adoção bem-sucedida de *DevOps* é único para cada organização, ou seja, deve-se ter um padrão a seguir e que seja adaptável à cultura de cada uma delas.

Diversas iniciativas são necessárias para implementar e manter a abordagem *DevOps* em uma organização, como (ZANETTI, 2018):

> **Integrar áreas** – A integração é o elemento-chave para o sucesso da implementação da filosofia *DevOps*. Esse é o primeiro passo e também o mais complexo, pois envolve a mudança de aspectos culturais da empresa. Simplesmente colocar as duas equipes em uma única sala e pedir para que interajam não funciona. Como propõe o pilar **cultura** do *DevOps*, inicialmente, deve-se introduzir o pensamento *DevOps* nas equipes, enviar funcionários para eventos e chamar especialistas para ministrar palestras sobre o assunto dentro da empresa. Descobrindo o que é a filosofia *DevOps* e como ela funciona, já é possível começar a testar na prática. No entanto, comece com projetos pequenos, visto que eles são mais simples de se fazer e manter, configurando, também, uma ótima oportunidade para que as equipes se acostumem a interagir e resolver conflitos juntas.

> **Padronizar ambientes** – Como os times de desenvolvimento e operação vão trabalhar em conjunto, é necessário realizar uma padronização do ambiente de TI. Assim, todos os profissionais, tanto os de desenvolvimento quanto os de infraestrutura, passam a trabalhar com as mesmas ferramentas (software e hardware), documentações e seguindo os mesmos protocolos; ademais, a uniformização simplifica os procedimentos e facilita o trabalho dos times.

> **Realizar uma gestão eficiente** – Uma gestão eficiente em um ambiente *DevOps* tem como característica a flexibilidade e está presente tanto na maneira de conduzir a interação entre as equipes quanto na escolha das ferramentas de gerenciamento. Os métodos de gestão empregados devem ser capazes de organizar a operação e, ao mesmo tempo, simplificar e dar dinamismo aos processos. Para isso, geralmente, opta-se por utilizar ferramentas do mundo *Agile*, como quadro *Scrum* ou *Kanban*, onde se pode ter uma visão ampla das etapas em execução, pendentes e concluídas.

> **Mensurar os processos *DevOps*** – Assim como em toda boa gestão de TI, é necessário medir e monitorar os processos. Conhecer as operações em números é essencial para saber como está o desempenho atual e o que pode ser melhorado. O ideal é estabelecer metas quanto à velocidade de resposta e frequência e depois definir os indicadores de desempenho da equipe. Não há um padrão de métricas a serem medidas no *DevOps*. Por isso, o gestor deve analisar e escolher aquelas que julgar mais relevantes ao negócio. Algumas métricas empregadas são: taxas de erros, número de incidentes por *release*, ciclo de vida do desenvolvimento, velocidade e frequência do *deploy* e velocidade de teste de software. De posse desses dados, é possível fazer um diagnóstico da performance e será possível saber, por exemplo, se os times estão atuando com eficiência, se há gargalos produtivos, se a comunicação entre as áreas está

funcionando, se a TI supre as necessidades do negócio e, claro, se os resultados obtidos estão realmente aderentes ao esperado de um ambiente *DevOps*.

Conforme apontado em Spafford (2015), as dificuldades na implementação de *DevOps* são muito diferenciadas entre as organizações, e três grandes questões foram apresentadas em quase todas as empresas que implementaram essa filosofia:

- ➢ **Resistência de profissionais a mudanças** – Naturalmente, como qualquer mudança, profissionais são resistentes e precisam ser preparados para isso. No caso de *DevOps*, é importante que os profissionais vislumbrem os benefícios de forma clara e, ainda, os benefícios que eles mesmos terão na utilização de ferramentas automatizadas.
- ➢ **Falta de investimento da empresa** – Como todo grande projeto, se não houver os investimentos necessários, o projeto não é capaz de ser finalizado. Os custos de *DevOps* não são altos. A maioria das ferramentas é *open source*. O principal problema é o investimento real da gerência, ou seja, a compra do projeto por todos os envolvidos, e principalmente da alta direção, de forma que os profissionais que implementem o projeto tenham o suporte necessário.
- ➢ **Falta de profissionais com conhecimento necessário em *DevOps* para a sua implementação** – De todos os problemas, este é apontado como o principal. É muito difícil que uma empresa que queira implementar *DevOps* já tenha dentro de casa os profissionais necessários. Esses profissionais devem ser experientes, já tendo passado por várias implementações com as mais diversas ferramentas e, ainda, ser pessoas que se mantenham atualizadas no mercado.

Referências

AMBLER, S. W. Agile Model Driven Development (AMDD). **Xootic Magazine**, Feb. 2007. Disponível em: <https://xootic.org/wp/wp-content/uploads/2009/02/ambler.pdf>. Acesso em: 04 jul. 2019.

BASSI, S. Para a CA, adoção de DevOps é chave no cenário de transformação digital. **Computerworld**, 26 fev. 2015. Disponível em: <https://computerworld.com.br/2015/02/26/para-a-ca-adocao-de-devops-e-chave-no-cenario-de-transformacao-digital/>. Acesso em: 05 ago. 2019.

BEGOLI, E.; HOREY, J. Design Principles for Effective Knowledge Discovery from Big Data. **2012 Joint Working IEEE/IFIP Conference on Software Architecture and European Conference on Software Architecture**, 20-24 Aug. 2012.

BIOVIA. Site. Disponível em: <https://www.3dsbiovia.com/>. Acesso em: 04 jul. 2019.

64 Governança Digital 4.0

BRAGA, F. A. M. **Um panorama sobre o uso de práticas DevOps nas indústrias de software.** Dissertação (Mestrado em Ciência da Computação), 124 f. Universidade Federal de Pernambuco, Pernambuco, 2015.

CANAIA TUTORIAIS. App realidade aumentada de natal da coca-cola. **YouTube**, Dec. 13, 2018. Disponível em: <https://www.youtube.com/watch?v=Bgswy-XjaQQ>. Acesso em: 04 jul. 2019.

CHESSDOM. **The number of Shannon.** Apr. 15, 2007. Disponível em: <http://mathematics.chessdom.com/shannon-number>. Acesso em: 04 jul. 2019.

CHOLLET, F. **Deep Learning with Python**. Shelter Island: Manning Publications Co., 2018.

CI&T. **Metodologia Agile:** como ela revolucionou o mercado de tecnologia. 28 abr. 2017. Disponível em: <https://br.ciandt.com/blog/agile-a-metodologia-que-revolucionou-o-mercado-de-tecnologia>. Acesso em: 04 jul. 2019.

DA SILVA, A. M. C. **Robotic Process Automation:** uma análise comparativa das soluções atuais. Dissertação para obtenção do grau de Mestre em Informação e Sistemas Empresariais. Lisboa, Universidade Aberta. Técnico Lisboa, 2017.

DANA-FARBER CANCER INSTITUTE. **How is Gene Therapy Being Used to Treat Cancer?** Apr. 2, 2018. Disponível em: <https://blog.dana-farber.org/insight/2018/04/gene-therapy-used-treat-cancer/>. Acesso em: 04 jul. 2019.

DAUGHERTY, P. R.; WILSON, H. J. **Human + Machine:** reimagining work in the age of AI. Boston: Harvard Business Review Press, 2018.

DAVIES, A. The Wired Guide to Self-Driving Cars. **Wired**, Dec. 13, 2018. Disponível em: <https://www.wired.com/story/guide-self-driving-cars/>. Acesso em: 04 jul. 2019.

DEBOIS, P. DevOps: a software revolution in the making. **Journal of Information Technology Management**, vol. 24, n. 8, 2011, p. 3-39.

DELFINO, P. DevOps: passo a passo para se tornar um profissional de sucesso. **E-TINET**, s.d. Disponível em: <https://e-tinet.com/carreira/devops-profissional-sucesso/>. Acesso em: 04 jul. 2019.

DUVALL, P. **Continuous Delivery:** Patterns and Anti-Patterns. DZone, 2018.

DUVALL, P. M.; MATYAS, S.; GLOVER, A. **Continuous Integration: improving software quality and reducing risk** (Addison-Wesley Signature Series). Boston: Addison-Wesley, 2007.

ERICH, F.; AMRIT, C.; DANEVA, M. **Report:** DevOps Literature Review. Research Gate, Oct. 06, 2014. Disponível em: <https://www.researchgate.net/profile/

Chintan_Amrit/publication/267330992_Report_DevOps_Literature_Review/
links/544ba33f0cf2bcc9b1d6bd8a.pdf>. Acesso em: 04 jul. 2019.

FOWLER, M. **Deployment Pipeline.** May 30, 2013. Disponível em: <https://
martinfowler.com/bliki/DeploymentPipeline.html>. Acesso em: 04 jul. 2019.

FOWLER, M. **The new methodology.** Dec. 13, 2005. Disponível em: <https://www.
martinfowler.com/articles/newMethodology.html>. Acesso em: 04 jul. 2019.

FREIRE, F. O que é Devops? Introdução à abordagem pela IBM. **SlideShare**, 31 jul.
2015. Disponível em: <https://pt.slideshare.net/pfelipe/o-que-devops-introduo-
abordagem-pela-ibm>. Acesso em: 04 jul. 2019.

GALEON, D. An AI Completed 360,000 Hours of Finance Work in Just Seconds.
Futurism, Mar. 08, 2017. Disponível em: <https://futurism.com/an-ai-completed-
360000-hours-of-finance-work-in-just-seconds>. Acesso em: 04 jul. 2019.

GALLITELLI, D. **Innovative Techniques for Agile Development:** DevOps Methodology
to Improve Software Production and Delivery Cycle. Thesis in-Software
Engineering. Politecnico di Bari, Itália, 2016. Disponível em: <https://www.
researchgate.net/publication/309201974_Innovative_Techniques_for_Agile_
Development_DevOps_Methodology_to_improve_Software_Production_and_
Delivery_Cycle?>. Acesso em: 04 jul. 2019.

HAGERTY, J. **2017 Planning Guide for Data and Analytics.** Gartner Technical
Professional Advice, Oct. 13, 2016.

HARARI, Y. N. **Sapiens:** a brief history of humankind. New York: HarperCollins, 2015.

HARVEY, C. Big Data Technologies. **Datamation**, Aug. 02, 2017. Disponível em:
<https://www.datamation.com/big-data/big-data-technologies.html>. Acesso
em: 09 jul. 2019.

HASHIMOTO, M. DevOps de zero a 100%: níveis e passos de adoção. **InfoQ Brasil**,
02 abr. 2013. Disponível em: <https://www.infoq.com/br/articles/wide-range-
devops>. Acesso em: 04 jul. 2019.

HELMENSTINE, A. M. How Many Atoms Exist in the Universe? **ThoughtCo**, Updated
July 03, 2019. Disponível em: <https://www.thoughtco.com/number-of-atoms-
in-the-universe-603795>. Acesso em: 04 jul. 2019.

HUMBLE, J.; FARLEY, D. **Continuous Delivery:** reliable software release through
build, test, and deployment automation (Addison-Wesley Signature Series). Upper
Saddle River: Addison-Wesley, 2011.

HÜTTERMANN, M. **DevOps for Developers.** New York: Apress, 2012.

IBM DEVELOPER. **Business Process Management Journal archive.** Issue 7.4: Dec. 09, 2015. Disponível em: <https://www.ibm.com/developerworks/bpm/bpmjournal/2013.html>. Acesso em: 04 jul. 2019.

IBM. **DevOps:** The IBM Approach. IBM Software. Technical White Paper. Disponível em: <https://www.ibm.com/developerworks/community/files/basic/anonymous/api/library/36ed35f5-2b62-4317-95eb-8cb3fdcfc10f/document/d78408a7-2056-44d2-a70e-1704dc140707/media>. Acesso em: 04 jul. 2019.

JABBARI, R. et al. What is DevOps? A Systematic Mapping Study on Definitions and Practices. *In*: **Scientific Workshop Proceedings of XP2016**, Edinburgh, 2016. Disponível em: <http://dl.acm.org/citation.cfm?id=2962707>. Acesso em: 04 jul. 2019.

KEKS, F. Horrors of mobile graphics. **Filipp Keks tech blog**, Sep. 21, 2017. Disponível em: <http://blog.filippkeks.com/2017/09/21/horrors-of-mobile-graphics.html>. Acesso em04 jul. 2019.

LEAN INSTITUTE BRASIL. Site. Disponível em: <https://www.lean.org.br/>. Acesso em: 04 jul. 2019.

LEE, K.-F. **AI Super-Powers:** China, Silicon Valley, and the new world order. Boston: Houghton Mifflin Harcourt, 2018.

LEGAL ML. JP Morgan COIN: A Bank's Side Project Spells Disruption for the Legal Industry. **HBS Digital Initiative**, Nov. 13, 2018. Disponível em: <https://rctom.hbs.org/submission/jp-morgan-coin-a-banks-side-project-spells-disruption-for-the-legal-industry/>. Acesso em: 04 jul. 2019.

MANDL, C. Itaú Unibanco e StanChart fazem parceria em blockchain na América Latina. **Reuters**, 04 dez. 2018. Disponível em: <https://br.reuters.com/article/internetNews/idBRKBN1O30YY-OBRIN>. Acesso em: 04 jul. 2019.

MCAFEE, A; BRYNJOLFSSON, E. **Machine, Platform, Crowd:** harnessing our digital future. New York: W. W. Norton & Company, 2017.

NICK T. A modern smartphone or a vintage supercomputer: which is more powerful? **Phone Arena**, June 14, 2014. Disponível em: <https://www.phonearena.com/news/A-modern-smartphone-or-a-vintage-supercomputer-which-is-more-powerful_id57149>. Acesso em: 04 jul. 2019.

PALKO, T. Monitoring in the DevOps Pipeline. **Software Engineering Institute**, Dec. 16, 2015. Disponível em: <https://insights.sei.cmu.edu/devops/2015/12/monitoring-in-the-devops-pipeline.html>. Acesso em: 05 ago. 2019.

PHILLIPS, T. Genetically Modified Organisms (GMOs): Transgenic Crops and Recombinant DNA Technology. **Scitable by Nature Education**, 2008. Disponível em: <https://www.nature.com/scitable/topicpage/genetically-modified-organisms-gmos-transgenic-crops-and-732>. Acesso em: 04 jul. 2019.

RILEY, C. Metrics for DevOps. **DevOps.com**, Jan. 26, 2015. Disponível em: <https://devops.com/metrics-devops/>. Acesso em: 04 jul. 2019.

ROSS, J. W. et al. **Designing Digital Organizations.** MITSloan, Working Paper n. 406, Mar. 2016.

RUSSOM, P. **Big Data Analytics.** TDWI Best Practice Report, 4th quarter 2011.

SABHARWAL, A. **Introduction to RPA.** Amazon Digital Services, Kindle Edition, 2018.

SAS. **Analytics:** o que é e qual sua importância? Disponível em: <https://www.sas.com/pt_br/insights/analytics/analytics.html>. Acesso em: 04 jul. 2019.

SATO, D. **DevOps na Prática:** entrega de software confiável e automatizada. São Paulo: Casa do Código, 2013.

SCHWAB, K. **A Quarta Revolução Industrial.** São Paulo: Edipro, 2016.

SETE, M. DevOps: o ano em que o Brasil descobriu a prática da automação de infraestrutura. **Computerworld**, 11 jun. 2015. Disponível em: <http://computerworld.com.br/devops-o-ano-em-que-o-brasil-descobriu-pratica-da-automacao-de-infraestrutura>. Acesso em: 04 jul. 2019.

SHARMA, S. **DevOps for Dummies**. IBM Limited Edition. Hoboken: John Wiley & Sons, Inc., 2014. Disponível em: <https://www.ibm.com/downloads/cas/EV2QA2L5>. Acesso em: 05 ago. 2019.

SHARMA, S.; COYNE, B. **DevOps for Dummies.** 3.ed. eBook. IBM, 2015. Disponível em: <https://www.ibm.com/ibm/devops/us/en/resources/dummiesbooks/>. Acesso em: 04 jul. 2019.

SHOTWELL, P. **John Tromp and the Big Numbers of Go:** The Possible Positions, Games and the Longest. 2016. Disponível em: <https://www.usgo.org/sites/default/files/pdf/TROMPFINAL5-6-16.pdf>. Acesso em: 04 jul. 2019.

SILVA, E. B. et al. (coords.). **Automação & Sociedade:** quarta revolução industrial, um olhar para o Brasil. Rio de Janeiro: Brasport, 2018.

SIMON, M.; PARDES, A. The Prime Challenges for Amazon's New Delivery Robot. **Wired**, Jan. 23, 2019. Disponível em: <https://www.wired.com/story/amazon-new-delivery-robot-scout/>. Acesso em: 05 jul. 2019.

SINGH, D.; REDDY, C. K. A survey on platforms for big data analytics. **Journal of Big Data**, 2013, p. 2-8.

SINGLETON, M. The World's Fastest Supercomputer is Back in America. **The Verge**, Jun 12, 2018. Disponível em: <https://www.theverge.com/circuitbreaker/2018/6/12/17453918/ibm-summit-worlds-fastest-supercomputer-america-department-of-energy>. Acesso em: 05 jul 2019.

SPAFFORD, J. Gleanster Delphix State-of-DevOps 2015 Report (1). **SlideShare**, 14 set. 2015. Disponível em: <https://pt.slideshare.net/JamesSpafford/gleanster-delphix-stateofdevops-2015-report-1>. Acesso em: 04 jul. 2019.

THEYSSENS, J. **RPA:** the automation of automation. Brussels: Initio, 2017.

TURK, D.; FRANCE, R.; RUMPE, B. Limitations of agile software processes. **Third International Conference on eXtreme Programming and Agile Processes in Software Engineering**, Italy, 2002.

VELASQUEZ, N. F. State of DevOps Report: statistics class edition. **Puppet Labs**, Aug. 18, 2014. Disponível em: <https://puppetlabs.com/wp-content/uploads/2013/03/2013-state-of-devops-report.pdf>. Acesso em: 04 jul. 2019.

VINCENT, J. M. Cars That Are Almost Self-Driving. **US News & World Report**, Oct. 23, 2018. Disponível em: <https://cars.usnews.com/cars-trucks/cars-that-are-almost-self-driving>. Acesso em: 05 jul. 2019.

VIRMANI, M. **Understanding DevOps & bridging the gap from continuous integration to continuous delivery.** *In*: Innovative Computing Technology (INTECH), Fifth International Conference on. IEEE, maio 2015, p. 78-82.

WETTINGER, J.; ANDRIKOPOULOS, V.; LEYMANN, F. **Automated Capturing and Systematic Usage of DevOps Knowledge for Cloud Applications**. IEEE International Conference in Cloud Engineering, IEEE Computer Society, 2015, p. 60-65.

WOMACK, J. P.; JONES, D. T. **A mentalidade enxuta nas empresas:** lean thinking. Rio de Janeiro: Campus, 2004.

WOMACK, J. P; JONES, D. T.; ROOS, D. The Machine that Changed the World. New York: Rawson Associates, 1990.

ZANETTI, D. Saiba o que é DevOps e como essa metodologia ajuda a inovar em TI. **Promove Soluções**, 22 jan. 2018. Disponível em: <https://www.promovesolucoes.com/o-que-e-devops-afinal/>. Acesso em: 05 jul. 2019.

ZENTGRAF, D. Definindo a Implementação Distribuível em DevOps. **IBM Developer Works**, 23 out. 2012. Disponível em: <https://www.ibm.com/developerworks/br/rational/library/defining-deployment-deliverable-devops/index.html>. Acesso em: 05 jul. 2019.

4. Indústria 4.0, Agronegócio 4.0, Saúde 4.0 e Cidades 4.0.

Elcio Brito da Silva,
Jairo Cardoso de Oliveira e
João Alberto de Seixas

4.1. Indústria 4.0

O termo Indústria 4.0 foi apresentado pela primeira vez na feira Hannover Mess, na Alemanha, em 2011 (PFEIFFER, 2017). A Indústria 4.0, na forma como foi apresentada, era um caminho obrigatório para todas as empresas industriais. Desviar ou retardar a jornada da Indústria 4.0 significava um risco para a sobrevivência das empresas no longo prazo. Hoje, passados mais de sete anos dessa primeira apresentação pública dos conceitos iniciais da Indústria 4.0, considerando a relevância atribuída ao tema, cabe questionar: quais são as organizações mais avançadas em termos de transformação em uma Indústria 4.0? Quais foram as mudanças conquistadas? Como essas empresas continuarão se transformado?

Quando, na década de 80 do século passado, McFarlan, McKenney e Pyburn (1983) estudavam a importância estratégica da tecnologia de informação (TI) em diferentes organizações, tinha-se uma visão cautelosa do que poderia significar a TI no futuro. Para os pesquisadores, a TI poderia assumir quatro papéis distintos em uma organização, em função de sua importância estratégica presente e futura para o negócio. Nessa proposição, em um contexto de indústria, a TI teria papel de suporte, tendo como principal objetivo aumentar a eficiência operacional. Para empresas como editoras de livro, a TI teria uma baixa relevância corrente, mas era vista com potencial de ser estratégica no futuro. Nas empresas com operações semelhantes às de companhias aéreas, já naquela época, a TI era importante, mas não se tinham expectativas de que a TI fosse crescer em termos de importância estratégica para o negócio. Por fim, tínhamos uma TI que possuía relevância estratégica presente e futura para a organização, classificada como estratégica, que era exemplificada por meio das instituições financeiras. Quando consideramos o cenário atual, no qual a TI já representa o núcleo de várias organizações e é vista como altamente estratégica para diferentes negócios, temos uma visão de uma TI compatível com as transformações que a Terceira Revolução Industrial causou nas organizações.

Na visão de Berman (2012), transformação digital ocorre quando uma organização muda um ou mais elos de sua cadeia de valor por meio da tecnologia digital, de forma a caracterizar os seus ativos digitais como elementos geradores de valor. Para Westerman, Bonnet e Mcafee (2014), as empresas possuem três alternativas de estratégia de digitalização: mudança de modelo de negócio, mudança da experiência do cliente (que podemos chamar de mudança do produto na forma como utilizamos neste texto) e mudança de operação. Para os autores, a execução dessas estratégias podem conduzir a aumento de eficiências de produto, operação e modelo de negócio ou transformações completas, referenciadas pelos autores como lagartas velozes e borboletas, respectivamente. Assim, cabe questionar: o que devemos buscar em termos de mudança na formulação de estratégias de digitalização nesta Quarta Revolução Industrial?

Na prática, já vemos exemplos do resultado da execução de estratégias de digitalização viabilizadas pelo fim dos limites do mundo físico, digital e biológico no mercado. No agronegócio, por exemplo, temos empresas fabricantes de tratores, aproveitando-se da convergência entre os mundos físico e digital para inovar na proposta de modelos de negócio, baseadas não mais em venda de equipamentos, mas em prestação de serviços. De forma análoga, estamos vendo o surgimento de empresas que se aproveitam do fim dos limites entre o mundo físico e biológico para construírem os seus modelos de negócio, como, por exemplo, a Catalog (<www.catalogdna.com>), que oferece a possibilidade de armazenamento de dados em moléculas de DNA, modelo que pode causar uma disrupção no conceito de *data centers* tal como conhecemos atualmente (REGALADO, 2018). Tendo em vista que as tecnologias dos mundos físico e biológico possuem como motor principal tecnologias digitais, os *Chief Information Officers* (CIOs) agora estão desafiados a estender a governança do mundo digital para incorporar os ativos digitais contidos nas tecnologias dos mundos físico e biológico, de forma a atender às necessidades de uma Organização 4.0.

Dentro da indústria, o segmento no qual houve maior avanço em termos de transformações do tipo borboleta (WESTERMAN, BONNET e MCAFEE, 2014), decorrente do fim de um ou mais dos limites entre os mundos físico, biológico e digital, provavelmente seja o setor automotivo. O início das transformações no segmento automotivo pode ser creditado a uma mudança na forma como vemos o veículo, decorrente da digitalização. O surgimento de empresas como Uber[17], Lyft[18], Didi Chuxing[19], etc.

---

[17] <https://www.uber.com/pt-br/br/>.
[18] <https://www.lyft.com/>.
[19] <https://www.didiglobal.com/>.

Indústria 4.0, Agronegócio 4.0, Saúde 4.0 e Cidades 4.0. **71**

viabilizou o desenvolvimento de uma nova visão no setor, que rivaliza com o conceito dominante, ao questionar se não seria desperdício de recursos manter um bem de alto custo, como o carro, apenas para atender a poucas viagens durante o dia. Nessa nova visão, ainda se questionam se viagens com um único ocupante também representam desperdícios de recursos e, portanto, deveriam ser evitadas. A velocidade com que as empresas que representam a nova visão sobre como usar de forma eficiente um veículo estão conquistando espaço pode ser constatada observando-se a Figura 4.1, que apresenta o crescimento do uso do serviço Uber na cidade de São Paulo (CARVALHO, 2017).

O processo de mudanças no modelo mental sobre como utilizar um veículo de forma eficiente parece estar no começo. Em Nova York, por exemplo, o uso de algoritmos computadorizados para viagens de táxis reduziria a frota destes veículos em cerca de 30% (KNIGHT, 2018). Mesmo que o compartilhamento fosse adotado em todas as viagens, como proposto no estudo sobre Nova York, fora dos horários de picos da manhã e do fim da tarde ainda se teria uma sobra de capacidade de transporte. Para a empresa Rinspeed[20], quando os veículos se tornarem autônomos, deveriam ser desmembrados em plataforma e cabine. A plataforma seria formada pelo conjunto bateria, motores, rodas etc. – em resumo, todo o necessário para o deslocamento autônomo. A cabine, por outro lado, seria customizada para oferecer diferentes tipos de comodidades aos passageiros e conectada na plataforma quando necessária. O desmembramento plataforma e cabine permitiria não só uma mesma plataforma ser utilizada em conjunto com múltiplos tipos de cabines, como até que a plataforma fosse utilizada em outros tipos de transporte. A plataforma poderia, por exemplo, ser utilizada para transporte de carga, no lugar de uma empilhadeira dentro de um armazém, fora das horas de pico normais no deslocamento urbano do dia a dia (NEUWIRTH, 2018).

Na Quarta Revolução Industrial, essas estratégias digitais consideram, em suas formulações, o domínio sobre os ativos digitais que estão incorporados nas tecnologias dos mundos físico e biológico.

---

[20] <https://www.rinspeed.eu/en/>.

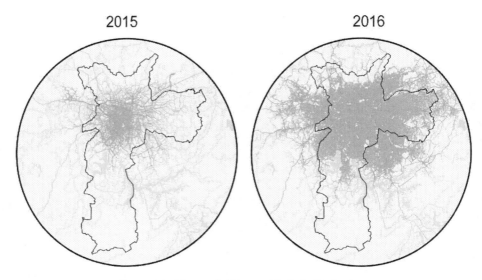

Figura 4.1 – Viagens de Uber na cidade de São Paulo.
Fonte: adaptado de CARVALHO, 2017.

Em termos de estratégia de digitização de produto, o exemplo óbvio são os veículos da Tesla. Esses veículos representam o que pode ser considerado um produto misto, formado por tecnologias digitais e físicas. A Tesla introduziu no mercado de automóveis um conceito de evolução contínua do produto. Esse conceito nasceu no mercado de computadores, no qual atualizações de software têm tanto o objetivo de aumentar o desempenho e a segurança em equipamentos e aplicativos como também a sua funcionalidade. Esse conceito, trazido para o mundo automobilístico, conduz a um aumento da vida útil do produto e de seu nível de customização, além de viabilizar a criação de novas formas de receita recorrentes, com base no uso deles. Entretanto, o que foi entregue até o momento pela Tesla em termos de resultado de sua estratégia de digitização do produto, apesar de inovador, não corresponde ainda à ambição da companhia e tampouco antecipa o que pode surgir no futuro em termos de estratégias digitais de operação e relacionamento com o cliente.

Recentemente, a Tesla liberou uma atualização no seu software, permitindo aos proprietários de veículos que há muito deixaram a fábrica usufruírem de novas funcionalidades. Essas funcionalidades oferecem melhorias tanto na interface do veículo com o condutor como na adição de um mecanismo que usa de forma sofisticada os sensores do veículo de forma a antever colisões. Os avanços liberados na última versão do software da Tesla são entendidos como o último *milestone* a ser alcançado antes da liberação de uma versão do software que permita ao veículo uma condução autônoma (HYATT, 2018). O carro autônomo será o catalisador de mudanças profundas na formulação das estratégias digitais de operação e relacionamento com o cliente.

A chegada do veículo autônomo ao mercado é um evento altamente aguardado, vastamente antecipado, mas cujas projeções sobre quando se tornará realidade estão longe de ser um consenso. De qualquer forma, considerando a visão majoritária das principais montadoras mundiais de que o veículo autônomo é altamente provável em um horizonte de cinco anos (WALKER, 2019), é razoável supor que uma necessidade de revisão profunda nos modelos de negócio no setor automotivo já seja tardia. Um exemplo do que podemos esperar em termos de mudança na formulação da estratégia digital com impacto no relacionamento com o cliente é fornecido pela Toyota.

No final do século XX, uma das empresas de maior destaque era a Toyota, que, com sua proposta de modelo enxuto de produção, conquistou não apenas mercado como se tornou um *benchmarking* global em termos de gestão de operações. No início de 2018, a Toyota apresentou na feira CNET, em Las Vegas, seu conceito de carro do futuro, chamado E-Palette. Na visão de futuro da Toyota, uma vez que o veículo será autônomo, o cliente buscará aproveitar o tempo de transporte para realizar diferentes atividades. Teremos veículos restaurantes, dormitórios, salas de reuniões, etc. Esses novos usos, somados aos usos tradicionais de veículo como equipamento para transporte de encomendas, abrem espaço para imaginar o veículo como uma ferramenta altamente customizada. Esses veículos funcionais sairão da fábrica com a proposta de atender a uma função específica, muito provavelmente dentro de uma região geográfica também específica. A proposta de veículos altamente customizados se contrapõe à visão dominante na qual os veículos são equipamentos de uso geral, capazes de rodar em cidades, estradas, em qualquer região do planeta. Assim, ao contrário do que se poderia supor, veículos funcionais tenderão a ser mais simples do que os veículos atuais, que precisam ser desenvolvidos e validados em múltiplos cenários de operação. Isso torna possível supor uma redução da barreira de entrada de novos competidores no segmento de fabricantes de veículos, com foco em atender às necessidades funcionais específicas do mercado.

A visão apresentada pela Toyota de veículo autônomo é acompanhada de uma proposta de plataforma de negócios digital, que pode ser vista na Figura 4.2, construída tendo como núcleo a ideia de uma frota de veículos inteligentes (TOYOTA, 2018). Essa plataforma tem por objetivo habilitar o fluxo de negócios entre os múltiplos atores que interagem com a frota, como a concessionária, o proprietário e o usuário do veículo, a companhia de seguro, o governo e o operador que fornece os meios de pagamentos para as interações entre os atores. Uma plataforma com esse conceito permitirá à empresa de seguro, por exemplo, definir o seguro a ser cobrado de forma dinâmica, considerando as classificações de riscos atribuídas às vias que serão percorridas. Evidente que esse tipo de plataforma permite a criação de diversos novos cenários de negócio, não apenas para a companhia de seguro. É razoável supor que, para o dono de veículo, seja algo natural combinar a oferta do transporte de comodidades, como bebidas e alimentos, cabendo ao veículo a responsabilidade por informar o consumo delas, bem como adicionar o valor desse consumo na conta a ser paga no final do percurso. Esse tipo de cenário fornece um exemplo de uma formulação da estratégia de digitização ampla, que considera não apenas o mundo digital, mas também o mundo físico do veículo e inclusive os equipamentos e produtos de consumo que serão incorporados ao veículo, como, por exemplo, o controle das vendas dos refrigerantes nas *vending machines*. Essa nova proposta trazida pela Toyota representa um novo patamar em termos de busca de eficiência. O Uber trouxe eficiência no uso do veículo, a Rinspeed projetou um segundo patamar em termos de eficiência do uso eficiente do veículo e, agora, a Toyota coloca a busca da eficiência do tempo do usuário do veículo em foco. Isso significa não só múltiplas opções sobre como aproveitar o tempo durante uma viagem, mas também a possibilidade de evitar uma viagem por completo, tendo em vista que é possível configurar o veículo de várias formas, inclusive como uma loja. No conceito da Toyota, se o cliente quiser experimentar um produto, é a loja que vem até ele e não o contrário.

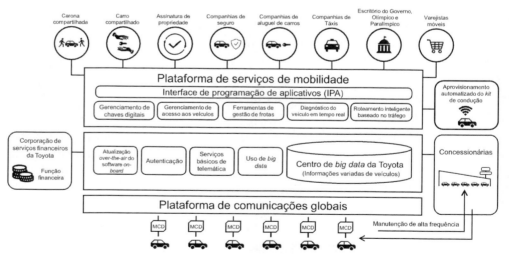

Figura 4.2 – Plataforma de serviços de mobilidade plataforma E-Palette.
Fonte: adaptado de TOYOTA, 2018.

Frequentemente, quando se focaliza a digitização nas operações, a discussão tende a ser focada na automação da camada digital da operação, como, por exemplo, adoção

Indústria 4.0, Agronegócio 4.0, Saúde 4.0 e Cidades 4.0. **75**

de *Robot Process Automation* (RPA)[21] nas operações de *backoffice* ou nas integrações dos processos do *backoffice* com o *frontoffice*. Essa automação busca assegurar que o executado seja conforme planejado, que desvios sejam antecipados e que se obtenha o suporte de algoritmos de *machine learning* para conseguir prescrições de ações necessárias para se manter dentro dos objetivos operacionais. Considerando que produtos e modelos de negócio semelhantes aos propostos pela Toyota se tornem realidade, automações apenas da camada digital não serão suficientes. Será necessário repensar a formulação da estratégia digital de operação, levando em conta a camada física da fábrica para viabilização de uma produção customizada.

No dia a dia das operações no chão de fábrica, é frequente o uso da ferramenta espinha de peixe, proposta por Ishikawa (1985) com o objetivo de mapear possíveis correlações entre efeitos na produção e potenciais causas em quatro dimensões: mão de obra, materiais, máquinas e métodos. Tomando a liberdade de ampliar o objetivo de uso da ferramenta espinha de peixe, de método dedutivo de causas raízes de uma falha para uma ferramenta de suporte de solução de problemas complexos, podemos usar a ferramenta como base para encontrar os motivos que nos impedem de produzir customizações em massa? O que precisaríamos conquistar em termos de mão de obra, materiais, máquinas e métodos para que uma customização em massa fosse possível?

Analisando as tecnologias emergentes da Quarta Revolução Industrial, podemos perceber que passos na direção da construção de uma fábrica capaz de suportar uma produção altamente customizada estão sendo dados. Em termos de mão de obra, óculos de realidade aumentada permitem que as instruções de trabalho sejam recebidas quando forem necessárias. Com óculos de realidade aumentada, a mão de obra poderá ser classificada como artesãos do futuro, capazes de fabricar qualquer produto sem nenhum treinamento anterior. Do ponto de vista de redução de *leadtime*, impressoras 3D, que estão ganhando a capacidade de fabricar não apenas protótipos, mas também produtos finais, tanto em polímeros quanto em metal, tornam viável o atendimento das necessidades de uma produção customizada. Máquinas conectadas ao mundo digital tornam-se altamente inteligentes e capazes de oferecer saltos em termos de flexibilidade que viabilizam a possibilidade real de uma produção customizada. Por fim, do ponto de vista de processos, a capacidade de se definir dinamicamente um fluxo de trabalho e orquestrar diferentes atividades, de forma a viabilizar uma produção customizada, é algo que está sendo conquistado. Isso está se tornando possível por meio de ampla capacidade de integração de equipamentos e de controle em tempo

---

[21] Veja Boulton, 2018.

76 Governança Digital 4.0

real do fluxo de componentes e equipamentos na operação. Nesse possível cenário futuro, a Governança Digital na operação precisará ser revista de forma a absorver as parcelas digitais contidas nos equipamentos no chão de fábrica. O risco decorrente de falhar nessa empreitada é bastante aparente, tendo em vista que basta apenas que uma máquina que esteja conectada seja infectada por um vírus para que toda a operação seja colocada em risco.

Diante do potencial de materialização de uma Indústria 4.0, cabe-se questionar se já é possível observar não apenas na indústria, mas também em outros setores fundamentais da economia, quando e como as estratégias de digitização serão impactadas e quais serão os desdobramentos desses impactos para a Governança Digital.

4.2. Agronegócio 4.0

Há mais de 23.000 anos que a humanidade tem buscado o controle total do trigo (AMERICAN FRIENDS OF TEL AVIV UNIVERSITY, 2015). Sendo um dos principiais elementos básicos da dieta diária, o aumento de sua produtividade é fator-chave para que possamos fazer frente a uma necessidade de aumento de 60% na produção de alimentos até 2050. Esse aumento de produtividade é um desafio considerável, tendo em vista o atual cenário antagônico de disponibilidade de água, terras cultiváveis e clima (OECD, 2016). Hoje, alavancados por uma redução exponencial do custo no sequenciamento genético, viabilizada pelas tecnologias do mundo digital, alcançamos o término do sequenciamento genético do trigo (WETTERSTRAND, 2019; APPELS et al, 2018). O sequenciamento genético, devido à complexidade do DNA do trigo, que é cinco vezes maior do que o humano, consumiu 13 anos do esforço de cerca de duzentos cientistas espalhados globalmente (MATSUURA, 2018). Essa conquista de aumento de produtividade é fundamental para o aprimoramento genético do trigo, permitindo o aumento de sua resistência a fatores como pragas e condições desfavoráveis de climas. Os progressos na busca de aumento de produtividade do trigo simbolizam de forma expressiva o potencial das transformações que sobrevêm do fim dos limites entre os mundos biológico e digital que ocorre na Quarta Revolução Industrial.

Assim como na Indústria 4.0, no Agronegócio 4.0 também é fundamental para o CIO conseguir estender os limites da Governança Digital para incorporar a parcela digital contida nas tecnologias dos mundos físico e biológico. Para se estabelecer um parâmetro sobre o grau de urgência para o início do processo, também é possível adotar como ponto de partida para apoiar essa avaliação o modelo Westerman, Bonnet e McAfee (2014) para formulação de estratégias de digitização. Mas, para

Indústria 4.0, Agronegócio 4.0, Saúde 4.0 e Cidades 4.0. **77**

tanto, precisamos entender primeiramente algumas das mudanças provocadas pelas tecnologias dos mundos físico, digital e biológico que estão acontecendo nas dimensões de produtos, operação e modelo de negócio com o cliente no agronegócio.

Voltando ao exemplo do trigo, possivelmente o cruzamento da fronteira do sequenciamento genético do trigo, combinado com o surgimento recente de novas ferramentas genéticas, como o CRISPR (*Clustered Regularly Interspaced Short Palindromic Repeats*), alavancado pelas tecnologias do mundo digital, pode ser um dos melhores caminhos para tornar o aumento da produtividade do trigo uma realidade. O CRISPR é um exemplo das principais tecnologias do mundo biológico que precisamos conhecer.

CRISPR ganhou notoriedade com a divulgação de que uma equipe de médicos chineses executou a modificação genética em dois embriões humanos para evitar que contraíssem o vírus HIV (REGALADO, 2018). O CRISPR é um sistema biológico capaz de guiar uma proteína, frequentemente a CRISP *Associated protein* 9 (CAS9), para cortar um DNA (*deoxyribonucleic acid*) em um gene específico. A forma com que o CRISPR localiza o gene a ser alterado é por meio de uma amostra do RNA (*ribonucleic acid*) que é incorporada no sistema CRISPR. Uma vez cortado, o DNA é reparado inserindo-se nele um outro gene para ser incorporado no local do corte durante o procedimento. O CRISPR é um sistema natural encontrado em diversos tipos de bactérias, como a *Streptococcus pyogenes*. Esse sistema, cujo intuito é defender a bactéria contra a invasão de algum vírus, quando manipulado em laboratório, permite que seja utilizado como um comando *search & replace* biológico, capaz de substituir qualquer gene de um DNA por outro de um DNA doador. Combinando o sequenciamento genético com a precisão de edição genética do sistema CRISPR, é possível substituir um longo processo com várias tentativas de combinações genéticas, que levam múltiplas gerações, com a expectativa de produção de uma mutação específica, por uma edição genética cuja efetividade pode ser comprovada em uma única geração. A profusão de aplicações do uso do sistema CRISPR no agronegócio é praticamente ilimitada, podendo ser utilizada para mudar não só as características dos alimentos, como também as das pragas. O CRISPR é a principal tecnologia responsável pela mudança do que podemos considerar como estratégia de desenvolvimento do produto no agronegócio.

Entre os exemplos do que já se realizou com o CRISPR no agronegócio estão o aumento da tolerância do gado ao calor, permitindo que um mesmo tipo de animal nos Estados Unidos produza noves vezes mais leite do que na Índia, seja mais resistente às doenças e responda melhor à nutrição (LIVESTOCK GENTEC, 2018). Dois grandes aceleradores para o desenvolvimento do CRISPR no agronegócio estão ligados ao investimento em pesquisa e ao enquadramento regulatório dos alimentos desenvolvidos apoiados na tecnologia CRISPR. Atualmente, o investimento em pesquisas utilizando CRISPR é baixo e de retorno rápido. O custo para pesquisas com CRISPR é tão baixo que viabilizou o surgimento de um novo movimento do tipo "faça você mesmo" em biotecnologia. Em termos de tempo, enquanto uma pesquisa na forma tradicional leva entre sete e 25 anos para ser finalizada, com CRISPR leva de dois a três anos. Esse movimento tem mobilizado não apenas *startups* a se aventurarem nesse mundo, como também adolescentes a operarem laboratórios capazes de executar clonagem de DNA em suas casas. O outro acelerador do desenvolvimento dos produtos usando o CRISPR é o arcabouço regulatório. No Brasil o ponto-chave para definir qual regulamentação se aplica ao alimento melhorado geneticamente com CRISPR está ligado à origem do gene do DNA doador utilizado no processo. Se o gene for de um organismo da mesma espécie que o receptor, é tratado como melhoramento genético convencional. Se for de um outro ser vivo, será classificado como transgênico (BAUMGAERTNER, 2018; FURLAN, 2018).

A mudança na estratégia de desenvolvimento de produto no agronegócio por meio de biotecnologia como CRISPR demanda a formulação de uma estratégia de digitização que apoie o ciclo de vida de desenvolvimento de produtos biológicos. Ferramentas comuns do setor farmacêutico, como o Biovia, da Dassault Systems[22], que gerenciam todo o ciclo de vida do desenvolvimento de produtos vivos, passam a entrar no radar do CIO do agronegócio e a fazer parte da estratégia digital de desenvolvimento de produto, levando consequentemente à necessidade de ser consideradas dentro da Governança Digital da companhia.

A mudança no desenvolvimento de produtos no agronegócio é um dos resultados do processo de eliminação dos limites dos mundos biológico e digital, que estão na base do que se espera de um Agronegócio 4.0. No entanto, para se compreender a Governança Digital no Agronegócio 4.0, o processo não se esgota com a discussão sobre o desenvolvimento de produto. É necessário analisar também quais são as influências das mudanças nas operações e no relacionamento com o cliente projetadas no horizonte, de forma a derivar as estratégias de digitização correspondentes e os impactos para a Governança Digital.

O fim dos limites entre os mundos físico e digital é algo perseguido por décadas em elos-chave da cadeia de valor do agronegócio, como fábricas, sistemas logísticos e portos. Provavelmente a fazenda, o último elo a entrar nesse processo de conver-

---

[22] Biovia Dassault Systems: <https://www.3ds.com/products-services/biovia/>.

Indústria 4.0, Agronegócio 4.0, Saúde 4.0 e Cidades 4.0. **79**

gência de mundos, se torne a origem dos mais surpreendentes exemplos do que uma estratégia de digitizações da operação pode representar em termos de produtividade. Recentemente, a fazenda tem sido o elo catalisador da atenção no setor do agronegócio. Novas aplicações com foco em controlar o processo de pulverização, adubação e irrigação são comuns. De forma semelhante, ferramentas com o objetivo de tornar o processo de monitoramento de praga e clima mais preciso também se tornam essenciais para manter qualquer empresa competitiva. O uso de soluções construídas com base na convergência dos mundos físico e digital é um processo geral. Novas soluções, que estão sendo adotadas não só no pomar ou na floresta, são abundantes também nos viveiros e fundamentais para dar suporte também às etapas de preparação do solo, plantação e colheita. Em cada uma das soluções que são usadas no agronegócio, sejam tratores ou drones, facilmente se encontram diversos componentes de software e hardware, embarcados nos equipamentos usados na operação, conectados ou prontos para fazer parte de um completo processo operacional digital. Um dos principais motivos para essa explosão de aplicações no campo é o desenvolvimento de novas tecnologias para transmissão de dados. Entre as tecnologias responsáveis pela conexão no campo estão propostas como LoRa[23], Sigfox[24], constelações de nanossatélites[25] e redes celulares LTE/4G em 700 MHz[26].

A profusão de aplicações no campo é responsável por ampliar para o CIO uma preocupação sobre a Governança Digital, que já era comum com relação aos demais elos da cadeia do agronegócio. O CIO está sendo desafiado a definir como estabelecer a governança das tecnologias no campo, considerando as camadas de software e hardware incorporadas em cada um dos diversos equipamentos inteligentes que estão sendo inseridos nos processos no campo. A resposta a esse desafio é fundamental para que o CIO consiga escapar de ter que conviver com uma arquitetura de tecnologia acidental, incapaz de permitir uma visão integrada e robusta da operação, elemento fundamental para apoiar o desenvolvimento de um conhecimento profundo do campo e a evolução do nível de maturidade nas operações na direção do Agronegócio 4.0.

Por fim, semelhantemente ao que ocorre na Indústria 4.0, no agronegócio a estratégia digital de modelo de negócio também está sendo impactada pelo fim dos limites entre os mundos físico, digital e biológico. Uma das grandes mudanças está ligada à rastreabilidade de produto. A rastreabilidade, quando se trata de produtos agrícolas,

---

[23] <https://lora-alliance.org/>.
[24] <https://www.sigfox.com/en>.
[25] Ver SAS (s.d.).
[26] Ver Higa (2018).

é um elemento fundamental, tendo como foco principal acompanhar se o produto chegou ao consumidor com a mesma qualidade que deixou o campo ou a fábrica. Além de ajudar a identificar desvios no transporte dos produtos até o cliente final, a rastreabilidade permite, no caso de um desvio no produto, identificar a origem do problema em estágios muito anteriores ao transporte, como a fábrica ou até mesmo o campo. Para muitos clientes, a rastreabilidade oferece toda a história necessária para que o cliente possa ter certeza não apenas sobre as características do produto, mas também se o produto foi feito em conformidade com as práticas esperadas pelo cliente, como, por exemplo, em relação ao trabalho aplicado e ao uso dos recursos naturais.

Tanto em termos de operações como de modelo de negócios, ainda não está claro quais serão as mudanças radicais, onde estão as borboletas que poderão surgir no agronegócio. Por outro lado, mesmo sem mudanças radicais, não dá para diminuir a importância dos impactos das transformações já em curso para o Agronegócio 4.0, do ponto de vista de aumento de eficiência, decorrentes do fim dos limites, principalmente dos mundos físico e digital. Nesse contexto, uma revisão por parte do seu modelo de Governança Digital no agronegócio, considerando o impacto das tecnologias da Quarta Revolução Industrial, torna-se iminente.

4.3. Saúde 4.0

Jered Chinnock, 29, é um exemplo das transformações humanas decorrentes do fim dos limites entre os mundos físico, digital e biológico. Após um acidente que lesou sua medula espinhal e o deixou completamente incapacitado de qualquer movimento nos membros inferiores, Chinnock conseguiu, depois de cinco anos de movimentos paralisados, percorrer 102 metros caminhando de forma independente. O feito de Chinnock foi viabilizado por meio de um implante de um dispositivo eletrônico em sua medula espinhal com o objetivo de religar os sinais cerebrais aos músculos (WILLINGHAM, 2018).

A análise da saúde, considerando o fim dos limites entre os mundos decorrente da Quarta Revolução Industrial, conduz a uma liberdade de imaginação que trará transformações fascinantes no setor da saúde. Para empresas como a Rejuvenate Bio[27], a reversão da idade já está no horizonte. A *startup* pretende aprofundar estudos genéticos realizados em camundongos, onde foram observados o rejuvenescimento de certas moléculas nas cobaias, um marco a ser alcançado antes de se ter a ambição

---

[27] <http://www.rejuvenatebio.com/>.

de buscar o rejuvenescimento de humanos (REGALADO, 2018). A Quarta Revolução Industrial no setor de saúde tem potencial de nos surpreender com várias borboletas, em termos de novos produtos, experiência do cliente (no caso, paciente) e operação. Apesar da inegável relevância e da capacidade dessas borboletas na saúde de capturar nossa atenção, não devemos diminuir a importância das transformações que tornarão os processos atuais em lagartas velozes, para que possamos fazer frente à demanda crescente de cuidados com a saúde com que convivemos.

As borboletas na área da saúde, apesar de provavelmente mais impressionantes do lado de criação de novos produtos e de experiência do paciente, não serão privilégios dessas dimensões. Grandes mudanças na operação também são esperadas na saúde, sendo que uma das principais será nos hospitais. Os hospitais podem ser entendidos como grandes complexos operacionais, semelhantes à indústria, em termos de necessidade de busca por melhoras na eficiência e eficácia operacional. Na indústria, uma das principais transformações em curso, decorrente do fim dos limites entre o mundo físico e digital, é o desenvolvimento de *app stores* de segunda geração para viabilizar a integração de objetos e sistemas ciberfísicos. Essa é uma tendência em termos de arquitetura de sistemas que muito em breve poderá ser adotada como o principal motor para a criação de um Hospital 4.0.

Atualmente, as montadoras de automóveis são o setor industrial onde a adoção de *app stores* de segunda geração de objetos e sistemas ciberfísicos é mais acelerada. As montadoras operam em mercados altamente competitivos, com o lançamento de novos veículos em alta frequência e prática de mercado. Para tanto, a velocidade na mudança de arranjos produtivos é altamente necessária. Para suportar essas mudanças, as montadoras oferecem espaços virtuais no formato de *app stores* para o desenvolvimento de objetos e sistemas ciberfísicos de forma compartilhada. Essas *app stores* são utilizadas pelos seus próprios engenheiros, engenheiros de fabricantes de equipamentos e engenheiros de empresas chamadas integradoras de sistemas. Nessas *app stores* de objetos e sistemas ciberfísicos, cabe à engenharia da montadora estabelecer a governança digital do ambiente, definindo entre outros parâmetros as regras a serem seguidas para publicar ou consumir os dados de um objeto e sistemas ciberfísicos. Para os fabricantes de objetos ciberfísicos, como os fabricantes de robôs, é atribuída a responsabilidade por publicar os dados de engenharia de seus robôs no espaço, ficando a cargo das empresas de engenharia responsáveis pelas mudanças nos arranjos públicos as tarefas de consumir os dados dos objetos ciberfísicos na montagem de sistemas ciberfísicos, formados por múltiplos objetos ciberfísicos. Depois de aprovado virtualmente o sistema ciberfísico, as empresas integradoras respondem pela colocação dos sistemas ciberfísicos em operação efetiva no chão da fábrica.

Para Bernardi, Sarma e Traub (2017), os objetos ciberfísicos podem ser integrados em diferentes níveis de complexidade. No primeiro nível, de complexidade mais baixa, um objeto ciberfísico se conecta a outro objeto com o objetivo de trocas de informações. No segundo nível os objetos interagem com o objetivo de executar um dado processo. O terceiro estágio seria o de recrutamento. Nesse estágio, um objeto poderia ser chamado de forma dinâmica a colaborar dentro de um processo. No último estágio, denominado de imersão, teríamos uma vasta integração de todos os objetos ao nosso redor, suportando a execução de múltiplos processos. As *app stores* de objetos e sistemas ciberfísicos oferecem o ambiente para essa integração.

No Hospital 4.0, é esperado que a integração de objetos e sistemas ciberfísicos mudem os processos de resgate, ambulatório, diagnóstico, gestão de materiais, cirurgia, centro de tratamento intensivo, etc. (SILVA et al, 2018). No transporte por ambulância, por exemplo, integrando os objetos e sistemas ciberfísicos, disponíveis em uma *app store*, poderíamos implantar o seguinte processo de socorro:

➢ **Despacho:** no início do resgate, uma ambulância ciberfísica teria todos os seus equipamentos internos como maca, equipamentos de suporte a vida, etc. conectados com os sistemas de controle do veículo. Essa ambulância seria capaz de, durante o caminho até o ponto de resgate, colaborar com o sistema de controle semafórico de forma a agilizar o processo de resgate. Além disso, seria possível para essa ambulância recrutar os veículos no caminho de forma a solicitar apoio para liberar a via, por meio de transmissão de instruções claras para os motoristas sobre como se movimentarem para facilitar a passagem da ambulância.

➢ **Resgate:** no momento do resgate, o socorrista poderia, por meio de óculos inteligentes, se conectar a um médico que esteja remoto de forma a compartilharem imagens sobre a pessoa que esteja sendo socorrida, bem como para receber instruções. Para tanto, poderia usar a infraestrutura de comunicação da ambulância como ponto de acesso à internet. Além de compartilhar imagens e receber instruções, o socorrista poderia utilizar diferentes sistemas de monitoramento de sinais vitais para compartilhar dados sobre as condições da pessoa que está sendo resgatada com o médico remoto.

➢ **Transporte:** no transporte da pessoa socorrida até o hospital, além de colaborar com o sistema semafórico e recrutar o apoio dos veículos nas vias para facilitar a passagem da ambulância, a comunicação de imagens e dados entre o socorrista e o médico seria mantida por meio de um compartilhamento da infraestrutura de comunicação do veículo.

> **Transferência:** no momento de transferência para o hospital, seria o momento da maca inteligente disparar o início de um novo processo, no qual recrutaria iluminação indicativa de direção, elevadores do hospital ou qualquer outro recurso que possa facilitar a chegada da pessoa socorrida ao local onde receberá o atendimento.

Os desafios para transformar qualquer hospital em um Hospital 4.0 são enormes; por outro lado, o desenvolvimento da capacidade para executar essa transformação também é uma oportunidade para produção de tecnologia de ponta. Para o BNDES, o Brasil não só pode se beneficiar de um Hospital 4.0, como também deve buscar ser um competidor global no desenvolvimento de aplicações da tecnologia IoT na saúde. A Figura 4.3 apresenta o principal conjunto de aplicações consideradas viáveis de serem desenvolvidas no curto e médio prazo, com potencial de provocar impacto relevante no sistema de saúde brasileiro (BNDES, 2017).

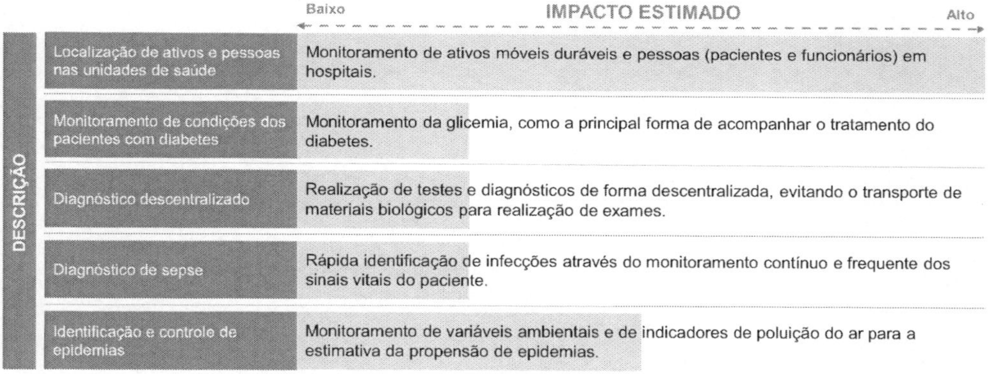

	Baixo IMPACTO ESTIMADO Alto
Localização de ativos e pessoas nas unidades de saúde	Monitoramento de ativos móveis duráveis e pessoas (pacientes e funcionários) em hospitais.
Monitoramento de condições dos pacientes com diabetes	Monitoramento da glicemia, como a principal forma de acompanhar o tratamento do diabetes.
Diagnóstico descentralizado	Realização de testes e diagnósticos de forma descentralizada, evitando o transporte de materiais biológicos para realização de exames.
Diagnóstico de sepse	Rápida identificação de infecções através do monitoramento contínuo e frequente dos sinais vitais do paciente.
Identificação e controle de epidemias	Monitoramento de variáveis ambientais e de indicadores de poluição do ar para a estimativa da propensão de epidemias.

Figura 4.3. Aplicações de IoT prioritárias para fomento.
Fonte: adaptado de BNDES, 2017.

A Quarta Revolução Industrial na saúde representará para o CIO um desafio enorme em termos de Governança Digital, tendo em vista a quantidade de tecnologia digital que está sendo incorporada nos produtos, nos processos e na experiência do paciente. Por outro lado, o potencial transformador que a Quarta Revolução Industrial oferece para a saúde cria um cenário irreversível e exponencial de progresso. Nesse contexto, a Governança Digital deve ser estruturada para ser um facilitador, de forma que os benefícios da Saúde 4.0 não sejam privilégios de poucos.

4.4. Cidades 4.0

4.4.1. A mudança do paradigma da população

A população mundial está deixando o campo para se concentrar nas regiões urbanas, ou seja, nas cidades. Segundo a ONU (2014), em 1950 a população urbana compreendia cerca de 30% da população mundial. Em 2007 essa mesma população urbana global suplantou a população rural, e as previsões indicam que, enquanto a população rural deve se manter na mesma faixa, a população urbana simplesmente dobrará de tamanho no período de 2007 até 2050. A Figura 4.4 apresenta esses números.

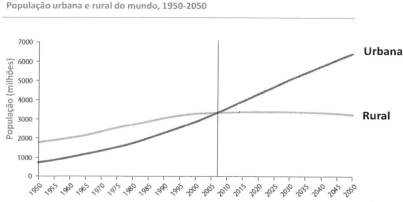

Figura 4.4 – População urbana e rural no mundo no período 1950-2050.
Fonte: adaptado de ONU (2014).

Se em 2014, segundo o relatório da ONU, 54% da população mundial vivia em cidades, no Brasil a proporção já era muito maior, atingindo cerca de 85% de sua população habitando áreas urbanas e com a perspectiva de alcançar 91% em 2050. Como vimos na seção sobre o agronegócio, os processos de automação e utilização de culturas oriundas de procedimentos genéticos inibem a utilização de mão de obra intensiva, característica do processo agrícola que perdurou no Brasil desde o período da colonização, passando pelos períodos monárquicos e chegando até meados do século XX.

Esse movimento de urbanização é mais relevante nos países de renda média-alta, caso de Brasil, China, Irã e México, com curvas de crescimento de população urbana mais agressivas. Entretanto, a tendência é de crescimento em todos os segmentos, como pode ser verificado na Figura 4.5.

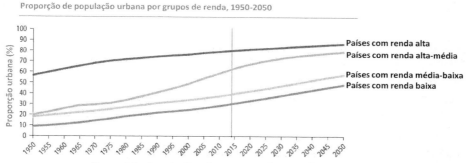

Figura 4.5 – População urbana por renda, período 1950-2050.
Fonte: adaptado de ONU (2014).

Não importando se a aglomeração urbana se dá de forma compacta, caracterizada pela verticalização e pelo monocentrismo, ou dispersa, caracterizada pela horizontalização e pelo policentrismo (OJIMA, 2010), a qualidade de vida passa a ser uma das metas de quem vive nesses aglomerados. Forattini (1991) aponta que tão difícil quanto conceituar qualidade de vida é a forma de realizar a sua mensuração, uma vez que esta exprime um estado de satisfação ou insatisfação avaliado de forma pessoal. Em geral, a qualidade de vida na cidade pode ser expressa em aspectos ambientais (qualidade da água, do ar e do solo), habitacionais (disponibilidade espacial, habitabilidade), urbanos (concentração populacional, comunicação, transporte, segurança, poluição), sanitários (assistência médica, mortalidade) e sociais (sistemas de classes, nível socioeconômico, consumo, condições de trabalho, lazer) como elementos que mensuram qualidade de vida (PAPAGEORGIOU, 1976, apud FORATTINI, 1991, p. 76). Marsal-Llacuna, Colomer-Llinàs e Meléndez-Frigola (2015) apontam que os indicadores de qualidade de vida, vinculados ao convívio em cidades, estão relacionados a riqueza, taxa de emprego, ambientes urbanizados, saúde social, educação, uso do tempo, família e serviços comunitários.

Cidades com grandes aglomerações não são um fenômeno recente. Roma (ao final do século I) e Babilônia (entre os séculos VII e X) contavam com cerca de um milhão de habitantes (LEITE; AWAD, 2012). Mais recentemente, na década de 1950, existiam 83 cidades com mais de um milhão de habitantes. Se a aglomeração urbana não é um fenômeno recente (da mesma forma que a busca por uma melhor qualidade de vida também está na lista de desejos de qualquer ser humano), por que a Cidade 4.0 Inteligente é tema de discussões não somente no ambiente acadêmico, mas passou a fazer parte de planos de governo e deixou a administração pública atônita com a dimensão que o tema tomou?

4.4.2. O fenômeno das Cidades 4.0 Inteligentes

Duas vertentes ajudam a entender a proporção que o fenômeno Cidades 4.0 Inteligentes tomou. A primeira delas é a perspectiva do desenvolvimento sustentável. A industrialização e a produção em série romperam com a lógica da autorregeneração. Nessa linha, o modelo conhecido como economia circular induz organizações a questionar os modelos de produção e comercialização de seus produtos, na busca de gerenciar os recursos naturais, sejam eles renováveis ou não (PEARCE; TURNER, 1990). Assim, conceitos como eficiência na utilização de recursos, seu reúso e possível renovação são fundamentais para garantir que as futuras gerações tenham oportunidade de atender às suas necessidades da mesma forma que as gerações atuais (ONU, 1987).

O impacto ambiental causado pela aglomeração urbana tomou contornos que motivaram a ONU a incluir o tema "Cidades e Comunidades Sustentáveis" como parte dos Objetivos de Desenvolvimento Sustentável (ODS) da ONU, com metas de melhorar aspectos de moradia, transportes, urbanização, patrimônio cultural, redução de mortalidade, impactos ambientais, acesso a espaços públicos e políticas para inclusão (ONU, 2015). O objetivo é fazer com que as cidades sejam inclusivas, seguras, resilientes e sustentáveis, uma vez que é nas cidades que a maioria da população já habita. As soluções para os maiores problemas que a humanidade enfrenta, definidos pela ONU como a pobreza, a mudança climática, a saúde e a educação, também terão que ser encontradas no âmbito das cidades.

A outra vertente é o estado atual da tecnologia, considerada no conceito de Tecnologia da Informação e Comunicações (TIC). No âmbito brasileiro, o BNDES (Banco Nacional de Desenvolvimento Econômico e Social), em conjunto com o Ministério do Planejamento, Desenvolvimento e Gestão e do Ministério da Ciência, Tecnologia, Inovações e Comunicações, capitaneou o estudo "Internet das Coisas: um plano de ação para o Brasil" (BNDES, 2017c), que avaliou as experiências de outros países na utilização da tecnologia IoT em diversas verticais e construiu um plano de ação estratégico para implantação da tecnologia no Brasil. Na análise de *benchmark*, foram avaliadas as experiências de 11 países e ainda dos países da União Europeia, tendo como resultados a definição de quadrantes de arquétipos, onde se destaca a busca pela melhoria da qualidade de vida, com foco nas cidades mais inteligentes. A Figura 4.6 destaca essa e as demais verticais.

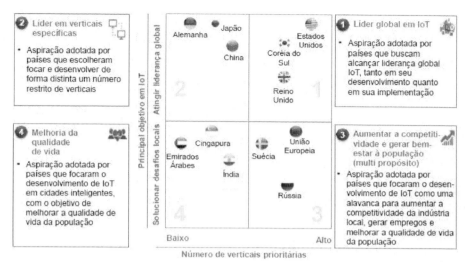

Figura 4.6 – Análise de objetivos x verticais para internet das coisas.
Fonte: BNDES (2017c).

Como resultado da priorização proposta pelo estudo, pode ser verificado que as soluções de IoT para cidades ocuparam posição de destaque, verificado na Figura 4.7. Considerando-se que a frente de saúde também se conecta com cidades, verifica-se a importância de soluções de cidades em ambientes de IoT.

Figura 4.7 – Priorização de frentes para implantação de IoT.
Fonte: BNDES (2017c).

Ainda de acordo com o estudo desenvolvido (BNDES, 2017c), foram verificados os principais eixos nos quais a utilização de soluções de IoT poderia apresentar maior valor agregado para as cidades. Os eixos avaliados foram os seguintes, sendo os quatro primeiros aqueles em que o impacto seria mais significativo:

- Mobilidade.
- Segurança pública.
- Eficiência energética e saneamento.
- Saúde pública.
- Empreendedorismo e inovação.
- Urbanismo e moradia.
- Qualidade de vida.
- Educação e formação humanas.
- Governança e instituições.
- Atividade econômica.

A internet das coisas (IOT – *Internet Of Things*), aliada à inteligência artificial (IA) e suportada por bancos de dados *big data*, trazem possibilidades que antes seriam consideradas apenas um sonho ou ainda muito caras para serem implementadas de forma massiva. Mesmo que com base em soluções tecnológicas, atualmente a maioria dos sistemas é trabalhada de forma isolada, como pode ser verificado na Figura 4.8, no modelo de interconexão para cidades mais inteligentes proposto pela IBM (HARRISON et al, 2010). Boa parte dos sistemas de Cidades 4.0 Inteligentes que existem hoje chega, no máximo, até o nível 3 desse modelo. O nível 4 é aquele no qual a IA tem o papel preponderante de tomar as decisões ou pelo menos sugerir as melhores decisões a serem tomadas.

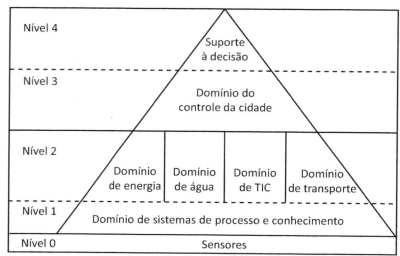

Figura 4.8 – Modelo estrutural de interconexão para cidades.
Fonte: adaptado de HARRISON et al, 2010.

Entretanto, a evolução das Cidades 4.0 Inteligentes não se dá apenas no âmbito dos entes públicos. Iniciativas privadas baseadas em tecnologia também estão à disposição dos cidadãos. Como exemplo dessa evolução, não faz muito tempo, os deslocamentos para partes desconhecidas da cidade eram feitos com a ajuda do guia de ruas, que nada mais era do que o mapa das vias das cidades em um formato de livro (mais ou menos 17cm x 22cm). A experiência de olhar para a rua e para o "mapinha" com letras miúdas no banco do passageiro com certeza não traz nenhuma saudade. Quando surgiram os primeiros equipamentos GPS para uso automotivo, a experiência não foi apenas trocar o mapa impresso por um mapa digital, mas ocorreu um incremento, pois a "inteligência" do GPS, que apresentava várias possibilidades de caminhos diferentes, ia melhorando conforme novos mapas eram disponibilizados nas atualizações. Entretanto, era comum perder um compromisso porque a indicação da hora da chegada no destino no GPS deixava de considerar as condições do trânsito à frente. Hoje, sistemas de navegação como o Waze incorporaram as funções do GPS em um aplicativo para *smartphone* e, graças a uma gigantesca base de informações que é recebida de cada aplicativo que usa o sistema, permitem localizar o melhor caminho, buscando alternativas que podem ser alteradas conforme as condições do trânsito vão se alterando. Esse aplicativo, na verdade, utiliza o ativo dos próprios usuários, como o *smartphone* e o veículo, tornando cada motorista que o utiliza um sensor que transmite informações de localização, velocidade, rotas e ainda permite que informações colaborativas sejam enviadas pelos usuários para encontrar o melhor caminho, evitando os congestionamentos. Em vez de utilizar o caríssimo sistema de satélites e instalar sensores por todo o mundo, um sistema como esse se utiliza da internet para trafegar as informações que o "usuário-sensor" gera e dele se beneficia ao receber as alternativas de rotas mais adequadas para o seu deslocamento.

Essa estratégia de negócios, que Franz, Brito e Seixas (2018) designaram como *asset hacking*, somente se faz possível devido à evolução das TICs. Outros modelos de *asset hacking* incluem a Airbnb, que se utiliza da disponibilidade de quartos e infraestrutura, o Uber, na utilização dos veículos dos condutores associados, Netflix e WhatsApp, que transmitem seus vídeos e trocas de mensagens através da infraestrutura disponibilizada pelas operadoras de telecomunicações.

Apesar da melhoria que um aplicativo como o Waze pode apresentar para o trânsito de uma cidade, outras tecnologias poderiam ser empregadas para melhorar a mobilidade urbana. Um exemplo simples é aquela ocasião em que estamos aguardando o sinal verde do semáforo e percebemos que não há nenhum outro carro cruzando o nosso caminho, ou seja, estamos parados porque a temporização dos semáforos é fixa. Por que ficamos parados, perdendo tempo, gastando combustível, emitindo

CO_2, expostos à insegurança, simplesmente esperando a temporização do semáforo? Simplesmente porque o sistema semafórico (ainda) não é inteligente.

4.4.3. O que é uma Cidade 4.0 Inteligente?

Exemplos como os anteriores fazem parte do espectro de serviços que compõem uma Cidade 4.0 Inteligente. Existem muitas definições de Cidades 4.0 Inteligentes e dos tipos de serviços contidos nesse conceito (ALBINO; BERARDI; DANGELICO, 2015); entretanto, a maioria dessas definições leva em conta a promoção da qualidade de vida de seus cidadãos, que se dá por meio de soluções de tecnologia, mais especificamente as TICs. Nesse contexto, a tecnologia somente assume um papel relevante se efetivamente contribuir para a melhoria da qualidade de vida de quem vive na cidade. Assim, a Cidade 4.0 Inteligente não se caracteriza apenas pelo emprego indiscriminado de tecnologias.

A Cidade 4.0 Inteligente incentiva a participação das comunidades através do compartilhamento de informações, especialmente pelos serviços de e-*governance* (LEITE; AWAD, 2012) que são colocados à disposição dos cidadãos em dispositivos como os *smartphones*. Cidades 4.0 Inteligentes incentivam o desenvolvimento do capital social e intelectual, uma vez que os seus cidadãos também devem ser "cidadãos inteligentes". Shapiro (2006) considera que a qualidade de vida nas cidades está vinculada com o nível educacional das pessoas que nela vivem, pois podem exercer uma influência mais consciente nos níveis de consumo e ainda nos processos políticos.

Outro aspecto avaliado nas Cidades 4.0 Inteligentes refere-se ao planejamento urbano. Em várias cidades é possível notar que seus centros vão perdendo seus moradores, na medida em que as ocupações comerciais vão absorvendo todos os espaços. Passamos a ter, durante o dia, uma alta concentração de pessoas e durante a noite uma região quase vazia. Do ponto de vista da tecnologia, a região central é a mais bem servida em termos de conectividade, que é uma das bases para a implantação de conceitos de Cidades 4.0 Inteligentes. Além desse importante componente que forma uma Cidade 4.0 Inteligente, as regiões centrais são também as que apresentam as melhores condições de transporte urbano e iluminação pública.

Nesse ponto verifica-se o que se poderia chamar de incoerência dos projetos de Cidades 4.0 Inteligentes: o local em que os conceitos de Cidades 4.0 Inteligentes poderiam ser mais rapidamente implementados não é aquele em que a maioria da população mora.

Utilizando o conceito de Westerman, Bonnet e McAfee (2014), o que está sendo verificado no ambiente das cidades também pode ser analisado sob uma visão em três aspectos (mudança de modelo de negócio, mudança de experiência do cliente e mudança de operação) que alteram a experiência de viver na cidade, suportado por uma transformação digital.

Dentre as alternativas propostas pelos autores, talvez a mudança mais significativa no aspecto da Cidade 4.0 Inteligente seja a mudança da experiência do cliente. O cliente, nesse caso o cidadão, está deixando de considerar que a prestação de serviços públicos seja apenas uma "dádiva" do governante, esteja ele no âmbito municipal, estadual ou federal. Tal qual o cliente de uma empresa, o cidadão percebe que paga pelos serviços que recebe e, mesmo que não imediatamente, ele sabe que tem o poder de trocar seu prestador de serviço. Esse empoderamento do cidadão-cliente deve ser refletido na escolha de prioridades por parte do governante, que, por sua vez, tem hoje à disposição alternativas de estar mais próximo ao seu cliente-cidadão do que em qualquer época anterior. As mídias sociais (Facebook, Instagram, Twitter, etc.) tornaram-se não só uma fonte de informação para os cidadãos (e de certa forma plataforma de propaganda dos entes públicos) como permitem a interação entre eles. Esse movimento é ainda mais perceptível nas relações entre consumidor (cidadão) e prestador de serviço (governante) na perspectiva do *e-governance*. O novo modelo de cidade traz a abordagem do centrismo do cidadão, que passa a ter a responsabilidade de também influir nas escolhas de forma direta (JOSS; COOK; DAYOT, 2017).

As mudanças do modelo de negócio e de operação, traduzidas na perspectiva da Cidade 4.0 Inteligente, podem ser caracterizadas pela integração de todos os serviços que são prestados na cidade. Essa é uma característica que muda drasticamente a governança das cidades e impacta fortemente na legislação. Nesse ponto, é fundamental entender que a tecnologia normalmente está à frente da legislação, que corre o risco de se tornar anacrônica em curto espaço de tempo.

Dois exemplos nos ajudam a entender como isso acontece. O primeiro exemplo está relacionado à implantação de telefonia celular no Brasil. Até a privatização do sistema Telebrás, as operadoras de telefonia celular, sociedades de economia mista vinculadas aos estados, não tinham muitas dificuldades em obter licenças de operação de suas torres junto aos órgãos municipais. Com a entrada das operadoras concorrentes e a privatização das operadoras estatais, as torres se multiplicaram. A concessão ou permissão para operar o sistema celular é atribuição do âmbito federal, incluindo metas e penalidades. Por outro lado, as licenças de construção e operação são municipais. Na maioria das cidades, ou não havia legislação específica ou esta era dúbia com relação às regras para instalação de equipamentos em torres. Considerando-se que existem mais de 5.500 municípios no Brasil, é possível imaginar que as mais diversas ideias foram utilizadas para criar legislações quanto às torres. Muitas delas praticamente inviabilizavam a instalação de torres na cidade e somente com grande esforço das operadoras e fabricantes de equipamentos, indo de cidade a cidade para esclarecer as dúvidas dos legisladores municipais, é que se tornou possível a criação de um *backbone* de comunicações que hoje pode ser utilizado, inclusive, para transmitir informações de sensores espalhados pelas cidades.

Outro exemplo, este mais recente, são os aplicativos de transporte. Não só no Brasil, mas em várias cidades do mundo, não havia legislação que regulasse esse tipo de transporte. Pode-se dizer que a tecnologia mudou um serviço que existe há muitas décadas (serviço de táxi), que praticamente não tinha nenhuma inovação recente. Da mesma forma que no exemplo anterior, a legislação é municipal e cada cidade define como organizar o seu serviço de transporte.

Referências

ALBINO, V.; BERARDI, U.; DANGELICO, R. M. Smart cities: definitions, dimensions, performance, and initiatives. **Journal of Urban Technology**, vol. 22, n. 1, 2015, p. 3-21.

AMERICAN FRIENDS OF TEL AVIV UNIVERSITY. First evidence of farming in Mideast 23,000 years ago: evidence of earliest small-scale agricultural cultivation. **ScienceDaily**, July 22, 2015. Disponível em: <https://www.sciencedaily.com/releases/2015/07/150722144709.htm>. Acesso em: 05 jul. 2019.

APPELS, R. et al. Shifting the limits in wheat research and breeding using a fully annotated reference genome. **Science**, vol. 361, n. 6403, 2018, p. eaar7191.

BAUMGAERTNER, E. As D.I.Y. Gene Editing Gains Popularity, 'Someone Is Going to Get Hurt'. **The New York Times**, May 14, 2018. Disponível em: <https://www.nytimes.com/2018/05/14/science/biohackers-gene-editing-virus.html>. Acesso em: 05 jul. 2019.

BERMAN, S. J. Digital transformation: opportunities to create new business models. **Strategy & Leadership**, vol. 40, n. 2, 2012, p. 16-24. Disponível em: <https://www.emerald.com/insight/content/doi/10.1108/10878571211209314/full/html>. Acesso em: 05 jul. 2019.

BERNARDI, L.; SARMA, S.; TRAUB, K. **The Inversion Factor**: how to thrive in the IoT economy. Cambridge: MIT Press, 2017.

BIOVIA. Site. Disponível em: <https://www.3dsbiovia.com/>. Acesso em: 04 jul. 2019.

BNDES. **Internet das Coisas:** um plano de ação para o Brasil. Apresentação Câmara do IoT, jul. 2017c. Disponível em: <https://www.bndes.gov.br/wps/wcm/connect/site/24590dd0-4e92-4053-a63d-4c3b3f5a316a/Apresenta%C3%A7%C3%A3o+do+resultado+de+prioriza%C3%A7%C3%A3o+de+verticais_050717.pdf?MOD=AJPERES&CVID=lQIPFoq>. Acesso em: 05 jul. 2019.

BNDES. **Produto 7B:** Aprofundamento de Verticais – Saúde. Dez. 2017. Disponível em: <https://www.bndes.gov.br/wps/wcm/connect/site/9e481a5b-a851-4895-ba7f-aa960f0b69a6/relatorio-aprofundamento-das-verticais-saude-produto-7B.pdf?MOD=AJPERES&CVID=m3mTltg>. Acesso em: 05 jul. 2019.

BOULTON, C. What is RPA? A revolution in business process automation. **CIO**, Sep. 03, 2018. Disponível em: <https://www.cio.com/article/3236451/business-process-management/what-is-rpa-robotic-process-automation-explained.html>. Acesso em: 10 jul. 2019.

CARVALHO, L. São Paulo é a cidade com maior número de viagens de Uber no mundo. **Olhar Digital**, 14 ago. 2017. Disponível em: <https://olhardigital.com.br/noticia/sao-paulo-e-a-cidade-com-maior-numero-de-viagens-de-uber-no-mundo/70387>. Acesso em: 05 jul. 2019.

CHARPENTIER, E.; DOUDNA, J. A. Rewriting a genome. **Nature**, vol. 495, 07 Mar. 2013, p. 50-51. Disponível em: <http://www.nature.com/nature/journal/v495/n7439/fig_tab/495050a_F1.html>. Acesso em: 05 jul. 2019.

CHOLLET, F. **Deep Learning with Python**. Shelter Island: Manning Publications Co., 2018.

DAUGHERTY, P. R.; WILSON, H. J. **Human + Machine:** reimagining work in the age of AI. Boston: Harvard Business Review Press, 2018.

FORATTINI, O. P. Qualidade de vida e meio urbano: a cidade de São Paulo, Brasil. **Revista de saúde pública**, vol. 25, 1991, p. 75-86.

FRANZ, L.; BRITO, E.; SEIXAS, J. Você já ouviu falar de Asset Hacking Strategy? **Medium**, 16 ago. 2018. Disponível em: <https://medium.com/@lefratel/você-já-ouviu-falar-de-asset-hacking-strategy-498789d45297>. Acesso em: 05 jul. 2019.

FURLAN, F. A Startup coloca mais uma revolução tecnológica a caminho do campo. **Exame**, 2018.

HARARI, Y. N. **Homo Deus:** a brief history of tomorrow. New York: HarperCollins, 2017.

94 Governança Digital 4.0

HARARI, Y. N. **Sapiens:** a brief history of humankind. New York: HarperCollins, 2015.

HARRISON, C. et al. Foundations for smarter cities. **IBM Journal of research and development**, vol. 54, n. 4, 2010, p. 1-16.

HIGA, P. Anatel anuncia 4G de 700 MHz em São Paulo; Claro, TIM e Vivo já estão prontas. **Technoblog**, 23 jul. 2018. Disponível em: <https://tecnoblog.net/252610/anatel-4g-700-mhz-sao-paulo-claro-tim-vivo/>. Acesso em: 10 jul. 2018.

HYATT, K. Tesla pulls the wraps off Software Version 9 update. **Roadshow by CNET**, Oct. 06, 2018. Disponível em: <https://www.cnet.com/roadshow/news/tesla-software-version-9-available/>. Acesso em: 05 jul. 2019.

ISHIKAWA, K. **What is total quality control?:** the japanese way. Upper Saddle River: Prentice Hall, 1985.

JOSS, S.; COOK, M.; DAYOT, Y. Smart cities: towards a new citizenship regime? A discourse analysis of the British smart city standard. **Journal of Urban Technology**, vol. 24, n. 4, 2017, p. 29-49.

KNIGHT, H. How many taxis does a city need? **MIT News**, May 23, 2018. Disponível em: <http://news.mit.edu/2018/minimum-vehicle-fleet-rider-demand-0523>. Acesso em: 05 jul. 2019.

LEE, K.-F. **AI Super-Powers:** China, Silicon Valley, and the new world order. Boston: Houghton Mifflin Harcourt, 2018.

LEITE, C.; AWAD, J. C. M. **Cidades sustentáveis, cidades inteligentes:** desenvolvimento sustentável num planeta urbano. Porto Alegre: Bookman, 2012.

LIVESTOCK GENTEC. **Genome Editing in Livestock.** Apr. 03, 2018. Disponível em: <https://livestockgentec.ualberta.ca/2018/04/03/genome-editing-in-livestock/>. Acesso em: 05 jul. 2019.

MARSAL-LLACUNA, M.-L.; COLOMER-LLINÀS, J.; MELÉNDEZ-FRIGOLA, J. Lessons in urban monitoring taken from sustainable and livable cities to better address the Smart Cities initiative. **Technological Forecasting and Social Change**, vol. 90, 2015, p. 611-622.

MATSUURA, S. Sequenciamento do genoma do trigo abre caminho para melhoramento genético. **O Globo**, 17 ago. 2018.

MCAFEE, A; BRYNJOLFSSON, E. **Machine, Platform, Crowd:** harnessing our digital future. New York: W. W. Norton & Company, 2017.

MCFARLAN, W.; MCKENNEY, J.; PYBURN, P. The information archipelago--plotting a course. **Harvard Business Review**, vol. 61, n. 1, 1983, p. 145-156.

Indústria 4.0, Agronegócio 4.0, Saúde 4.0 e Cidades 4.0. **95**

MERKEL, A. **Speech by Federal Chancellor Angela Merkel to the OECD Conference.** 19 Feb. 2014. Disponível em: <https://www.bundesregierung.de/Content/EN/Reden/2014/2014-02-19-oecd-merkel-paris_en.html>. Acesso em: 05 jul. 2019.

NEUWIRTH, A. Electric Platform Snaps up Bodies as Required. **ZF Vision Magazine,** Jan. 05, 2018. Disponível em: <https://vision.zf.com/site/magazine/en/articles_3328.html>. Acesso em: 05 jul. 2019.

OECD. **OECD Science, Technology and Innovation Outlook 2016.** Paris: Organisation for Economic Co-operation and Development, 08 dez. 2016. Disponível em <https://www.oecd.org/sti/Megatrends%20affecting%20science,%20technology%20and%20innovation.pdf>. Acesso em: 05 jul. 2019.

OJIMA, R. Novos contornos do crescimento urbano brasileiro? O conceito de urban sprawl e os desafios para o planejamento regional e ambiental. **GEOgraphia**, vol. 10, n. 19, 2010, p. 46-59.

ONU. **Report of the world commission on environment and development:** our common future. United Nations, 1987.

ONU. **Transforming our world:** the 2030 Agenda for Sustainable Development. United Nations, n. 1, 2015.

ONU. **World Urbanization Prospects:** The 2014 Revision-Highlights. United Nations, 2014.

PEARCE, D. W.; TURNER, R. K. **Economics of natural resources and the environment.** Baltimore: Johns Hopkins University Press, 1990.

PFEIFFER, S. The Vision of "Industrie 4.0" in the Making – a Case of Future Told, Tamed, and Traded. **NanoEthics**, vol. 11, n. 1, Jan. 25, 2017, p. 107-121. Disponível em: <https://www.ncbi.nlm.nih.gov/pmc/articles/PMC5383681/>. Acesso em: 05 jul. 2019.

RADARPPP. Site. Disponível em: <https://www.radarppp.com>. Acesso em: 05 jul. 2019.

REGALADO, A. A stealthy Harvard startup wants to reverse aging in dogs, and humans could be next. **MIT Technology Review**, May 09, 2018. Disponível em: <https://www.technologyreview.com/s/611018/a-stealthy-harvard-startup-wants-to-reverse-aging-in-dogs-and-humans-could-be-next/>. Acesso em: 05 jul. 2019.

REGALADO, A. EXCLUSIVE: Chinese scientists are creating CRISPR babies. **MIT Technology Review**, Nov. 25, 2018. Disponível em: <https://www.technologyreview.com/s/612458/exclusive-chinese-scientists-are-creating-crispr-babies/>. Acesso em: 05 jul. 2019.

REGALADO, A. The DNA data storage machine that's the size of a school bus. **MIT Technology Review**, Oct. 02, 2018. Disponível em: <https://www.technologyreview.com/s/612225/the-dna-data-storage-machine-thats-the-size-of-a-school-bus/>. Acesso em: 05 jul. 2019.

SAS. **Operations.** Sky and Space Global, s.d. Disponível em: <https://www.skyandspace.global/operations-overview/>. Acesso em: 10 jul. 2019.

SCHUH, G. et al. (eds.). **Industrie 4.0 Maturity Index:** managing the digital transformation of companies. ACATECH Study Series. 25 Apr., 2017. Disponível em: <http://www.acatech.de/fileadmin/user_upload/Baumstruktur_nach_Website/Acatech/root/de/Publikationen/Projektberichte/acatech_STUDIE_Maturity_Index_eng_WEB.pdf>. Acesso em: 05 jul. 2019.

SCHWAB, K. **A Quarta Revolução Industrial.** São Paulo: Edipro, 2016.

SHAPIRO, Jesse M. Smart cities: quality of life, productivity, and the growth effects of human capital. **The review of economics and statistics**, vol. 88, n. 2, 2006, p. 324-335.

SILVA, E. B. et al. (coords.). **Automação & Sociedade:** quarta revolução industrial, um olhar para o Brasil. Rio de Janeiro: Brasport, 2018.

TOYOTA. **Toyota Launches New Mobility Ecosystem and Concept Vehicle at 2018 CES®.** Jan. 09, 2018. Disponível em: <https://newsroom.toyota.co.jp/en/corporate/20546438.html>. Acesso em: 05 jul. 2019.

WALKER, J. The Self-Driving Car Timeline – Predictions from the Top 11 Global Automakers. **Emerj**, Last updated: May 14, 2019. Disponível em: <https://emerj.com/ai-adoption-timelines/self-driving-car-timeline-themselves-top-11-automakers/>. Acesso em: 05 jul. 2019.

WESTERMAN, G.; BONNET, D.; MCAFEE, A. **Leading Digital:** Turning Technology Into Business Transformation. Boston: Harvard Business Review Press, 2014.

WETTERSTRAND, K. A. DNA Sequencing Costs: Data. **National Human Genome Research Institute.** Last updated: June 07, 2019. Disponível em: <https://www.genome.gov/27541954/dna-sequencing-costs-data/>. Acesso em: 05 jul. 2019.

WILLINGHAM, E. After Years of Paralysis, a Man Walks the Length of a Football Field. **Scientific American**, Sep. 24, 2018. Disponível em: <https://www.scientificamerican.com/article/after-years-of-paralysis-a-man-walks-the-length-of-a-football-field/>. Acesso em: 05 jul. 2019.

5. Dados: a energia do futuro

Paulo Sergio Fonseca Rodrigues

Nenhuma utilidade as tecnologias emergentes têm para o negócio e para a gestão de cidades inteligentes sem dados. Muito menos se conseguirá melhorar a experiência do cliente, digitizar e gerenciar processos de negócio e de manufatura e a implantação e operação de novos modelos de negócio.

Atualmente, com tecnologias de *big data* e *analytics*, as organizações estão descobrindo fatos sobre seus clientes, suas transações e suas operações que antes não estavam acessíveis. Além do mais, as operações de uma cadeia de valor agora podem ser integradas em nível de processo e, para isso, dados são necessários.

Os dados permitem também a viabilidade do aprendizado de máquina e, por conseguinte, o uso da inteligência artificial nos processos de negócio e de manufatura com decisões autônomas.

Portanto, com uma estratégia e o gerenciamento dos dados capturados pela organização é que a transformação digital se torna realidade.

5.1. Dados: elementos principais para a transformação digital

A problem well defined is a problem half solved.
Charles F. Kettering[28]

Nos fóruns da comunidade de negócios, os especialistas em tecnologia e seus executivos continuam a usar com frequência um famoso jargão de negócios: "os dados são um dos ativos mais importante das empresas".

---

[28] Inventor norte americano. Principais inovações foram a ignição elétrica de veículos, os geradores de energia Delco e a primeira máquina registradora elétrica. <https://pt.wikipedia.org/wiki/Charles_Kettering>.

Com certeza, os dados são os elementos-chave para a transformação digital, pois organizações eficazes requerem cada vez mais qualidade dos dados e das informações capturadas no seu ambiente de negócio para melhorar a experiência do cliente, digitizar processos de negócio e operacionais, mudar a forma como as pessoas trabalham e desenvolver, implementar e manter novos modelos de negócios baseados em plataformas digitais.

Na realidade, as mudanças exponenciais e disruptivas têm despertado nas organizações transformações no seu modelo de negócio e na sua estrutura para realizar a virada digital como fomenta o conceito da Indústria 4.0.

O foco é manter o monitoramento e o tratamento de ofensores (processos desatualizados, infraestrutura inadequada, redundância dos dados, ferramentas para extração de dados e informações desatualizadas, adoção de sistemas integrados de gestão especializados em processos e não em dados, etc.) que impactam o balanço anual das organizações, desde a concepção dos produtos e serviços até a disponibilização das informações ao mercado, órgãos regulatórios, acionistas e clientes.

O movimento para retração dos custos, alinhado à necessidade de decisões rápidas e consistentes e a clientes exigentes quanto aos negócios através da sua mobilidade, demonstra a importância de reconhecer os dados como ativo estratégico para preparar qualquer organização rumo à verdadeira transformação digital.

Com isso, podemos adicionar uma coleção de tecnologias que ultrapassam os limites ou paradigmas entre as pessoas, o cidadão comum e o mundo digital, criando muitas possibilidades de relacionamento entre as máquinas e os seres humanos.

A inserção da inteligência artificial (IA) no processo produtivo e a disponibilização dos serviços conduzem os governos mundiais a deliberarem cada vez mais sobre políticas e regras eficazes para a gestão da operação com maior produtividade, principalmente nos processos autônomos, a partir de informações e dados capturados através das regras de negócios inseridos nos produtos e serviços disponibilizados aos clientes[29,30].

Um exemplo que embasa essa condição é a produção agrícola, onde existem máquinas sendo operadas por IA para o plantio e colheita de forma autônoma e realizando as atividades de armazenagem, venda e disponibilização do produto ao mercado através

---

[29] Vide a Política Nacional Chinesa sobre Inteligência Artificial (CISTP, 2018).
[30] Vide estratégia de AI da União Europeia (EUROPEAN COMMISSION, 2019).

da via digital, transformando os postos de trabalho, o que requer novas competências e habilidades.

A IA correlacionada a algoritmos, se implementada nas aplicações transacionais, fomentará as decisões de negócio, garantindo a sobrevivência das organizações nos próximos anos e competindo de igual para igual com grandes *players* de mercado.

É importante o leitor compreender que tudo isso será transformado a partir de tecnologias habilitadoras em diversos setores, conforme mostrado no Capítulo 3, inclusive em nosso dia a dia, onde os dados são necessários com a qualidade requerida.

Verificamos que, em algumas organizações, ainda persiste o fato de existirem unidades de negócio longe da visão corporativa. Esse fato faz com que os gestores elaborem projetos de tecnologia para construção de "armazéns" de dados prontos para análises específicas, porém incompletas.

No mundo digital, os gestores das unidades de negócio devem esquecer suas fronteiras e ter unicidade na utilização de um "*big data* corporativo" para atingir a visão de negócio da corporação, afinal existe apenas o cliente final. Esqueça a figura de clientes internos na companhia, a estratégia de dados tem que focar nos resultados de negócio.

A estratégia é pensar que os dados são para todos os pilares da transformação digital do negócio para a organização, conforme nos mostra a Figura 5.1.

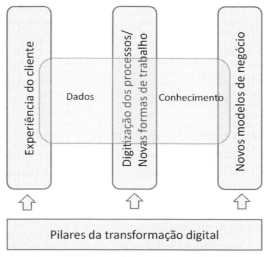

Figura 5.1 – Pilares da transformação digital.
Fonte: o autor.

Para garantir a perenidade dos dados, as áreas de TI têm procurado trabalhar cada vez mais com "*big data* corporativo", armazenando os dados brutos, semibrutos, relacionais, híbridos, coletados a partir de redes sociais, transações comerciais, transações operacionais, bases departamentais, dados mestres, dados de birôs governamentais, dados consumidos de outras empresas e bases geridas pelos cientistas de dados através de aplicações proprietárias.

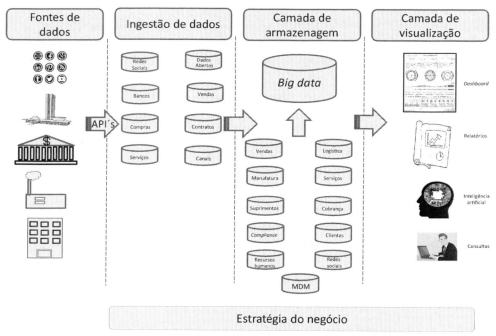

Figura 5.2 – Armazém de dados x primeiro projeto das organizações.
Fonte: o autor.

Para que a organização saiba usar os dados é necessária sua gestão, alicerçada na estratégia corporativa como princípio.

Os dados têm que ser gerenciados, pois é muito comum que os modelos de negócio existentes prevaleçam, impedindo a organização de usar de forma competitiva os dados capturados, externa e internamente, criando assim obstáculos para a jornada de transformação digital.

Seria ótimo se a sua organização já tivesse uma **estratégia de dados** para a jornada de transformação digital. Caso não a tenha, é importante considerar o desenvolvimento e a implantação de uma estratégia.

A seguir discutiremos como entendemos a melhor evolução para o desenho do armazém de dados.

Nossa experiência tem demonstrado que, se os dados não forem tratados e disponibilizados pelas áreas de negócio, dificilmente as aplicações irão referenciar os dados de um *big data* corporativo.

5.2. O valor dos dados na estratégia das organizações

Quando as organizações dedicam tempo e dinheiro ao planejamento estratégico e envolvem equipes internas ou consultorias de mercado, esquecem de envolver um novo "ator" no processo, a **gestão dos dados**, assim como os impactos dos dados na transformação digital ou na evolução do seu modelo de negócio.

Quando esse movimento acontece, o desenho da estratégia acaba retendo a decisão em pequenos círculos da alta administração da organização, propiciando grandes riscos ao negócio.

A motivação na década passada, principalmente para as grandes organizações, era sacramentar sua missão e visão e ter um plano estratégico com duração entre cinco e dez anos, visando o posicionamento dos produtos e serviços em atendimento a sua visão de negócio, considerando transparência aos acionistas, funcionários, clientes e toda a cadeia de fornecedores.

Com a avassaladora velocidade e os efeitos que as tecnologias emergentes e disruptivas estão trazendo para as organizações e para as pessoas, a necessidade de agilidade para entender o cliente e gerar novos produtos e serviços rapidamente se torna fator crítico de sucesso. Para algumas organizações, ter produtos de prateleira não funciona mais. É preciso, além de ter agilidade, desenvolver e implantar rapidamente produtos e serviços inovadores, e isso só será possível se também houver a gestão dos dados, dentre outros fatores.

Deparamos frequentemente com cenários organizacionais onde se desenvolvem planos estratégicos e corporativos sem questionar qual a proposição de valor que a organização, através de seus produtos e serviços, irá oferecer para o cliente. Você só conseguirá saber o valor que o cliente quer dos produtos e serviços de sua organização se obtiver os dados corretos, e no tempo certo, sobre os clientes. Sem esses dados, dificilmente produtos e serviços que forem desenvolvidos obterão sucesso. Essa é mais uma justificativa para que se implementem práticas de gestão de dados.

102 Governança Digital 4.0

Se esses argumentos ainda não mudaram a percepção dos gestores da organização sobre a importância de gerenciar os dados, devemos lembrar que a lei nº 12.695, para proteção dos dados pessoais, com certeza mudará tais percepções. Essa lei obriga as organizações a gerenciar de forma transparente os dados tratados dos clientes e dos funcionários. Portanto, o não atendimento a essa lei pode acarretar processos judiciais e também perda de clientes. Portanto, a qualidade dos dados e seu transporte do ambiente transacional para o *big data* é crítico.

A boa notícia é que há modelos de melhores práticas para o gerenciamento dos dados da organização, como o DAMA DMBOK[31] e o DMM[32], os quais podem orientar na implementação de um projeto de gestão de dados.

Há, entretanto, algumas situações que você, como gestor, deve evitar:

> ➤ Imagine um projeto de *Customer Relationship Management* (CRM) que conta com o concurso de consultorias especializadas contratadas com prazo de entrega e ingestão de dados de clientes programados para o segundo semestre de 2020, onde o líder do projeto descobre que não poderá usar dados e informações dos clientes, por conta de:
> - Falta de mascaramento dos dados dos clientes.
> - Qualidade ruim das informações dos clientes nas diversas bases de negócio.
> - Processos de extração, transformação e leitura comprometidos pela falta de processos para identificação dos metadados de negócio para apoiar os projetos de tecnologia e negócio.
> - Descoberta de que dados do endereço do cliente estão incorretos e são obtidos em fontes onde o dado sofreu diversas transformações.
> - Disponibilização rápida das autorizações de clientes para uso dos seus dados pessoais em ambiente colaborativo. Se as autorizações dos clientes não forem encontradas, os dados não poderão ser usados no projeto, produto ou serviço.
>
> ➤ Em uma palestra sobre crimes cibernéticos, um dos advogados informava sobre direcionamentos da lei de dados voltada aos clientes e como estes poderiam solicitar às organizações informações sobre o uso de seus dados em seu modelo de negócio a partir de 2020. Não se planejou na estratégia como serão absorvidos todos esses pedidos dos clientes via canais de relacionamento.

---

[31] A DAMA – *Data Management Association* – publica um corpo de conhecimento em gestão de dados, o famoso DMBOK (DAMA, 2009).

[32] O Instituto CMMI, de propriedade da ISACA, desenvolveu o *Data Management Maturity Model* – DMM (CMMI, 2014).

Dados: a energia do futuro **103**

➢ Outra situação é a avaliação dos custos indiretos de infraestrutura sobre os dados armazenados e o repasse para as unidades de negócio. Os grupos de consumo de dados aumentam exponencialmente pela organização e o repasse desses custos também deve ser avaliado. Geralmente as expansões de ambiente não aparecem na contabilidade da organização.

➢ Não realizar o *business case* do projeto de dados para evitar situações nas quais a equipe de TI tenha que realizar a reengenharia para encontrar as origens dos dados (fontes) e seus pacotes de informações pela organização, impactando nos prazos dos projetos prioritários ao modelo de negócio, com aumento de custos desses projetos. Os gestores dificilmente pensam nos custos da ingestão de dados. Às vezes nem o ferramental tecnológico está disponível para isso.

Por que então a estratégia de dados tem que ser um item a ser tratado na formulação da estratégia do negócio?

➢ A ponte para a organização chegar a um modelo de negócio vencedor passa por entender o desempenho da organização e o comportamento dos clientes através da análise dos dados.

➢ A falta de uma estratégia de dados compromete o gestor do negócio a empreen-der iniciativas internas com as áreas de tecnologia para desenvolver novos produtos, serviços e adequar os existentes.

➢ A falta de uma estratégia de dados compromete também a melhoria da infra-estrutura, qualidade e disponibilização dos dados armazenados na velocidade que os clientes demandam da organização.

➢ Na estratégia de dados, o papel de empresas terceirizadas (por exemplo, com serviços de armazenamento na nuvem) deve ser definido, assim como os princípios que irão dirigir a contratação e o gerenciamento desses serviços, visando garantir o rápido atendimento a órgãos regulatórios e aos clientes.

Uma estratégia de dados deve conter vários pontos que são fundamentais para a gestão dos dados na organização:

➢ Princípios para a elaboração do planejamento da gestão de dados.
➢ Princípios para o planejamento e o gerenciamento de projetos de dados.
➢ Princípios para as metodologias a serem empregadas em projetos de dados.
➢ Objetivos e iniciativas para a definição e implantação de ferramentas voltadas em apoio à identificação de metadados técnicos e de negócio, da criação de glossários de termos, da criação do dicionário de dados e da rastreabilidade do dado ao longo do seu ciclo de vida de utilização.

104 Governança Digital 4.0

> Objetivos para o estabelecimento de estruturas, papéis e responsabilidades sobre os dados na organização (veremos isso mais adiante).

> Objetivos para a definição e o estabelecimento da arquitetura tecnológica de hardware, segurança e software para a gestão dos dados.

O planejamento estratégico das organizações não deve ser desenhado em seis meses de projeto, para os próximos dez anos, mas repensado para os próximos 12 meses.

Nossa sugestão sobre a forma como a estratégia de dados deve ser inserida no planejamento estratégico da organização é a que segue:

> Os responsáveis pelo planejamento estratégico devem revisar o WBS (EAP) do projeto e incluir os temas ligados aos dados e às informações do solicitante do projeto.

> Entregas a partir dos *workshops* para formulação da estratégia. Muitos projetos podem ser endereçados para melhoria da gestão de dados e informações do cliente. Uma entrega nesse momento seria mostrar aos gestores de negócio a situação da qualidade dos dados das bases sob sua responsabilidade, considerando os aspectos das integrações, conectividade, situação da infraestrutura, futuros investimentos e análise ambiental para tomada de informação.

> Durante avaliação da visão do cliente, ponderar sobre como a gestão de dados poderá apoiar as equipes no atendimento dessa premissa ao longo do projeto.

> Construção do mapa estratégico ou OKRs[33] com o desenvolvimento de objetivos endereçados à gestão dos dados e às informações do solicitante.

> Demonstrar exemplos reais das melhores práticas para gestão de dados a partir de grandes *players* de mercado, podendo incluir até mesmo organizações concorrentes.

> Elaborar iniciativas de negócio (projetos) com envolvimento das áreas da tecnologia da informação para assuntos ligados à ingestão de dados na base corporativa.

> Buscar os responsáveis pelos dados em cada unidade de negócio e envolvê-los nos projetos a partir de *workshops* (detalharemos isso mais adiante).

---

[33] OKRs – *Objectives Key Results* – é uma forma de integrar objetivos corporativos e direcionar a contribuição de áreas ou equipes dentro da organização para atender aos objetivos corporativos. A liderança estabelece a direção e as unidades, e as equipes estabelecem como vão contribuir com o objetivo maior. As medições e metas são monitoradas em intervalos em torno de três meses e podem pivotar o direcionamento da organização.

Dados: a energia do futuro **105**

> Comunicar ao quadro de funcionários o mapa estratégico e salientar a importância de todos quanto à qualidade dos dados para o negócio e para a tomada de decisões pelos gestores.
> Realizar uma revisão da estratégia em curto espaço de tempo (preferencialmente em duas semanas) avaliando os projetos para gestão de dados e seu progresso. Caso não tenham sido iniciados os projetos, é importante comunicar ao responsável geral pela condução da estratégia, pois essa situação pode demonstrar sinais de "miopia" estratégica.
> Demonstrar os resultados, mesmo que iniciais, a todo evento de revisão do progresso, para garantir comprometimento e melhorias do plano estratégico e da execução da estratégia.

Para que os conceitos embasados na formulação da estratégia e a inclusão da gestão de dados sejam aplicados de forma adequada, são necessários processos de TI eficientes, porém também é necessário que as unidades de negócio da organização atuem no direcionamento de políticas, normas, processos, tecnologia, capacitação de pessoas, no endereçamento para uso de ferramentas de TI e para uso pleno do *big data* corporativo.

Para as empresas que terceirizam toda a sua gestão de dados, é necessário reavaliar a gestão dos contratos e aplicar cláusulas que atentem para a eficiência e eficácia de todo esse ecossistema, buscando resultados que atendam aos objetivos da estratégia.

Exemplificamos três dos principais riscos para a terceirização de dados pela organização, que merecem reflexão:

> Análises preditivas realizadas pelos prestadores de serviços contratados sem acompanhamento do contratante podem levar a dificuldades para o negócio ao final do contrato.
> Atividade realizada fora do prestador de serviços para análise de dados pode gerar erros nos *insights* dos cientistas de dados, caso a massa de dados não tenha sido disponibilizada com qualidade pela organização.
> Tráfego de dados. Com base no exemplo anterior, pode haver problemas de segurança da informação e dos dados no prestador de serviço contratado.

Uma das estratégias importantes que temos visto em alguns fóruns é a replicação do *big data* corporativo: uma réplica com dados brutos para atividade do cientista de dados e outra réplica com os dados totalmente tratados (ELT) para o consumo dos usuários e gestores da organização, através de suas ferramentas de negócio e sem acesso ao ambiente de produção.

Entendemos a necessidade de a área de gestão de dados estar presente nos direcionadores estratégicos, assim como nas ações durante os seus desdobramentos pela organização, inclusive envolvendo áreas como arquitetura de TI, engenharia de dados e governança de TI e de dados.

A Figura 5.3 apresenta a arquitetura dos dados.

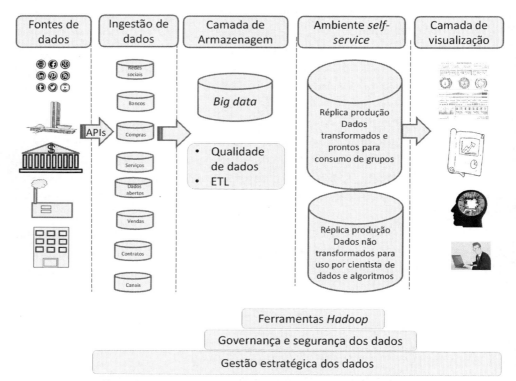

Figura 5.3 – Arquitetura de dados em apoio à estratégia de negócio.
Fonte: o autor.

5.3. O papel da curadoria na gestão de dados na estratégia corporativa

Ao final do item 5.2, informamos a necessidade de envolver várias áreas para compor a elaboração do planejamento estratégico e o uso pleno dos dados para criar de fato as "pontes" estratégicas para a organização.

Para apoiar a elaboração da estratégia de dados surgiu um novo "ator" denominado **curador de dados**, cuja finalidade principal é zelar com atenção tanto pelos dados

Dados: a energia do futuro **107**

armazenados de fontes externas ou internas como também por aqueles criados na própria organização, chamados de dados mestres, capturados a partir dos eventos de negócio, sem contar as demais ações de governança de dados.

Devemos considerar dois tipos de curadores nas organizações, o **curador do negócio** e o **curador corporativo**.

As responsabilidades dos curadores do negócio são:

> ➢ Apoiar as áreas de negócio e principalmente a TI para assuntos referentes ao tratamento de dados na organização.
> ➢ Classificar a natureza das fontes de dados e seu impacto no modelo de negócio.
> ➢ Avaliar a qualidade dos dados de fontes externas e internas.
> ➢ Manter armazenados os dados, de preferência em grandes repositórios como *big data* (*data lake*), normalizados e prontos para o consumo pleno dos usuários.
> ➢ Aplicação de normas e políticas de segurança ao armazém de dados, inclusive regulamentando grupos, perfis e regras de acesso.
> ➢ Aplicar parcerias com áreas de TI para disponibilização do dado às áreas de negócio.
> ➢ Publicação das informações mais próximo da captura dos dados após evento de negócio *near real time*[34] aos grupos de consumo.
> ➢ Apoio à extensão da infraestrutura através de projetos de tecnologia.
> ➢ Avaliação dos metadados de negócio e técnicos e seu rastreamento através dos silos de informação e dados.
> ➢ Apoiar a área gestora de dados na identificação dos proprietários dos dados primitivos na organização para alinhamento de projetos, deliberar normas e políticas e atendimento regulatório.

Você pode conseguir encontrar o curador de dados do negócio na sua unidade, seja ele o gerente, um analista, pessoal administrativo ou até mesmo você, caro leitor. Enfim, todos na organização têm o dever de zelar pela qualidade e disponibilização de dados e informações.

Nunca estivemos tão prontos para manejar o leme de nossas decisões a partir de projetos voltados aos dados, visando novos modelos de negócio.

---

[34] Esta expressão é usada em gestão da informação. Significa dados que não são usados no dia a dia pelos gestores, mas que podem estar disponíveis em tempo real e *on-line* para quando o negócio necessitar.

108 Governança Digital 4.0

Já o papel do **curador corporativo dos dados** tem as seguintes responsabilidades:

> ➤ Deliberar sobre os assuntos de dados na organização através de comitês e comissões.
> ➤ Deliberar sobre os processos de governança e gestão de dados.
> ➤ Conhecer os modelos de negócio e direcionar a arquitetura de dados para avaliar melhores práticas para uso dos dados.
> ➤ Apoiar melhorias nos sistemas transacionais, de *business intelligence, business analytics* e automação na organização.
> ➤ Avaliar os riscos no modelo de negócio a partir de dados e informações disponibilizadas ao alto escalão da organização.
> ➤ Entender e compreender o princípio de monetização dos dados e alinhar melhores práticas com as unidades de negócio.

Além do **curador de negócio e corporativo**, identificamos também o **curador técnico**, proveniente das áreas de TI, cujas responsabilidades consistem em:

> ➤ Monitorar e disponibilizar os dados através dos processos de ingestão de forma automática.
> ➤ Gerir os projetos voltados para integração e tratamento dos dados para os grupos de consumo.
> ➤ Modelar os dados e o rastreamento dos metadados.
> ➤ Aplicar as normas de segurança da informação aos ambientes de dados.
> ➤ Gerir os incidentes com dados nas plataformas do *big data*.
> ➤ Gerir a infraestrutura do *big data*.
> ➤ Controlar as aplicações e ferramentas (licenças, desempenho, custos, aquisição, suporte, manutenção).
> ➤ Promover processos otimizados para liberação de acessos aos ambientes de *big data*.
> ➤ Manter um plano de continuidade dos negócios a partir dos ambientes de *big data*.
> ➤ Definir e implementar a arquitetura de dados na organização e implementar novos projetos de TI para suporte à gestão de dados.

Com esses papéis e responsabilidades, curadores técnicos e de negócio, espera-se que os projetos de dados estejam alinhados à estratégia.

Para que a organização capture massivamente dados de seu interesse praticamente em tempo real, o curador corporativo deve realizar o papel de negociador e buscar dos gestores a melhoria contínua nos processos de TI, nos processos de negócio, nas políticas e normas de dados, empreender a constituição de comitês e comissões para deliberações, perseguir e promover a qualidade de dados, fomentar o repasse de custos de infraestrutura para armazenagem dos dados entre as unidades de negócio e empreender a cultura da monetização do dado.

Observamos que existem formas para determinar os curadores de uma organização.

Uma sugestão para iniciar o processo e a descoberta dos curadores é gerir a governança de dados nas organizações. Para tanto, sugerimos a utilização do *framework* de Zachman[35], que representa o modelo conceitual para estruturar e ordenar artefatos arquitetônicos para clarificar os problemas de negócio voltados aos dados e que apoia na construção de novas competências pelos usuários para realização de negócios B2B, B2B2C, B2C e C2C2B (clientes fazendo negócio com clientes e usando estrutura de *backoffice* das organizações).

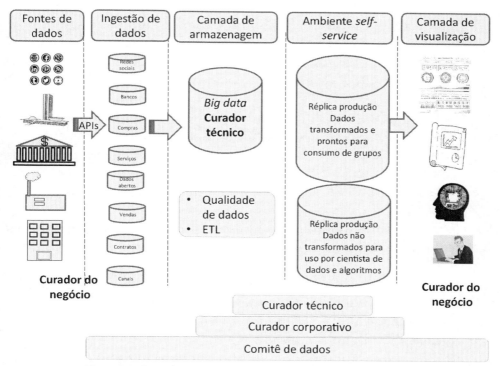

Figura 5.4 – Baseado na arquitetura de dados e na estratégia de negócio.
Fonte: o autor.

---

[35] Vide Hoover (2014).

5.4. Como implantar projetos voltados aos dados nas organizações

O ciclo de vida dos projetos voltados aos dados é diferente do ciclo de vida para desenvolvimento de sistemas.

Enquanto o primeiro tem fases para disponibilização do dado aos clientes internos para consumo, o segundo fomenta o desenvolvimento de sistemas nas mais variadas plataformas para atendimento às necessidades de negócio.

Quando observamos a gestão de projetos com ingestões de dados no *big data* corporativo, observam-se dificuldades e falhas na gestão de projetos em suas áreas de conhecimento.

Do ponto de vista organizacional, entendemos que devam ser criadas:

- ➢ Uma função responsável pela gestão de dados.
- ➢ Comissões ou comitês para deliberar e priorizar projetos.
- ➢ Uma função ou grupo para projetos específicos de dados.
- ➢ Uma função voltada para a governança de dados.

Entendemos, entretanto, que organizações de menor porte irão requerer outras abordagens, porém as funções e responsabilidades, como preconizado anteriormente, devem ser postas em prática. E no caso de terceirizar por questões de falta de competência e conhecimento, é importante a seleção do parceiro de negócio que apresente a melhor condição de segurança, competência e confiabilidade.

Dessa forma, seguem as principais recomendações para aumentar a agilidade de sua organização quanto à entrega de projetos voltados aos dados:

- ➢ A empresa deve utilizar ferramentas e processos para identificar os metadados de negócio e técnicos no *big data* corporativo, para facilitar atividades de ingestão de dados pelas equipes de projetos.
- ➢ A gerência de projetos deve atender às unidades (ou áreas) de negócio e disponibilizar os dados já inseridos no *big data* corporativo e prontos para consumo, sem a necessidade de requisições de serviços à TI. Nesse caso, a gerência de projetos deve ter acesso às réplicas do *big data* corporativo e entregar os projetos de forma modular até que a demanda esteja atendida.

➢ Endereçar às áreas de TI projetos para os quais os dados não estejam no *big data* corporativo. As equipes de engenharia de dados realizarão a ingestão de dados e adotarão as melhores práticas e ferramentas do ecossistema *Hadoop*.

➢ Elaborar diversos *dashboards* e relatórios dinâmicos e disponibilizá-los via portal colaborativo para uso das unidades (ou áreas) de negócio, sendo que aqueles mais utilizados tornam-se de uso corporativo.

➢ Adquirir no mínimo três ferramentas de *business intelligence* para a corporação consumir os dados tratados no *big data* corporativo.

➢ Utilizar métodos ágeis para equipes interagirem com a TI de forma a realizar entregas de combos de projetos de dados. Exemplo: cliente deseja ingestão de dados, *dashboard* e *insights* para promover algoritmos em sistemas transacionais.

➢ Solicitar às áreas de processo corporativo a elaboração do desenho de todas as atividades da área de gestão de dados, disponibilizando os serviços, prazos e custos conforme a complexidade do projeto.

➢ Migrar a equipe de projetos de infraestrutura do ambiente analítico para o início do processo, junto à gestão de dados de sua organização e com as mesmas atribuições. O atendimento torna-se mais rápido e posicionado direto ao solicitante.

5.5. Como a energia dos dados será consumida pelas companhias

O primeiro olhar para a forma de consumo dos dados no futuro passa com certeza pelos nossos jovens nas escolas públicas e privadas. O aprendizado em tecnologia da informação e desenvolvimento e programação de aplicativos e no uso de dados deve ser aplicado de forma prática, pois dessa forma poderemos conectar a educação às melhores práticas quanto ao uso da tecnologia para gestão de dados pelas organizações.

São imensuráveis as inovações possíveis para o cliente, a partir do uso dos dados gerados pelo consumo dos produtos e serviços disponibilizados no mercado e também pelas organizações e por órgãos de governo, conforme políticas de dados abertos[36].

Uma das tecnologias críticas que irão alterar profundamente como iremos trabalhar e como os gestores tomarão decisões é a inteligência artificial. Aplicações de inteligência artificial são grandes consumidoras de dados.

O que conseguimos observar é que muitas organizações já estão transformando seu *big data* corporativo em um verdadeiro gerador de valor para suas equipes internas

---

[36] Vide: <https://www.governodigital.gov.br/transformacao/redes-de-conhecimento/dados-abertos>.

112 Governança Digital 4.0

responsáveis pela gestão das aplicações de IoT, *analytics*, automação e inteligência artificial e por suas complexas lógicas de negócio.

Nossa recomendação para os executivos, antes da aventura de iniciar megaprojetos para implantar a IA, é entender o mercado, avaliar parceiros, estruturar seu time de tecnologia, aprimorar a cultura da sua organização para a inovação e começar com Produtos Minimamente Viáveis (MVPs), realizando pilotos e, quando a organização iniciar o processo de sintonia, ampliando a abrangência dos projetos com essas tecnologias, conforme o planejamento estratégico de dados.

Não há carreira solo em projetos desse tamanho; ou você entra para vencer ou amargará grande prejuízo no seu balanço, principalmente se suas áreas de tecnologia ainda atuam de forma apartada do direcionamento corporativo e atuando como um silo, entregando apenas sua responsabilidade e não percebendo que, na transformação digital, todos estão na mesma "sala *Agile*" e com entregas modulares.

No contexto da inteligência artificial, o Brasil já se enquadra como caso de sucesso em projetos utilizando a tecnologia Watson da IBM (plataforma de serviços de IA para todos os negócios).

A partir dessa tecnologia, é possível identificar várias aplicações, desde o processo de atendimento nas empresas, processo de vendas em uma plataforma digital, concepção e fabricação de veículos cognitivos autônomos e guiados por voz, utilização de assistentes virtuais para o mundo jurídico, até plataformas de ensino dedicadas aos alunos, personalizando o processo de aprendizado via *mobile*, *tablet* e computadores.

Podemos citar também a aplicação de inteligência artificial no agronegócio, para tomada de decisões autônomas na identificação de pragas, pontos de colheita, otimização de uso de veículos autônomos, assim como organizar a logística de uso de silos de armazenamento, dentre outras aplicações. Nesse caso, os dados são a energia que possibilitam esses eventos.

Como utilizar tanta tecnologia e energia gerada pelo uso dos dados se as áreas de infraestrutura atrasam suas expansões, as áreas de negócio descuidam da qualidade dos dados, os prazos são alarmantes para o desenvolvimento e entrega dos projetos ou áreas de arquitetura de dados não têm força para mudar as topologias de serviços e dados ultrapassados, enquanto seu concorrente implanta arquiteturas com microsserviços, ganhando sinergia na conectividade entre os ambientes de dados, sistemas, processos e, claro, o próprio cliente?

Dados: a energia do futuro **113**

A solução para essa situação deve ser administrada conforme a característica das empresas; porém, com a liderança da alta administração, com inspiração e estratégia voltadas para maior autonomia das áreas e funcionários envolvidos nos projetos, é possível obter certa padronização em toda a organização.

O mundo dos negócios está indo rapidamente para o uso intensivo da inteligência artificial[37].

Se a sua organização for aplicar a inteligência artificial, não poderá prescindir dos dados. Com essa energia, sua organização poderá utilizar as aplicações reais que vão desde os canais utilizados de resposta para comunicação com os clientes, na compra de ações, até mesmo usar a inteligência artificial para realizar o pagamento do táxi em *bitcoin* pelo comando de voz.

Esse mundo que vemos ser alardeado em congressos, encontros acadêmicos e na imprensa não irá acontecer sem a forte gestão de dados na sua organização.

Em muitas organizações, o controle da operação das telecomunicações já está ativo com mais de um milhão de alertas diários nos sistemas para contenção e contingência dos problemas de negócio e demais variáveis dessa natureza.

Poderíamos ficar horas relatando a quantidade de *cases* de sucesso utilizando a inteligência artificial e seus resultados, mas gostaríamos de sugerir a você que visite o site <https://hubdecases.mybluemix.net/> (*Hub* de *Cases* Brasil) para conhecer todos os modelos de sucesso que utilizam principalmente as tecnologias como *blockchain, cloud*, internet das coisas (IoT) e Watson de que sua organização necessita para garantir a sua sobrevivência agora e no futuro.

Ainda vemos poucas organizações onde há uma clara estratégia de dados. Entretanto, as grandes organizações já começam a se movimentar nessa seara.

Nesse cenário, é necessário que os gestores repensem a forma de aquisição de novas tecnologias para apoiar essa jornada dos dados. É muito comum que essa aquisição aconteça sem um propósito real que efetivamente apoie os resultados do negócio. Não podem decidir somente pela propaganda de fornecedores.

O importante é traçar as pontes dos modelos de negócio até o cliente e não através do uso de tecnologias. Ou seja, a tecnologia, por si só, não conduz sua organização a

---

[37] Vide o relatório do Instituto McKinsey (2018) sobre aplicações da inteligência artificial para vários tipos de negócios.

114 Governança Digital 4.0

gerenciar os dados como devem ser gerenciados. É comum as organizações decidirem sobre escolhas tecnológicas sem olhar o modelo de negócios, o valor para o cliente.

Nos tópicos anteriores do presente capítulo, falamos em copiar ambientes de produção para utilização puramente dos cientistas e consumidores de dados internos. Entretanto, se o projeto demorar mais do que seis meses para entrega da infraestrutura e mais tempo ainda para realizar ingestão dados nesse ambiente, sua organização já terá amargado a perda de espaço de mercado e fidelidade dos clientes pela concorrência.

Nossa sugestão é sempre entregar o produto mínimo viável e fazer seu consumo. Pensar com amplitudes menores faz a diferença no mundo digital.

Por fim, é importante discutir como os algoritmos têm sustentado os sistemas lógicos e mudado a vida das organizações e de seus clientes.

Eles estão em todos os lugares – veja as bolsas de valores no mundo. É o principal exemplo, afeta bilhões de pessoas, com vários robôs programados para investir por você, cuja reação é instantânea em caso de mudança dos cenários, realizando 50% ou mais das decisões de compra e venda. Tudo gerado a partir de *insights* dos cientistas de dados, transformados em programas e algoritmos.

É importante você, leitor, entender como é realizada essa integração dos ambientes preditivos para aplicação nas áreas de tecnologia e o uso dos dados após o evento de negócio acontecer com seu cliente ou usuário.

Mas em vários modelos de negócio, os cientistas de dados já atuam com propriedade e conseguem alavancar resultados acima das expectativas para a organização, desde um algoritmo que filtra bilhões de páginas na *web* até pesquisas em engenharia automotiva, entre outros *cases* de sucesso.

A criação de um algoritmo passa por passos importantes:

> - A área de negócio apresenta suas dificuldades acerca da necessidade em termos de precisão dos dados.
> - Gestores devem entender a solução de negócio.
> - Área de projetos encaminha a demanda para a gestão de dados.
> - Envolver cientistas de dados e permitir seu acesso ao ambiente preditivo:
>   - Avaliar os padrões contidos nos dados.
>   - Avaliar as sequências e operações estatísticas e matemáticas.
>   - Traduzir *insights* de negócio através de algoritmos (sequência de programação).

- Aplicar modelos em ambiente de homologação.
- Aplicar a teoria dos grafos[38] na sequência de programação.

Entretanto, nesse processo, é vital cuidar para que as emoções e situações diárias não impactem a elaboração dos *insights* pelos cientistas de dados, assim como aferir rigorosamente, sempre que requerido, os resultados antes de promover as aplicações para o ambiente de produção.

Por fim, é importante atentar para o fato de que, a despeito do aumento do número de jovens talentos como cientistas de dados, as lideranças das organizações devem ter em mente a necessidade de reter e desenvolver esses talentos, inspirando as demais camadas da organização nesse sentido.

Nos próximos capítulos, o leitor poderá entender o impacto dessas mudanças na governança digital de dados e seu relacionamento com a gestão de TI e de tecnologia da automação.

Referências

CHUI, M. et al. **Notes from de AI frontier:** insights from hundreds of use cases. McKinsey Global Institute, Discussion Paper, Apr. 2018.

CISTP. **China AI Development Report.** China Institute for Science and Technology Policy at Tsinghua University, July 2018.

CMMI INSTITUTE. **Data Management Maturity (DMM).** Disponível em: <https://cmmiinstitute.com/data-management-maturity>. Acesso em: 05 jul. 2019.

DAMA. **The DAMA Data Management Body of Knowledge (DAMA DMBOK).** Data Management International, 2009.

EUROPEAN COMMISSION. **Building Trust in Human-Centric Artificial Intelligence.** Communication from the Commission to the European Parliament, the Council, the European Economic and Social Committee and the Committee of the Regions. Brussels, 08 Apr. 2019.

HOOVER, J. **Zachman Framework:** 56 most asked questions. La Vergne: Lightning Source, 2014.

---

[38] A **teoria dos grafos** é um ramo da matemática que estuda as relações entre os objetos de um determinado conjunto. Para tal, são empregadas estruturas chamadas de grafos.

6. A transformação digital necessita de inovação

Rosangela Riccotta

Para que ocorra a transformação digital, é imprescindível que os processos de inovação estejam em operação na organização.

A transformação digital em si já é uma inovação, pois, como você já viu anteriormente, transforma a maneira como a sua organização se relaciona com os clientes e usuários, altera os processos produtivos pela sua digitização, altera a forma como as pessoas trabalham e também propõe novos modelos de negócio que, na verdade, são quebras de paradigmas que exigem mudança do *mindset* da liderança da organização.

Sem processos e abordagens de inovação, você, como líder e gestor, terá muitos obstáculos para o seu processo de transformação digital.

Neste capítulo, trataremos dos conceitos e processos de inovação.

6.1. Conceito de inovação

Desde o final do século XX, vivemos em uma época de muitas mudanças, que ocorrem a todo o momento. Segundo Joo (2010), na última metade desse século foi considerável o avanço das comunicações e da tecnologia da informação. Inovar tornou-se prioridade nas companhias, o que afeta diretamente a vida das pessoas. Os motivos são diversos, desde a competitividade no mercado, necessidade de economia de tempo, ou seja, eficácia de seus processos, até o *saving* dos custos operacionais da companhia.

A necessidade da inovação já foi constatada há algum tempo. Peter Drucker (1999) afirma que todas as organizações, independentemente de seu ramo de atuação no mercado, precisam de uma competência organizacional fundamental: a inovação.

Acerca da arena competitiva digital, bem como da evolução das inovações, o livro "A Liderança Essencial" (MOTTA, 2014, p. 92) conceitua:

A transformação digital necessita de inovação **117**

[...] Diante dos rápidos ciclos de inovação, nenhuma empresa consegue permanecer na fronteira do conhecimento por muito tempo sem uma forte rede de valor. Hoje, a inovação é comandada pelos próprios consumidores (*lead user innovation*) e envolve a atuação colaborativa de diversos *stakeholders (open invovation)* [...]

Segundo o manual de Oslo (OCDE; FINEP, 1997), inovação é a implantação de um novo produto, que pode ser bem ou serviço, ou uma melhoria significativa desse produto. As inovações não se limitam aos produtos; incluem a criação ou melhoria de um processo já estabelecido ou uma nova metodologia na área de marketing. Dessa forma, novas práticas de negócio que estimulam o surgimento de um novo modelo organizacional também são consideradas inovações.

Seguem outras definições sobre inovação, conforme a Tabela 6.1 a seguir:

Tabela 6.1 – Definições de inovação.

Definição	Autor
Inovação é um ato empreendedor, continuamente transformacional, capaz de produzir resultados de curto a longo prazo e que implica em intuição e quebra de paradigmas.	SCHUMPETER, J. (1982)
Inovação é algo novo, não necessariamente inédito, para quem fará uso e é controlada por dois conjuntos de forças distintas que interagem entre si: as forças do mercado e as forças do progresso nas fronteiras científicas e tecnológicas.	KLINE, S. J.; ROSENBERG, N. (1986)
A inovação é um processo de gestão que exige instrumentos, regras e disciplina específicos, requerendo sistemas de avaliação e incentivos para que possa proporcionar rendimentos consideráveis e continuados, de forma a redefinir uma indústria pelas combinações de modelos de negócios e tecnologias.	DAVILA, T.; EPSTEIN, M. J.; SHELTON, R. (2007)
A inovação é o processo que inclui as atividades técnicas, concepção, desenvolvimento, gestão e que resulta na comercialização de novos (ou melhorados) produtos, ou na primeira utilização de novos (ou melhorados) processos.	FREEMAN, C. (2008)
A inovação é um processo de fazer de uma oportunidade uma nova ideia e de colocá-la em uso da maneira mais ampla possível.	TIDD, J.; BESSANT, J.; PAVITT, K. (2008)
A inovação é a implementação de ideias criativas dentro de uma organização.	FIGUEIREDO, P. N. (2009)
A inovação é definida como uma ideia, prática ou objeto percebido por quem adota como algo novo e como uma melhoria, desde que implementada.	JALONEN, H. (2012)
A inovação é a criação de novas realidades.	PLONSKI, G. A. (2017)

118 Governança Digital 4.0

Para finalizar este tópico de conceitos, uma INVENÇÃO é criar algo que nunca existiu, geralmente para resolver um problema, e pode acontecer de não ter resultado financeiro imediato.

Uma invenção se aplica a um produto, um serviço. Uma nova forma de organização do trabalho pode ser considerada uma inovação, geralmente disruptiva. Entretanto, uma inovação não é necessariamente uma invenção.

Uma invenção pode criar indústrias inteiras. Vide o automóvel e agora as redes sociais.

Agora vamos para o entendimento dos tipos de inovações.

6.2. Tipos de inovações

O manual de Oslo (OCDE; FINEP, 1997) declara a existência de quatro tipos de inovação que contemplam um conjunto bastante amplo nas atividades de inovação das organizações, são elas:

> **Inovação de produto** – Mudanças no produto final ou importante aperfeiçoamento do produto. O produto passa a oferecer funcionalidades ou potencialidades que ainda não oferecia. Além disso, serviços podem ser alterados ou criados totalmente novos. Pode compreender a modificação do *design* e acessórios, alterar componentes, agregar inteligência, entre tantas possibilidades.
> **Inovação de processo** – Mudança ou criação de métodos de produção, distribuição ou documentação de um produto ou serviço visando acelerar produtividade, reduzir custos, aumentar a qualidade e diminuir o impacto das operações no ambiente. Abrange também inovações em processos de negócio e gerenciais.
> **Inovação organizacional** – Mudança ou a criação de novos modelos de negócio que impactam nas organizações do trabalho interno ou externo da empresa.
> **Inovação de marketing** – Implementação de novos métodos de marketing ou alteração da imagem ou embalagem do produto, bem como a alteração na divulgação de promoções. Pode alterar a colocação no mercado do produto e, também, alterar ou criar um novo modelo ou método para estabelecer preços dos produtos ou serviços.

Cada um desses tipos de inovações pode ser **incremental** ou **radical (disruptiva)** e implementada de forma **aberta** ou **fechada**.

A transformação digital necessita de inovação **119**

As organizações trabalham para que as ações de inovação incremental ocorram dentro da companhia, por intermédio de pesquisas e laboratórios de P&D. As inovações incrementais também são responsáveis pela continuidade da atuação da empresa no mercado a que pertence.

As ações de inovação incremental são desenvolvidas por meio de melhorias contínuas de forma incremental nos serviços ou produtos já existentes no mercado, para atender à necessidade de novidade dos consumidores e para fazer frente à concorrência, ou como estratégia de evolução de um produto agregando mais valor conforme percebido pelo cliente e pelos consumidores.

O conceito de inovação está sempre relacionado a algo extremamente novo, que afetará de maneira significativa o mercado de atuação da organização que implementou essa inovação, bem como a vida das pessoas. Esse tipo de inovação, a inovação radical, é também conhecida como inovação disruptiva. Segundo Christensen (1997), as inovações disruptivas revelam um novo mercado e constituem valores diferentes dos conhecidos até aquele momento.

As inovações que a transformação digital está trazendo podem ser consideradas disruptivas para grande parte das organizações.

O impacto de uma inovação disruptiva pode, por exemplo, mudar a estrutura do mercado, criar novos mercados ou tornar produtos existentes obsoletos (CHRISTENSEN, 1997). Segundo Leifer, O'Connor e Rice (2002), quando uma companhia consegue atingir certa maturidade em produzir inovações radicais, toda a organização converge para o movimento; a cultura organizacional se modifica, suportada por gestores que incentivam e recompensam as atividades inovadoras ao ponto de criar uma área específica dentro da organização, comumente chamada de "centro de inovações radicais".

O manual de Oslo postula que as inovações disruptivas são as mais difíceis de se prever. O fenômeno de transformação acontece somente após a sua implementação (OCDE; FINEP, 1997).

Entretanto, com as novas tecnologias emergentes, o aparecimento das organizações digitais exponenciais, os novos ecossistemas de aplicativos e de *startups*, estamos experimentando várias inovações disruptivas que estão afetando pesadamente vários segmentos de negócios. Vide Uber, Airbnb e as *fintechs* que estão tirando o sono dos grandes bancos e alterando a vida das pessoas, desde a sua qualidade de vida até a sua empregabilidade.

A Figura 6.1 a seguir apresenta o *continuum* entre inovação incremental e radical.

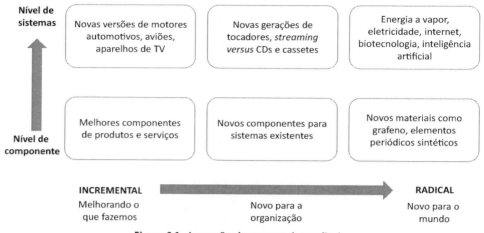

Figura 6.1 – Inovações incrementais x radicais.
Fonte: adaptado de TIDD, J.; BESSANT, J.; PAVITT, K. (2008).

Um movimento que pode suprir a deficiência interna de uma empresa, no que tange ao conhecimento, à tecnologia e até mesmo à criatividade para um processo de inovação, é chamado de inovação aberta.

Ao aderir à inovação aberta, a empresa passa por grandes desafios, de estrutura e cultura organizacional, já que o processo consiste em abrir a sua empresa para toda e qualquer pessoa ou empresa que possa sugerir e contribuir para a melhoria de um produto ou serviço já existente ou o surgimento de um novo produto de sua empresa.

De acordo com Utterback (1994), as grandes empresas possuem limitações para realizar uma inovação disruptiva, devido à necessidade de grandes mudanças em sua estrutura de processos, fornecedores, métodos, equipamentos e produtos. Por outro lado, empresas menores, novas entrantes, como *startups* criadas com modelos de negócios totalmente novos, têm como principal característica a inovação (SIGNORI et al, 2014).

As inovações abertas são obtidas geralmente por meio das *startups*. No segmento financeiro podemos encontrar as *fintechs* (termo utilizado para empresas que criam produtos inovadores, aliando finanças e tecnologia), que assumem um papel importante em trazer novas ideias e revolucionar o produto ou serviço para a indústria financeira.

Comparando-se a inovação aberta e a fechada:

Tabela 6.2 – Comparação inovação aberta x fechada.

Inovação aberta	Inovação fechada
As organizações usam ideias externas para o desenvolvimento da inovação	Empresas investem em P&D internamente
Reduz consideravelmente os investimentos em inovação	Geralmente têm seus próprios laboratórios
Mais organizações conseguem ser competitivas em termos de produtos e serviços inovadores	Somente poucas organizações conseguem ser competitivas em termos de inovação
Não são necessários grandes investimentos, pois vários parceiros e pessoas podem se envolver no desenvolvimento da inovação	Geralmente são necessários grandes volumes de recursos para a inovação
Projetos podem ser iniciados externamente e depois absorvidos pela organização	
Pode desenvolver um ecossistema de organizações e indivíduos para o desenvolvimento de inovações	
Pode fazer *spin-offs* gerando novos negócios e novas organizações focadas na inovação desenvolvida	

Atualmente, as grandes organizações têm abordagens predominantemente para a inovação aberta. Vide o caso do Bradesco com o InovaBra, o Itaú com o Cubo e outras iniciativas existentes no mercado.

Agora que você já entendeu o que é inovação e seus tipos, é preciso entender os motivadores da inovação.

Avalie sua organização quanto ao uso da inovação, aos tipos de inovação e aos fatores que você percebe que podem ou devem induzir à inovação, principalmente aos que se referem à transformação digital.

6.3. Motivadores da inovação

Os principais motivadores para a inovação dentro de uma organização são derivados tanto de aspectos da evolução tecnológica como da demanda de mercado.

Considerando motivadores oriundos da evolução tecnológica, podemos citar:

> ➢ Atividades de pesquisa e desenvolvimento.
> ➢ Programas de capacitação tecnológica.

122   Governança Digital 4.0

> Difusão de conhecimento científico e tecnológico.
> Gestão da inovação e do conhecimento na organização ou na indústria de uma forma geral.
> Oferta de inovações por parceiros e fornecedores e instituições de pesquisa.

Considerando os motivadores provenientes da demanda, temos:

> Melhoria da qualidade de um produto, processo ou serviço.
> Necessidade de conformidade a padrões e requisitos de *compliance* internos e externos.
> Necessidade de adaptação de produtos e processos.
> Necessidade de melhorar a experiência do cliente.
> Obtenção de maior eficiência econômica.
> Novo *design* para o produto.
> Reformulação disruptiva dos processos logísticos, de transformação e de distribuição da indústria em que se insere a organização.
> Mudanças de paradigmas do mercado em função de surgimento de novos modelos de negócios substitutos, principalmente em termos digitais.
> A estratégia da empresa também é um fator motivador, mas derivado dos demais citados.

Os motivadores de cunho tecnológico se relacionam aos da demanda em duas vias.

Portanto, os motivadores da inovação para uma organização podem ser resumidos em necessidade de manter ou aumentar a competitividade do negócio, sustentar as capacidades competitivas da organização e assegurar a sua continuidade.

Avalie sua organização. Quais são os motivadores da inovação?

No caso específico de a sua organização estar empreendendo um processo de transformação digital, você pode observar que vários motivadores estão presentes nesse movimento estratégico.

6.4. Fatores que influenciam a adoção da inovação

De acordo com Riccotta (2016), vários fatores influenciam na adoção da inovação pelas organizações, são eles:

> A governança corporativa, atuando como facilitadora da inovação, através da sugestão de comitês de inovação, pelo reforço à cultura de inovação, aprova orçamentos específicos para a inovação. Um aspecto importante é que a conformidade a regulamentos e legislações também pode frear o ímpeto de inovar.
> A estratégia determina qual o posicionamento no ambiente competitivo que a organização quer ter: ser líder, um seguidor atento ou um retardatário; isso deve ser evidenciado por planos e orçamentos.
> A cultura organizacional ou a cultura inovadora é um dos principais fatores de influência sobre a inovação, e o protagonista dessa influência é o ser humano. As características da personalidade do indivíduo, independentemente da posição que ocupa, influenciam positiva ou negativamente o surgimento das inovações.
> A viabilidade da implementação de uma inovação passa por um estudo financeiro com a composição das variáveis de investimento e do retorno financeiro, ou seja, geração de novas receitas que essa inovação pode proporcionar e até mesmo a viabilidade do negócio sem comprometer legislações e regulamentações existentes.
> O apetite e a tolerância ao risco dos administradores da organização também podem criar um ambiente propício à inovação ou de grande restrição, o qual é demonstrado por orçamentos não condizentes com a inovação pretendida.

A Figura 6.2 a seguir apresenta uma relação de causa e efeito entre os fatores que influenciam a inovação.

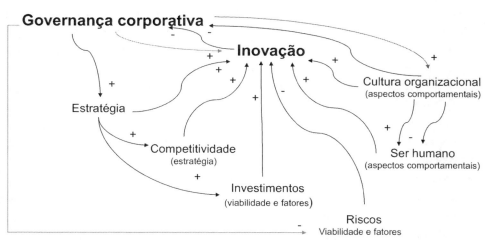

Figura 6.2 – Diagrama causal de fatores que impactam a inovação.
Fonte: RICCOTTA, 2016.

124 Governança Digital 4.0

De acordo com o diagrama, as principais conclusões são:

> A influência da governança corporativa sobre a inovação é positiva e acontece de forma indireta, por meio dos direcionamentos que constituem a estratégia da companhia, além de ter influência direta na cultura organizacional.

> A governança corporativa pode influenciar negativamente em função de requisitos de *compliance* internos e externos.

> A governança corporativa tem forte influência sobre as áreas de gestão; estas, por sua vez, são as responsáveis diretas pela inovação na companhia. As áreas de gestão estão diretamente relacionadas com as ações motivadoras da inovação e também com grande importância nas aprovações ou rejeições de um projeto de inovação.

> A formação do conselho de administração interfere diretamente nas aprovações ou nos motivadores de projetos de inovação na companhia, seja por sua composição diversificada, quando conselheiros mais abertos possuem um olhar diferente sobre os riscos da inovação, seja por um líder que gosta de inovação e serve como modelo a ser seguido pela organização.

> Quando a inovação está inserida na estratégia da empresa, direcionada por algumas das boas práticas de governança corporativa, há incentivo na criação e manutenção dos comitês ou diretorias de inovação. Uma das boas práticas de governança corporativa, no que se refere à sustentabilidade e perenidade da companhia, direciona as ações do planejamento estratégico no sentido de fazer da inovação parte da missão da companhia.

> A preparação para inovar se faz presente na estratégia da companhia quando a companhia deseja ou necessita ser competitiva no mercado em que atua.

> A competitividade do mercado em que a empresa atua é um dos grandes fatores de influência externa para a inovação da companhia. A organização que não inova tende a perder mercado e, em algumas indústrias, tende a desaparecer.

> Quando as ações de inovação são desdobradas do planejamento estratégico da companhia, além de atreladas a metas anuais, reserva-se um orçamento para investir em inovação, o que torna o caminho da inovação mais fácil dentro da companhia.

> Quando há investimento para que a empresa inove, as ações de inovações ganham prioridade, o investimento de tempo e o investimento financeiro são fatores que influenciam positivamente no surgimento e na implementação de ações ou projetos inovadores.

> A cultura organizacional da empresa exerce uma influência negativa na implementação da governança corporativa quando há membros no conselho administrativo que possuem uma postura rígida quanto a mudanças.

> Quando a cultura organizacional está aberta para mudanças e melhorias, a influência sobre a governança corporativa é positiva, facilitando as implementações necessárias para seguir as boas práticas de governança corporativa.
> Culturas abertas a inovações têm efeito positivo sobre a inovação e negativo em caso de culturas mais rígidas de controle.
> Pessoas podem influenciar positivamente ou negativamente a cultura da organização.
> A governança corporativa influencia positivamente os riscos por determinar os limites de apetite e tolerância aos riscos.
> Os riscos influenciam negativamente a inovação. Entretanto, a governança corporativa pode balancear essa influência, atenuando-a.

6.5. O processo de inovação

De acordo com o manual de Oslo (OCDE; FINEP, 1997), as atividades de inovação são etapas científicas, tecnológicas, organizacionais, financeiras e comerciais que conduzem, ou visam conduzir, à implementação de inovações.

O dinamismo da inovação está associado à forma como o processo de inovação é realizado. Metz e Vantrappen (1995) descrevem alguns princípios essenciais do processo de inovação, tais como a parceria entre a área de negócios da empresa e a área de desenvolvimento e pesquisa, a correlação dos indicadores de desempenho do processo de inovação com a estratégia da empresa, a análise dos indicadores de desempenho do processo de inovação e a tomada de ações para ajustes e melhorias no processo.

Hansen e Birkinshaw (2007) descrevem uma "cadeia de valor da inovação" que inicia com a captação de ideias em diversas fontes (internas, externas, mídia, tecnologia). As ideias são então transformadas em um projeto (atividades, recursos); o projeto finalizado com o produto inovador é apresentado e divulgado para a organização e para o mercado.

De acordo com Takahashi e Takahashi (2011), uma das carências para o processo de inovação é uma efetiva gestão estratégica voltada para a inovação disruptiva. Os autores afirmam que há três passos que delimitam a competência da gestão estratégica da inovação: i) visão do futuro, reconhecer oportunidades e competências necessárias; ii) estratégia, metas e objetivos declarados para realização do planejamento; e iii) gestão do portfólio de projetos inovadores.

126 Governança Digital 4.0

Anos mais tarde, um modelo mais completo foi definido por Goffin e Mitchell (2010): além das etapas de geração de ideias, projeto e a divulgação, são acrescidas etapas que se referem à organização, como estratégia e pessoas. Os projetos de inovação devem estar alinhados com a estratégia da empresa, e as pessoas engajadas proporcionam suporte a todo o processo.

Segundo o manual de Frascati (OCDE, 2002), as atividades de inovação tecnológica são um conjunto de investigações e estudos que transitam entre a ciência, a tecnologia e as organizações e que incluem níveis diferentes de investimento. As etapas de Pesquisa e Desenvolvimento descritas no manual podem ser realizadas em diferentes estágios do processo de inovação.

De acordo com pesquisa sobre inovação divulgada pelo IBGE (2008), as atividades de inovação são classificadas em: i) atividade interna de P&D: desenvolvimento e uso de conhecimentos com criatividade realizados dentro da organização por uma área específica ou por diversas áreas da companhia; ii) aquisição externa de P&D: quando uma empresa terceira desenvolve todo o projeto, realiza testes e o protótipo do novo produto ou serviço desenvolvido é adquirido pela companhia; iii) aquisição de conhecimentos externos: quando a empresa compra patentes, marcas ou algum conhecimento científico ou técnico que será utilizado para desenvolver alguma inovação na companhia; iv) aquisição de máquinas ou equipamentos: quando a empresa compra algum equipamento, máquina ou hardware necessário para o aperfeiçoamento de seus produtos; v) treinamento: capacitação dos colaboradores para fomentação da inovação na companhia; vi) introdução das inovações no mercado: divulgação dos novos produtos, muito envolvimento com a área de marketing para verificar como o mercado está reagindo à inovação; vii) projeto industrial: compreende etapas como: procedimentos, processos, normatização e avaliação para efetivação do registro do novo produto.

A gestão da inovação surge como uma nova disciplina no contexto organizacional. Leifer, O'Connor e Rice (2002) indicam a consolidação da gestão da inovação por meio do processo gerencial realizado de forma sistemática.

Há vários modelos de processos de inovação propostos pela literatura. Todos apresentam três grandes fases, que são a **captura de ideias e inovações**, o **desenvolvimento do produto** e sua **implementação e comercialização no mercado**.

Em termos gerais, a Figura 6.3 apresenta um modelo que compreende essas três grandes fases com a abordagem do funil de inovação e das portas de estágio ou *stage gate*.

A transformação digital necessita de inovação

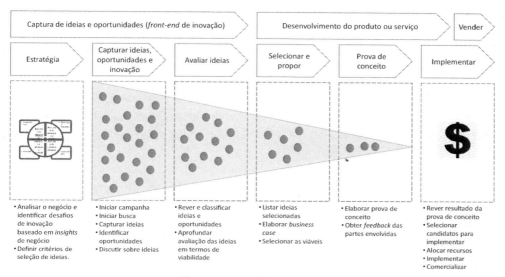

Figura 6.3 – Funil de inovação.
Fonte: adaptado de TIDD, BESSANT e PAVITT (2008).

O COBIT® 5 (ISACA, 2012) sugere um processo de inovação composto por práticas e atividades que podem ser resumidas em um processo relativamente fácil de ser implementado, principalmente para a área de TI.

A Figura 6.4 apresenta essa sugestão de um processo mais simplificado para TI com base no COBIT®.

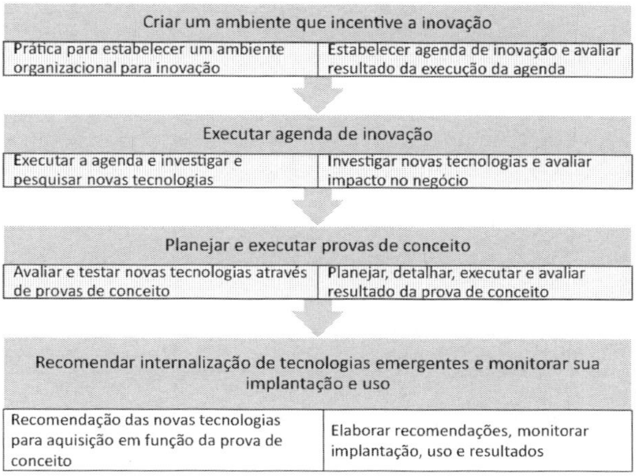

Figura 6.4 – Processo simplificado de inovação.
Processo instanciado do processo de Gestão de Inovação do COBIT® 5.
Fonte: adaptado de ISACA, 2012.

6.6. Resumo das técnicas de inovação

Durante o processo de inovação, principalmente nas fases iniciais, de captura de ideias e de desenvolvimento de protótipos, muitas técnicas podem ser usadas.

Buchele (2015), em estudo realizado para a sua tese de mestrado, identificou várias técnicas que são utilizadas pelas organizações no seu processo de inovação e desenvolvimento de novos produtos. A Tabela 6.3 apresenta essas técnicas, classificadas por grandes fases do processo.

Tabela 6.3 – Técnicas empregadas ao longo do funil da inovação.

Técnicas empregadas	Captura de ideias e inovação	Desenvolvimento do produto	Vender (Implementar)
Seis sigma			X
Análise da cadeia de valor	X		
Análise de modo e efeitos de falha – FMEA	X	X	X
Análise de tendências	X		
Análise de usuários líderes	X		
Base de dados de clientes – CRM	X		
Benchmarking	X		
Brainstoming	X	X	X
Bibliometria	X		
Cenários	X		
Ciclo de vida do produto	X	X	X
Forças competitivas – Porter	X		
Delphi	X	X	
Desdobramento da função qualidade – QFD	X	X	X
Diagrama espinha de peixe		X	X
Diagrama de Pareto			X
Engenharia simultânea		X	
Gerenciamento de dados do produto		X	X
Gestão do conhecimento	X	X	X
Grupo de foco	X		X
Investigação de mercados	X		X
Matriz de seleção de ideias	X		
Matriz BCG	X		
Programas para gerenciamento de projetos	X	X	
Projeto de experimentação	X	X	
Sistema de sugestões	X		
Teste de conceito	X	X	X
Prova de conceito		X	
Vigilância tecnológica	X		

No caso específico para o mundo das novas tecnologias e desenvolvimento de plataformas digitais, estão sendo empregadas no mercado, principalmente na fase de captura de ideias e oportunidades e até o desenvolvimento do produto, técnicas como:

> *Lean Inception*, que emprega *design thinking* e técnicas de *Lean* e *Kanban* para a criação de um produto digital na modalidade de um MVP ou *Minimum Viable Product*, o qual deve ser testado para verificar a viabilidade no mercado. Emprega uma abordagem muito usada em *starups*. Vide o trabalho de Caroli (2018).
> *Sprint* (método de inovação do Google), que procura, em uma semana, gerar um MVP de um produto digital (KNAPP; ZERATSKY; KOVITZ, 2017).

Por fim, observa-se que abordagens ágeis como *Scrum* e *Kanban* também são usadas para os processos de inovação e desenvolvimento de produtos para plataformas digitais.

6.7. Métricas para a gestão da inovação

Qualquer projeto, seja de inovação ou não, deve ter seu retorno avaliado.

No tocante a projetos de inovação, podemos identificar alguns indicadores que fornecem informações se a inovação atingiu o resultado esperado ou qual o resultado que conseguiu atingir. Isso porque, em determinadas organizações que já nasceram digitais, às vezes os resultados são exponenciais.

Mas, de qualquer forma, podemos considerar como indicadores da inovação:

> Despesas de inovação em relação ao faturamento da empresa.
> Despesas de inovação comparativamente com médias de mercado.
> Quantidade de patentes obtidas em relação ao mercado.
> Quantidade de projetos em parceria com centros de pesquisa e outras entidades.
> Investimentos em capacitação de recursos humanos.
> % do faturamento advindo de produtos inovadores.
> Comparação do portfólio de produtos inovadores em relação aos competidores.
> Crescimento de vendas de produtos inovadores.
> Ganhos de produtividade face à inovação.
> Ganhos de redução do custo operacional face à inovação.
> Liderança tecnológica da organização.

Geralmente, esses indicadores devem ser estabelecidos durante o processo de inovação, principalmente quando do estudo de viabilidade da inovação.

Lembrando que organizações que já têm tradição de inovação estabelecem metas e têm como estratégia renovar, em períodos regulares de tempo, todo o seu portfólio de produtos.

6.8. Considerações gerais

Algumas dicas que achamos que são importantes para você, principalmente no tocante ao desenvolvimento e à implementação de inovações para a transformação digital de sua organização:

- ➤ Se sua organização necessita de altas doses de inovação para crescer e se manter no mercado, fomente a criação de um ambiente propício de inovação e vá em busca do apoio da alta direção.
- ➤ Defina um modelo e um processo mais adequado de forma que o dia a dia não atrapalhe o desenvolvimento de inovações.
- ➤ Participe das decisões estratégicas de sua organização.
- ➤ Identifique com seu time quais tecnologias podem trazer os maiores ganhos para a sua organização.
- ➤ Crie uma agenda de inovação.
- ➤ Procure usar uma abordagem de inovação aberta, criando meios da comunidade acadêmica, *vendors* e profissionais para participar das inovações pretendidas.
- ➤ Para captar ideias e oportunidades, use técnicas mais adequadas e de preferência que permitam agilidade.
- ➤ Empregue, sempre que possível, o conceito de MVP, *Minimum Viable Product*.
- ➤ Lembre-se de que a inovação é experimentação e, às vezes, os fracassos são base para lições aprendidas e evolução de conceitos e ideias.
- ➤ Não abra mão das provas de conceito.
- ➤ Sempre que possível, não abra mão dos estudos de viabilidade.
- ➤ Por fim, sempre avalie os resultados da inovação, confrontando-os com os objetivos inicialmente traçados.

Referências

BUCHELE, T. G. **Adoção de métodos, ténicas e ferramentas para inovação:** um levantamento em organizações catarinenses. Dissertação (Mestrado). Universidade Federal de Santa Catarina, 2015.

CAROLI, P. **Lean Inception:** como alinhar pessoas e construir o produto certo. São Paulo: Caroli, 2018.

CHRISTENSEN, C. M. **The Innovator's Dilemma:** when new technologies cause great firms to fail. Boston: Harvard Business Review Press, 1997.

DAVILA, T.; EPSTEIN, M. J.; SHELTON, R. **As regras da inovação.** Porto Alegre: Bookman, 2007.

DRUCKER, P. F. **Management Challenges for the 21st Century.** New York: Harperbusiness, 1999.

FIGUEIREDO, P. N. **Gestão da inovação:** conceitos, métricas e experiências de empresas no Brasil. Rio de Janeiro: LTC, 2009.

FREEMAN, C. **A economia da inovação industrial.** São Paulo: Editora Unicamp, 2008.

GOFFIN, K.; MITCHELL, R. **Innovation Management:** Strategy and Implementation Using the Pentathlon Framework. 2nd. ed. Basingstoke: Palgrave Macmillan, 2010.

HANSEN, M. T.; BIRKINSHAW, J. The innovation value chain. **Harvard Business Review,** v. 85, n. 6, p. 121-130, June 2007.

IBGE. **Pesquisa de Inovação.** Rio de Janeiro: Instituto Brasileiro de Geografia e Estatística, 2008.

ISACA. **COBIT® 5:** a business framework for the governance and management of enterprise IT. Rolling Meadows: ISACA, 2012.

JALONEN, H. The uncertainty of innovation: a systematic review of the literature. **Journal of Management Research,** vol. 4, n. 2, E1, 2012.

JOO, S. H. **Beyond economy:** impact of national cultural values on nationwide broadband diffusion (Dissertation). University of Michigan, Flint, MI, 2010.

KLINE, S. J.; ROSENBERG, N. An overview of innovation. *In*: LANDAU, R.; ROSENBERG, N. (eds). **The positive sum strategy:** harnessing technology for economic growth. Washington: The National Academy of Science, 1986, cap. 16, p. 275-306.

KNAPP, J.; ZERATSKY, J.; KOVITZ, B. **Sprint:** o método usado no Google para testar e aplicar novas ideias em apenas cinco dias. Rio de Janeiro: Intrínseca, 2017.

LEIFER, R.; O'CONNOR, G. C.; RICE, M. A. A implementação da inovação radical em empresas maduras. **RAE**, vol. 42, n. 2, abr./jun. 2002, p. 17-30.

METZ, P. D.; VANTRAPPEN, H. F. Medindo o Desempenho do Processo de Inovação. **Revista de Administração de Empresas**. São Paulo, vol. 35, n. 3, maio/jun. 1995, p. 80-87.

MOTTA, D. A. **A Liderança Essencial**. São Paulo: Virgiliae, 2014.

OCDE. **Manual de Frascati:** metodologia proposta para definição da pesquisa e desenvolvimento experimental. F. Iniciativas, 2002.

OCDE; FINEP. **Manual de Oslo:** diretrizes para coleta e interpretação de dados sobre inovação. 3.ed. Organização para Cooperação e Desenvolvimento Econômico; Gabinete Estatístico das Comunidades Europeias; Financiadora de Estudos e Projetos, 1997.

PLONSKI, G. A. Inovação em Transformação. **Estudos Avançados**, vol. 31, n. 90, 2017, p. 7-21.

RICCOTTA, R. **A influência da governança corporativa na inovação.** Dissertação (Mestrado em Administração Governança Corporativa) – Centro Universitário das Faculdades Metropolitanas Unidas, São Paulo, 2016.

SCHUMPETER, J. A. **Teoria do Desenvolvimento Econômico:** uma investigação sobre lucros, capital, crédito, juro e ciclo econômico. São Paulo: Nova Cultural, 1982.

SIGNORI, G. et al. Startup e inovação: inovando na forma de pensar e decretando o fim das velhas ideias. **XXIV Seminário Nacional de Parques Tecnológicos e Incubadoras de Empresas**. Belém, set. 2014.

TAKAHASHI, S.; TAKAHASHI, V. P. **Estratégia de Inovação:** oportunidades e competências. Barueri: Manole, 2011.

TIDD, J.; BESSANT, J.; PAVITT, K. **Gestão da inovação.** Porto Alegre: Bookman, 2008.

UTTERBACK, J. M. **Mastering the Dynamics of Inovation**. Boston: Harvard Business School Press, 1994.

7. No mundo digital, as organizações necessitam ser ágeis

Rosangela Riccotta,
Aguinaldo Aragon Fernandes e
Soraya Correia de Oliveira

A era da transformação digital é a era das mudanças intensas e rápidas.

Para que a sua área de tecnologia da informação consiga dar vazão à demanda por soluções, você e sua equipe precisam trabalhar de forma ágil.

Mas o que seria ágil? Fazer mais rápido o que se faz hoje?

Vamos ver a partir de agora o que é ser ágil e como isso afeta o seu modo de trabalho.

7.1. Para ser ágil precisa ser enxuto: o pensamento *Lean*

O *Lean* nasceu com o surgimento da produção enxuta ou do famoso Sistema Toyota de Produção e se popularizou com o trabalho de Womack, Jones e Roos (1992). Quem cunhou o termo *Lean* foi John Krafcik[39], que estudou sistemas produtivos da indústria automobilística e hoje encontra-se envolvido com carros autônomos. John foi aluno de Womack e participou do famoso estudo denominado de *International Motor Vehicle Program* (IMVP) e que deu origem ao livro "A Máquina que Mudou o Mundo" (1992).

De acordo com Womack e Jones (1998), o pensamento enxuto é uma forma de fazer cada vez mais com cada vez menos, em termos de esforço humano, menos equipamentos, menos tempo e menos espaço e, ao mesmo tempo, aproximar-se cada vez mais de oferecer aos clientes exatamente o que eles desejam.

O *Lean* procura:

> ➤ Eliminar desperdícios continuamente no processo produtivo.

---

[39] Procure por maiores informações de John Krafcik via Google ou diretamente na Wikipédia.

134 Governança Digital 4.0

- ➢ Adequar a capacidade de produção à demanda, com a redução da variabilidade da demanda.
- ➢ Gerar valor para o cliente.
- ➢ Focar em melhorias incrementais.
- ➢ Envolvimento de todos.
- ➢ Desenvolvimento de pessoas.
- ➢ Foco em metas de desempenho.

O *Lean* é baseado nos seguintes princípios:

- ➢ **Primeiro princípio – *Valor***: o ponto de partida para o pensamento *Lean* é o valor, que só pode ser definido pelo cliente.
  - Representa a definição das especificações que o cliente deseja do produto e/ou serviço a um preço específico e em momento específico.
  - A organização deve ter um meio de ouvir o cliente e entender seus requisitos.
  - Representa a determinação do custo-alvo com base no volume de recursos e no esforço necessário para desenvolver o produto considerando a eliminação dos desperdícios.
- ➢ **Segundo princípio – *Fluxo do valor***: identificar a cadeia de valor do pedido à entrega.
  - É o fluxo que entrega o valor para o cliente.
  - Compreende o entendimento das necessidades do cliente, a criação do produto ou serviço, a sua produção e a sua entrega.
  - O entendimento da cadeia de valor é crítico para a identificação de desperdícios e dos gargalos ao longo do processo.
- ➢ **Terceiro princípio – *Fluxo contínuo***: criar um fluxo de valor com o mínimo de interrupção possível, focando somente nas atividades que contribuem para o valor gerado ao cliente.
  - As atividades devem seguir umas às outras sem interrupções, eliminando aquelas que não agregam valor ao cliente.
  - Projetar o fluxo contínuo focando no produto que é gerado pela cadeia de valor.
  - Ao projetar o fluxo, ignorar fronteiras tradicionais de tarefas, profissionais, funções e empresas.
  - Repensar as práticas e ferramentas de trabalho.
- ➢ **Quarto princípio – *Produção puxada***: significa produzir somente o necessário para o cliente em um momento específico.
  - Elimina estoques e materiais em processo intermediários.
  - Nada é produzido antes que o processo seguinte o solicite.

No mundo digital, as organizações necessitam ser ágeis **135**

> **Quinto princípio – *Perfeição*:** significa fazer a coisa certa da primeira vez.
>   - Buscar a melhoria contínua do processo considerando pessoas, métodos, equipamentos, medições, meio ambiente e materiais.
>   - Rodar o ciclo PDCA constantemente.

O objetivo dos princípios é, ao produzir o que o cliente quer, eliminar os desperdícios. Considerando um processo sem interrupções e balanceado com a demanda, os tempos de produção diminuem drasticamente, assim naturalmente como a qualidade do projeto, que contribui para a facilidade de se desenvolver o produto ou serviço.

Ohno (1997) aponta sete tipos de desperdícios que podem ocorrer em um sistema de produção e que, dentro do *Lean*, devem ser eliminados, são eles:

1. **Perda por superprodução:** produzindo acima da demanda ou antes do período de entrega, gerando estoques desnecessários.
2. **Perda por espera:** espera do processo, espera do lote e espera do operador.
3. **Perda por inventário:** quando há recursos ociosos que não estão gerando valor no processo de produção, gerando estoques desnecessários.
4. **Perda por movimentação:** movimentação desnecessária de operadores durante as atividades.
5. **Perda por transporte:** quando há deslocamentos de produtos e peças que não geram valor para a produção, somente custos.
6. **Perda por processamento:** gerada pela operação inadequada de máquinas e equipamentos, executando abaixo de sua capacidade ou tarefas desnecessárias.
7. **Perda por defeitos:** resultado da manufatura de partes e produtos com defeitos, ocasionando descartes.

Agora que você já tem conhecimento do que significa *Lean*, vamos discutir sua aplicação em tecnologia da informação.

7.2. O Manifesto Ágil e o *Lean IT*

A aplicação mais evidente do *Lean* na área de TI foi a criação de métodos ágeis para o desenvolvimento do software.

Tudo começou com a publicação do Manifesto Ágil por parte de 17 profissionais proeminentes no desenvolvimento de métodos mais leves de desenvolvimento de software[40].

---
[40] Vide BRASILEIRO, s.d.

136 Governança Digital 4.0

O Manifesto Ágil é composto por quatro valores e 12 princípios.

Os **VALORES** são:

> **Indivíduos e interações mais que processos e ferramentas.** Devemos entender que o desenvolvimento de software é **uma atividade humana** e que a qualidade da interação entre as pessoas pode resolver problemas crônicos de comunicação. Processos e ferramentas são importantes, mas devem ser simples e úteis.
> **Software em funcionamento mais que documentação abrangente.** O maior indicador de que sua equipe realmente construiu algo é software funcionando. Clientes querem resultado, e isso somente pode acontecer com o software funcionando. Documentação também é importante, mas que seja somente o necessário e que agregue valor[41].
> **Colaboração com o cliente mais que negociação de contratos.** Devemos atuar em conjunto com o cliente e não "contra" ele ou ele "contra" a gente. O que deve acontecer é colaboração, tomada de decisões em conjunto e trabalho em equipe, fazendo com que todos sejam um só em busca de um objetivo.
> **Responder a mudanças mais que seguir um plano.** Desenvolver softwares e produtos é feito em um ambiente de alta incerteza e por isso não podemos nos debruçar em planos enormes e cheio de premissas. O que deve ser feito é aprender com as informações e *feedbacks* e adaptar o plano a todo momento.

Os **PRINCÍPIOS** são:

1. Nossa maior prioridade é satisfazer o cliente, através da entrega adiantada e contínua de software de valor.
2. Aceitar mudanças de requisitos, mesmo no fim do desenvolvimento. Processos ágeis se adequam a mudanças, para que o cliente possa tirar vantagens competitivas.
3. Entregar software funcionando com frequência, na escala de semanas até meses, com preferência para os períodos mais curtos.
4. Pessoas relacionadas a negócios e desenvolvedores devem trabalhar em conjunto e diariamente, durante todo o curso do projeto.
5. Construir projetos ao redor de indivíduos motivados, dando a eles o ambiente e o suporte necessários, e confiar que farão seu trabalho.

---

[41] Observação nossa: documentação menos abrangente não significa nenhuma documentação do código gerado. Temos observado isso no mercado. Nenhuma documentação de regras de negócio e de requisitos bem definidos é um grande risco para a organização.

6. O método mais eficiente e eficaz de transmitir informações para, e por dentro de, um time de desenvolvimento é através de uma conversa cara a cara.
7. Software funcional é a medida primária de progresso.
8. Processos ágeis promovem um ambiente sustentável. Os patrocinadores, desenvolvedores e usuários devem ser capazes de manter, indefinidamente, passos constantes.
9. Contínua atenção à excelência técnica e bom *design* aumentam a agilidade.
10. Simplicidade, a arte de maximizar a quantidade de trabalho que não precisou ser feito.
11. As melhores arquiteturas, requisitos e *designs* emergem de times auto--organizáveis.
12. Em intervalos regulares, o time reflete sobre como ficar mais efetivo, então se ajusta e otimiza seu comportamento de acordo.

Figura 7.1 – Princípios do Manifesto Ágil.
Fonte: adaptado de BUEHRING, 2019.

A aplicação do *Lean* em TI definida pela *Lean IT Association* (2019) é:

> *Lean IT* é a extensão dos princípios de *lean manufacturig* e *lean services* ao desenvolvimento e ao gerenciamento dos produtos e serviços de tecnologia da informação. Seu objetivo é melhorar continuamente o valor entregue pelas organizações de TI a seus clientes e ao profissionalismo das pessoas que trabalham com a TI. Seu objetivo é melhorar continuamente o valor entregue pelas organizações de TI aos seus clientes e o profissionalismo do pessoal de TI.

Um aspecto importante quanto à aplicação do *Lean* em TI é que o recurso mais escasso é o tempo e não máquinas.

Você verá mais adiante onde o *Lean* pode ser útil em TI, além do desenvolvimento de software.

7.3. *Frameworks* e métodos ágeis

Existem vários *frameworks* e práticas ágeis, principalmente para o desenvolvimento de projetos de software.

Existem também arquiteturas específicas para prover serviços de infraestrutura de forma ágil.

A *Agile Alliance* oferece o seu *Subway Map* de práticas ágeis (AGILE ALLIANCE, s.d.). Nesse mapa são apresentadas mais de 50 práticas ágeis classificadas por tema como *Lean*, *Scrum*, times, *Extreme Programming*, gestão do produto, *DevOps*, projeto, teste e fundamentos[42].

Um trabalho muito interessante é realizado pela Collab.Net VersionOne, com sua pesquisa de alcance mundial sobre o uso de práticas ágeis.

De acordo com essa pesquisa (COLLABNET VERSIONONE, 2018), há várias razões pelas quais as empresas adotam métodos ágeis. As cinco mais importantes são: (i) acelerar a entrega de software; (ii) habilidade para tratar mudanças de prioridade; (iii) aumento da produtividade; (iv) aperfeiçoar o alinhamento da TI ao negócio; e (v) melhorar a qualidade do software. Os principais métodos utilizados são o *Scrum*, com 56%, métodos híbridos, com 14%, *Scrum* com *Kanban*, com 8%, *Scrum* e XP, com 6%, e *Kanban* com 5%. Em proporções menores as organizações adotam XP, modelo do Spotify, *Lean Startup* e *Iterative Development*. Lago (2014), em seu trabalho de pesquisa, identificou 59 práticas ágeis.

Segue uma lista dessas práticas identificadas por este autor, conforme a Tabela 7.1.

---

[42] No site da Agile Alliance pode ser baixado o *transit map* com as práticas ágeis.

No mundo digital, as organizações necessitam ser ágeis **139**

Tabela 7.1 – Relação de práticas ágeis.
Fonte: LAGO, 2014.

1	Reunião diária	2	Teste de unidade
3	Planejamento de *release*	4	*Velocity*
5	Integração contínua	6	*Product Owner* dedicado
7	Refatoração	8	Desenvolvimento orientado a testes
9	Mapeamento de histórias	10	Propriedade coletiva
11	Testes de aceitação automatizados	12	Implantação contínua
13	*Lead Time*	14	Planejamento da iteração
15	Retrospectivas	16	*Burndown chart*
17	Padronização de código	18	*Builds* automatizados
19	Integração *Dev*/QA	20	Áreas de trabalho abertas
21	*Taskboard* digital	22	*Kanban*
23	Programação pareada	24	*Taskboard* analógica
25	Jogos ágeis	26	*Behavior Driven Development*
27	Definição de feito	28	Definição de pronto
29	Estimativa por pontos	30	Estimativa relativa
31	*Backlog*	32	Tratamento de *backlog*
33	Personas	34	Divisão de histórias
35	Histórias de usuários	36	Três Cs
37	Desenvolvimento incremental	38	Desenvolvimento iterativo
39	*Time box*	40	Iterações
41	Três perguntas	42	Controle de versão
43	Linguagem ubíqua	44	*Design* simples
45	Regras de simplicidade	46	Sessões de *design* rápido
47	Cartões CRC	48	Testes exploratórios
49	ATDD	50	*Mock objects*
51	Dado-quando-então	52	Papel-função-razão
53	Equipe	54	Facilitação
55	Mapeamento de projeto	56	Ritmo sustentável
57	Seleção voluntária de tarefas	58	Calendário *niko-niko*
59	*Scrum* de *Scrums*		

Nesta pesquisa, Lago (2014) descreve cada uma das práticas ágeis.

No site da *Agile Alliance* você encontra um glossário com a descrição de cada uma das técnicas ágeis.

Quanto à adoção do *DevOps*, o *State of Agile Survey* (COLLABNET VERSIONONE, 2018) identificou que cerca de 48% das organizações estão implementando o *DevOps*, e para escalar os métodos ágeis o *framework* mais empregado é o *Scaled Agile Framework* (SAFe).

140 Governança Digital 4.0

Entretanto, a agilidade não está somente restrita ao desenvolvimento de projetos e de projetos de software.

De acordo com COMELLA-DORDA et al (2018), uma infraestrutura de TI ágil é caracterizada pelos seguintes aspectos:

> ➢ A oferta de serviços de infraestrutura de TI deve ser padronizada e altamente automatizada.
> ➢ Ferramentas de prateleira podem ser usadas na modalidade *self-service* pelos desenvolvedores, permitindo sua configuração e considerando determinados limites e salvaguardas.
> ➢ Times de infraestrutura são organizados por serviços *end-to-end*.
> ➢ Engenheiros de infraestrutura com habilidades de programação sofisticadas.
> ➢ Uso da prática de infraestrutura como código.
> ➢ Processos repetitivos altamente automatizados.
> ➢ Desenvolvimento de aplicações e operações são integrados.

Ainda de acordo com esses autores, as equipes de infraestrutura podem aplicar os métodos ágeis citados, como *Scrum*, para seus projetos ou métodos híbridos[43].

7.4. Arranjos organizacionais ágeis

Não há transformação se não houver mudanças nos processos. Uma das principais mudanças hoje é a forma de desenvolver o produto. Antes, poderíamos dizer que seria "a forma de desenvolver o software".

O *Agile* é extremamente poderoso. Mas criar uma cultura corporativa ágil é extremamente difícil. É o catalisador perfeito para remodelar processos organizacionais, ferramentas e relações de negócios/TI para melhorar o desempenho corporativo.

O modelo de estrutura organizacional popularizado pelo Spotify[44] tem sido largamente utilizado como modelo de referência pelas empresas que têm adotado a filosofia ágil. A Figura 7.2 apresenta o modelo de organização Spotify.

---

[43] Vide o Capítulo 8, onde é descrita a ITIL® 4, que traz princípios ágeis como um dos fundamentos do gerenciamento de serviços de TI.

[44] Vide GRAZIANI (2015).

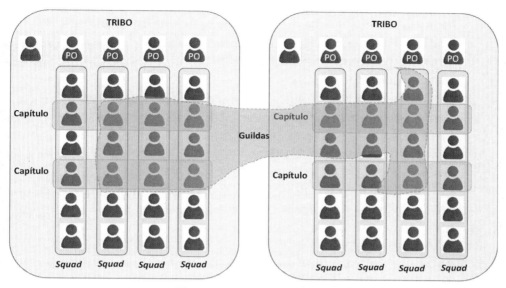

Figura 7.2 – Estrutura dos times.
Fonte: adaptado de SILVA, 2018.

Conforme o modelo:

> *Squad*: a equipe é auto-organizada e possui autonomia suficiente para decidir o seu próprio processo interno, além de ter contato direto com os *stakeholders* (partes interessadas).
> **Capítulo**: um conjunto de profissionais com as mesmas habilidades e dentro da mesma área de competência, dentro da mesma tribo/comunidade.
> **Tribo:** um grupo de equipes de vários *squads* que trabalham em um mesmo produto ou áreas relacionadas.
> **Guildas:** uma espécie de comunidade de interesse que deseja trocar conhecimento, ferramentas, códigos e práticas.
> **Product Owner (PO):** direciona o escopo do *squad* e é responsável pela elaboração e priorização das histórias.
> **Líder do Capítulo** ou gerente funcional para os membros do capítulo (*chapter*). Responsável pelo ciclo de desenvolvimento de pessoas (contratação até promoção) e pelo conhecimento técnico da função. Continua fazendo parte de um *squad*, ou de um time gerencial, e ainda pode fazer o trabalho do dia a dia.

Outras estruturas organizacionais surgiram ao longo do tempo, implementando novos papéis, tais como:

- > **Product Manager**: gerente de produtos. Tem uma visão integrada de todas as comunidades e *squads* dos produtos sob sua responsabilidade.
- > **Dev (Desenvolvedores)**: auto-organizados, multidisciplinares e autogerenciados. Efetuam entregas sustentáveis. Implantação e execução das melhores práticas (qualidade do código).
- > **Quality Assurance (QA)**: auto-organizado, multidisciplinar e autogerenciado. Efetua entregas sustentáveis. Implantação e execução das melhores práticas (automação).
- > **Scrum Master**: guardião do método. Atua como facilitador, remove impedimentos.
- > **Agile Coach**: o *Agile Coach* atua em três dimensões: (i) organização; (ii) time; e (iii) indivíduos. Apoio, facilitação e aculturamento ágil na organização e avaliação de maturidade.

Criar uma cultura "ágil e amigável" requer uma visão firme, suporte de negócios sênior e executivo de TI, governança forte e um roteiro claro. O papel de Recursos Humanos é imprescindível nesse momento. Criar as *squads* ou as guildas com profissionais que não possuem o perfil adequado, e que até mesmo não estejam dispostos a trabalhar nesse modelo, pode colocar toda a estratégia em risco.

Um *Product Owner* precisa conhecer o negócio, não pode ser um gerente apenas, e o *Scrum Master* precisa conhecer e valorizar seu papel de guardião da prática, não pode simplesmente aceitar as intervenções de prazo que a camada executiva porventura demande.

É necessário identificar qual é o melhor método a utilizar ou mesmo como extrair o melhor de cada método de acordo com a transformação organizacional que está sendo conduzida. Nem tudo precisa ser desenvolvido de forma ágil, e essa decisão precisa ser tomada com base em critérios bem definidos e percepções já conhecidas.

A palavra galesa "cynefin", literalmente "habitat", alude às nossas inúmeras afiliações. Nós nunca temos certeza sobre como o resultado de nossa vivência pode interferir em nossas decisões (KURTZ; SNOWDEN, 2003).

O *framework Cynefin* nos ajuda a compreender esse processo complexo e a agir de forma adequada, categorizando questões e estratégias. O *Cynefin* consegue nos apoiar desde o início, minimizando os impactos. O ágil e o tradicional precisam e podem estar em um movimento de transformação, eles se complementam.

Esse *framework* apresenta quatro quadrantes, conforme mostra a Figura 7.3.

> - **Simples (ou conhecido):** aqui, as relações de causa e efeito são na sua maioria lineares, empíricas e acordadas. Uma abordagem de "melhores práticas" baseada em evidências é geralmente aceita e tem resultados previsíveis.
> - **Complicado (ou conhecível):** como no domínio "simples", relacionamentos estáveis e ordenados existem entre causa e efeito, mas aqui estão separados no tempo e no espaço e não são totalmente compreendidos.
> - **Complexo:** neste domínio "não ordenado", existem relações de causa/efeito, mas a sua natureza não linear e a multiplicidade de agentes desafiam a análise convencional.
> - **Caos:** ao contrário dos domínios simples, complicado ou complexo, o domínio turbulento e desordenado do caos não tem relações visíveis de causa e efeito.

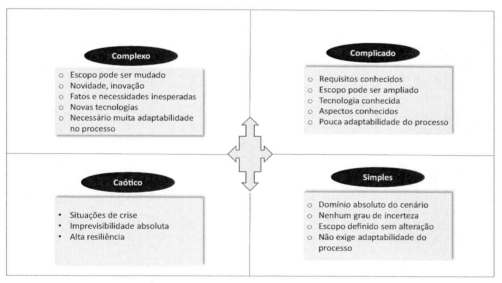

Figura 7.3 – *The Cynefin Framework*.
Fonte: adaptado de KURTZ e SNOWDEN, 2003.

A calculadora de critérios bimodal, desenvolvida por Riccotta (2018), baseada no *framework Cynefin*, tangibiliza as percepções e características, oferecendo subsídios e direcionamentos para tomada de decisão quanto ao uso do ágil ou outra abordagem.

Seguem as perguntas da calculadora, conforme mostra a Figura 7.4.

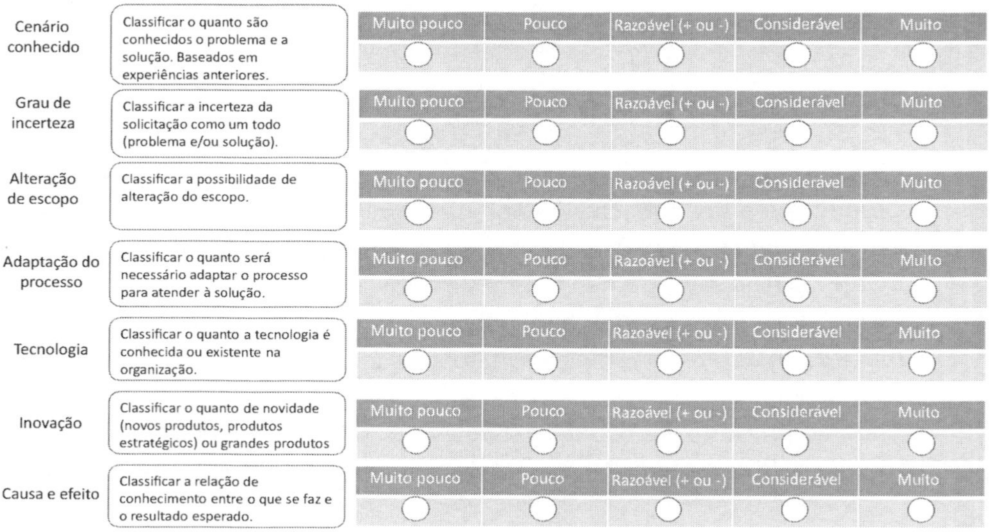

		Muito pouco	Pouco	Razoável (+ ou -)	Considerável	Muito
Cenário conhecido	Classificar o quanto são conhecidos o problema e a solução. Baseados em experiências anteriores.	○	○	○	○	○
Grau de incerteza	Classificar a incerteza da solicitação como um todo (problema e/ou solução).	○	○	○	○	○
Alteração de escopo	Classificar a possibilidade de alteração do escopo.	○	○	○	○	○
Adaptação do processo	Classificar o quanto será necessário adaptar o processo para atender à solução.	○	○	○	○	○
Tecnologia	Classificar o quanto a tecnologia é conhecida ou existente na organização.	○	○	○	○	○
Inovação	Classificar o quanto de novidade (novos produtos, produtos estratégicos) ou grandes produtos	○	○	○	○	○
Causa e efeito	Classificar a relação de conhecimento entre o que se faz e o resultado esperado.	○	○	○	○	○

Figura 7.4 – Perguntas da calculadora bimodal.
Fonte: RICCOTTA, 2018.

A seguir, um exemplo de resultados gerados pela calculadora bimodal.

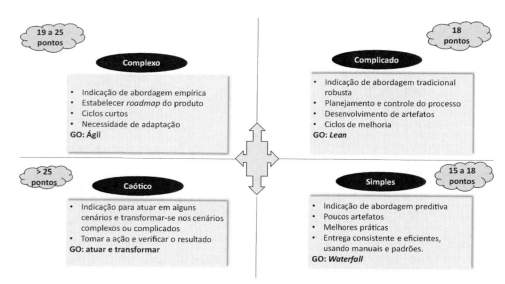

Figura 7.5 – Exemplo de resultado da calculadora bimodal.
Fonte: RICCOTTA, 2018.

Para adotar novos arranjos organizacionais ágeis, é necessário atuar na mudança de vários processos e práticas.

Quando estruturamos os *squads*, conseguimos mapear as áreas e os processos que são impactados e que precisam ser ajustados.

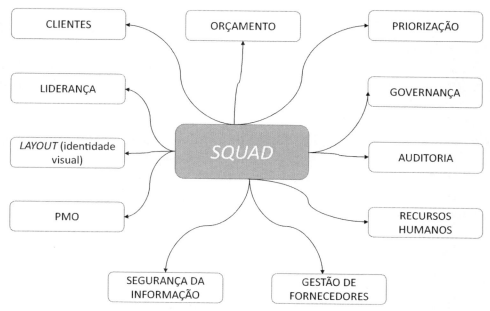

Figura 7.6 – Processos envolvidos.
Fonte: RICCOTTA, 2018.

É de extrema importância mapear como esses processos estão desenhados e operacionalizados e, a partir desse diagnóstico, promover as alterações necessárias. Algumas recomendações:

> **Clientes**
> - O cliente precisa participar ativamente do desenvolvimento do produto. Melhorar frequência e proximidade com o *squad*.
> - O *Product Owner* (voz do cliente) precisa conhecer qual o objetivo e o valor agregado ao produto.
> - O cliente precisa estar mais próximo da gestão diária.
>
> **Orçamento**
> - Linha de investimento por produto.
> - Cada área investe e paga pela inovação.
> - Sempre há retorno (ROI por história).
> - Risco pequeno, porém previsibilidade baixa.
> - Valor = Benefícios / (Riscos + Danos)

146 Governança Digital 4.0

➢ **Priorização**
- Os *squads* devem ser montados para atender a um produto ou a outras ações estratégicas; precisamos imaginar uma linha de produção puxada pelo cliente.
- O *Product Owner* precisa acelerar a conectividade entre o time e o cliente/ *stakeholder* (frequência e proximidade).
- Com o conceito de *squad*, a priorização realizada pelo *Product Owner* deve ter o foco maior em atender à necessidade do cliente. Gerar valor para o produto (ROI, satisfação do cliente, urgência do mercado).

➢ **Governança**
- Os times auto-organizados são responsáveis pela mudança. A reunião de GMUD[45] tende a desaparecer para os times ágeis.
- Criação de indicadores ágeis para *squads*.
- A documentação do desenvolvimento, bem como a obrigatoriedade de sua confecção, é reformulada.
- Governança pode subsidiar/liderar a criação do *Centre of Excellence*[46].

➢ **Auditoria**
- As evidências de auditoria são acordadas diante de cada produto ou incremento a ser construído no início de seu desenvolvimento.
- As evidências são geradas com base nos entregáveis ou em qualquer registro do processo de desenvolvimento.
- Basicamente, a coleta de evidências se refere a início, execução e finalização do projeto (MVP ou incremento do produto).

➢ **Recursos humanos**
- Metas OKR (*Objectives and Key Results*) baseadas em resultados.
- Mudança no perfil das equipes e dos líderes.
- Introdução da avaliação do grupo, 360°.
- Gestão do conhecimento.
- Fomentar universidade corporativa com cursos *on-line* e/ou presenciais sobre temas sugeridos pelos próprios times ou tendências do mercado.
- Criar e atualizar *wiki*, portal ou comitês para compartilhamento de conhecimento, lições aprendidas e notícias dos *squads*.

---

[45] Reuniões de GMUD geralmente são realizadas no contexto de um processo de gerenciamento de mudanças formal, envolvendo as principais partes interessadas, com o objetivo de validar e autorizar a liberação de mudanças no ambiente de produção.

[46] Criação de um centro de excelência em agilidade dentro da organização. Vide WIKIPÉDIA.

No mundo digital, as organizações necessitam ser ágeis 147

- ➤ **Gestão de fornecedores**
  - A contração de recursos de terceiros passa a ser por alocação e não por horas contratadas.
  - Contratar para o *squad* profissionais com perfis específicos.
  - O *squad*, com recursos de terceiros, pode estar fisicamente nas instalações desses terceiros.
  - É possível recursos de outros fornecedores serem alocados no *squad* de terceiros em suas próprias instalações caso haja falta de perfis determinados. Pode ocorrer de um *squad* em terceiros ter recursos de vários fornecedores simultaneamente.
  - É possível contratar um *squad* inteiro, *on site*. Ou seja, um *squad* com todos os perfis necessários de um mesmo fornecedor para ficar nas dependências do cliente.
  - Os acordos de níveis de serviços (SLA) e penalizações são específicos para esse tipo de contratação. É necessário levar em consideração os indicadores ágeis de cada *squad* ou tribo, para fins de revisão contratual.
- ➤ **PMO – Escritório de projetos**
  - Modelo decisório baseado no *framework Cynefin*.
  - Gestão orçamentária dos *squads*, com o apoio do *Product Owner*.
  - Liderar grupo multidisciplinar composto por um representante de cada área (Desenvolvimento, Arquitetura, Infraestrutura, Governança, Produtos) na formação de novos *squads*.
  - Alocação de pessoas e recursos.
  - *Chapter Lead* dos *Scrum Masters*.
  - Consolidação e *report* das métricas ágeis dos *squads*.
- ➤ *Layout* **e gestão visual**
  - Os integrantes dos *squads* (grupo multidisciplinar, pessoas de áreas diferentes) precisam estar próximos fisicamente.
  - A gestão visual precisa estar próxima do local físico do *squad*.
- ➤ **Liderança**
  - Novo perfil de liderança ou adequação de estilos de liderança.
  - Menos comando-controle e mais orientação.
  - Transição e formação desse novo perfil ao longo do tempo.
- ➤ **Processos**
  - Redefinição dos processos e normas em conjunto com os times ágeis.

7.5. Implicações na gestão da tecnologia da informação

Aqui vamos mostrar como a aplicação do *Lean* pode melhorar sobremaneira o desenvolvimento de software e serviços de TI de sua organização, por intermédio da eliminação dos desperdícios.

A Tabela 7.2 a seguir apresenta os principais desperdícios em TI de uma forma geral.

Tabela 7.2 – Visão do *Lean* nos produtos e serviços de TI.

Tipo de desperdício	Desenvolvimento de software	Serviços de TI
Produção em excesso	Desenvolver mais funcionalidades do que as requeridas pelo cliente	Mais informações do que as necessárias Produção de documentos desnecessários
Estoque (inventário)	Muitos itens de *backlog* do produto	*Backlog* de chamadas ou requisições Hardware não utilizado Licenças de software não utilizadas Requisições de mudança em espera Muitas versões de software
Movimentação	Mudanças de prioridade Forma de organização espacial dos times de desenvolvimento	Pesquisa de informação para resolução de incidentes
Espera	Tempos de espera para revisões, aprovações e validações Atrasos de passagem de uma fase a outra do fluxo de valor	Novo funcionário esperando equipamento para trabalhar Tempo de espera para resolução de incidentes Tempo de espera para configurar recursos e hardware Tempo de resposta lento de sistemas Indisponibilidade de serviços
Transporte	Transferência de documentos e informações entre times de desenvolvimento	Interfaces entre sistemas e integração de dados Transferência de requisições e chamados entre grupos solucionadores
Excesso de processamento	Especificar mais funcionalidades do que as requeridas pelo cliente Reuniões improdutivas	Virtualização desnecessária Gasto de tempo desnecessário no atendimento a chamados Aquisição de bens antes do necessário
Defeitos	Defeitos de software Defeitos na documentação Outras não conformidades no desenvolvimento do software	Chamados reabertos *Roll-back* de sistemas *Backups* mal executados Perda de dados Brechas de segurança da informação Hardware mal configurado Falhas na operação dos sistemas

No mundo digital, as organizações necessitam ser ágeis **149**

Como você poderá observar, a aplicação dos princípios *Lean* no fluxo do valor do desenvolvimento do software e dos serviços de TI pode resolver esses desperdícios e tornar as operações efetivamente ágeis.

7.6. Um *framework* para a transformação ágil

Em um primeiro contato com os processos e métodos ágeis, você pode ser induzido a considerar que é muito simples colocar esse novo modelo de trabalho em prática. Entretanto, acredite, "mesmo para ser ágil" você precisa criar um ciclo que prepare e conduza a sua organização na absorção desse novo *mindset* (pensamento), a fim de conseguir, efetivamente, colher os resultados positivos dessa transformação.

Apenas para trazer alguns exemplos de resultados gerados por esses pensamentos equivocados, vamos considerar uma organização que deu seus primeiros passos no sentido de implantar um método ágil, que já tratou de enviar suas equipes para treinamentos, que agora tem boa parte da organização *Agile Master* e que começa a colocar em prática seu aprendizado.

Não lhe parece nem um pouco complicado organizar uma lista de atividades, estabelecer o prazo de 15 dias para a *Sprint* e iniciá-la, colocando em prática reuniões diárias de 15 minutos para a equipe realizar, discutir impedimentos e alinhar o andamento das atividades. Obviamente, as equipes iniciam a primeira *Sprint*. E ao realizar as reuniões, o primeiro fenômeno se manifesta: "a inexistência de impedimentos". Percebe-se que a equipe ainda não está preparada ou não se sente confiante o suficiente para ser transparente quanto à realidade do andamento ou dos impedimentos que está enfrentando em suas atividades. Percebe-se que o **poder da vulnerabilidade**[47] não é compreendido e o medo de parecer vulnerável predomina. Como consequência disso, gera-se um acúmulo de impedimentos não revelados, que impactam diretamente o andamento do desenvolvimento da *Sprint* que foi iniciada.

Como isso normalmente não se resolve antes do final da *Sprint*, no final dela temos uma entrega não funcional ou de baixa qualidade, por não haver transparência também quanto à aplicação do conceito de *done*.

Com esse resultado, o correto seria cancelar a *Sprint*, voltar para o seu planejamento ou mesmo para uma boa revisão do *Product Backlog* (*grooming*). Mas a liderança não

---

[47] Vide CIVILISTICA REVISTA ELETRÔNICA, 2013.

tem autonomia ou não se sente apoiada para fazer isso. A organização acaba preferindo gerar uma coleção de entregas não funcionais que se arrastará para a próxima *Sprint*, porque, afinal, a *release* (lançamento) ainda está relativamente distante.

Ao fazer a *Sprint Review* (pois ninguém escapa do *Product Owner*), como as funcionalidades não estão realmente *done*, perde-se o foco no valor para o negócio. E quando há *feedbacks*, estes acabam sendo superficiais e apressados, gerando outros requisitos "não *ready*". Perde-se a oportunidade de aprender mais sobre o produto, sobre o desenvolvimento e sobre o que é valor para o negócio.

O passo seguinte seria fazer a reunião de retrospectiva. Nesse cenário, infelizmente, não há tempo, todos já estão concentrados na próxima *Sprint* e a retrospectiva é deixada para ser realizada em um momento "mais tranquilo". Então a equipe não aprende e, novamente, repete o ciclo com os mesmos equívocos.

E como se isso não bastasse, os problemas se agravam porque a organização ainda não aprendeu a preparar adequadamente a visão do produto. Não adotou uma técnica para a realização de uma *Inception*, onde a visão do produto esteja claramente definida, onde as prioridades técnicas e de negócio sejam analisadas, onde perceba-se a melhor estruturação das *releases* e das *features*. Dessa forma, a única certeza sobre as práticas de fluxo de trabalho contínuo ou produção puxada é que estas se tornaram praticamente impossíveis de serem aplicadas.

E a equipe segue, construindo um novo *Sprint Backlog* e realizando uma *Planning* já bem menos realista, pois é necessário recuperar o atraso acumulado até agora...

Não se demora em vir a pergunta: "onde está a agilidade?" (*¡Está muerta!*)

Tentar "agilizar" uma organização sem assegurar a existência do adequado *agile mindset* (pensamento ágil) é uma iniciativa, no mínimo, ingênua. A seguir, listamos alguns típicos resultados que encontramos nas organizações, causados pela ausência do pensamento ágil adequado:

> ➤ Falta de transparência nas informações.
> ➤ Impedimentos não são solucionados.
> ➤ Causas dos atrasos no desenvolvimento não são analisadas.
> ➤ As entregas não são funcionais.
> ➤ *Feedbacks* sobre os produtos são apressados e superficiais.
> ➤ Há falta de foco no valor para o negócio.

- Falta de adequada visão sobre o produto.
- Falta confiança e apoio para aplicação do conceito de *ready* e *done*.
- *Features* e *releases* inconsistentes com o negócio.
- Priorização inadequada.
- Ausência de fluxo contínuo.
- Ausência de MVP realmente "*Minimum*".
- Falta de conhecimento da equipe sobre o produto.
- Falta de autonomia da equipe sobre o trabalho.

Esse cenário é totalmente evitável, desde que seja criado um caminho, uma trilha, que dê suporte à jornada da transformação ágil. O *framework* para transformação ágil (OLIVEIRA, 2019), que apresentaremos a seguir, tem esse objetivo. Seja qual for a abordagem ou o conjunto de abordagens "agilistas" que você deseje adotar, esse *framework* o auxiliará a organizar, a priorizar e a apresentar de forma descomplicada para a sua organização o que ela, efetivamente, deverá fazer – da mudança de *mindset* até a governança ágil.

A Figura 7.7 mostra uma visão do *framework* para transformação ágil estruturado com base na experiência do autor em inovação e implantação de processos e métodos de desenvolvimento de produtos e serviços de TI.

Figura 7.7 – *Framework* para transformação ágil.
Fonte: adaptado de OLIVEIRA, 2019.

152 Governança Digital 4.0

Esse *framework* organizou a construção do processo de transformação ágil em três pilares: **governança de valor, engenharia de valor** e **comportamento de valor**.

> ➤ **Governança de valor:** reúne os conjuntos de processos, papéis e responsabilidades necessários para assegurar que o portfólio de projetos e as entregas da organização estejam alinhados, gerenciados e comprometidos com a entrega de valor, de forma eficiente e contínua. Também suporta os meios pelos quais as informações são disponibilizadas e trocadas, assegurando sua relevância, confiabilidade, integridade e disponibilização em tempo hábil para a tomada de ação.
>
> ➤ **Engenharia de valor:** reúne os conjuntos de processos, papéis e responsabilidades necessários para que a organização saiba como definir e atuar sobre o que é mais importante para gerar valor para o negócio com custos otimizados. Ações e métodos relacionados ao entendimento do que é valor para o cliente, garantia de fluxo contínuo de trabalho, eliminação de desperdícios, padronização de melhores práticas e gestão do desenvolvimento contínuo de competências alinhadas às demandas dos clientes.
>
> ➤ **Comportamento de valor:** reúne os conjuntos de processos, papéis e responsabilidades necessários para a renovação das práticas diárias de gestão e relacionamento, desenvolvendo a autonomia e a liderança em toda a organização, estimulando comportamentos relacionados à melhoria contínua, ao desenvolvimento da empatia, à resiliência e à flexibilidade organizacional.

A organização, ao criar seus ativos de processo para implementar as práticas ágeis, deve organizar seus processos de forma simples para que tenha facilidade de entendimento e utilização das práticas ágeis a serem adotadas. Dessa forma, a jornada para a transformação ágil nasce a partir dos três pilares apresentados, que devem ser disponibilizados para toda a organização de forma totalmente objetiva, por meio de três cartilhas para a transformação ágil. O conteúdo de cada cartilha deverá ser organizado tendo como referência os componentes propostos pelo *framework*, a fim de assegurar a abrangência necessária para a transformação.

Vamos conhecer um pouco mais sobre os componentes de cada um desses pilares na Tabela 7.3.

No mundo digital, as organizações necessitam ser ágeis **153**

Tabela 7.3 – Componentes do *framework* da transformação ágil.

Governança de valor	Patrocínio e gerenciamento em ação	Estrutura padronizada de ritos e reuniões para planejar, acompanhar e orientar as entregas de maneira eficiente e orientada para a decisão e tomada de ação.
	Comunicação rica e transparente	Comunicação rica e transparente, estruturada para torná-la visível, resolver problemas rapidamente, promover a transparência e desenvolver a confiança nas equipes.
	Objetivos e resultados-chave	Painel (*dashboard*) padrão que fornece uma imagem real do desempenho das equipes, aciona a mentalidade "medir para melhorar" e mantém o alinhamento de propósitos à geração de valor.
Engenharia de valor	A voz do cliente	Conjunto de ferramentas para desenvolver um completo entendimento sobre o que é valor para o cliente.
	Fluxo de trabalho contínuo	Promover um fluxo contínuo de entrega de valor, reduzindo o *lead time* e o trabalho em andamento.
	Padronização de práticas	Processo estruturado e governança para transformar melhorias em práticas padronizadas.
	Gestão de competências	Um processo estabelecido e rigoroso para desenvolver capacidades e balancear continuamente disponibilidade de competências *versus* demanda do cliente.
Comportamento de valor	Liderança e autonomia	Desenvolvimento de comportamentos que desafiam o *status quo*, atitude de *coaching* e de promoção da melhoria contínua em toda a organização. Atitude de promoção da autonomia, do aprendizado e da resiliência.
	Organização flexível	Estruturas organizacionais flexíveis estabelecidas com base nas melhores práticas para quebra de silos e geração de valor.
	Melhoria contínua	Abordagem estruturada e científica para incorporar a melhoria contínua nos processos, transformando problemas e mudanças em oportunidades.

A utilização das cartilhas para transformação ágil, estruturadas com base nesse *framework*, deve ainda ser organizada para permitir um aprendizado evolutivo, priorizando e acompanhando a aplicação das práticas, conforme os cinco níveis de maturidade apresentados na Figura 7.8, a fim de permitir a implantação e verificação contínua da evolução da aplicação das práticas.

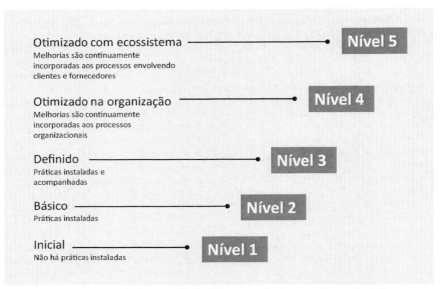

Figura 7.8 – Níveis de maturidade do *framework* para transformação ágil.
Fonte: adaptado de OLIVEIRA, 2019.

É necessário ter atenção para a compreensão sobre o que é gerar valor. Nós estamos falando de muito mais que foco do ou no cliente, estamos falando em desenvolver uma verdadeira obsessão pelo cliente em toda a cadeia de valor em sua organização.

E, para tanto, é necessário ser determinado em mudar comportamentos. Segundo John Shook[48] (2010), a maneira mais efetiva de mudar uma cultura é mudando, primeiro, o comportamento das pessoas. O que fazemos no dia a dia muda nossos valores e atitudes e, consequentemente, produz uma mudança cultural, como pode ser visto na Figura 7.9, que apresenta o modelo de mudança proposto por ele.

---

[48] Presidente e CEO do *Lean Enterprise Institute* (EUA) e Presidente da *Lean Global Network*, que reúne todos os *Lean Institutes* do mundo, incluindo o LIB (*Lean Institute Brasil*). Aprendeu sobre gerenciamento *Lean* trabalhando por 11 anos na Toyota do Japão e dos EUA, ajudando a transferir sistemas de produção, engenharia e gerenciamento do Japão para a NUMMI (é uma *joint venture* entre a General Motors e a Toyota, localizada em Fremont, Califórnia) e para outras operações no mundo.

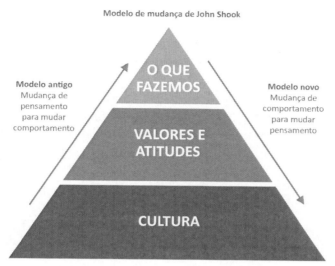

Figura 7.9 – *John Shook's Change Model*.
Fonte: adaptado de SHOOK, 2010.

A agilidade é um processo de mudança que deve alcançar a todos em sua cadeia de geração de valor para o negócio. Acreditar que você agiliza uma equipe e que o restante da organização irá absorver essa nova forma de trabalho é ilusão. Então, a primeira preocupação ao iniciar um processo de transformação ágil é garantir a abrangência e a continuidade das suas ações – um plano que assegure a expansão do escopo até que todo o ecossistema esteja engajado nesse modelo de evolução contínua que a transformação ágil traz.

7.7. Considerações finais

A agilidade é fundamental no tocante à transformação digital baseada em plataformas e de intensa digitização do negócio, principalmente se sua organização estiver em uma cadeia de valor que experimenta uma grande competição.

Portanto, você, como gestor, tem a obrigação de implementar *Lean* e abordagens ágeis para o desenvolvimento de software e para a gestão de serviços de TI e escalar a agilidade por toda a sua organização de TI.

Caso sua organização trabalhe fortemente com *outsourcing*, avalie seus fornecedores e estabeleça um processo de comunicação e interação onde o *Lean* e os métodos ágeis possam ser empregados.

156 Governança Digital 4.0

No caso específico de digitização de processos industriais, você ainda pode usar *Lean* para rever os processos de produção que serão afetados pela automação e os métodos ágeis para definir o mapa de fluxo de valor, as inovações, etc. Geralmente as áreas industriais já empregam as técnicas industriais japonesas.

Quanto à questão de implantação dos pesados sistemas integrados de gestão, alguns fabricantes de software estão desenvolvendo novas formas de implantação usando métodos ágeis – por exemplo, a metodologia *Activate* da SAP[49] preconiza o uso de métodos ágeis para a implementação desse sistema integrado de gestão.

Repense sua organização de TI para prover os serviços, atribuindo responsabilidades específicas pelos processos *end-to-end* e tente engajar a sua organização em novas formas de estruturas. Sabemos que é um desafio enorme sair de TI para o resto da organização e engajar desde a alta administração até as demais áreas.

Você também pode usar os métodos ágeis para desenhar e implementar os processos de governança e de gestão da TI e da TA (tecnologia da automação) necessários para que os serviços possam ser fornecidos.

De qualquer forma, a agilidade chegou para ficar. Junto com a inovação, a estratégia de transformação digital pode proporcionar os resultados de que a organização necessita para competir nesse novo mundo.

Por fim, lembramos que, como qualquer mudança que se preze, os principais fatores críticos de sucesso para incluir a agilidade no dia a dia da área da tecnologia da informação são:

> ➢ Obtenção de forte patrocínio da alta administração e de todos os executivos da organização.
> ➢ Comunicação consistente e contínua da alta administração acerca da importância da mudança.
> ➢ Elaborar e executar um plano de mudança organizacional visando mudança de cultura.
> ➢ Mudar a cultura da organização.
> ➢ Fornecer e disponibilizar todos os recursos necessários para operar a mudança (serviços, instalações, recursos humanos, treinamentos, equipamentos, infraestrutura, software, fornecedores, processos, etc.).

---

[49] Vide SAP, s.d.

No mundo digital, as organizações necessitam ser ágeis **157**

> Estabelecer metas, medir constantemente e comunicar o progresso.
> Comunicar as pequenas e as grandes vitórias para todas as partes interessadas.
> Avaliar riscos de forma contínua.
> Escalar os métodos, a organização e os métodos ágeis.
> Gestão do programa de mudança organizacional com os meios necessários.

Não desdenhe de fazer um bom planejamento da mudança organizacional e executá-lo para valer. Há várias técnicas e abordagens de mudança organizacional[50] que ajudam a fazer essa transição. Não deixe de envolver a sua área de recursos humanos e contrate, quando necessário, especialistas que irão ajudá-lo a fazer essa transição bem-sucedida.

Referências

AGILE ALLIANCE. **Agile 101.** Disponível em: <https://www.agilealliance.org/agile101/>. Acesso em: 05 jul. 2019.

BARRETT, R. **Building a Values-Driven Organization:** a whole system approach to cultural transformation. Amsterdam: Elsevier, 2006.

BRASILEIRO, R. Manifesto Ágil, o que é e qual a sua história. **Método Ágil,** s.d. Disponível em: <http://www.metodoagil.com/manifesto-agil/>. Acesso em: 05 jul. 2019.

BRIDGES, W. **Managing transitions:** making the most of change. 3rd. ed. Philadelphia: Da Capo Press, 2009.

BUEHRING, S. Agile principles: an illustrated guide. **Knowledge Train,** May 17, 2019. Disponível em: <https://www.knowledgetrain.co.uk/agile/agile-principles#>. Acesso em: 11 jul. 2019.

BUONO, A. F.; KERBER, K. W. Creating a sustainable approach to change: building organizational change capacity. **SAM Advanced Management Journal,** Spring 2010, p. 4-21.

CAMERON, K. S.; QUINN, R. E. **Diagnosing and Changing Organizational Culture.** 3rd. ed. San Francisco: Jossey-Bass, 2011.

CIVILISTICA REVISTA ELETRÔNICA. Brene Brown: o poder da vulnerabilidade. **YouTube,** 10 jan. 2013. Disponível em: <https://www.youtube.com/watch?v=n7tql5Oxol4>. Acesso em: 05 jul. 2019.

---

[50] Vide os seguintes autores: Bridges (2009), Barrett (2006), Cameron; Quinn (2011), Taylor (2005), Kotter (1996), Buono; Kerber (2010).

COGNITIVE EDGE. **Four Tables Contextualisation.** Disponível em: <https://cognitive-edge.com/methods/four-tables-contextualisation/>. Acesso em: 05 jul. 2019.

COLLABNET VERSIONONE. **12th annual State of Agile® Report.** 2018.

COLLABNET VERSIONONE. **State of Agile Report.** Disponível em: <https://www.stateofagile.com/#ufh-c-473508-state-of-agile-report>. Acesso em: 05 jul. 2019.

COMELLA-DORDA, S. et al. **Transforming IT infrastructure organizations using agile.** McKinsey & Company, Oct. 2018.

GRAZIANI, L. Spotify Engineering Culture Full Video (Agile Enterprise Transition with Scrum and Kanban). **YouTube**, 21 out. 2015. Disponível em: <https://www.youtube.com/watch?v=R2o-Xm3UVjs>. Acesso em: 05 jul. 2019.

ING BELGIË. Agile way of working at ING Belgium. **YouTube**, 29 set. 2017. Disponível em: <https://www.youtube.com/watch?v=TaV-d7eKWFc>. Acesso em: 05 jul. 2019.

KOTTER, J. P. **Leading Change.** Boston: Harvard Business School Press, 1996.

KURTZ, C. F.; SNOWDEN, D. J. The new dynamics of strategy: sense-making in a complex and complicated world. **IBM Systems Journal**, vol. 42, n. 3, 2003, p. 462-483.

LAGO, L. S. M. **Fatores humanos na dependabilidade de sistemas de software desenvolvidos com práticas ágeis.** Tese (mestrado em engenharia). São Paulo, EPUSP, 2014.

LEAN IT ASSOCIATION. **Lean IT Foundation:** increasing the value of IT. Version 1.11, Feb. 2019.

OHNO, T. **O Sistema Toyota de Produção:** além da produção em larga escala. Porto Alegre: Bookman, 1997.

OLIVEIRA, S. Um framework para Transformação Ágil: da mudança de mindset até a governança ágil. **PMI-PR SGPL Seminário de Gestão Projetos e Liderança 2019**, Cascavel, Paraná, 2019.

REYES, F. M. Spotify Agile Short 4 minutos. **YouTube**, 25 abr. 2016. Disponível em: <https://www.youtube.com/watch?v=uhghehlVGo0>. Acesso em: 05 jul. 2019.

RICCOTTA, R. **Calculadora de critérios BI-Modal.** Nota Técnica. 2018.

SAP. **Maximize the value of SAP S/4HANA Cloud.** Disponível em: <https://www.sap.com/products/activate-methodology.html>. Acesso em: 05 jul. 2019.

SHOOKS, Y. J. How to Change a Culture: Lessons from NUMMI. **MIT Sloan Management Review**, Winter 2010, vol. 51, n. 2, p. 63-68.

SILVA, D. G. Modelo Spotify Squads: o que é e como funciona. **Target Teal**, 12 nov. 2018. Disponível em: <https://targetteal.com/pt/blog/modelo-spotify-squads>. Acesso em: 05 jul. 2019.

TAYLOR, C. **Walking the talk**: building a culture for success. London: Random House, 2005.

TJERNSLI, A. Spotify Engineering Culture part 1 Agile Enterprise Transition with Scrum and Kanban 1. **YouTube**, 27 fev. 2017. Disponível em: <https://www.youtube.com/watch?v=4GK1NDTWbkY>. Acesso em: 05 jul. 2019.

TJERNSLI, A. Spotify Engineering Culture part 2. **YouTube**, 23 set. 2017. Disponível em: <https://www.youtube.com/watch?v=rzoyryY2STQ>. Acesso em: 05 jul. 2019.

WIKIPEDIA. **Center of excellence.** Disponível em: <https://en.wikipedia.org/wiki/Center_of_excellence>. Acesso em: 05 jul. 2019.

WOMACK, J. P.; JONES, D.; ROOS, D. **A máquina que mudou o mundo.** Rio de Janeiro: Campus, 1992.

WOMACK, J.; JONES, D. T. **A mentalidade enxuta nas empresas.** Rio de Janeiro: Campus, 1998.

8. A Governança Digital 4.0

Aguinaldo Aragon Fernandes

Temos visto nos últimos anos que o termo governança de TI ficou depreciado, pois ainda dá a noção de que é voltado exclusivamente para endereçar questões de *compliance* interno e atender às auditorias internas e externas, sem agregar valor aos objetivos da área de TI e ao negócio.

No tocante à governança da tecnologia da automação, o cenário ainda é bem inóspito, com raríssimas exceções de bons exemplos que vemos na indústria automobilística. Nesse caso, com as organizações do agronegócio, de manufatura e comerciais, atacadistas e de varejo, indo a passos acelerados para a sua digitização, o tema começa a ganhar relevância.

No primeiro caso, as filosofias *Lean* e ágil e a predominância da busca por inovações e da aplicação dos conceitos de *startup* e dos exemplos que trazem as grandes plataformas digitais (Amazon, Facebook, Apple, dentre outras) contribuem para esse entendimento de que tudo a que se refere a governança é algo pesado e vai de encontro ao *Lean* e ao ágil. Portanto, não tem mais espaço nas organizações para isso, com exceção daquelas em mercados altamente regulados.

Se olharmos para o conceito de governança de TI como feito no Capítulo 2 deste livro, veremos que ele pode ser aplicado em qualquer situação, mesmo em organizações ágeis, *startups* e organizações exponenciais. A diferença é que o papel das equipes ágeis, auto-organizadas, e dos princípios ágeis tem importância central na Governança Digital 4.0. Neste capítulo veremos como isso pode acontecer.

Quanto à tecnologia da automação, que envolve muitas das novas tecnologias habilitadoras da Organização Digital 4.0, percebemos que ainda há um campo enorme a ser explorado, pois, no caso de uma digitização de processos ou de processos que nascem digitais, os processos de governança e de gestão são fundamentais. Imagine um ataque *hacker* em uma instalação fabril ou a indisponibilidade de ativos que monitoram barragens.

Então iremos explorar como podemos usar os conceitos e modelos para a governança e gestão da tecnologia da automação.

Nesse contexto, a Governança 4.0 é governar e gerir a tecnologia da organização na qual os processos rumam para a digitização (seja pela reformulação dos processos atuais, seja por processos que já nascem totalmente digitais) e com extensivo uso dos dados e algoritmos de aprendizagem rumo a processos transacionais, gerenciais, logísticos e de manufatura autônomos ou semiautônomos.

Para falarmos sobre governança e gestão da TI e da TA, vamos usar o COBIT® e a ITIL® V4[51] como modelos e assim facilitar o entendimento sobre a Governança Digital 4.0.

8.1. Revisitando o COBIT® como *framework* para a governança e gestão de TI e de TA

Recentemente foi lançado o novo modelo de referência do COBIT®[52], denominado COBIT® 2019, que traz aperfeiçoamentos em relação ao COBIT® 5.

Acreditamos que o COBIT® ainda seja o melhor ponto de partida quando estamos falando em governança e gestão de TI, pois congrega vários modelos de melhores práticas como CMMI, *PMBOK® Guide*, ITIL®, TOGAF, ISO 31000, ISO 27000, dentre outros. A Figura 8.1 mostra essa consolidação.

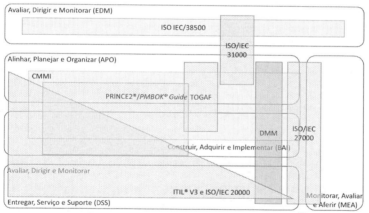

Figura 8.1 – Modelos de melhores práticas e COBIT®[53].
Fonte: adaptado de ISACA, 2012.

---

[51] COBIT® e ITIL® são os modelos de melhores práticas mais abrangentes no mercado quando se fala em tecnologia da informação e serviços de TI.
[52] Lembrando ao leitor que o COBIT® vem evoluindo ao longo dos últimos 25 anos, com a contribuição de profissionais voluntários espalhados pelo mundo e que congrega vários modelos de melhores práticas.
[53] Os principais modelos de melhores práticas são discutidos, ainda que brevemente, no Capítulo 13 deste livro. O DMM, *Data Maturity Model*, apesar de não ser ainda referenciado pelo COBIT® 5, foi colocado pelos autores devido à sua abrangência.

O COBIT® é como se fosse um guarda-chuva de boas práticas em TI e, a cada versão, se torna mais aderente ao estágio evolutivo em que se encontra a tecnologia da informação.

Por este motivo, usaremos o COBIT® 2019 como o modelo a ser adotado tanto para a tecnologia da informação como para a tecnologia da automação[54].

Esse modelo se fundamenta no conceito de governança de TI dado pela ISO 38500 e apresenta os principais objetivos e processos relacionados com a tecnologia da informação, os quais também podem ser aplicados à tecnologia da automação. Adicionalmente, é um conjunto de boas práticas e não é prescritivo.

Bem, vamos explorar o COBIT® 2019 agora, para que você possa entender o desenrolar do resto do capítulo.

A Figura 8.2 apresenta uma visão geral do COBIT® 2019.

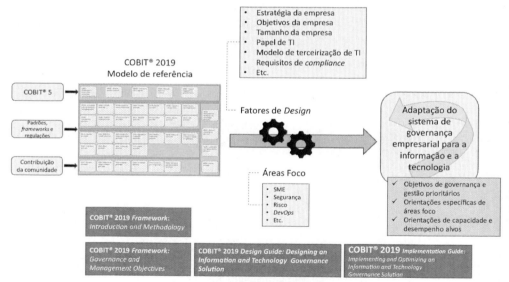

Figura 8.2 – Visão geral do COBIT®.
Fonte: adaptado de ISACA (2019).

O COBIT® 2019 tem um modelo de referência aperfeiçoado em relação à versão do COBIT® 5, onde a gestão de programas e projetos é tratada em conjunto. Agora a

---

[54] Vide nosso *box* no livro de SILVA et al (2018), que trata sobre os impactos da automação da sociedade de uma forma geral. Neste *box* mostramos como o COBIT® pode ser usado para a governança de TA.

gestão de projetos tem seu próprio objetivo. Foi criado um objetivo para o gerenciamento dos dados e um objetivo para o gerenciamento da garantia, que na verdade trata sobre as auditorias internas e externas. Vide a Figura 8.3, que apresenta o modelo de referência do COBIT® 2019.

A novidade é que o COBIT® 2019[55] introduz os Fatores de *Design*, que são critérios para que o modelo de referência seja adaptado para cada empresa, em função de suas peculiaridades em termos de estratégia, ramo de negócio, objetivos empresariais, estrutura do negócio e assim por diante.

Outra mudança foi que os habilitadores da versão anterior agora se tornaram Componentes do Sistema de Governança. Esses componentes são chave para qualquer implementação e manutenção de um *framework* de governança de TI. Vide a Figura 8.4.

A linguagem também mudou, com foco para a transformação digital.

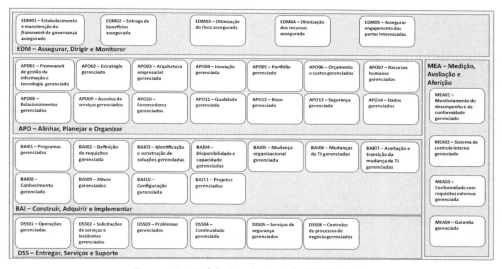

Figura 8.3 – Modelo de referência do COBIT® 2019.
Fonte: adaptado de ISACA (2019).

---

[55] É importante que o leitor tenha conhecimento do COBIT® 5 (ISACA, 2012) para obter uma melhor compreensão da evolução que a versão de 2019 representa.

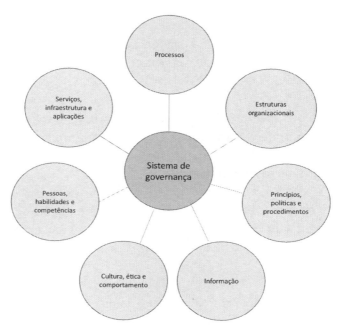

Figura 8.4 – Componentes do sistema de governança.
Fonte: adaptado de ISACA (2019).

De forma simplificada, passaremos a descrever o propósito de cada um dos objetivos do modelo de referência COBIT® 2019. Vide a Tabela 8.1 a seguir.

Tabela 8.1 – Descrição dos objetivos do COBIT® 2019.

Objetivo	Propósito	Em termos práticos
EDM01 – Estabelecimento e manutenção do *framework* de governança assegurado	Prover uma abordagem consistente para integrar e alinhar com a abordagem de governança corporativa. As decisões de TI são feitas alinhadas com a estratégia e os objetivos da organização e com a realização do valor desejado. Assegurar que os processos de TI sejam avaliados de forma efetiva e transparente para verificar conformidade com aspectos legais e de regulação e que os requisitos de governança da alta administração sejam atendidos.	Políticas e princípios devem ser elaborados e comunicados. Exemplos de princípios: usar métodos ágeis para o desenvolvimento de software. Papéis e responsabilidades são definidos. Alçadas de autoridade são definidas. Resultados do desempenho e da conformidade da governança são comunicadas para a alta administração.

A Governança Digital 4.0 **165**

Objetivo	Propósito	Em termos práticos
EDM02 – Entrega de benefícios assegurada	Assegurar um valor ótimo do conjunto das iniciativas, dos ativos e serviços de TI, entrega com custo adequado, obtenção dos custos exatos das iniciativas e os benefícios prováveis de forma que o negócio possa ser apoiado efetiva e eficazmente.	Gerenciar o portfólio de iniciativas de TI em termos de investimento, priorizar e monitorar a entrega de valor. Geralmente envolve o processo de gerenciamento de investimentos corporativo.
EDM03 – Otimização do risco assegurada	Assegurar que os riscos derivados de TI não ultrapassem os limites de apetite e tolerância de riscos da organização; o impacto dos riscos de TI para o valor da organização é identificado e gerenciado e minimizado o potencial de falhas de conformidade.	Elaborar política de riscos, manter perfis de riscos e comunicar a alta administração.
EDM04 – Otimização dos recursos assegurada	Assegurar que os recursos de que a TI necessita sejam fornecidos de maneira otimizada. Os custos são otimizados, os benefícios são realizados e há prontidão de recursos, caso sejam necessários.	Políticas para alocação de recursos, definição de políticas e abordagem de terceirização e uso de serviços e responsabilidades pelo gerenciamento dos recursos.
EDM05 – Assegurar engajamento das partes interessadas	Garantir que as partes interessadas apoiem o *roadmap* e os planos da TI; comunicar o desempenho da TI para as partes interessadas e confirmar que os objetivos de TI estão alinhados com os objetivos da organização.	Princípios de comunicação do desempenho da TI, definição dos relatórios mandatórios sobre o desempenho da TI, guias de escalonamento de decisão e a comunicação de resultados de auditoria.
APO01 – *Framework* de gestão da informação e tecnologia gerenciado	Implementar uma abordagem consistente para que os requisitos de governança sejam atendidos, cobrindo componentes de governança como processos de gestão, estrutura organizacional, papéis e responsabilidades, atividades confiáveis e repetíveis, itens de informação, políticas e procedimentos, habilidades e competências, cultura e comportamento, infraestrutura e aplicações.	Implementar a estrutura organizacional de TI, definir papéis e responsabilidades. Definir onde a TI vai ser colocada na organização. Comunicar objetivos da TI e implementar os processos de gestão da TI com as respectivas políticas e procedimentos. Implementar sistemas de apoio ao gerenciamento da TI.
APO02 – Estratégia gerenciada	Apoiar a transformação digital da organização e entregar o valor desejado através de um *roadmap* de mudanças incrementais. Alinhar cada iniciativa de TI com os objetivos estratégicos da TI. Permitir mudanças nos diferentes aspectos da organização, de canais a processos e dados, cultura, habilidades, modelo operacional e incentivos.	Avaliar a capacidade da organização para a transformação digital, fazer um *gap analysis*, desenvolver e comunicar o plano estratégico ou um *roadmap*.

Objetivo	Propósito	Em termos práticos
APO03 – Arquitetura empresarial gerenciada	Representar os diferentes blocos de construção (*building blocks*) que constituem a organização e seus relacionamentos, assim como os princípios que guiam o seu projeto para permitir uma entrega responsiva e eficiente dos objetivos operacionais e estratégicos.	Desenhar a arquitetura da organização. Definir a arquitetura de referência em termos de negócio, informação, dados, sistemas, infraestrutura, processos, etc. Avaliar a necessidade de evoluir com a arquitetura. Implementar as arquiteturas e fornecer serviços para as áreas e a TI.
APO04 – Inovação gerenciada	Atingir vantagem competitiva, inovação para o negócio, melhorar a experiência do cliente, aperfeiçoar a eficiência e eficácia operacional pela exploração de desenvolvimentos em TI e em tecnologias emergentes.	Avaliar novas tecnologias que podem ser úteis para a organização, fazer provas de conceito e recomendar a adoção.
APO05 – Portfólio gerenciado	Otimizar o desempenho de todo o portfólio de programas em resposta a programas individuais, ao desempenho de produtos e serviços e a mudanças de prioridade da organização.	Verificar fundos, acolher projetos e iniciativas, priorizar, monitorar o desempenho dos investimentos e avaliar se os benefícios dos programas e projetos foram alcançados.
APO06 – Orçamento e custos gerenciados	Promover uma parceria entre a TI e as partes interessadas da organização para permitir o uso eficiente e eficaz dos recursos de TI e prover transparência acerca dos custos e do valor das soluções. Permitir que a organização tome decisões em relação ao uso de recursos e serviços de TI.	Gerenciar os custos de TI. Criar e manter orçamentos e modelos de custeamento e alocação de custos pelo uso de recursos e serviços de TI.
APO07 – Recursos humanos gerenciados	Otimizar as capacidades dos recursos humanos para atender aos objetivos empresariais.	Contratar recursos humanos, identificar pessoal-chave, manter as competências e habilidades, gerenciar o pessoal e verificar necessidades de recursos humanos.
APO08 – Relacionamentos gerenciados	Permitir o conhecimento correto, habilidades e comportamentos para criar resultados, aumento da confiança mútua e o efetivo uso de recursos para estimular um relacionamento produtivo com as partes interessadas na organização.	Identificar oportunidades de melhoria do negócio junto com as partes interessadas. Gerenciar o relacionamento com as áreas de negócio. Avaliar satisfação das partes interessadas com os serviços de TI.
APO09 – Acordos de serviços gerenciados	Assegurar que os produtos, serviços de TI e os níveis de serviços atendam às necessidades atuais e futuras da organização.	Criar o catálogo de serviços de TI. Definir e preparar os acordos de níveis de serviços. Monitorar e comunicar os níveis de serviços. Rever níveis de serviços e contratos.

A Governança Digital 4.0 **167**

Objetivo	Propósito	Em termos práticos
APO10 – Fornecedores gerenciados	Otimizar a capacitação disponível de TI para apoiar a estratégia e o *roadmap* de TI, minimizando o risco associado com o não atendimento, pelos fornecedores, dos requisitos de conformidade e de desempenho e assegurar preços competitivos.	Identificar e avaliar fornecedores e contratos. Selecionar fornecedores. Gerenciar contratos. Gerenciar os riscos dos fornecedores e monitorar o desempenho e a conformidade do fornecedor.
APO11 – Qualidade gerenciada	Assegurar a entrega consistente de soluções e serviços de tecnologia para atender aos requisitos de qualidade da organização e satisfazer as partes interessadas.	Implantar e manter um sistema de gerenciamento da qualidade da TI, a exemplo de uma ISO 9000.
APO12 – Risco gerenciado	Integrar o gerenciamento de riscos da TI com o gerenciamento de riscos da organização e balancear os custos e benefícios dos riscos relacionados à TI.	Coletar dados sobre os riscos, analisar os riscos, registrar um perfil de cada risco e elaborar um plano de resposta ao risco com ações de mitigação e de contingência.
APO13 – Segurança gerenciada	Manter o impacto e a ocorrência de incidentes de segurança da informação dentro do apetite de risco da organização.	Implementar e manter um sistema de gerenciamento da segurança da informação baseado, por exemplo, na ISO 27000.
APO14 – Dados gerenciados	Assegurar o uso dos conjuntos de dados críticos para atender aos objetivos da organização.	Definir e comunicar uma estratégia de dados, assim como papéis e responsabilidades. Manter um glossário do negócio. Estabelecer a estrutura de metadados da organização. Definir uma estratégia de qualidade dos dados. Definir uma estratégia de limpeza de dados. Suportar o arquivamento e a retenção dos dados. Gerenciar *backups* e procedimentos de restauração.
BAI01 – Programas gerenciados	Realizar o valor desejado e reduzir o risco de atrasos, custos e erosão do valor. Aperfeiçoar a comunicação com os envolvidos, assegurar a qualidade e o valor dos entregáveis dos programas, acompanhar os projetos do programa e maximizar a contribuição do programa ao portfólio de investimento.	Manter uma abordagem para o gerenciamento de programas. Gerenciar o programa, desde a iniciação até o seu encerramento.
BAI02 – Definição de requisitos gerenciada	Criar soluções otimizadas que atendem ao negócio da organização enquanto minimiza o risco.	Definir os requisitos da solução e obter a aprovação das partes interessadas.

Objetivo	Propósito	Em termos práticos
BAI03 – Identificação e construção de soluções gerenciadas	Assegurar a entrega de produtos e serviços digitais de forma ágil e escalável. Estabelecer soluções a tempo e de custo efetivo capaz de apoiar os objetivos estratégicos e operacionais da organização.	Refere-se ao desenvolvimento da solução, codificação, testes ou adaptações. Também pode envolver a identificação de componentes da solução no mercado. Assegurar a qualidade da solução. Manter a solução. Usar a abordagem ou metodologia de desenvolvimento.
BAI04 – Disponibilidade e capacidade gerenciadas	Manter a disponibilidade do serviço, a gestão eficiente de recursos e a otimização do desempenho do sistema através da predição do desempenho futuro e dos requisitos de capacidade.	Definir capacidade e disponibilidade requerida. Efetuar as mudanças para atender aos requisitos do negócio, monitorar a disponibilidade e a capacidade e resolver incidentes correspondentes.
BAI05 – Mudança organizacional gerenciada	Preparar e obter comprometimento das partes interessadas com as mudanças no negócio e reduzir os riscos de falha.	Planejar e implementar a mudança organizacional que soluções de TI possam trazer e sustentar a mudança. Capacitar as partes interessadas no uso das soluções nas atividades e operações do dia a dia.
BAI06 – Mudanças de TI gerenciadas	Permitir a entrega rápida e confiável de uma mudança ao negócio. Mitigar o risco de impactar negativamente a estabilidade e a integridade do ambiente modificado.	Autorizar mudanças. Gerenciar mudanças emergenciais. Controlar o status das mudanças. Encerrar mudanças.
BAI07 – Aceitação e transição da mudança de TI gerenciadas	Implementar soluções de forma segura e alinhadas com as expectativas e resultados esperados acordados.	Elaborar um plano de implantação. Planejar conversão de dados. Estabelecer o ambiente de teste. Executar testes de aceitação. Promover para a produção. Fornecer suporte inicial e revisão após a implementação.
BAI08 – Conhecimento gerenciado	Fornecer o conhecimento e a informação requerida para apoiar o pessoal envolvido com governança e gestão da TI e permitir decisões com base em informações.	Organizar uma base de dados com todas as informações classificadas para atender à governança e à gestão da TI como informações de procedimentos e políticas, desempenho, serviços, níveis de serviços, contratos, riscos, portfólio, projetos, etc.
BAI09 – Ativos gerenciados	Fazer a contabilidade de todos os ativos e otimizar o valor fornecido pelo seu uso.	Gerenciar ativos, licenças de software e política de obsolescência de ativos.

A Governança Digital 4.0 **169**

Objetivo	Propósito	Em termos práticos
BAI10 – Configuração gerenciada	Fornecer informação suficiente sobre os ativos de serviços para permitir que o serviço seja efetivamente gerenciado e avaliar o impacto de mudanças em relação a incidentes de serviços de TI.	Implantar um modelo de gestão de configuração. Implantar o repositório com os itens de configuração. Controlar os itens de configuração. Estabelecer o relacionamento lógico entre os itens de configuração.
BAI11 – Projetos gerenciados	Realizar os resultados definidos para o projeto e reduzir atrasos e custos inesperados, a erosão de valor e assegurar a qualidade dos entregáveis do projeto e sua contribuição ao programa e ao portfólio de investimento.	Manter uma abordagem para o gerenciamento de projetos. Gerenciar, controlar e encerrar o projeto.
DSS01 – Operações gerenciadas	Entregar os produtos e serviços de TI conforme o planejado.	Planejar a produção, resolver incidentes de produção, gerenciar serviços de terceiros, monitorar a infraestrutura e gerenciar instalações de TI.
DSS02 – Solicitações de serviços e incidentes gerenciados	Aumentar a produtividade e minimizar disrupções através da rápida resolução de solicitações e incidentes relatados pelos usuários. Avaliar o impacto de mudanças e o tratamento dos incidentes. Resolver os chamados e reestabelecer os serviços em resposta ao incidente.	Classificar os incidentes e chamados, priorizar as requisições de serviços e incidentes, atribuir a resolução de incidentes a grupos solucionadores. Controlar a resolução do incidente.
DSS03 – Problemas gerenciados	Aumentar a disponibilidade, melhorar os níveis de serviços, reduzir custos, melhorar a conveniência e satisfação do cliente através da redução de problemas operacionais e identificar a causa-raiz como parte da resolução do problema.	Identificar e classificar problemas, investigar e diagnosticar o problema, identificar os erros conhecidos, resolver e encerrar o problema e agir proativamente para prever problemas.
DSS04 – Continuidade gerenciada	Adaptar rapidamente, continuar as operações do negócio e manter a disponibilidade de recursos e informação em níveis aceitáveis para a organização em eventos de indisponibilidade ou interrupção significativa de serviços.	Definir política e escopo de continuidade, manter a resiliência dos serviços e dos ativos, desenvolver e testar um plano de continuidade. Testar continuamente o plano de continuidade e de resposta ao desastre. Rever e manter os planos. Definir os arranjos para *backup*.

Objetivo	Propósito	Em termos práticos
DSS05 – Serviços de segurança gerenciados	Minimizar os impactos no negócio de vulnerabilidades e incidentes operacionais de segurança da informação.	Proteger contra *malware*, gerenciar a segurança da rede, gerenciar segurança de ativos *mobile*, servidores, gerenciar identificação de usuários e acessos lógicos, gerenciar acesso aos ativos físicos, gerenciar documentos sensíveis, gerenciar as vulnerabilidades da infraestrutura.
DSS06 – Controles de processos de negócio gerenciados	Manter a integridade da informação e a segurança dos ativos de informação tratados nos processos de negócio na organização e em terceiros contratados.	Implantar requisitos de segurança nos sistemas que apoiam os processos de negócio, controlar a informação processada, gerenciar senhas e privilégios de acesso, gerenciar erros e exceções, assegurar rastreabilidade de eventos, gerenciar a segurança dos ativos de informação.
MEA01 – Monitoramento do desempenho e da conformidade gerenciado	Prover transparência do desempenho e conformidade e dirigir o atingimento dos objetivos.	Estabelecer uma sistemática de indicadores de desempenho, estabelecer objetivos de desempenho, coletar e processar informação e comunicar desempenho. Agir nos desvios.
MEA02 – Sistema de controle interno gerenciado	Obter transparência para as principais partes interessadas sobre a adequação do sistema de controle interno para fornecer confiança na operação e no atingimento dos objetivos da empresa e entendimento dos riscos residuais.	Monitorar os controles internos, rever a efetividade dos controles do negócio, executar autoavaliações, identificar e comunicar deficiências.
MEA03 – Conformidade com requisitos externos gerenciada	Assegurar que a organização esteja em conformidade com todos os requisitos externos.	Identificar requisitos de *compliance* externos, dar respostas a esses requisitos, contratar e executar auditorias externas.
MEA04 – Garantia gerenciada	Permitir que a organização projete e desenvolva iniciativas eficientes e efetivas de garantia, fornecendo orientação para o planejamento, definição do escopo, execução e acompanhamento de auditorias usando um *roadmap* baseado em práticas reconhecidas de auditoria.	Contratar auditorias externas e independentes, definir objetivos e escopo da auditoria, o programa de trabalho, executar a auditoria, comunicar os resultados e agir em função dos resultados.

A seguir, algumas diretrizes do COBIT® 2019.

- ➤ O COBIT® é um *framework* para governança e gerenciamento da informação e tecnologia por toda a empresa e não se limita à área de TI.
- ➤ O COBIT® faz uma clara distinção entre governança e gestão de informação e tecnologia:
  - **Governança** assegura que: (i) as necessidades dos acionistas e das demais partes interessadas são balanceadas e acordadas para atingir os objetivos da empresa; (ii) a direção é estabelecida através da priorização e da tomada de decisão; e (iii) o desempenho e a conformidade são monitorados em relação aos objetivos e ao direcionamento.
  - A **gestão** planeja, constrói, executa e monitora as atividades (produtos e serviços), alinhada com a direção estabelecida pelo corpo de governança, visando atingir os objetivos da empresa.
- ➤ No modelo, um objetivo de governança ou de gestão sempre se relaciona a um processo.
- ➤ Os objetivos são distribuídos em cinco domínios:
  - **Os objetivos de governança** são agrupados no domínio Avaliar, Dirigir e Monitorar (*Evaluate, Direct and Monitor* – EDM).
  - **Os objetivos de gestão** são agrupados em quatro domínios: (i) Alinhar, Planejar e Organizar (*Align, Plan and Organization* – APO), que trata de todas as atividades de organização, estratégia e de suporte para a informação e tecnologia; (ii) Construir, Adquirir e Implementar (*Build, Acquire and Implement* – BAI), que trata da definição, aquisição e implementação de soluções de informação e tecnologia e sua integração aos processos de negócio; (iii) Entregar, Serviços e Suporte (*Deliver, Service and Support* – DSS), que trata da entrega operacional e do suporte aos serviços de informação e tecnologia, incluindo segurança; e (iv) Monitorar, Avaliar e Aferir (*Monitor, Evaluate and Assess* – MEA), que trata do monitoramento do desempenho da informação e tecnologia com objetivos internos, objetivos de controles internos e de requisitos externos.

O COBIT® 2019 apresenta para cada objetivo a seguinte estrutura de informações:

- ➤ Nome do domínio.
- ➤ Área de foco.
- ➤ Nome do objetivo de governança ou de gestão.
- ➤ Descrição do objetivo.
- ➤ Declaração de propósito do objetivo.
- ➤ Objetivos empresariais e objetivos de alinhamento da informação e tecnologia apoiados pelo objetivo de governança ou gestão.

- ➤ Exemplos de métricas para os objetivos empresariais e de alinhamento.
- ➤ Descrição do componente processo, com informações sobre a prática de governança ou gestão e exemplo de métricas.
- ➤ Descrição de atividades e o nível de capacidade a que estas pertencem, considerando o modelo de avaliação de capacidade empregado pelo COBIT®.
- ➤ Descrição do componente estrutura organizacional, que se relaciona com as atividades.
- ➤ Descrição do componente fluxos de informação, que mostra as entradas e saídas para cada prática de governança ou gestão.
- ➤ Descrição do componente habilidades, guia de referência relacionado com cada habilidade e referência detalhada.
- ➤ Descrição do componente políticas e procedimentos, que indica se o objetivo tem política, sua breve descrição, mostrando o guia de referência relacionado com a referência detalhada.
- ➤ Descrição do componente cultura, ética e comportamento, que indica os elementos-chave da cultura, o guia de referência e seu detalhe correspondente.
- ➤ Descrição do componente serviços, infraestrutura e aplicações, que informa a categoria de serviços, da infraestrutura e aplicações para apoiar o objetivo.
- ➤ Para cada componente, apresenta o referenciamento dos modelos de melhores práticas.

Por fim, o COBIT® 2019 aplica os níveis de capacidade estabelecidos pela ISO 15504 (2004). A Figura 8.5 apresenta os níveis de capacidade dos processos.

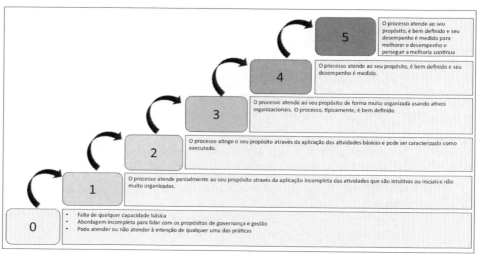

Figura 8.5 – Níveis de capacidade de processos.
Fonte: adaptado de ISACA (2019).

8.2. Gerenciamento de serviços com a ITIL® V4

A ITIL® 4 (AXELOS, 2019), como um conjunto de boas práticas para o gerenciamento de serviços, também vem sofrendo constante evolução.

A versão atual trouxe significativas contribuições, adaptando-se ao mundo *Lean* e ágil, como veremos a seguir.

Para a ITIL®, "serviços são a principal maneira das organizações criarem valor para si mesmas e para os seus clientes" e "gerenciamento de serviços é um conjunto de capacidades organizacionais especializadas para permitir o valor aos clientes em forma de serviços".

As componentes-chave da ITIL® 4 são o modelo de quatro dimensões do gerenciamento de serviços e o **Sistema de Valor de Serviços** (SVS).

A Figura 8.6 apresenta o modelo de quatro dimensões.

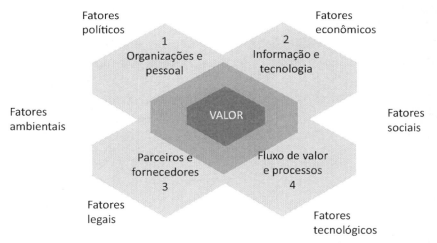

Figura 8.6 – Modelo de quatro dimensões do gerenciamento de serviços.
Fonte: AXELOS (2019).

O modelo de quatro dimensões impacta todo o SVS em termos de projeto e criação de novos serviços, bem como o seu provimento, e deve levar sempre em consideração:

> **Organizações e pessoal:** esta dimensão de um serviço cobre papéis e responsabilidades, estrutura organizacional formal, a cultura, a necessidade de

pessoal, competências requeridas e desenvolvimento de pessoas que estão envolvidas na criação, entrega e melhoria do serviço.
➤ **Informação e tecnologia:** esta dimensão se aplica tanto ao gerenciamento de serviços como aos serviços fornecidos. Compreende a informação, a tecnologia e o conhecimento requeridos para o gerenciamento dos serviços. Lida com tecnologias tais como inteligência artificial, computação em nuvem, redes e sistemas de comunicação, bancos de dados, *chatbots*, aprendizagem de máquina, ferramentas analíticas, de monitoramento e aplicações de suporte ao gerenciamento, dentre outras. Deve se preocupar também com a retenção do conhecimento, a segurança da informação e o atendimento a requisitos legais tais como a Lei Geral de Proteção de Dados.
➤ **Parceiros e fornecedores:** esta dimensão abrange o relacionamento da organização com outras organizações que são envolvidas no projeto, no desenvolvimento, na implantação, na entrega, no suporte e na melhoria contínua dos serviços. Abrange também contratos entre a organização e os parceiros e fornecedores.
➤ **Fluxo de valor e processos:** esta dimensão se preocupa com a forma pela qual as várias partes do trabalho da organização são integradas e coordenadas para a criação de valor através dos produtos e serviços. Foca nas atividades desempenhadas pela organização e sobre como elas são organizadas para criar valor.

Outro aspecto que o modelo das quatro dimensões aborda é quanto aos fatores externos que impactam o provedor de serviços, conforme mostra a Figura 8.7.

O SVS representa como os vários componentes e atividades de uma organização atuam em conjunto para a criação de valor através de serviços baseados em Tecnologia da Informação. A Figura 8.7 apresenta uma representação do SVS.

Sistema de Valor de Serviços
Figura 8.7 – Modelo do sistema de valor de serviços (SVS).
Fonte: adaptado de AXELOS (2019).

A principal entrada para o SVS são as oportunidades e as demandas pelos serviços. Oportunidades representam possibilidades para agregar valor aos clientes ou para melhorar os serviços da organização, enquanto a demanda é o desejo de clientes por produtos e serviços.

Os componentes do SVS são:

➢ **Princípios Guia:** recomendações que podem guiar a organização em quaisquer circunstâncias. Os princípios são:
- ▪ **Foco no valor:** foco no valor criado para os clientes e usuários. Ou seja, qualquer atividade tem que ter foco no valor para o cliente.
- ▪ **Comece onde você está:** entender a situação atual e não começar do zero. Avaliar recursos, pessoas e serviços atuais antes de propor mudanças.
- ▪ **Progresso iterativo com *feedback*:** organizar o trabalho em sessões pequenas e gerenciáveis que possam ser completadas em um tempo curto, que sejam fáceis de ser mantidas e direcionem o esforço.
- ▪ **Colaborar e promover a visibilidade:** trabalhe em equipe, desenvolva confiança entre os envolvidos e seja totalmente transparente quanto a informações e decisões e quanto ao seu compartilhamento.
- ▪ **Pense e trabalhe de forma holística:** trabalhar vendo o todo e gerenciar de forma coordenada e dinâmica pessoas, tecnologia, processos, parceiros, fornecedores, práticas, contratos, etc.
- ▪ **Mantenha a coisa simples e prática:** eliminar aquilo que não agrega valor e usar o mínimo de atividades para alcançar os objetivos.
- ▪ **Otimizar e automatizar:** fazer com que a contribuição humana seja efetiva somente para atividades que possam agregar valor. No mais, automatize[56].
➢ **Governança:** a governança foca na avaliação, na direção e no monitoramento do SVS, considerando se os princípios guias estão sendo usados. Verifica o alinhamento do SVS com a estratégia da organização, avalia e direciona os investimentos e o funcionamento do SVS. Também define autoridades, responsabilidades e alçadas no âmbito do SVS.
➢ **Cadeia de valor do serviço:** é o elemento central do SVS e define as atividades requeridas para responder à demanda e facilitar a criação do valor. A Figura 8.8 apresenta a cadeia de valor do serviço. As seis atividades-chave são:
- ▪ **Planejar:** o objetivo é assegurar, para toda a organização, o entendimento da visão, da situação corrente, da direção das melhorias para as quatro dimensões e para todos os serviços da organização.

---

[56] Você pode observar que esses princípios são tirados totalmente dos conceitos do *Lean* e dos métodos ágeis. Se você for criar um produto ou serviço, aplique os conceitos *Lean* e ágil.

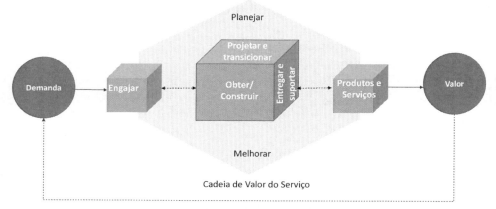

Figura 8.8 – Cadeia de valor do serviço.
Fonte: adaptado de AXELOS (2019).

- **Engajar:** tem por objetivo entender as necessidades de todas as partes interessadas, agir de forma transparente, prover engajamento contínuo e manter bom relacionamento com as partes interessadas.
- **Projetar e transicionar:** tem por objetivo assegurar que os produtos e serviços atendam, continuamente, às expectativas das partes interessadas em termos de qualidade, custos e *time to market*.
- **Obter/Construir:** tem por objetivo assegurar que os componentes dos serviços estejam disponíveis quando e onde forem necessários e que atendam às especificações acordadas.
- **Entregar e suportar:** tem por objetivo assegurar que os serviços sejam entregues e suportados de acordo com as especificações acordadas e conforme a expectativa das partes interessadas.
- **Melhorar:** tem por objetivo assegurar a melhoria contínua dos produtos, serviços e práticas na cadeia de valor e em relação às quatro dimensões do gerenciamento de serviços.

➢ **Práticas:** é um conjunto de recursos organizacionais projetado para desempenhar o trabalho e atender a um objetivo. As práticas são classificadas em: (i) práticas gerais de gerenciamento; (ii) gerenciamento de serviços; e (iii) gerenciamento técnico.
➢ **Melhoria contínua:** trata da melhoria contínua no SVS como um todo, em todos os níveis, do estratégico para o operacional, com base em um modelo específico.

O SVS inclui 14 práticas gerenciais genéricas, 17 de gerenciamento de serviços e 3 de gerenciamento técnico. A Tabela 8.2 lista as respectivas práticas.

A Governança Digital 4.0 **177**

Tabela 8.2 – Categorias de práticas do SVS.

Práticas do SVS		
Práticas gerenciais genéricas	Práticas de gerenciamento de serviços	Práticas de gerenciamento técnico
Gerenciamento da arquitetura	Gerenciamento da disponibilidade	Gerenciamento da entrega
Melhoria contínua	Análise do negócio	Gerenciamento da infraestrutura e da plataforma
Gerenciamento da segurança da informação	Gerenciamento da capacidade e do desempenho	Gerenciamento e desenvolvimento do software
Gerenciamento do conhecimento	Controle de mudanças	
Medição e comunicação	Gerenciamento de incidentes	
Gerenciamento da mudança organizacional	Gerenciamento dos ativos de TI	
Gerenciamento do portfólio	Monitoramento e gerenciamento de eventos	
Gerenciamento de projetos	Gerenciamento de problemas	
Gerenciamento do relacionamento	Gerenciamento da liberação	
Gerenciamento do risco	Gerenciamento do catálogo de serviços	
Gerenciamento financeiro dos serviços	Gerenciamento da configuração dos serviços	
Gerenciamento da estratégia	Gerenciamento da continuidade dos serviços	
Gerenciamento de fornecedores	Projeto do serviço	
Gerenciamento da força de trabalho e do talento	*Service desk*	
	Gerenciamento dos níveis de serviços	
	Gerenciamento das requisições de serviços	
	Validação e teste de serviços	

8.3. A Governança Digital 4.0

8.3.1. O cenário da transformação digital

Para entendermos o impacto da transformação digital sobre a governança e a gestão da tecnologia da informação, devemos observar o cenário pelo qual passam atual-

178 Governança Digital 4.0

mente as atividades de TI[57], tanto do ponto de vista da tecnologia em si como das novas formas e arranjos organizacionais que influenciam como os projetos e serviços são fornecidos, assim como os princípios aplicados por organizações exponenciais e de *startups* voltados para organizações que já nascem totalmente digitais.

Para tanto, projetamos um *canvas* para demonstrar esse cenário. A partir desse cenário, iremos discutir como se aplicam os objetivos da governança e da gestão de TI. Discutiremos também formas mais alinhadas de desenvolver e implementar os objetivos.

A Figura 8.9 apresenta o *canvas* do cenário atual da tecnologia da informação.

Os movimentos que percebemos no mercado, do ponto de vista dos processos de negócio, são:

> ➤ Forte automação de processos de *backoffice* rumo a uma organização sem papel.
> ➤ Transações digitais entre organizações.
> ➤ Cadeia de valor totalmente integrada e rumando para grande automação e autonomia.
> ➤ Processos de negócio e de operação autônomos.
> ➤ Manufatura integrada e totalmente automatizada.
> ➤ Abundante uso de dados para aprendizagem e suporte à tomada de decisão.
> ➤ Negócios baseados em plataformas digitais.
> ➤ Criação de ecossistemas de empresas ao redor de plataformas digitais.

Os movimentos que percebemos, do ponto de vista da tecnologia, de projetos e serviços, são:

> ➤ Foco em agilidade com o uso de métodos ágeis como o *Scrum*, XP e TDD[58] para o desenvolvimento do software.
> ➤ Grande procura por certificados relacionados a métodos ágeis e técnicas e metodologias de inovação por parte dos profissionais.
> ➤ Muitas iniciativas de implementação de *DevOps*.

---

[57] Não falamos aqui da área de TI porque entendemos que muitas das atividades de TI dentro de uma organização estão espalhadas e muitas delas são de responsabilidade das áreas de negócio, com a facilidade que possuem para contratar serviços na nuvem.

[58] Vide Capítulo 3, que aborda os métodos ágeis.

A Governança Digital 4.0 **179**

> ➢ Uso intensivo de *chatbots*[59] em vários tipos de serviços.
> ➢ Implementação de *Robotic Process Automation* para processos repetitivos.
> ➢ Forte uso de *big data* e *analytics* para aprimorar processos, serviços e produtos visando tornar a experiência do cliente incrível.
> ➢ Substituição de *Enterprise Resource Planning* (ERPs) por novas versões.
> ➢ Projetos de desenvolvimento de plataformas digitais, apoiando novos modelos de negócio.
> ➢ Uso intensivo de serviços de nuvem privada e híbrida de alta performance.
> ➢ Implementação das primeiras aplicações de inteligência artificial.
> ➢ Reforço dos aspectos de segurança da informação, somando-se ao cenário, o atendimento à Lei Geral de Proteção de Dados[60] e ao *General Data Protection Regulation*[61], da Comissão Europeia (GDPR).
> ➢ Profusão de aplicativos com acesso pelo celular, fornecendo canais de interação com as organizações e variados serviços.
> ➢ Acesso a *streaming* de qualidade pelo celular e assim por diante.
> ➢ Uso de modelos preditivos e implantação de tecnologias habilitadoras em ambientes de manufatura, logística, comércio e serviços.

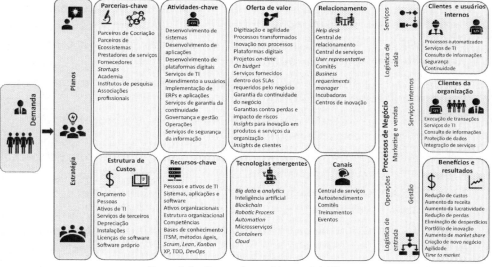

Figura 8.9 – *Canvas* do cenário atual da TI.
Fonte: o autor.

---

[59] *Chatbot* é um programa de computador que faz o que é programado, simulando uma conversa humana em um *chat*. Dessa forma, é possível automatizar tarefas repetitivas e burocráticas, como dúvidas frequentes, na forma de diálogo predefinido entre o usuário e um "robô" (fonte: Wikipédia).
[60] Vide Brasil (2018).
[61] Vide European Commission (2019).

180 Governança Digital 4.0

Do ponto de vista organizacional, verificamos que o *mindset* de inovação, agilidade, *Lean*, arranjos organizacionais ágeis e princípios de organizações exponenciais tem recebido grande atenção. Alguns aspectos desse cenário são:

➢ Muitas iniciativas de inovação fazendo com que grandes corporações criem seus espaços de inovação atraindo *startups* aplicando conceitos de inovação aberta.

➢ Os processos de governança e gestão devem ser fluidos, sem muita papelada. O correto é o compromisso e a confiança entre as pessoas.

➢ Novos arranjos organizacionais ágeis para o desenvolvimento dos projetos e o provimento de serviços, através de *squads* e tribos[62].

➢ Os *squads* e as tribos devem ser constituídos por equipes autogerenciadas com poderes de definir a melhor forma de trabalhar, inclusive alterar os processos rapidamente de forma autônoma. Nesses arranjos e seguindo modelos como do Spotify e ING Bank[63], os papéis e responsabilidades do *Product Owner*, do Líder do Capítulo, do Líder da Tribo e do *Agile Coach* já estão previamente definidos.

➢ Novos princípios começam a reger a gestão das organizações, como: (i) a organização deve ter um propósito que não seja somente o lucro; (ii) líderes conscientes do propósito da organização e com papel de mentores; (iii) foco em experiências do cliente e não em produtos e serviços como o fim; (iv) ambientes de trabalho motivadores com foco em resultados e instalações voltadas para inovação e colaboração; (v) equipes dinâmicas e autônomas; (vi) empreendedorismo e inovação aberta; (vi) processos flexíveis e adaptáveis; (vii) uso inteligente da informação disponível; (viii) pouca ênfase na posse de ativos; e (ix) negócios sustentáveis[64].

➢ Uso do processo de gerar produtos mínimos viáveis ou MVP (*Minimum Viable Product*), conforme apregoou Ries (2012).

➢ Uso de princípios de organizações exponenciais: (i) trabalhar com pessoal sob demanda, pelo uso de *freelancer* ou pessoal temporário; (ii) criar uma comunidade engajada; (iii) uso extensivo de algoritmos; (iv) alugar em vez de imobilizar; (v) interfaces com os usuários e clientes fortemente automatizadas; (vi) uso extensivo de *dashboards* com os objetivos de desempenho; (vii) incentivo à experimentação; (viii) equipes autogerenciadas; (ix) uso de tecnologias para o trabalho colaborativo. Vide Ismail et al (2014).

---

[62] Vide o Capítulo 7, que trata dos novos arranjos organizacionais.

[63] Vide Mahadevan (2017).

[64] Vide o trabalho de Jesus (s.d.).

8.3.2. Principais fatores de impacto

Acreditamos que a implementação e a manutenção de objetivos de Governança e Gestão de TI 4.0 podem ser totalmente adaptadas a diversas situações. Não é necessário ter extensivos manuais e procedimentos e complexos controles para garantir que haja a governança e a gestão da TI, sendo que muitas das práticas ágeis já embutem elementos de governança. Entretanto, de acordo com o conceito de governança, os princípios e práticas a serem seguidos devem ser monitorados. Nesse novo ambiente, a chave é monitorar e verificar resultados[65].

A Figura 8.10 mostra os principais fatores de impacto e o fluxo de valor do serviço.

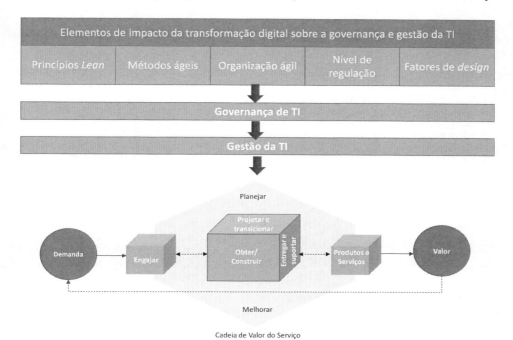

Figura 8.10 – Fatores de impacto da transformação digital.
Fonte: o autor.

Portanto temos que considerar, para entendermos o impacto da transformação digital, os seguintes fatores:

---

[65] Temos notícias no mercado de que muitas das iniciativas ágeis têm falhado na consecução de seu objetivo, que são produtos e serviços a tempo, de qualidade, resilientes e entregues com grande frequência, alinhados com a necessidade do negócio.

182 Governança Digital 4.0

- ➤ Os princípios propostos pela ITIL® 4 implementam, na realidade, a filosofia *Lean* e ágil e impactam todo o ciclo de valor da governança e gestão da TI[66]. Os impactos são:
  - O desenho dos processos de governança e gestão da TI deve ser focado no valor que vai ser dado para as partes envolvidas e para a organização, principalmente no tocante a minimizar perdas por riscos de TI.
  - Automatizar o processo eliminando tarefas repetitivas, porém considerando o valor que a automação irá atribuir ao processo.
  - O monitoramento de resultados é de fundamental importância para avaliar continuamente o valor do processo em execução.
  - A transição do processo para a sua operação deve considerar todas as partes envolvidas.
  - Uso de princípios em vez de políticas documentadas.
- ➤ Os métodos ágeis para o desenvolvimento dos objetivos e processos[67]. Os impactos são:
  - Uso do *Scrum* já determina responsabilidades que são atributos da governança de TI. Portanto, papéis de *Scrum Master* e *Product Owner* já são estabelecidos ao longo do processo, da mesma forma quando se usa o XP.
  - Os métodos ágeis podem ser usados para o projeto dos novos processos ou modificação dos já existentes.
  - O desenho do processo pode ser elaborado em pequenas partes e com entregas frequentes até a sua consolidação conforme o *Product Backlog*.
  - Consórcios de inovação podem aplicar métodos ágeis para o desenvolvimento de novas aplicações baseadas em tecnologias emergentes.
- ➤ As novas formas de arranjos organizacionais ágeis[68]. Os impactos são:
  - A organização ágil com base em *squads*, tribos, gerente de capítulo, *Product Owner* e *Agile Coach* já define as responsabilidades na organização, o que é um elemento fundamental para a governança e gestão da TI.
  - Equipes autogerenciadas e autônomas podem ter a responsabilidade de desenhar, transicionar e operar processos de gestão da TI, assim como evoluir e mudar os processos[69].
  - O uso de OKRs como forma de medição pode comunicar o valor e o desempenho dos resultados dos processos para o corpo de governança da TI.
  - Processos e serviços podem ser executados em *squads* e tribos.

---

[66] Vide item 8.2 do atual capítulo.

[67] Vide o Capítulo 3.

[68] Vide o Capítulo 7.

[69] Recentemente vimos um *post* no LinkedIn que questionava o sucesso de equipes auto-organizadas, principalmente se não existir capacidade de liderança de um dos membros da equipe.

A Governança Digital 4.0 **183**

➤ O nível de regulação ao qual a organização deve se submeter impacta no formalismo da governança e gestão da TI. Os impactos são:
- Organizações altamente reguladas e de capital aberto requerem maior formalismo na documentação dos processos. É bem possível que, nessas organizações, haja uma extensa documentação e controles internos a serem cumpridos.
- Em organizações com baixa regulação, é bem provável que não haja necessidade de grandes formalismos, portanto pequenos roteiros e *checklists* podem ser úteis para que as práticas e atividades sejam seguidas. Em organizações ágeis, os gerentes de capítulo e o *Agile Coach* podem reforçar as práticas dos processos.

➤ Os fatores de *design*, conforme propostos pelo COBIT® 2019, determinam a prioridade e a ênfase de determinados objetivos sobre os outros[70]. Os impactos são:
- Novas tecnologias reforçam:
  - processos de inovação aberta;
  - a necessidade do gerenciamento do relacionamento com parceiros e fornecedores, muitas vezes em ecossistemas de organizações e de tecnologia;
  - a gestão da mudança organizacional;
  - a necessidade de gerenciar os riscos sobre o negócio com forte ênfase em segurança da informação;
  - a necessidade de gerenciamento da arquitetura tecnológica, dada a sua complexidade;
  - a necessidade de ter infraestrutura tecnológica totalmente resiliente e que garanta a continuidade dos serviços.
- Infraestrutura escalável é fundamental para apoiar a expansão e manutenção do negócio.
- Maturidade digital da organização.
- Nível de formalização dos sistemas de gestão.

8.3.3. Impacto nos objetivos de governança e gestão da TI

Para o entendimento sobre o impacto da transformação digital nos objetivos de governança e gestão da TI, vamos discutir com referência ao COBIT® 2019. Vide a Tabela 8.3.

---

[70] Vide o item 8.1 do presente capítulo.

184 Governança Digital 4.0

Tabela 8.3 – Impacto da transformação digital sobre os objetivos da governança e gestão da TI.

Objetivo	Impacto da transformação digital
EDM01 – Estabelecimento e manutenção do *framework* de governança assegurado	A organização ágil e os métodos ágeis já definem as responsabilidades. Este objetivo é mais afeito à alta administração da organização, que deve estabelecer outras responsabilidades, como direitos decisórios sobre investimentos, portfólio, etc. Entretanto, em vez de políticas escritas e muito papel, pode estipular princípios que a TI deve seguir. Para tal, deve ter meios de monitorar se os princípios estão sendo seguidos, e tal monitoramento deve se basear em indicadores concretos de resultado.
EDM02 – Entrega de benefícios assegurada	A quantidade de novas tecnologias e a integração de tecnologias aplicadas na organização necessitam ser avaliadas em termos de resultado. Mesmo em organizações extremamente inovadoras, há abordagens de investimentos por ciclo de atendimento a metas. Mas os benefícios monetários e não monetários devem ser avaliados e o portfólio de investimento deve ser gerenciado e mensurado.
EDM03 – Otimização do risco assegurada	Quanto mais tecnologias emergentes forem usadas, maiores integrações e infraestruturas mais complexas, e o risco para o negócio tem que ser gerenciado. Em determinadas organizações, como bancos, por exemplo, há a necessidade de ambientes de pré-produção para verificar se uma transação não irá afetar a conta corrente, por exemplo. O risco pode balancear maior ou menor formalismo em termos de documentação dos processos. Quanto maior o risco, maior a necessidade de reforçar e internalizar o conhecimento sobre como operar.
EDM04 – Otimização dos recursos assegurada	Recursos de TI são finitos. Portanto, em qualquer situação, os recursos devem ser otimizados. Por exemplo, usar os mesmos métodos, mesmas ferramentas, mesma infraestrutura, mesma formação de pessoal, etc. Atualmente, com o barateamento de software como serviços, muitas áreas de negócio contratam esses serviços sem o conhecimento da TI. Às vezes, áreas diferentes contratam o mesmo serviço a preços diferentes.
EDM05 – Assegurar engajamento das partes interessadas	Em qualquer situação que envolva investimentos e mudança da forma como o negócio irá operar ou investimentos em novos modelos de negócio, a participação da alta administração é imprescindível. No cenário de transformação digital, o envolvimento e o engajamento de todas as partes interessadas de uma organização são críticos. Esse envolvimento é muito baseado em indicadores e medições e sua comunicação transparente.
APO01 – *Framework* de gestão da informação e tecnologia gerenciado	A TI precisa ter uma organização, independentemente de qual seja, com responsabilidades e autoridades bem definidas e comunicadas, assim como políticas corporativas. Aqui entram princípios e orientações do tipo: alugar em vez de comprar, contratar somente serviços na nuvem, usar para o desenvolvimento de software *Scrum* e XP, por exemplo.
APO02 – Estratégia gerenciada	Para que a TI implemente a transformação digital, necessita de uma estratégia, objetivos e iniciativas concatenadas e coordenadas, visando atingir as metas traçadas e alinhadas com a estratégia do negócio, sempre com as medições necessárias de progresso. O desenvolvimento de um *roadmap* ou um plano mais detalhado é necessário, de forma que todos na organização saibam o que vem pela frente[71].

---

[71] Vide o Capítulo 9, que trata dos planos de transformação digital e plano da jornada para a Indústria 4.0.

Objetivo	Impacto da transformação digital
APO03 – Arquitetura empresarial gerenciada	A transformação digital tem um impacto profundo na arquitetura de processos de negócio, de aplicações e de tecnologia da organização. Portanto, o arquiteto e os serviços de arquitetura são críticos. Acreditamos que deve haver uma função para isso, que cuide de todas as arquiteturas. A arquitetura de negócio, uma vez grandemente digitizada, tem que ser cuidada por essa área. O limite entre serviços de TI e os processos de negócio da Organização 4.0 é quase inexistente.
APO04 – Inovação gerenciada	A transformação digital requer processos de inovação, muitos dos quais em processos de inovação aberta e que são conduzidos pela área de TI. A Organização 4.0 não pode mais prescindir da TI para o desenvolvimento do seu negócio digital. Portanto, é uma capacidade a ser adquirida.
APO05 – Portfólio gerenciado	Todos os projetos e iniciativas de transformação digital e também os que não os são devem ser avaliados, classificados e priorizados. O papel da TI neste processo é crítico. O portfólio deve ser monitorado quanto ao retorno agregado do investimento.
APO06 – Orçamento e custos gerenciados	Em qualquer situação há orçamento e há custos de desenvolvimento e execução dos serviços de TI. Geralmente, este objetivo é corporativo e a TI tem que seguir as regras. No caso da transformação digital, muitos dos custos são, a princípio, desconhecidos.
APO07 – Recursos humanos gerenciados	A transformação digital requer talentos e recursos humanos com outras capacidades, como: gestores com profundo conhecimento em métodos ágeis, *Lean*, líderes de equipes autônomas (*squads*), líderes de tribo que sabem gerenciar pessoas e motivá-las, talentos técnicos nas novas tecnologias, *Agile Coaching*, líderes de capítulo, de guildas e assim por diante.
APO08 – Relacionamentos gerenciados	A transformação digital requer intensa participação do negócio na definição dos requisitos e na construção de novas soluções. O envolvimento do negócio também é crítico na operação e gestão dos processos de negócio digitizados. Nesse caso, o *feedback* rápido para a melhoria contínua é fundamental. Portanto, o uso de métodos ágeis e práticas onde o negócio participe ativamente na concepção de novas soluções ou de novos modelos de negócio passa a ser crítico. Educação contínua do negócio acerca das novas tecnologias emergentes é crítica também.
APO09 – Acordos de serviços gerenciados	Toda e qualquer relação contratual ou interação entre partes que ocorrem em um fluxo de valor requer algum tipo de acordo de nível de serviço. Na seara da transformação digital com serviços na nuvem, serviços gerenciados terceirizados e o concurso de vários fornecedores e parceiros, ter acordos de nível de serviço é um item crítico. Por exemplo, em negócios baseados em plataforma e em ecossistemas de organizações, a previsibilidade de agregação de valor ao cliente depende de serviços com alta confiabilidade e resiliência. Em alguns casos, há riscos relativos a responsabilidades civis enormes envolvidas.
APO10 – Fornecedores gerenciados	A lógica aqui segue a mesma do objetivo anterior. Serviços ofertados em plataformas digitais e ecossistemas e processos de negócio e de manufatura totalmente digitizados dependem de serviços com altíssima confiabilidade e resiliência. Portanto, requerem parceiros e fornecedores que tenham capacidade efetiva de garantir esses atributos de confiabilidade e garantia de continuidade dos serviços. Isso também se aplica aos processos de inovação para o desenvolvimento de novos produtos, serviços ou novos modelos de negócio.

Objetivo	Impacto da transformação digital
APO11 – Qualidade gerenciada	O próprio contexto de aplicação do *DevOps* em desenvolvimento de software é entregar software com qualidade. Entregar produtos e serviços de valor ao cliente também é a busca pela qualidade. Ou seja, a abordagem centrada no cliente significa ouvir a voz do cliente para desenvolver produtos e serviços que agreguem valor. Entretanto, implantar um sistema de gerenciamento da qualidade é comum para organizações que competem com serviços no mercado governamental. Considerando o mundo ágil, onde os processos podem mudar rapidamente, não é aconselhável implantar sistemas de gerenciamento da qualidade baseados na ISO, já que os modelos de melhores práticas e as abordagens *Lean* já embutem os conceitos clássicos da gestão da qualidade[72]. Portanto, o caminho é seguir as boas práticas de forma consistente.
APO12 – Risco gerenciado	No mundo da transformação digital, riscos são a tônica. Entretanto, isso depende muito do apetite e da tolerância aos riscos que cada organização tem. Risco embute um aspecto cultural e de aprendizagem crítico. É inegável que, em organizações que não têm um sistema corporativo de gestão de riscos, é muito pouco provável que haja uma sistemática de riscos em TI. Quando se adota o *DevOps* e se está desenvolvendo ou melhorando sistemas críticos para a organização, é preciso ter iniciativas de mitigação, como, por exemplo, ter um ambiente de pré-produção. Mudanças em configuração, em ativos, etc., podem impactar tremendamente a confiabilidade, a resiliência e a continuidade dos serviços de TI. E considerando o emaranhado de serviços, parceiros, tecnologias e fornecedores no cenário de transformação digital, a gestão do risco é muito crítica.
APO13 – Segurança gerenciada	Incidentes de segurança são a ocorrência de um risco que pode impactar a plataforma digital e afetar todo um ecossistema de organizações. Vemos com frequência a perda de dados por plataformas de negócios digitais, principalmente de seus clientes e usuários. Agora, com a GDPR, ou LGPD no caso do Brasil, a perda de dados dos clientes ou o uso indevido desses dados podem causar grandes perdas para o negócio. Portanto, a segurança da informação deve ser considerada requisito desde o entendimento do negócio e necessidades dos clientes até o *deployment* da solução, assim como o respectivo provimento de serviços de TI. Atualmente, surge com bastante força o *DevSecOps*[73], que é a inserção da segurança da informação no processo *DevOps*. No mundo da transformação digital, a segurança da informação é elemento crítico.
APO14 – Dados gerenciados	Sem dados de qualidade e sem uma estratégia, tecnologias e arquiteturas bem definidas e implantadas, não existe transformação digital. A criação, a evolução e a manutenção da arquitetura talvez sejam alguns dos elementos estruturantes mais fundamentais para propiciar a transformação digital para a organização. Tudo é movido a dados.
BAI01 – Programas gerenciados	A implementação da transformação digital na organização é um programa composto por várias iniciativas que envolvem os componentes do sistema de governança e gestão, ou seja, processos, tecnologias, pessoas, cultura, sistemas e aplicações, infraestrutura, serviços, etc. Cada iniciativa é um projeto que deve ser gerenciado de forma adequada, seja usando métodos ágeis ou híbridos, dependendo da característica de cada projeto.

---

[72] Pesquise sobre Deming (2018), Juran (2009), Imai (2014) e Ishikawa (1985) para se aprofundar nos conceitos clássicos de gestão da qualidade.

[73] Vide <https://www.devsecops.org/presentations> para mais informações acerca de *DevSecOps*.

Objetivo	Impacto da transformação digital
BAI02 – Definição de requisitos gerenciada	Trata da obtenção e definição dos requisitos de soluções aplicadas para *customer experience*, digitização de processos, novas formas de trabalho e novos modelos de negócio. Envolve também especificação de processos, arquiteturas, infraestrutura, segurança, etc.
BAI03 – Identificação e construção de soluções gerenciadas	Refere-se à aquisição e ao desenvolvimento de soluções baseadas nas novas tecnologias ou em tecnologias emergentes, visando os pilares *customer experience*, digitização de processos, novas formas de trabalho e novos modelos de negócio. Envolve também o projeto de serviços de TI.
BAI04 – Disponibilidade e capacidade gerenciadas	Em ambientes de plataforma digital, a organização depende de uma infraestrutura escalável dinamicamente. Para isso, os serviços na nuvem suportam tal requisito. A capacidade deve atender também à expansão do negócio e da digitização dos processos de negócio e à expansão de serviços oferecidos pelas plataformas digitais. A disponibilidade deve atender aos níveis de serviços requeridos pelo negócio.
BAI05 – Mudança organizacional gerenciada	A transformação digital traz muitas mudanças em processos, em estruturas organizacionais, e isso mexe com pessoas. Como geralmente são mudanças radicais, é extremamente importante planejar mudanças organizacionais e executá-las[74]. Quanto mais transformadora for a mudança, mais irá requerer um plano de mudança estruturado identificando quem ganha, quem perde, quais competências são necessárias, como fazer a transição, como comunicar, etc.
BAI06 – Mudanças de TI gerenciadas	O processo de mudanças permite que haja autorização de partes interessadas por mudanças na configuração da arquitetura (processos, aplicações e infraestrutura), visando mitigar riscos. Este objetivo não é impactado. Alguns advogam que o *pipeline* de integração contínua altera ou suprime o processo. Na realidade, o processo inicia-se desde a requisição inicial do cliente. Uma vez aprovado e priorizado, entra no processo de aprovação. Aqui temos a arquitetura novamente exercendo um papel primordial que é verificar impactos. Esse processo também pode ser bem automatizado, verificando automaticamente o impacto das mudanças.
BAI07 – Aceitação e transição da mudança de TI gerenciadas	Uma mudança para o ambiente de produção pode impactar negativamente na estabilidade e a na integridade do ambiente modificado. Entretanto, no caso do *DevOps*, o *pipeline* já está previamente definido, a infraestrutura é baseada em código e a promoção para a produção é automática, sendo que o monitoramento tem que ser instantâneo e dar retorno rápido. De qualquer forma, em aplicações que podem trazer perdas para a organização (imagine se algo der errado com o sistema de conta corrente de um banco), é importante ter ambiente de pré-produção e com testes de regressão. No caso do gerenciamento da mudança, a arquitetura da infraestrutura como código deve ser muito bem gerenciada e os riscos de promoção para a produção devem ser avaliados continuamente. Além do mais, qualquer implementação de solução tem que ser homologada pela área de negócio.

---

[74] Nossa experiência tem demonstrado que mudanças organizacionais geralmente não são planejadas de forma estruturada. As ações são mais intuitivas, sem o concurso de especialistas.

Objetivo	Impacto da transformação digital
BAI08 – Conhecimento gerenciado	Este objetivo é tremendamente impactado, pois suporta todo o conhecimento gerado em função das atividades de desenvolvimento de produtos, serviços e soluções, assim como da sua execução e uso. Um bom processo de gerenciamento do conhecimento permite que o grau de formalização de políticas e procedimentos seja atenuado e que o conhecimento (sucessos e insucessos) possa ser compartilhado com todos. Entretanto, o conhecimento deve ser retido de alguma forma. Uma base de conhecimento bem estruturada permite apoio às equipes auto-organizadas e autônomas no mundo ágil pelo compartilhamento do conhecimento entre equipes. O gerenciamento do conhecimento também é crítico para escalar os métodos ágeis na organização. Um conhecimento extremamente importante para reter é sobre o que fazem os algoritmos desenvolvidos e os criados por aprendizagem de máquina. Apesar de os algoritmos serem um ativo a ser gerenciado, as informações sobre seu fim devem ser classificadas como altamente sensíveis dentro da organização.
BAI09 – Ativos gerenciados	Fazer a contabilidade de todos os ativos e otimizar o valor fornecido pelo seu uso. Se o ambiente tiver ativos que suportam serviços críticos para o negócio, esses devem ser gerenciados. Entretanto, se a organização estiver usando todos os recursos como serviço (aplicações e infraestrutura como serviço), é importante estabelecer princípios e regras junto aos fornecedores de forma que os ativos sustentem o negócio e sua continuidade. Porém, mesmo com o melhor contrato e o melhor fornecedor, os ativos devem ser monitorados. Algoritmos específicos da organização são ativos que devem ser gerenciados independentemente se a organização usa serviços de nuvem de forma intensiva, a não ser que utilize algoritmos sob demanda, fornecidos por terceiros.
BAI10 – Configuração gerenciada	A gestão de configuração permite o relacionamento lógico entre os ativos e os serviços de TI. Qualquer mudança pode alterar a configuração e trazer riscos para o negócio. Entretanto, se a organização usar serviços na nuvem (software como serviço, infraestrutura como serviço e demais serviços terceirizados), essa responsabilidade pode ser passada para os fornecedores. Aqui também tem que ser monitorado. A identificação rápida de itens de configuração que são causas de incidentes permite manter os níveis de disponibilidade acordados. O entendimento dos relacionamentos entre ativos e serviços também permite conhecer de fato o que está sendo afetado em virtude de um incidente. Algoritmos são itens de configuração.
BAI11 – Projetos gerenciados	Toda e qualquer iniciativa dentro do programa de transformação digital deve ser gerenciada de forma adequada ou usando métodos ágeis, quando aplicável, ou métodos híbridos. Em qualquer cenário, deve-se ter um mínimo de padrão, de forma que possa ser escalável por toda a organização.
DSS01 – Operações gerenciadas	A gestão de operações e o monitoramento tornam-se mais complexos no cenário de transformação digital. São impactados pesadamente por esse novo cenário. Entretanto, se a organização usar serviços na nuvem de provedores externos, os requisitos de operação podem ser acordados com os fornecedores de serviços na nuvem e ser revisados regularmente.

Objetivo	Impacto da transformação digital
DSS02 – Solicitações de serviços e incidentes gerenciados	Em qualquer cenário é um serviço básico de TI. É importante ter um serviço automatizado, o qual pode usar cognição para tomar a ação de remediação ou classificar e priorizar os incidentes, e até mesmo gerar o *ticket* para a resolução do problema. É fundamental que esse serviço esteja atrelado a um catálogo de serviços consistente. Esse serviço pode ser terceirizado, porém os catálogos de serviços são únicos para cada organização.
DSS03 – Problemas gerenciados	A redução de incidentes que são erros conhecidos pode gerar muita produtividade no atendimento dos chamados e também permitir o atingimento de melhores níveis de serviços de disponibilidade e de desempenho. É importante que, em um cenário de terceirização de serviços, haja dispositivos contratuais requerendo que o fornecedor execute esse processo. Esse objetivo é altamente importante para todos os cenários.
DSS04 – Continuidade gerenciada	Quanto mais tecnologias e fornecedores operando os serviços e com uma organização cada vez mais digitizada, a continuidade dos serviços é crítica. Nesse caso, a continuidade dos serviços de TI representa, face à digitização, a continuidade do negócio. Portanto, a organização deve consolidar, em um plano, os planos correspondentes de cada fornecedor de serviço. O fornecedor de serviço tem que garantir a continuidade dos serviços.
DSS05 – Serviços de segurança gerenciados	No cenário de transformação digital é um objetivo crítico. Deve haver monitoramento contínuo do ambiente. Torna-se desafiador quando há vários fornecedores provendo serviços em nuvem.
DSS06 – Controles de processos de negócio gerenciados	Garantir a confiabilidade do processamento, das transações e da segurança aos acessos é crítico em um ambiente totalmente digital. As aplicações e o processamento devem ser projetados para garantir esses controles, os quais devem ser rastreados.
MEA01 – Monitoramento do desempenho e da conformidade gerenciado	No mundo ágil, os objetivos de desempenho são determinados através de OKRs, que estabelecem ciclos curtos de medição do desempenho dos objetivos, seja o desenvolvimento de um produto, serviço, níveis de serviços, introdução de inovações, novos objetivos e processos. Para a governança, é importante que o desempenho seja claro e comunicado para todos os envolvidos. Na realidade, tudo tem que ser monitorado e avaliado se está agregando valor ao negócio como esperado e aos clientes. Todos os objetivos ou processos de TI devem ser medidos para avaliação de sua agregação de valor ao que o cliente deseja.
MEA02 – Sistema de controle interno gerenciado	Se adotarmos todos os princípios *Lean* e do Manifesto Ágil, não haveria sistemas de controle interno. Isso depende muito do grau de regulação ao qual a organização deve se submeter. Entretanto, acreditamos que isso possa ser balanceado. Maior controle para aquilo que tem muito risco para o negócio e menos para o que não tem.
MEA03 – Conformidade com requisitos externos gerenciada	Este objetivo vai depender de cada tipo de organização. É uma variável que, se for obrigatória, deve ser seguida. Obrigatório pode ser por força de lei, de regulação de órgãos supervisores ou por cumprimento de contrato.
MEA04 – Garantia gerenciada	Auditorias internas e externas existem em ambientes de forte regulação. Para a governança no mundo ágil e digital, pode haver, mas de forma mais leve, pois grande parte da responsabilidade pelo *compliance* é das equipes autônomas e autogerenciadas.

Resumindo: a ênfase nos objetivos vai depender de muitos fatores. De forma geral, quanto mais direcionada a dados for a organização, mais integrada em ecossistemas ou em cadeias de valor; e quanto mais digitizada em termos dos seus processos de negócio e de manufatura, mais críticos serão alguns dos objetivos de governança e gestão da TI. Nesses objetivos, o nível de automação e sofisticação deve beirar o nível 5 de capacidade do processo. São eles, no nosso entendimento:

- APO03 – Arquitetura empresarial gerenciada
- APO04 – Inovação gerenciada
- APO09 – Acordos de serviços gerenciados
- APO10 – Fornecedores gerenciados
- APO12 – Risco gerenciado
- APO13 – Segurança gerenciada
- APO14 – Dados gerenciados
- BAI04 – Disponibilidade e capacidade gerenciadas
- BAI08 – Conhecimento gerenciado
- BAI09 – Ativos gerenciados
- BAI10 – Configuração gerenciada
- DSS01 – Operações gerenciadas
- DSS02 – Solicitações de serviços e incidentes gerenciados
- DSS04 – Continuidade gerenciada
- DSS05 – Serviços de segurança gerenciados
- MEA01 – Monitoramento do desempenho e da conformidade gerenciado

No Capítulo 14, "Como implantar a Governança Digital 4.0", você poderá obter informação mais detalhada sobre como implantar a governança e a gestão da TI em sua organização.

8.4. O impacto da transformação digital na governança e gestão da tecnologia da automação

8.4.1. Conceito e abrangência da tecnologia da automação

Para iniciarmos a conversa aqui, é necessário definirmos tecnologia da automação (TA).

De acordo com a Wikipédia, automação é um:

> sistema automático de controle pelo qual os mecanismos verificam seu próprio funcionamento, efetuando medições e introduzindo correções, sem a necessidade da interferência do homem. Em seu uso moderno, a automação

pode ser definida como uma tecnologia que utiliza comandos programados para operar um dado processo, combinados com retroação de informação para determinar que os comandos sejam executados corretamente, frequentemente utilizada em processos antes operados por seres humanos. É a aplicação de técnicas computadorizadas ou mecânicas para diminuir o uso de mão de obra em qualquer processo, especialmente o uso de robôs nas linhas de produção. A automação diminui os custos e aumenta a velocidade da produção[75].

Portanto, para nós, a definição de tecnologia da automação é aquela que propicia sistemas automáticos de controle e, vamos acrescentar aqui, tomadas de decisões autônomas para a ação, para a remediação e para a reconfiguração de processos.

Em termos de tecnologias da automação, estamos falando sobre robótica, sistemas de visão, internet das coisas, manufatura aditiva, realidade aumentada, gêmeos digitais, realidade virtual, inteligência artificial, etc.

No cenário da Indústria 4.0, também temos que considerar sistemas de aquisição e dados, de controle, supervisão e de gestão, integrados a sistemas de gestão corporativos.

A Figura 8.11 apresenta uma visão desses sistemas em camadas da manufatura *vis-à-vis* as tecnologias emergentes e habilitadoras para a Indústria 4.0.

Sistemas e redes de comunicação		Tecnologias emergentes e habilitadoras	
Camada Gestão	*Enterprise Resource Planning* – ERP *Customer Relationship Management* – CRM *Product Lifecycle Management* – PLM *Warehouse Management Systems* – WMS *Business Intelligence* - BI	Gêmeos digitais Realidade virtual *Big data* *Analytics* Inteligência artificial	Serviços de nuvem
Camada Execução	Integração com ERPs *Logistic Execution System* *Manufacturing Execution Systems* - MES *Advanced Planning Scheduling* - APS *Transportation Management Systems* - TMS *Production Information Management Systems* – PIMS *Laboratory information management systems* – LMS *Enterprise Asset Management* – EAM	Gêmeos digitais Realidade virtual *Big data* *Analytics* Inteligência artificial	Serviços de nuvem
Camada Supervisão	*Batch Automation Systems* - BAS *Supervisory control and data acquisition* – SACADA Redes de comunicação com os PLCs da camada de controle	Gêmeos digitais *Big data* *Analytics* Inteligência artificial	Serviços de nuvem
Camada Controle	PLCs – *Programmable Logic Controllers* IHMs – Interfaces homem máquina Inversores CCMs – Central de Comando de Motores Rede de comunicação	Gêmeos digitais Manufatura aditiva Inteligência artificial Internet das coisas	Serviços de nuvem
Camada Interfaces	Instrumentos Sensores IHM Atuadores 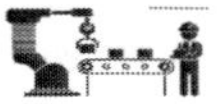	Robótica Realidade aumentada Internet das coisas Sistemas de visão Gêmeos digitais	Serviços de nuvem 

Figura 8.11 – Tecnologias na Indústria 4.0[76].
Fonte: o autor.

---

[75] Vide Lacombe (2004).

[76] Estes níveis de controle e gestão foram derivados da ISA (2010).

A aplicação das tecnologias habilitadoras para a Indústria 4.0, como você pode ver no Capítulo 4, não se restringe somente à manufatura, mas também a toda a cadeia de fornecimento e distribuição, permitindo a otimização inteligente de toda a cadeia de valor. Redes de comunicação, sistemas de gestão integrados, internet das coisas, inteligência artificial, *big data* e *analytics* habilitam essa otimização e integração.

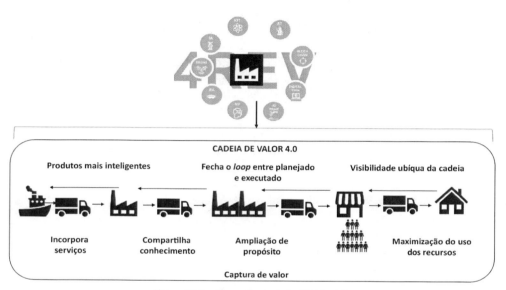

Figura 8.12 – Abrangência da Indústria 4.0.
Fonte: o autor.

A abrangência da indústria da automação reforça principalmente as questões de gestão de projetos, qualidade das soluções, a gestão de fornecedores, os acordos de níveis de serviços, a capacidade e disponibilidade dos serviços, a gestão dos relacionamentos e ecossistemas de organizações, a arquitetura tecnológica, dentre outras.

Em alguns casos, como bem reportam Franz, Brito e Seixas (2018), abordagens de *asset hacking* permitem o compartilhamento de inovações e tecnologias por toda a cadeia de valor, permitindo grandes ganhos de produtividade.

Outro aspecto igualmente importante é o modelo de maturidade da Indústria 4.0 preconizado pela Academia de Ciências da Alemanha (ACATECH)[77], conforme mostra a Figura 8.13.

---

[77] Vide SCHUH et al (2017).

A Governança Digital 4.0

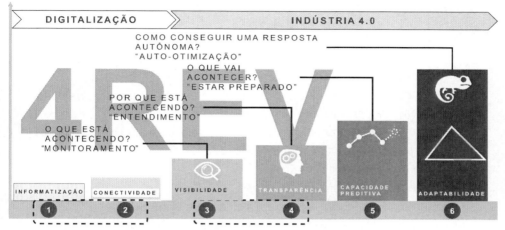

Figura 8.13 – Modelo de maturidade da Indústria 4.0.
Fonte: SCHUH et al, 2017.

De acordo com esse modelo:

➤ **Estágio de informatização:**
- Forma a base para a digitização dos processos de manufatura.
- Diferentes tecnologias são usadas, mas de forma isolada uma da outra.
- As máquinas computadorizadas são usadas de forma eficiente.
- Geram produtos e partes com alta padronização, a menor custo e com alta qualidade.
- Pode haver máquinas sem interfaces digitais.

➤ **Estágio de conectividade:**
- Os componentes da manufatura são conectados.
- Sistemas de informação são implantados e integrados.
- Ainda não há integração entre o chão de fábrica e os sistemas de gestão.
- Ativos e componentes podem ser conectados pelo protocolo de internet, maximizando ativos antigos e gerando os dados da produção.

➤ **Estágio da visibilidade:**
- Sensores permitem que os dados gerados pelos processos possam ser capturados em um grande número de pontos no processo.
- É possível implantar sistemas supervisórios,[78] mostrando a operação da fábrica ou de linhas de produção.

---

[78] Supervisório é um tipo software para supervisão e controle e aquisição de dados (em inglês SCADA – *Supervisory Control and Data Acquisition*). O **supervisório** LAquis compreende desde a interface, geração de relatórios até desenvolvimento de aplicativos específicos.

- É possível tomar decisões com base nos dados coletados.
- PLM, ERP e MES são integrados.

➤ **Estágio de transparência:**
- Neste estágio, a organização entende por que acontecem as coisas na manufatura e gera o conhecimento para a análise de causa-raiz.
- Uso de tecnologias para processamento de grandes massas de dados.
- Tecnologia permite tomada de decisões complexas.
- Permite conhecer as interações entre máquinas e equipamentos, fornecendo outros parâmetros de monitoramento.

➤ **Estágio de capacidade preditiva:**
- Permite a simulação de cenários.
- Permite o projeto da arquitetura digital da manufatura.
- Permite a análise de cenários para apoio à tomada de decisão.
- Encurta o ciclo de análises de mudança dos processos da manufatura e talvez da cadeia de valor.

➤ **Estágio de adaptabilidade:**
- A adaptação contínua permite a delegação de certas decisões para os sistemas de TI.
- Os processos se adaptam rapidamente a mudanças de parâmetros e condições.
- Auxilia a projetar decisões que podem ser transferidas para os sistemas de forma que possam tomar decisões autonomamente.

Todos esses fatores têm um impacto relevante na forma como você irá implementar a governança e a gestão da tecnologia da automação[79].

O modelo de maturidade da Indústria 4.0 é importante fator de *design*, por indicar quais processos são importantes e quais são críticos em cada um dos estágios de maturidade.

Por exemplo: no primeiro estágio, o de informatização, processos de gerenciamento de riscos, de configuração e de ativos são pouco importantes. Entretanto, processos de gerenciamento de programas, projetos, de inovação, de estratégia e de gestão de fornecedores são críticos.

---

[79] Atualmente, na maioria das organizações a TI e a TA vivem em mundos diferentes. Acreditamos que, para a Indústria 4.0 funcionar adequadamente, deverá haver uma fusão organizacional entre o departamento de TI e a área de automação de processos industriais.

8.4.2. A configuração da Governança e Gestão 4.0 para a tecnologia da automação

A governança da tecnologia da automação apresenta alguns requisitos que a diferenciam da governança da TI, quais sejam:

> ➢ A tecnologia da automação está inserida em um sistema ciberfísico, ou seja, sistemas digitais que interagem com sistemas mecânicos, de mobilidade, de transporte e elétricos.
> ➢ Não se faz um processo industrial trabalhar aos poucos ou aos pedaços. Alguns dos elementos que podem ser implantados lentamente em TI não podem ser em TA, sob o risco de parar a fábrica. E alguns processos de governança e gestão são críticos.
> ➢ A segurança da informação é tão importante quanto para TI. Porém, uma invasão em uma fábrica inserida em uma cadeia de valor integrada pode parar um país ou a distribuição de produtos críticos para a população.
> ➢ Na seara da tecnologia da automação, as arquiteturas são bem mais complexas.
> ➢ Os riscos de impactos da TA sobre o negócio são enormes. Erros, muitas vezes, podem gerar desastres no ambiente fabril.
> ➢ Dado o risco das mudanças na configuração da TA no ambiente industrial, a gestão de mudanças é crítica, assim como a posição atualizada dos ativos usados pelos processos da manufatura.
> ➢ Gerenciamento de incidentes e de problemas devem estar integrados aos processos de manutenção da manufatura.
> ➢ Em ambientes industriais, há um formalismo maior quanto a normas e procedimentos[80].

Por fim, os processos têm que ser implementados para serem efetivos e não para cumprir somente requisitos de *compliance*.

Da mesma forma que em TI, a filosofia *Lean* e os métodos ágeis também podem ser empregados para os projetos dos processos.

---

[80] Determinados ambientes industriais têm que manter certificações as mais variadas, como kosher (segue preceitos judaicos do Torá), helal (países mulçumanos), ISO 9000, ISO 14000, normas de produção de órgãos supervisores, normas técnicas de países para onde exporta, normas regulamentadoras de saúde e segurança ocupacional. Dessa forma, existem extensas documentações sobre esses normativos. Geralmente há auditorias internas e externas com grande frequência em instalações industriais.

196 Governança Digital 4.0

Também iremos tecer as considerações acerca da governança e gestão da TA tomando como base o COBIT® 2019 (ISACA, 2019).

Tabela 8.4 – Impacto da transformação digital sobre os objetivos da governança e gestão da TA.

Objetivo	Impacto da transformação digital
EDM01 – Estabelecimento e manutenção do *framework* de governança assegurado	Um dos grandes problemas da governança de TA é a sobreposição de responsabilidades com TI. Então, para este objetivo, é de extrema importância a definição clara de responsabilidades. É um objetivo importante, independentemente do nível de maturidade. Pode haver princípios e políticas para serem seguidos. No início, políticas sobre contratações de tecnologia e de serviços, sobre uso de recursos e segurança da informação são importantes. Já na Indústria 4.0, as responsabilidades são mais abrangentes e pode haver a fusão da área de TI com a de TA.
EDM02 – Entrega de benefícios assegurada	A quantidade de novas tecnologias e a integração de tecnologias aplicadas na organização necessitam ser avaliadas em termos de resultado. Vale para TI e vale também para a TA. Entretanto, a TA geralmente está embutida em um projeto do processo industrial. As organizações devem ter processos corporativos para a aprovação dos investimentos. Da mesma forma, deve ter processos para apurar e reportar se os benefícios e o retorno previstos foram alcançados.
EDM03 – Otimização do risco assegurada	Quanto mais tecnologias emergentes forem usadas, maiores integrações e infraestruturas mais complexas, o risco para o negócio deve ser gerenciado. Na manufatura, os riscos de TA para a operação são muito grandes. Deve-se ter um mapa de riscos bom e robusto. É um processo crítico a partir do segundo nível de maturidade da Indústria 4.0.
EDM04 – Otimização dos recursos assegurada	Recursos de TA são finitos. Portanto, em qualquer situação, os recursos devem ser otimizados. Por exemplo, usar os mesmos métodos, mesmas ferramentas, mesma infraestrutura, mesma formação de pessoal, etc. Na indústria, a padronização é fundamental e garante otimização e eficiência no restabelecimento da operação e de demais serviços. Em organizações industriais avançadas, a padronização de componentes de TA está inserida em uma governança da manufatura.
EDM05 – Assegurar engajamento das partes interessadas	Em qualquer situação que envolva investimentos e mudança da forma como o negócio irá operar ou investimentos em novos modelos de negócio, a participação da alta administração é imprescindível. No cenário da Indústria 4.0, o envolvimento e o engajamento de todas as partes interessadas de uma organização são críticos. Esse envolvimento é muito baseado em indicadores e medições, e na comunicação transparente entre as equipes conjuntas TI e TA e os fornecedores e parceiros. O objetivo vai se intensificando na medida da evolução da maturidade.
APO01 – *Framework* de gestão da informação e tecnologia gerenciado	A TA precisa ter uma organização, independentemente de qual seja, com responsabilidades e autoridades bem definidas e comunicadas, assim como políticas corporativas. Aqui entram princípios e orientações do tipo: desenvolver projetos com parceiros e fornecedores confiáveis, contratar somente serviços na nuvem, usar para o desenvolvimento de software *Scrum* e XP, por exemplo. Este objetivo vai se intensificando na medida da evolução da maturidade.

A Governança Digital 4.0 **197**

Objetivo	Impacto da transformação digital
APO02 – Estratégia gerenciada	Para que a TA implemente a Indústria 4.0, necessita de uma estratégia, objetivos e iniciativas concatenadas e coordenadas visando atingir as metas traçadas e alinhadas com a estratégia do negócio e a estratégia da manufatura, sempre com as medições necessárias de progresso. O desenvolvimento de um *roadmap* ou um plano mais detalhado é necessário, de forma que todos na organização saibam o que vem pela frente[81]. Esse é um objetivo importante desde o primeiro nível, dado que irá orientar a indústria para maiores níveis de maturidade.
APO03 – Arquitetura empresarial gerenciada	A Indústria 4.0 tem um impacto profundo na arquitetura dos processos de manufatura, de aplicações e de tecnologia da organização. Portanto, o arquiteto e os serviços de arquitetura são críticos. Pode haver uma função que cuide de todas as arquiteturas. Tem que haver uma dedicação para a arquitetura de TA, que se mistura um pouco à arquitetura dos processos de manufatura. É um objetivo importante desde o primeiro nível de maturidade. Entretanto, a partir do nível 3 é bem crítico e a sua execução, bem mais complexa.
APO04 – Inovação gerenciada	A Indústria 4.0 requer inovação constante, na medida em que vai evoluindo sua maturidade digital. Com o advento da tecnologia de gêmeos digitais e de simulação, fica mais fácil avaliar os impactos da inovação no processo de manufatura. É possível simular todos os parâmetros da operação. Pode ser aplicado tanto em nível de processos como para uma planta ou para uma cadeia de valor. Quanto mais constituintes e fornecedores estiverem envolvidos em uma cadeia de valor, processos de inovação aberta se tornam a alternativa mais adequada. A Organização 4.0 não pode mais prescindir da TA para o desenvolvimento do seu negócio digital. Processos de inovação para manufatura devem ser mais formais, dado o risco.
APO05 – Portfólio gerenciado	Todos os projetos e iniciativas de Indústria 4.0 devem ser avaliados, classificados e priorizados. É importante ter um *roadmap* de evolução da maturidade. O papel da TA nesse processo é crítico. O portfólio tem que ser monitorado quanto ao retorno agregado do investimento. Este objetivo tem importância desde o primeiro estágio de maturidade. Geralmente é um objetivo corporativo e muitas vezes pode estar fora da área industrial.
APO06 – Orçamento e custos gerenciados	Em qualquer situação há orçamento e há custos de desenvolvimento dos produtos e execução dos serviços de TA. Geralmente este objetivo é corporativo e a TA tem que seguir as regras. No caso da Indústria 4.0, muitos dos custos são, a princípio, desconhecidos. É um objetivo importante desde o primeiro nível e vai se tornando mais complexo na medida da evolução da maturidade.
APO07 – Recursos humanos gerenciados	A Indústria 4.0 requer talentos e recursos humanos com outras capacidades, como: tecnologias de automação, inteligência artificial, sistemas de manufatura, segurança, métodos ágeis para desenvolvimento de processos, gêmeos digitais, automação de processos contínuos, de batelada ou discretos. Também são importantes habilidades como liderança de equipes técnicas, arquiteturas, gestão de fornecedores e contratos, etc.

---

[81] Vide o Capítulo 9, que trata dos planos de transformação digital e do plano da jornada para a Indústria 4.0.

Objetivo	Impacto da transformação digital
APO08 – Relacionamentos gerenciados	A Indústria 4.0 requer alinhamento da estratégia da manufatura com a estratégia do negócio. Na indústria, os investimentos são mais vultosos e se pagam em tempo bem mais longo. Entretanto, o desenvolvimento de uma nova planta ou um novo processo ou a automação de processos existentes requer o envolvimento de fornecedores e de engenheiros de processos e de tecnologia para que o projeto seja bem-sucedido. Dessa forma, o foco de relacionamento é com a administração, no tocante ao entendimento da estratégia da organização e ao *report* de progresso de projetos e quanto aos resultados na operação. É um objetivo que vai se intensificando de importância ao longo da evolução da maturidade.
APO09 – Acordos de serviços gerenciados	Toda e qualquer relação contratual ou interação entre partes que ocorre em um fluxo de valor requer algum tipo de acordo de nível de serviço. Na seara da Indústria 4.0, há o concurso de vários fornecedores e parceiros para os projetos e para a garantia de reposição de componentes e de serviços de manutenção e monitoramento de equipamentos e máquinas. Portanto, acordos de níveis de serviços são importantes também para TA. Caso a manufatura use serviços de segurança da informação, centrais de serviços terceirizadas e computação na nuvem, o gerenciamento de acordos de níveis de serviços se torna crítico para garantir que a TA esteja operante em tempo integral. Níveis de serviços também são importantes entre áreas da organização, caso se opte por executar os serviços de TA em casa. É um objetivo que vai ganhando importância na medida da evolução da maturidade.
APO10 – Fornecedores gerenciados	Em TA, os fornecedores de componentes são críticos, sempre. Em serviços de TA, depende da estratégia de *sourcing* da organização. Geralmente são serviços providos por área internas da manufatura. Entretanto, fornecedores são críticos desde o primeiro nível de maturidade, principalmente em projetos de TA.
APO11 – Qualidade gerenciada	Para a TA, o que é importante da qualidade são os projetos e as soluções, assim como os serviços. O que facilita é que a manufatura, na maioria das vezes, tem processos de gerenciamento da qualidade baseados na ISO. Basta integrar a TA nesses sistemas da qualidade que já existem e praticar, medir e corrigir quando for o caso. É um processo que também vai se tornando importante na medida em que as soluções vão se sofisticando e o ambiente fica mais integrado.
APO12 – Risco gerenciado	Na Indústria 4.0, riscos são a tônica. Mudanças em configuração, em ativos, etc., podem impactar tremendamente a confiabilidade, a resiliência e a continuidade dos serviços de TA, e, por conseguinte, os sistemas ciberfísicos, ou seja, a operação em si. E considerando o emaranhado de serviços, parceiros, tecnologias e fornecedores, a gestão do risco é muito crítica desde o primeiro estágio de maturidade.
APO13 – Segurança gerenciada	Incidentes de segurança, a partir do segundo estágio de maturidade, são a ocorrência de um risco que pode impactar a execução dos processos ciberfísicos e afetar toda a cadeia de valor. Quanto maior o estágio de maturidade rumo a sistemas autônomos, mais crítico fica o gerenciamento da segurança da informação.

Objetivo	Impacto da transformação digital
APO14 – Dados gerenciados	Sem dados de qualidade e sem uma estratégia, tecnologias e arquiteturas bem definidas e implantadas, não existe Indústria 4.0. A criação, a evolução e a manutenção da arquitetura de dados talvez sejam alguns dos elementos estruturantes mais fundamentais para propiciar as condições para o uso de *big data*, *analytics* e da inteligência artificial, que são a base para a Indústria 4.0. Tudo é movido a dados.
BAI01 – Programas gerenciados	A implementação da Indústria 4.0 na organização é um programa composto por várias inciativas que envolvem os componentes do sistema de governança e gestão, ou seja, processos, tecnologias, pessoas, cultura, sistemas e aplicações, infraestrutura, serviços, etc. Cada iniciativa é um projeto que deve ser gerenciado de forma adequada ou usando métodos ágeis ou híbridos, dependendo da característica de cada projeto. É importante, se houver um *roadmap* por trás, que guie os esforços rumo a estágios mais elevados de maturidade.
BAI02 – Definição de requisitos gerenciada	Trata da obtenção e definição dos requisitos de soluções aplicadas para automação de processos ciberfísicos. Envolve também especificação de processos, arquiteturas, infraestrutura, segurança, etc. É um objetivo de grande importância, desde o primeiro estágio de maturidade.
BAI03 – Identificação e construção de soluções gerenciadas	Refere-se à aquisição e ao desenvolvimento de soluções baseadas nas novas tecnologias ou em tecnologias emergentes, visando a automação de processos ciberfísicos e os novos modelos de negócio. Envolve também o projeto de serviços de TA.
BAI04 – Disponibilidade e capacidade gerenciadas	Em ambientes da indústria digital, a organização depende de uma infraestrutura escalável dinamicamente e de redes de comunicação de alta velocidade e robusta. A capacidade deve atender também à expansão dos processos ciberfísicos e à expansão de serviços de TA oferecidos. A disponibilidade tem que atender aos níveis de serviços requeridos pela manufatura.
BAI05 – Mudança organizacional gerenciada	A Indústria 4.0 traz muitas mudanças em processos, em estruturas organizacionais, e isso mexe com pessoas. Como são mudanças às vezes radicais, é extremamente importante planejar mudanças organizacionais e executá-las[82]. Objetivo importante a partir do nível 3 de maturidade.
BAI06 – Mudanças de TI gerenciadas	O processo de mudanças permite que haja autorização de partes interessadas em mudanças na configuração da arquitetura (processos, aplicações e infraestrutura) visando mitigar riscos. Aqui temos a arquitetura exercendo um papel primordial, que é verificar impactos da mudança. Mudanças em programas, em algoritmos, em sensores, em servidores e em equipamentos de comunicação podem afetar o funcionamento da manufatura. Este processo também pode ser bem automatizado, verificando automaticamente o impacto das mudanças. O objetivo se torna importante a partir do estágio 2 de maturidade.
BAI07 – Aceitação e transição da mudança de TI gerenciadas	Com o advento da tecnologia de gêmeos digitais, é possível simular mudanças nos processos da manufatura. Deve haver uma formalização na aceitação da mudança para colocá-la em prática. Muitas vezes requer a reconfiguração do processo com novos equipamentos e controles ciberfísicos. Processo importante desde o primeiro estágio de maturidade.

---

[82] Nossa experiência tem demonstrado que mudanças organizacionais geralmente não são planejadas de forma estruturada. As ações são mais intuitivas, sem o concurso de especialistas.

Objetivo	Impacto da transformação digital
BAI08 – Conhecimento gerenciado	Este objetivo é tremendamente impactado, pois suporta todo o conhecimento gerado em função das atividades de desenvolvimento de soluções ciberfísicas e serviços. No ambiente fabril, instruções e procedimentos de operação devem estar ao alcance de operadores. Um bom processo de gerenciamento do conhecimento permite o acesso à informação e ao conhecimento necessário no tempo requerido para operar os processos ciberfísicos, assim como permite o compartilhamento do conhecimento. Em projetos ciberfísicos, a documentação de projetos e especificações é crucial para alimentar a arquitetura e também o gerenciamento de ativos, importantes para as atividades de manutenção. Um conhecimento extremamente importante para reter é sobre o que fazem os algoritmos desenvolvidos e os criados por aprendizagem de máquina. Apesar de os algoritmos serem um ativo a ser gerenciado, as informações sobre a sua finalidade devem ser classificadas como altamente sensíveis dentro da organização. Objetivo importante desde o nível 2 de maturidade.
BAI09 – Ativos gerenciados	Fazer a contabilidade de todos os ativos e otimizar o valor fornecido pelo seu uso. Na Indústria 4.0, quase todos os ativos suportam serviços críticos para a manufatura. Portanto, devem ser gerenciados. Entretanto, se a organização estiver usando todos os recursos como serviço (aplicações e infraestrutura como serviço), é importante estabelecer princípios e regras junto aos fornecedores de forma que os ativos sustentem o negócio e sua continuidade. Porém, mesmo com o melhor contrato e o melhor fornecedor, tem que ser monitorado. Algoritmos específicos da organização são ativos que devem ser gerenciados independentemente se a organização usa serviços de nuvem de forma intensiva, a não ser que utilize algoritmos sob demanda, fornecidos por terceiros. Objetivo importante desde o nível 2 de maturidade.
BAI10 – Configuração gerenciada	A gestão de configuração permite o relacionamento lógico entre os ativos e os serviços de TA. Qualquer mudança pode alterar a configuração e trazer riscos para a manufatura. Entretanto, se a organização usar serviços na nuvem (software como serviço, infraestrutura como serviço e demais serviços terceirizados), esta responsabilidade pode ser passada para os fornecedores. Aqui também deve ser monitorado. A identificação rápida de itens de configuração que são causas de incidentes permite manter os níveis de disponibilidade acordados. O entendimento dos relacionamentos entre ativos e serviços também permite conhecer de fato o que está sendo afetado em virtude de um incidente. Algoritmos são itens de configuração. A central de serviços deve relacionar incidentes aos ativos. Objetivo importante a partir do estágio 2 de maturidade.
BAI11 – Projetos gerenciados	O programa da Indústria 4.0 deve ser gerenciado de forma adequada, de preferência usando métodos híbridos, pois envolve muitos componentes ciberfísicos. É um objetivo importante, se houver um programa compreensivo para a organização rumar, de forma organizada e integrada, para a Indústria 4.0, a partir do nível 3.
DSS01 – Operações gerenciadas	A gestão de operações e o monitoramento de TA se confundem com a gestão da manufatura. No caso da TA, o monitoramento é em tempo real e geralmente 24x7, dependendo do regime de produção. Portanto, cabe à TA monitorar rede, servidores, ativos, realizar cópias de segurança, dentre outras atividades de operações. Objetivo é importante a partir do segundo nível de maturidade.

A Governança Digital 4.0 **201**

Objetivo	Impacto da transformação digital
DSS02 – Solicitações de serviços e incidentes gerenciados	Em qualquer cenário, é um serviço básico. É importante ter um serviço automatizado que possa usar cognição para tomar a ação de remediação ou classificar e priorizar os incidentes, e até mesmo gerar o *ticket* para a resolução do problema. É fundamental que este serviço esteja atrelado a um catálogo de serviços consistente. Este serviço pode ser terceirizado, porém os catálogos de serviços são únicos para cada organização. Objetivo importante a partir do segundo nível de maturidade.
DSS03 – Problemas gerenciados	A redução de incidentes que são erros conhecidos pode gerar muita produtividade no atendimento dos chamados e também permitir o atingimento de melhores níveis de serviços de disponibilidade e de desempenho. É importante que, em um cenário de terceirização de serviços, haja dispositivos contratuais requerendo que o fornecedor execute este processo. Esse objetivo é altamente importante para todos os cenários, a partir do segundo estágio de maturidade.
DSS04 – Continuidade gerenciada	A garantia da continuidade dos serviços de TA representa a garantia da continuidade da manufatura. Portanto, a organização tem que consolidar, em um plano, os planos correspondentes de cada fornecedor de serviço, interno e externo. Objetivo importante a partir do segundo nível do modelo de maturidade.
DSS05 – Serviços de segurança gerenciados	No cenário da Indústria 4.0, é um objetivo crítico. Deve haver monitoramento contínuo do ambiente. Torna-se desafiador quando se usam serviços na nuvem e arquiteturas complexas com várias interações homem-máquina. Esse objetivo ganha importância já a partir do primeiro nível.
DSS06 – Controles de processos de negócio gerenciados	Garantir a confiabilidade do processamento, das transações e da segurança aos acessos é crítico em um ambiente totalmente digital. As aplicações e o processamento têm que ser projetados para garantir esses controles, os quais devem ser rastreados. Objetivo importante a partir do segundo nível de maturidade.
MEA01 – Monitoramento do desempenho e da conformidade gerenciado	Na realidade, todos os objetivos ou processos de TA devem ser medidos para avaliação de sua agregação de valor à estratégia e aos objetivos da manufatura. Processo importante a partir do nível 2 de maturidade.
MEA02 – Sistema de controle interno gerenciado	A verificação da conformidade das soluções com o sistema de gerenciamento da qualidade, com normas internas e externas (kosher, normas regulamentadoras, halal, por exemplo), com sistemas de metrologia, etc., é um requisito para o projeto de soluções e para a aprovação de mudanças nas soluções. Objetivo importante desde o primeiro estágio de maturidade.
MEA03 – Conformidade com requisitos externos gerenciada	Este objetivo vai depender de cada tipo de organização. É uma variável que, se for obrigatória, deve ser seguida. Obrigatório pode ser por força de lei, de regulação de órgãos supervisores ou por cumprimento de contrato. Importante desde o primeiro nível de maturidade.
MEA04 – Garantia gerenciada	No caso da Indústria 4.0, é importante o concurso de auditorias internas e externas. Objetivo importante desde o segundo estágio de maturidade.

8.5. O modelo da Governança 4.0

Vistos todos os elementos da Governança 4.0 a partir da nossa visão sobre a transformação digital, conforme a Figura 1.1, apresentaremos nosso modelo de Governança Digital 4.0 na Figura 8.14 a seguir.

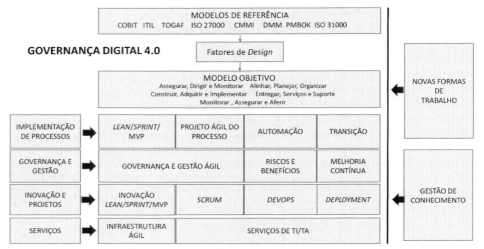

Figura 8.14 – Modelo da Governança Digital 4.0.
Fonte: o autor.

Conforme a figura:

> A organização deve desenvolver e implementar o seu modelo de governança digital a partir de modelos de referência.
> Esse modelo de referência é redefinido, conforme fatores de *design*, visando o modelo objetivo da organização ou aquele que mais seja adequado no momento.
> A implementação dos processos de governança e gestão adotam a abordagem *Lean*.
> O projeto do processo é feito usando métodos de inovação ágeis como *Sprint* da Google (KNAPP; ZERATSKY; KOVITZ, 2017) ou outros como o *Lean Inception* (CAROLI, 2018).
> O produto gerado do projeto do processo é um MVP (*Minimum Viable Product*).
> Uma vez estabelecido o processo, ele é automatizado usando ou ferramentas de tipo Jira, Trello, Pipefy, TFS[83], entre outros, ou ferramentas de ITSM ou de *workflow*.

---

[83] São ferramentas com uma abordagem de colaboração que adotam o *Kanban* e facilitam sobremaneira a comunicação entre equipes e a execução de projetos e de processos.

A Governança Digital 4.0 **203**

- ➢ Feito isso, é feita a transição para o ambiente de operação.
- ➢ A governança e a gestão são ágeis pelo uso de meios e ferramentas de colaboração na execução de processos ou de monitoramento de conformidade.
- ➢ Usando ferramentas ágeis, as mudanças nos processos também podem ser ágeis, dando poder aos times auto-organizados e autônomos; entretanto, mantendo o conhecimento disponível para todos os times.
- ➢ A transformação de inovações em projetos ou o desenvolvimento/aquisição de novas soluções usa métodos ágeis, também com foco no *Lean*. Os projetos são desenvolvidos usando métodos ágeis e o *DevOps* é usado para a integração contínua e o *deployment* contínuo.
- ➢ A infraestrutura de TI é ágil, baseada em infraestrutura como código e serviços em nuvem, fornecendo escalabilidade para as necessidades da organização.
- ➢ Os serviços de TI ou de TA são executados de acordo com o modelo de serviços desenvolvido, incluindo operações, incidentes, problemas, serviços de segurança, requisições de serviços, gerenciamento de capacidade, disponibilidade, mudança, aceitação, configuração, níveis de serviços, etc.
- ➢ A melhoria contínua é feita pelos resultados das entregas dos serviços e níveis de serviços.
- ➢ Dois grandes blocos do modelo são fundamentais:
  - **Novas formas de trabalho:** significa disponibilizar o *digital workplace* para o pessoal envolvido no desenvolvimento dos produtos e serviços de TI ou TA, fazer a mudança organizacional, desenvolver pessoas, desenhar e implantar novos arranjos organizacionais da TI ou TA e desenvolver pessoas, reter talentos, etc.
  - **Gestão do conhecimento:** é um dos principais pilares do modelo, pois refere-se ao conhecimento gerado desde o desenvolvimento do modelo objetivo até a execução dos serviços de TI ou TA. Isso envolve toda a documentação gerada, registro de lições aprendidas, documentação de projetos, *wikis*, *blogs*, *vlogs*, *podcasts*, cursos da modalidade em ensino a distância (EAD), ou seja, tudo que uma equipe precisa para desenvolver os trabalhos dentro de processos previamente delineados. A gestão do conhecimento requer a criação de uma base de conhecimento que seja compartilhada por todos os envolvidos em projetos de TI e TA. Quanto mais conhecimento retido e disseminado, menor a necessidade de ter extensas documentações relativas a processos e procedimentos.

Se você faz uso intenso de terceirização de serviços de TI, não deixe de ler o Capítulo 10.

Referências

ANSI/ISA-95.00.01-2010 (IEC 62264-1 Mod) Enterprise-Control System Integration – Part 1: Models and Terminology.

AXELOS. **ITIL® Foundation.** 4. ed. Norwich: TSO, 2019.

BRASIL. **Lei nº 13.709, de 14 de agosto de 2018.** Dispõe sobre a proteção de dados pessoais e altera a Lei nº 12.965, de 23 de abril de 2014 (Marco Civil da Internet). Disponível em: <http://www.planalto.gov.br/ccivil_03/_Ato2015-2018/2018/Lei/L13709.htm>. Acesso em: 05 jul. 2019.

CAROLI, P. **Lean Inception:** como alinhar pessoas e construir o produto certo. São Paulo: Caroli, 2018.

DEMING, E.; CAHILL, K. E.; ALLAN, K. L. **Out of crisis.** Cambridge: MIT Press, 2018.

EUROPEAN COMMISSION. **Data Protection:** rules for the protection of personal data inside and outside the EU. Disponível em: <https://ec.europa.eu/info/law/law-topic/data-protection_en>. Acesso em: 05 jul. 2019.

FRANZ, L.; BRITO, E.; SEIXAS, J. Você já ouviu falar de Asset Hacking Strategy? **Medium**, 16 ago. 2018. Disponível em: <https://medium.com/@lefratel/você-já-ouviu-falar-de-asset-hacking-strategy-498789d45297>. Acesso em: 05 jul. 2019.

IMAI, M. **Gemba Kaizen:** uma abordagem de bom senso à estratégia de melhoria contínua. Porto Alegre: Bookman, 2014.

ISACA. **COBIT® 2019 Framework:** governance and management objectives. Rolling Meadows: ISACA, 2019.

ISACA. **COBIT® 5:** a business framework for the governance and management of enterprise IT. Rolling Meadows: ISACA, 2012.

ISHIKAWA, K. **What Is total quality control?:** the japanese way. Upper Saddle River: Prentice-Hall, 1985.

ISMAIL, S. et al. **Exponential Organizations:** why new organizations are ten times better, faster, and cheaper than yours (and what to do about it). New York: Diversion Books, 2014.

ISO/IEC 15504-4:2004 Information technology – Process assessment – Part 4: Guidance on use for process improvement and process capability determination. Disponível em: <https://www.iso.org/standard/37462.html>. Acesso em: 05 jul. 2019.

JESUS, L. **Exploradores de um mundo em transformação:** conduzindo organizações na travessia para uma nova era. Kindle edition, s.d.

JURAN, J. M. **A qualidade desde o projeto:** os novos passos para o planejamento da qualidade em produtos e serviços. São Paulo: Cengage Learning, 2009.

KNAPP, J.; ZERATSKY, J.; KOVITZ, B. **Sprint:** o método usado no Google para testar e aplicar novas ideias em apenas cinco dias. Rio de Janeiro: Intrínseca, 2017.

LACOMBE, F. J. M. **Dicionário de Administração.** São Paulo: Saraiva, 2004.

MAHADEVAN, D. ING's agile transformation. **McKinsey Quarterly**, June 2017.

RIES, E. **A startup enxuta:** como os empreendedores atuais utilizam a inovação contínua para criar empresas extremamente bem-sucedidas. Rio de Janeira: LeYa, 2012.

SALTARELLI, B. Plataformas digitais: o que é e como as grandes empresas do mundo utilizam? **Inteligência corporativa rockcontent**, 26 out. 2018. Disponível em: <https://inteligencia.rockcontent.com/plataformas-digitais/>. Acesso em: 05 jul. 2019.

SCHUH, G. et al. (eds.). **Industrie 4.0 Maturity Index:** managing the digital transformation of companies. ACATECH Study Series. 25 Apr., 2017. Disponível em: <http://www.acatech.de/fileadmin/user_upload/Baumstruktur_nach_Website/Acatech/root/de/Publikationen/Projektberichte/acatech_STUDIE_Maturity_Index_eng_WEB.pdf>. Acesso em: 05 jul. 2019.

SILVA, E. B. et al. (coords.). **Automação & Sociedade:** quarta revolução industrial, um olhar para o Brasil. Rio de Janeiro: Brasport, 2018.

SILVA, E. B.; SEIXAS, J.; FRANZ, L. Quarta Revolução Industrial: sua tecnologia compartilhada. **Jornal do Comércio**, 03 maio 2019.

9. Planejando a Transformação Digital 4.0

Aguinaldo Aragon Fernandes,
Ronaldo Brito e
Daniela Emiliano de Souza

Acreditamos que a busca por transformar um negócio do mundo analógico para o digital necessita de uma VISÃO, de uma ESTRATÉGIA e de um PLANO para a execução da estratégia.

Este capítulo tenta trazer essa discussão para a sua reflexão, como líder de tecnologia na sua organização ou como agente de mudança. Entretanto, não temos a arrogância de encerrar a discussão sobre o tema, mas apenas apontar caminhos mais práticos para a transformação digital das organizações.

9.1. Visão e estratégia digital

Para começo de conversa, qualquer organização necessita ter uma VISÃO no tocante ao caminho que deseja trilhar para a sua transformação digital.

Por onde começar, qual o foco e o que pretende ser? Será uma transformação do negócio atual? Será a mudança radical para um novo modelo de negócio?

Veja o que está acontecendo com a indústria automobilística, com veículos elétricos, autônomos e compartilhados. Veja também o caso dos bancos, com suas versões totalmente digitais, e os avanços no varejo, com automação quase que total do processo de reposição, ausência de caixas, etc.

É óbvio que essa visão tem que ser oriunda de um profundo entendimento do rumo da estrutura do tipo de indústria[84] em que a organização está inserida, da velocidade em que as mudanças estão ocorrendo e dos demais fatores macro e microeconômicos, assim como das mudanças no comportamento de segmentos da sociedade.

---

[84] Veja Porter (2005) sobre o conceito de estrutura de indústria.

Resumindo, sua organização necessita de um processo de planejamento estratégico do negócio. Precisa entender os movimentos dos concorrentes, a entrada de novos produtos e serviços[85], o surgimento de produtos e serviços substitutos e as mudanças na relação com consumidores, clientes e as cadeias/redes de fornecimento, olhando também para as fontes de inovação, para o impacto das novas tecnologias na sua organização e nos negócios de uma forma geral, e para as organizações exponenciais que estão chegando no seu quintal para competir (ou arrasar) com o seu negócio.

Então, entendendo essas questões, sua organização tem que decidir qual a **visão** que deve ser perseguida e até que ponto sua organização quer chegar.

Sua estratégia é transformar a forma como as coisas estão sendo feitas hoje ou partir para um modelo de negócio totalmente novo?[86] Quais os objetivos de desempenho esperados? Pergunte-se por quais razões pretende mudar, ou seja, entenda os motivadores da mudança.

Além disso, para desenhar a melhor estratégia de transformação dos negócios, é preciso que esteja muito claro nas visões e metas da organização quais são os objetivos "macro" com a mudança. Em que ponto eu quero chegar? Essa mudança do modelo de negócios pode ser realizada com foco em alcançar maior fatia de mercado, aumento de eficiência, redução de atividades sem valor agregado, aumento de segurança, redução de custos, entre outros motivos. Para que a mudança ocorra de forma efetiva e com maior fluidez, é preciso que os objetivos estratégicos estejam claros em todos os níveis da organização.

Se transformar como as coisas estão sendo feitas hoje é o foco, a organização deve:

➢ Mudar a experiência do usuário, sendo centrado no cliente (*customer centric*), visando aumentar vendas, aumentar a retenção de clientes, inovar os produtos e serviços de uma forma mais rápida, desenvolver novos produtos e serviços e prover experiências agradáveis e positivas para os seus clientes na interação com sua organização, em todos os pontos de contato.
➢ Mudar a forma como os processos de negócio são executados e gerenciados, de forma que tudo possa ser mais exato e mais rápido, tornando a organização orientada por dados (*data-driven organization*).

---

[85] Vide o que o Uber fez com os táxis tradicionais, afetando até os estacionamentos. O Airbnb afetou profundamente o mercado de estadias em hotéis.

[86] Exemplo: em vez de vender linha branca, o seu negócio aluga a linha branca e o cliente paga o que usar como se fosse uma conta de consumo.

208 Governança Digital 4.0

> Mudar a forma como os processos de produção e logística são executados, decidindo qual o grau de integração, automação e autonomia que vai fazer parte dessa visão.
> Mudar a forma como as pessoas trabalham dentro da organização, com o uso de ferramentas de colaboração e de gestão do conhecimento que possam prover a agilidade e a qualidade nos produtos de trabalho e nas decisões e também mudar o seu *mindset* para inovação e agilidade.
> Por fim, mudar o modelo de negócio ou criar um novo modelo de negócio[87]. Aqui sua organização pode criar um futuro que ainda não existe[88].

No mundo digital podemos ter vários níveis de visão de forma incremental ou fazer uma ruptura. É óbvio que isso está muito associado ao pensamento e aos recursos de grandes organizações. Mas se sua organização tiver um processo de inovação aberta, pode, eventualmente, achar ou criar um unicórnio[89].

Uma vez posicionada em termos de **visão**, tem que estabelecer uma **estratégia**. A estratégia geralmente é concretizada através de planos de ação, com iniciativas concretas, ou seja, projetos.

A **estratégia** deve considerar vários elementos, sendo os principais:

> A liderança necessária para realizar a estratégia.
> A mudança cultural da organização. Há uma profunda mudança aqui em organizações digitais.
> Entendimento das capacidades atuais da organização ou nível de prontidão para a transformação digital e das capacidades digitais necessárias.
> Entendimento do fluxo de valor para os clientes.
> Estratégia de *sourcing*.
> Desenvolvimento de pessoas.
> Desenvolvimento/aquisição das soluções digitais (tecnologias e processos).
> Governança e gestão digital.
> Estratégia de entrega de resultados.

---

[87] No Capítulo 4 é mostrado como a Toyota está mudando o seu modelo de negócio, já tendo uma visão bem adiantada do futuro que ela quer criar para a indústria que opera.

[88] Isso, óbvio, depende de vários fatores, como a visão da liderança e dos acionistas, seu apetite de risco, fontes de financiamento, sócios da empreitada para diluir riscos, etc.

[89] Unicórnios são *startups* que ultrapassaram o valor de mercado de 1 bilhão de dólares. No Brasil, temos como exemplos Loggi, Mercado Livre, iFood, Nubank e outras a caminho.

> Gerenciamento do valor gerado pelas soluções digitais para a organização, tanto no curto, no médio como no longo prazo.
> Estratégia de financiamento.

Discutiremos um pouco melhor cada um dos itens anteriores.

9.1.1. Liderança

A liderança é crítica na jornada da transformação digital. Sem ela não há transformação digital.

Precisa ser uma liderança efetiva, e os acionistas (ou partes interessadas) precisam balancear resultados de curto prazo com a concretização da visão; caso contrário, a liderança vai focar nos resultados de curto prazo.

Essa liderança deve liderar pelo exemplo, comunicar continuamente a visão, aceitar recuos, fomentar a experimentação, a inovação, reconhecer os sucessos, monitorar para valer o progresso da jornada, motivar e incentivar a organização e liderar a mudança da cultura.

9.1.2. Mudança cultural

Outro aspecto crucial para a jornada da transformação digital. A cultura precisa mudar. Como já discutimos anteriormente, tem que mudar o *mindset* para inovação, agilidade, foco no cliente, trabalho em equipe, novos arranjos organizacionais, pensamento *Lean* e pensamento analítico para tornar, de fato, a organização *data-driven*.

A cultura deve ser planejada e mudada para a nova jornada.

Em projetos que participamos, defendemos fortemente a elaboração de um plano de mudança organizacional no bojo do programa da jornada de transformação digital.

9.1.3. Capacidades atuais e futuras

Capacidades atuais e futuras são as relativas a:

210 Governança Digital 4.0

- Infraestrutura física da operação (serviços e manufatura)[90].
- Arquitetura tecnológica de hardware e software.
- Arquitetura de sistemas e aplicações.
- Arquitetura de processos de TI e TA.
- Governança e gestão de TI e TA.
- Práticas de desenvolvimento de software.
- Capacidade de fornecedores e respectivos serviços.
- Capacidade e competências atuais.
- Capacidade interna de conhecimento.
- Tipos de arranjos organizacionais.
- Serviços de TI utilizados externamente, como computação na nuvem.

Antes de decidir os requisitos funcionais das possíveis soluções, é preciso analisar a base instalada, principalmente as infraestruturas de hardware e software. Aqui entrarão alguns passos necessários para a Jornada 4.0, que ajudarão a entender os possíveis planos de ação que levarão a organização ao seu objetivo final.

É importante entender o grau de integração dos sistemas e aplicações da arquitetura. Por exemplo, se o foco da sua organização é incrementar o pilar da transformação digital *customer experience*, algumas das capacidades são justamente a existência de um sistema de *Customer Relationship Management* (CRM) e também a capacidade de fazer ingestão de dados de redes sociais, além, é claro, de capacidade analítica.

Para a automação industrial em níveis de Indústria 4.0, como nos diz o modelo de maturidade da ACATECH, por exemplo, sistemas de *Manufacturing Execution Systems* e *Production Management Information Systems* devem já estar operando, integrados ao sistema de gestão da organização.

Arquiteturas de processos da TI e TA remetem a práticas de governança e gestão largamente discutidas no capítulo anterior.

Se a transformação digital requer velocidade, práticas de desenvolvimento de software devem migrar para *DevOps,* por exemplo, assim como o uso de microsserviços[91].

---

[90] Em projetos de automação industrial ou Indústria 4.0, a infraestrutura física da manufatura e a situação dos ativos podem ser um impedimento para as iniciativas digitais em um primeiro momento.

[91] A arquitetura de microsserviços é utilizada para desenvolver uma aplicação como um conjunto de pequenos serviços, cada um funcionando em seu próprio processo. Cada serviço é desenvolvido em torno de um conjunto de regras de negócio específico e é implementado de forma independente. Vide Machado (2017).

No caso do conhecimento existente, a organização tem que saber se as competências necessárias para a transformação digital existem, conforme as tecnologias, cultura e práticas que provavelmente serão internalizadas nos produtos e serviços. Por exemplo, capacidades analíticas de dados, capacidades de uso de robótica, manufatura aditiva, etc.

Portanto, esses aspectos devem ser avaliados quanto à capacidade de prontidão da organização, podendo influenciar a estratégia de *sourcing* ou de desenvolvimento de pessoas.

Algumas abordagens empregam a avaliação da situação atual frente a modelos de maturidade digital[92], fazem avaliação frente ao modelo de maturidade, identificam os *gaps* e então estabelecem ações para suprir esses *gaps*.

O cenário para sustentar a visão tem que ser projetado também.

9.1.4. Fluxo de valores dos clientes

A organização precisa entender o fluxo de valor para o seu cliente. Isso pode alterar os processos de desenvolvimento de produtos e serviços, de operação, de manufatura e também de logística.

O mapa de valor do cliente impacta no fluxo de valor. O mapa de valor mostra o que o cliente realmente necessita.

É importante a organização conhecer o que o cliente quer de fato. Para que se descubra isso e se possa ofertar rapidamente novos produtos, organizações de informação intensiva já devem ter capacidade analítica, uso de *big data* e modelos preditivos.

Há, entretanto, outras formas de obter entendimento sobre o que o cliente deseja. As indústrias de cosméticos, automobilística, etc. fazem pesquisas, grupos de foco, dentre outras abordagens, para captar o que o cliente deseja.

---

[92] O próprio modelo ACATECH é um modelo de maturidade para a Indústria 4.0. Vide também as propostas de Carolis et al (2017), da Forrester (GILL; VANBORSKIRK, 2016) e de Pacchini (2019), que apresentam vários modelos de maturidade para a Indústria 4.0.

9.1.5. Estratégia de *sourcing*

A estratégia de *sourcing* é importante porque dificilmente a sua organização terá todas as capacidades e serviços necessários.

Então, em função do foco e das iniciativas previstas *a priori*, com a avaliação das competências internas, do conhecimento retido e dos tempos de curva de aprendizagem, a organização deve decidir o que vai precisar contratar.

É um processo crítico porque a organização vai escolher parceiros e fornecedores que vão seguir juntos na jornada por um bom tempo.

A organização, no caso de uso intenso de recursos externos, deve pensar em ter colaboradores com competência para guiar e analisar soluções e serviços de terceiros, visando assegurar o alinhamento dos serviços com a **visão** e a **estratégia**.

9.1.6. Desenvolvimento de pessoas

A jornada deve ter um plano de desenvolvimento de pessoas bem definido, pois a organização precisa mudar os *mindsets* para ser mais ágil e inovadora. Portanto, várias habilidades técnicas e gerenciais deverão ser desenvolvidas e executadas de fato[93].

9.1.7. Desenvolvimento/aquisição das soluções digitais

Aqui entram decisões sobre desenvolver internamente ou adquirir produtos prontos. Também há decisões acerca do nível de customização necessário, de padronização da arquitetura tecnológica, de testar produtos e serviços, de executar provas de conceito, simulações e assim por diante.

É aqui que soluções e serviços são especificados para contratação ou para aquisição.

9.1.8. Governança e gestão digital

Como vimos no Capítulo 8, o processo de transformação digital não pode prescindir da governança e gestão da TI e/ou da TA.

---

[93] O pessoal de RH no mercado fala em *hard and soft skills*.

Portanto, durante a jornada, objetivos e processos de governança e gestão devem ser observados, desenhados e implementados.

Além do aspecto de tecnologia, a jornada para a transformação digital necessita de governança corporativa (que não é nosso foco neste livro).

9.1.9. Estratégia de entrega de resultados

A estratégia de entrega de resultados diz respeito à sequência em que as iniciativas têm que ser desenvolvidas, como os produtos serão entregues ao longo do tempo. Seguirão uma linha de maturidade? Quais as prioridades? Qual o relacionamento técnico entre as iniciativas? Quais as iniciativas estruturantes? Qual o caminho crítico? Com qual velocidade?

São questões que devem ser endereçadas na jornada para a transformação digital.

9.1.10. Gerenciamento do valor

Toda e qualquer inciativa deve ter, de preferência, um *business case* para estimar os benefícios quantitativos, qualitativos e monetários.

O somatório das estimativas de todos os *business cases* de cada iniciativa nos dá uma visão do portfólio de programas/projetos da jornada para a transformação digital.

Entretanto, não para por aí. Os benefícios precisam ser mensurados na medida em que os produtos e resultados esperados são entregues – não necessariamente no final de cada entrega, mas, dependendo da estratégia, os benefícios podem ser medidos antes da apuração e avaliação dos benefícios estimados inicialmente.

Por que isso? O valor das iniciativas que fazem parte da jornada de transformação digital deve ser apurado para dar sustentação ao avanço da jornada.

9.1.11. Estratégia de financiamento

A jornada para a transformação digital necessita de fundos, principalmente quando estamos falando em manufatura, onde existe uma arquitetura tecnológica com várias camadas e que exibe certa complexidade.

214 Governança Digital 4.0

Portanto, a definição de fontes de financiamento é importante para a jornada.

Precisa, com certeza, de uma engenharia financeira, que vai auxiliar na elaboração dos *business cases*, uma vez que há vários métodos de estimar retornos de investimentos.

9.2. O plano de transformação digital: concretizando a estratégia

Em termos práticos, entendemos a jornada de transformação digital como tendo quatro grandes fases.

A primeira fase foca na exploração da visão, dos objetivos e das possibilidades de aplicação de tecnologias emergentes em *customer experience*, digitização de processos, novas formas de trabalhar e novos modelos de negócio. Ainda nessa fase, os *gaps* das possibilidades são identificados, considerando as capacidades atuais e as futuras requeridas.

A segunda fase foca no planejamento do desenvolvimento das iniciativas (projetos) requeridas para a jornada da transformação digital, de acordo com o foco dado pela organização. Nessa fase, as iniciativas são identificadas, os valores das iniciativas são demonstrados, seja através de experimentos em modalidade de produto mínimo viável ou através de um *business case*. Essa fase culmina com a priorização da implementação das iniciativas e a elaboração de um cronograma correspondente.

A terceira fase foca na implementação das iniciativas conforme a priorização e de acordo com a precedência técnica estipulada. Nessa fase, as iniciativas/soluções são desenvolvidas ou adquiridas, instaladas, testadas e é elaborado um plano de transição. Essa fase culmina com o início da operação assistida.

A quarta e última fase foca na operação assistida e na operação contínua da solução gerada pela iniciativa.

A Figura 9.1 apresenta este modelo para a jornada de transformação digital.

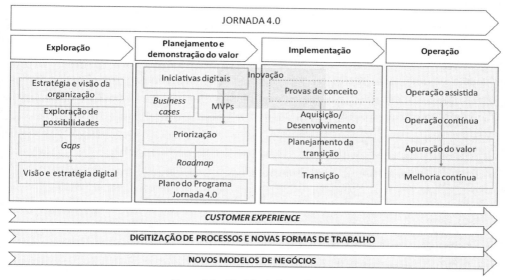

Figura 9.1 – Modelo da Jornada 4.0.
Fonte: o autor.

Conforme o modelo proposto, a jornada se inicia com o entendimento da estratégia da organização e sua visão de médio e longo prazo. Algumas organizações já têm ambição de mudar radicalmente o negócio, outras querem somente fazer melhorias, outras desejam entrar em outro negócio. Esse entendimento é um guia para identificar o foco pretendido da transformação digital.

Uma vez definido esse foco, parte-se para estudar as possibilidades de aplicação das tecnologias emergentes, considerando basicamente: (i) tecnologias de prateleira para aumento da produtividade; (ii) tecnologias para reposicionamento competitivo; (iii) tecnologias que ainda estão em laboratório, visando novas oportunidades; (iv) tecnologias não criadas ainda, visando novos modelos de negócio[94].

Tendo uma visão da arquitetura de tecnologias habilitadoras para a Jornada 4.0, a organização precisa executar etapas como: (i) definir as capacidades futuras para sustentar a jornada; (ii) executar os *gaps* das capacidades atuais em relação às futuras. Esses *gaps* não se restringem somente aos aspectos tecnológicos, mas também aos demais fatores, como vistos no item 9.1.

---

[94] A possibilidade de desenvolvimento de tecnologias não existentes é factível com processos de inovação aberta e participação de institutos de pesquisa, universidades e áreas de P&D em grandes corporações.

216 Governança Digital 4.0

Após a organização ter uma visão do que é necessário, já está em condições de definir, em linhas gerais, a sua visão e estratégia digital, considerando os principais blocos de investimento, experimentação e objetivos que deseja atingir para o negócio.

A partir da análise de *gap* e das possibilidades de aplicação das tecnologias habilitadoras, chegou a hora de detalhar as respectivas soluções. Para tanto, tem que definir para cada iniciativa, em termos de:

> ➢ Definição da solução.
> ➢ Objetivos primários e secundários.
> ➢ Estado atual.
> ➢ Estado desejado ou meta.
> ➢ Análise de viabilidade.
> ➢ Proposta e arquitetura da solução.
> ➢ Fornecedores de soluções e componentes.

Um aspecto importante é diferenciar o tipo de solução. Por exemplo, quando estamos falando em um aplicativo *mobile*, talvez uma abordagem de Produto Mínimo Viável (MVP) seja a mais adequada para realizar a experimentação, e talvez a operação de uma versão inicial para testar um conceito. No caso de soluções que envolvem robotizar parte de uma linha de produção, a definição da solução se torna bem mais complexa.

Outro aspecto importante é que inovações já podem ser iniciadas logo após a definição das iniciativas digitais, indo até as provas de conceito. Uma vez que as provas de conceito forem consistentes, parte-se para a elaboração do *business case* e incorpora-se a iniciativa no plano do programa e no portfólio de projetos.

De qualquer forma, uma vez definida a solução, tem que ser feito um *business case* onde os benefícios quantitativos, qualitativos e monetários possam ser estimados pela aplicação de um modelo de avaliação de investimentos escolhido para tanto.

Os *business cases* das soluções têm que dar base a um processo de priorização. Entretanto, antes é necessário definir as prioridades de execução, pois determinada tecnologia habilitadora tem dependência técnica de outra. Por exemplo, a inteligência artificial não existe sem um *big data*.

Portanto, a priorização pode ser executada com base no valor demonstrado pela solução e sua precedência técnica. O valor não se resume somente a questões financeiras, mas também ao seu alinhamento com a estratégia da empresa, à estratégia de operações e manufatura, se for o caso[95].

Com essa priorização, já é possível estabelecer o *roadmap* da Jornada 4.0, que deve demonstrar, no tempo, a sequência e dependência das iniciativas (projetos), assim como os objetivos a serem alcançados ou níveis de maturidade estipulados.

A segunda fase termina com a elaboração do plano do programa Jornada 4.0. Nesse plano, deve-se ter todos os elementos referentes aos projetos de cunho tecnológico como também aos gerenciais, como planos de comunicação, plano de mudança organizacional, plano de recursos, planos de qualidade. Também é importante definir as questões de governança e gestão do programa, da estrutura organizacional e das responsabilidades sobre a execução do programa.

A terceira fase pode ser iniciada com pequenos projetos de provas de conceito. Por exemplo, experimentar o uso de drones em inventários em centros de distribuição, o uso de drones em monitoramento de plantações ou o uso de algoritmos para diagnóstico médico.

Se não for o caso de se iniciar com provas de conceito, a organização pode dar início à seleção da solução ou de componentes, ao seu desenvolvimento ou à sua aquisição ou contratação de serviços.

Para cada solução deve ser feito um plano de transição considerando recursos, responsabilidades, preparação de instalações, treinamentos, realocação de pessoal, tratamento de riscos, dentre outros itens a serem considerados.

A terceira fase culmina com a transição, que nada mais é do que executar o plano de transição. Aqui a solução é instalada, as pessoas treinadas, as instalações preparadas e testes realizados. A solução está pronta para ser operada.

A quarta e última fase consiste na operação assistida da solução, quando há ainda a chance de fazer correções e pequenos ajustes. Após o período de operação assistida, a solução pode iniciar sua operação contínua.

Durante a operação contínua, o valor estimado tem que ser apurado para verificar se os objetivos foram atingidos, assim como a apuração do estágio de maturidade atingido.

---

[95] A priorização pode ser executada com o suporte de metodologias como a AHP (FERNANDES; ABREU, 2014).

218 Governança Digital 4.0

A melhoria contínua é realizada *ad eternum* até o descarte da solução.

De uma forma geral, essa é a jornada para a transformação digital, que se aplica inerentemente à jornada para a Indústria 4.0. Entretanto, deve ser considerado um roteiro padrão que pode ser adaptado às necessidades de cada organização.

Usando o pensamento ágil, o plano da jornada para a Indústria 4.0 pode ser elaborado por partes, focando processos que são críticos e onde estão os maiores pontos de dor do negócio, ou um pilar específico como *customer experience*.

Sessões de *Inception*[96],com as pessoas certas, podem ser realizadas de forma ágil e com busca de resultados em menor tempo, em vez de tentar vislumbrar todas as possibilidades da aplicação das principais tecnologias.

Dessa forma, adota-se uma forma incremental de transformação digital para a organização como um todo, que pode, contudo, ser radical considerando um dado processo de negócio (por exemplo, o uso de inteligência artificial para reconhecimento de padrões de imagens para fins de auxílio a diagnósticos médicos).

Em suma, você pode iniciar seu processo de transformação digital assim:

- ➢ Ter uma visão de alto nível sobre quais tecnologias digitais são aplicáveis no negócio, considerando experiência do cliente, processos de produção, *digital workplace* e modelos de novos negócios digitais.
- ➢ Selecionar qual área ou processo de negócio onde a transformação digital deverá começar, em função de sua importância e valor para a organização.
- ➢ Aplicar o pensamento ágil e executar uma *Inception* na área selecionada, reunindo pessoal de negócio, de TI e de tecnologia de automação, além de especialistas em novas tecnologias e tecnologias emergentes.
- ➢ Gerar um *roadmap* de implementação de iniciativas para a transformação digital da área ou processo escolhido (ao estilo Produto Mínimo Viável).

Em seguida, pode-se dar inicio à implementação das iniciativas, começando pela especificação da solução, seleção de tecnologias e fornecedores, execução de provas de conceito e fazer a transição, avaliando depois os resultados (usando também o pensamento ágil através de sessões de *Inception*).

---

[96] De acordo com Caroli (2018), *Inception* é um trabalho colaborativo realizado com uma equipe multifuncional, com atividades dinâmicas e com o objetivo de entender objetivos de um produto e escopo funcional de alto nível, priorizar funcionalidades, definir *releases* e MVPs.

Na medida em que você vai avançando, vai completando a visão de alto nível sobre a aplicação das tecnologias emergentes na sua organização e executando o plano de *releases,* em um processo *top-down* até o desenvolvimento ou a implantação da solução.

Agora discutiremos alguns aspectos que diferenciam a jornada da Indústria 4.0 desse modelo padrão.

9.3. O plano da jornada para a Indústria 4.0

Podemos considerar o plano da jornada para a Indústria 4.0 como um adendo à jornada para a transformação digital da organização.

O que o diferencia é que, no caso da indústria, há sistemas ciberfísicos. Estamos falando de sensores, atuadores, robôs, veículos autônomos, drones, ou seja, ativos físicos e mais software, servidores e equipamentos de redes de comunicação.

Outros aspectos da jornada para a Indústria 4.0:

- ➢ A especificação da solução é mais complexa, pois pode abranger vários componentes de fornecedores diferentes.
- ➢ A especificação da solução sempre envolve a redefinição do processo.
- ➢ As dimensões e camadas de gestão da manufatura (produção, logística, qualidade, manutenção e armazenamento) têm que ser consideradas[97].
- ➢ Os investimentos são consideráveis.
- ➢ O escopo da jornada pode ser somente um processo dentro de uma planta, mais de um processo, a planta inteira ou a cadeia de fornecimento e de distribuição como um todo.
- ➢ Vários pontos de atenção devem ser levados em conta, como mão de obra, máquinas, materiais e métodos.
- ➢ No teste da solução, pode-se aplicar a tecnologia de gêmeos digitais.
- ➢ Na arquitetura da solução, engenheiros de processo e de automação e fornecedores devem participar.
- ➢ As soluções devem determinar parâmetros da fabricação em termos de movimentos, ergonomia, velocidade, integração entre fases do processo, segurança, quantidades, precisão, qualidade, limites de tolerância, resiliência, etc.

---

[97] Vide Figura 8.11, do Capítulo 8, que mostra os níveis de gestão da manufatura, sistemas e tecnologias emergentes correspondentes.

220 Governança Digital 4.0

> Parâmetros de objetivos de desempenho da manufatura devem ser considerados, como custo, qualidade, flexibilidade, confiabilidade, inovação e velocidade.
> A apuração de valor considera os resultados de mais de uma solução ao mesmo tempo, pois as capacidades são cumulativas.

Para finalizar, não abra mão de fazer um plano, mesmo que seja somente para um pilar da transformação digital – por exemplo, *customer experience*.

Você, como líder de TI e/ou TA de sua organização, é também responsável por fazer com que ela tenha uma visão de médio e longo prazo sobre as oportunidades de uso das tecnologias emergentes em todos os espectros do negócio e pilares da transformação digital e, quiçá, para um novo negócio ou novo modelo de negócio.

Referências

CAROLI, P. **Lean Inception:** como alinhar pessoas e construir o produto certo. São Paulo: Caroli, 2018.

CAROLIS, A. et al. Guiding manufacturing companies towards digitalization: a methodology for supporting manufacturing companies in defining their digitalization roadmap. **2017 International Conference on Engineering, Technology and Innovation (ICE/ITMC)**, Funchal, Portugal, 27-29 June 2017.

FERNANDES, A. A.; ABREU, V. F. **Implantando a Governança de TI:** da estratégia à gestão dos processos e serviços. 4.ed. Rio de Janeiro: Brasport, 2014.

GILL, M.; VANBORSKIRK, S. **The digital maturity 4.0.** Forrester, Jan. 22, 2016.

MACHADO, M. G. Micro Serviços: qual a diferença para a arquitetura monolítica? **Opus Software**, 16 fev. 2017. Disponível em: <https://www.opus-software.com.br/micro-servicos-arquietura-monolitica/>. Acesso em: 15 jul. 2019.

PACCHINI, A. P. T. **O grau de prontidão das empresas industriais para implantação da indústria 4.0:** um estudo no setor automotivo brasileiro. Tese (Doutorado). Universidade Nove de Julho, São Paulo, 2019.

PORTER, M. **Estratégia Competitiva.** Rio de Janeiro: Elsevier, 2005.

10. Governança e gestão da TI em um ambiente de forte terceirização

Vladimir Ferraz de Abreu

10.1. Considerações preliminares sobre terceirização

Desde as últimas décadas do século XX, a terceirização tem sido uma prática largamente utilizada nas organizações, notadamente em processos que são considerados de apoio, em relação à sua cadeia de valor. A área de TI é conhecida por abrigar vários desses processos e, por esse motivo, tem sido uma das mais afetadas pela terceirização.

Por meio da terceirização, uma organização pode passar a um (ou mais) fornecedor(es) externo(s) a responsabilidade de conduzir um conjunto de processos e assumir os custos e os riscos inerentes à operacionalização dessas tarefas, ficando, por sua vez, com a incumbência de gerenciar a própria contratação desse(s) fornecedor(es) por meio de níveis de serviço preestabelecidos. Várias são as razões que levam uma área a decidir pela terceirização de seus processos, entre as quais podem ser destacadas:

> ➤ Necessidade de maior especialização na execução.
> ➤ Aumento da demanda de serviços por parte das áreas clientes.
> ➤ Impossibilidade de crescimento do *headcount* da área, por questões orçamentárias.
> ➤ Transformação de investimentos (CAPEX) em despesas (OPEX).
> ➤ Transferência de custos e riscos relacionados aos processos.
> ➤ Melhoria do nível de serviço e, consequentemente, do grau de satisfação das áreas clientes com a qualidade dos serviços.
> ➤ Adequação da disponibilidade dos serviços às necessidades das áreas clientes.
> ➤ Garantia de atualização tecnológica permanente, tanto dos ativos quanto dos profissionais da equipe responsável pelos serviços.

Segundo Albertin e Sanchez (2008), a tomada de decisão sobre o que deve ser terceirizado envolve tipicamente vários atributos de análise (como os relacionados anteriormente) e vários decisores, e requer que haja alternativas distintas entre si, que permitam um julgamento consensual para a escolha da que melhor se encaixe no atendimento das necessidades da organização. Esse julgamento muitas vezes pode ser dificultado pela assimetria das informações existentes (caracterizada pela ausência de detalhes relevantes sobre os fornecedores) ou mesmo pela presença de fatores de subjetividade na definição dos requisitos, na avaliação dos impactos e na percepção dos riscos envolvidos na decisão.

Visando minimizar a influência dessa assimetria, entra em cena (como boa prática) a utilização de instrumentos bastante conhecidos que são utilizados para identificar, qualificar e selecionar fornecedores de produtos e serviços terceirizados, as "requisições para contratação", das quais as mais conhecidas são:

> **Requisições de informação (***Requests For Information*** ou RFIs):** instrumentos mais simples, direcionados a todo o mercado, com o objetivo de identificar fornecedores que estiverem habilitados a entregar os produtos/serviços desejados, atendendo a um conjunto básico de requisitos predeterminados. Em geral, as RFIs são a porta de entrada para que as empresas possam ter um primeiro contato e conhecer novos fornecedores.
> **Requisições de cotação (***Requests For Quotations*** ou RFQs):** instrumentos um pouco mais elaborados, geralmente enviados aos fornecedores que passaram com sucesso pelas RFIs, visando obter uma ideia da ordem de grandeza do preço que cobrariam pelo fornecimento dos produtos/serviços desejados. As RFQs já contemplam requisitos um pouco mais detalhados sobre os produtos e serviços desejados e são comumente utilizadas para embasar solicitações de dotação orçamentária.
> **Requisições de propostas (***Requests For Proposals*** ou RFPs):** instrumentos que devem detalhar precisamente os requisitos dos produtos/serviços a serem contratados, geralmente enviados para o conjunto de fornecedores que passou com sucesso pela RFI e pela RFQ (essa não é uma regra, pois sabe-se que nem sempre é possível cumprir todas essas etapas). As RFPs servem como balizador para que os fornecedores participantes desenvolvam suas propostas técnicas/comerciais, descrevendo quais serviços serão prestados, como isso acontecerá, com quais recursos contará e quanto custará para o cliente.

A adoção de instrumentos padronizados para a contratação de fornecedores terceirizados é uma prática altamente recomendável, pois facilita bastante a gestão futura dos contratos de fornecimento de produtos/serviços, uma vez que todos os níveis de serviço e condições já devem estar previamente definidos e acordados entre as partes.

Isso é particularmente crucial quando tratamos de uma tendência cada vez maior nas áreas de TI, que é a de terceirização massiva de atividades com a presença de múltiplos fornecedores (*multisourcing*), cada um dentro de sua esfera de atuação. Nesse cenário, as áreas de TI perdem significativamente a sua vocação original de especialização técnica e passam a atuar predominantemente como <u>gestoras de contratos</u> de terceirização. Obviamente, para tal, é necessário que algumas competências de gestão e governança sejam desenvolvidas e agregadas ao corpo de gestores de TI.

10.2. Características de ambientes de forte terceirização

Face aos desafios que as novas demandas do mercado têm exigido, as empresas têm buscado cada vez mais soluções externas para aumentar a produtividade de suas equipes, sem prejudicar a qualidade dos serviços que prestam. Especificamente em relação às áreas de TI, o que se pode observar é que a terceirização tem atingido massivamente as suas atividades mais operacionais e, de uma forma gradual e progressiva, tem também conquistado algumas atividades mais táticas de planejamento e análise, aproveitando a presença cada vez mais forte de consultorias com alto grau de especialização e senioridade. Atualmente, são poucas as empresas cujas áreas de TI ainda não possuem atividades conduzidas por fornecedores terceirizados.

A Tabela 10.1 mostra algumas atividades da TI que têm sido atingidas pela terceirização.

Tabela 10.1 – Atividades de TI comumente tercerizadas

Nível	Atividade
Operacional	Desenvolvimento de sistemas de informação
	Sustentação/manutenção de sistemas de informação
	Execução de projetos de TI
	Fornecimento de software, plataformas e infraestrutura na forma de serviços
	Administração, suporte e manutenção da infraestrutura de TI
	Monitoração de ambientes de redes e telecomunicações
	Atendimento aos usuários dos serviços de TI
	Resolução em campo de incidentes e solicitações
	Administração do parque de ativos de TI
	Implementação e monitoração de controles de segurança da informação
Tático	Planejamento estratégico de TI
	Definição e implementação de modelos de governança de TI
	Elaboração de planos de continuidade, capacidade e segurança da informação
	Avaliações de capacidade e conformidade de processos de TI
	Gerenciamento de projetos e programas

> Obs.: existe ainda um espaço enorme a ser ocupado, relativo à oferta de apoio especializado à análise de indicadores de desempenho e à gestão dos processos mais táticos e estratégicos de TI conduzidos pelos gestores de TI. A oferta de serviços terceirizados dessa natureza, com um nível adequado de senioridade e qualidade, certamente auxiliaria as áreas de TI a se credenciarem cada vez mais como geradoras diretas de valor para os resultados estratégicos das organizações.

10.3. Entendendo as relações de governança e gestão entre a área de TI e seus fornecedores

De acordo com o COBIT® 5 (ISACA, 2012), a função de governança assegura a aderência aos objetivos corporativos, estabelecendo prioridades, tomando decisões e monitorando o desempenho e a conformidade em relação à direção a esses objetivos. Já a função de gestão planeja, constrói, assegura a execução e monitora atividades de forma alinhada com a direção estabelecida pela função de governança, visando o atingimento dos objetivos corporativos. Por fim, a função de operação é a executora propriamente dita de processos, projetos, serviços e atividades dentro da organização. Em suma, são atribuições bem distintas: a função de govenança dirige, avalia e monitora a função de gestão, que, por sua vez, gerencia a função de operação.

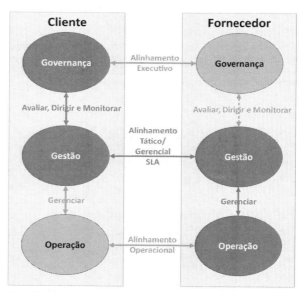

Figura 10.1 – Funções de governança, gestão e operação na relação cliente-fornecedor.
Fonte: o autor.

Em uma relação de terceirização, essas três funções devem existir, tanto na área de TI (como organização cliente) como em cada um dos seus fornecedores. Como mostra a Figura 10.1, o ideal é que haja um alinhamento horizontal entre as funções semelhantes, tanto do lado do cliente quanto do lado do fornecedor. Esse alinhamento poderá funcionar bem quando tanto a área de TI (cliente) quanto seus fornecedores possuem as três funções (governança, gestão e operação) bem estruturadas e operantes, tanto internamente quanto entre si. Em algumas situações, a função de operação da área de TI pode ser totalmente terceirizada com fornecedores (em uma relação de *full outsourcing*). Em outras situações, a função de governança pode não existir formalmente em algum dos fornecedores e precisar ser desempenhada por integrantes de seu corpo diretivo.

Entretanto, sabemos que essa ainda não é uma realidade para a grande maioria das empresas no mercado, o que pode permitir o surgimento de algumas disfunções no relacionamento cliente-fornecedor, que podem trazer muitos problemas para a gestão dos contratos de terceirização. A Figura 10.2 a seguir ilustra essas disfunções:

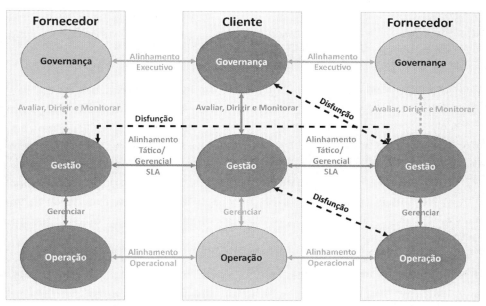

Figura 10.2 – Disfunções comuns nas relações entre cliente e fornecedor na terceirização.
Fonte: o autor.

A primeira disfunção identificada ocorre quando a função de governança da área de TI (cliente) começa a interagir diretamente com a função de gestão de um fornecedor. Essa relação poderá caracterizar uma ingerência do cliente sobre a gestão do fornecedor, passando por cima das atribuições da função de gestão. A governança do cliente deve, sim, se alinhar em caráter executivo com os responsáveis pela governança de cada fornecedor (mesmo quando este não possuir uma função formal de governança), enquanto a gestão do cliente deve se alinhar com os gestores do fornecedor. Na prática, recomenda-se que as funções de governança de ambos os lados formem um comitê diretor (ou similar) para deliberar sobre as questões mais executivas do contrato de terceirização. Da mesma forma, cobranças e *reports* relacionados ao cumprimento de níveis de serviço contratados e quaisquer negociações e direcionamentos táticos relativos ao contrato de terceirização devem ser discutidos entre as funções de gestão de ambas as partes.

Uma segunda disfunção ocorre quando a função de gestão do cliente começa a gerenciar a função de operação terceirizada do fornecedor. Geralmente isso acontece quando há falhas na função de gestão do fornecedor e a gestão do cliente precisa fazer com que a operação funcione conforme contratado. Entretanto, o que se recomenda, na prática, é que a situação seja escalada para que as duas funções de governança se alinhem na busca de uma solução de gestão para o contrato. A governança do fornecedor deve assegurar então que a sua função de gestão ajuste seus processos para que consiga, por sua vez, assegurar que a sua operação funcione dentro dos níveis de serviço acordados e contratados.

A terceira disfunção identificada, em geral, é uma prática algumas vezes encontrada em áreas de TI que possuem características de *multisourcing* (terceirização com vários fornecedores). Nela, o próprio cliente estabelece que um dos fornecedores deve gerenciar os contratos de um ou mais outros fornecedores. Como exemplo já visto em alguns cenários, um cliente pode terceirizar o *service desk* de primeiro nível com um fornecedor e as equipes de campo especializadas com outros fornecedores, mas desejar que aquele fornecedor do *service desk* gerencie o nível de serviço dos demais fornecedores, em uma tentativa de simplificar a sua gestão em apenas um ponto de contato.

Uma configuração dessa natureza pode trazer várias vulnerabilidades para o modelo de terceirização do cliente (e consequentemente para a sua governança), tais como:

> ➢ Possibilidade de problemas de relacionamentos entre os fornecedores, por não reconhecerem a autoridade do fornecedor "principal" sobre o contrato dos demais fornecedores com o cliente.
> ➢ Descasamento entre os acordos de nível de serviço dos fornecedores, o que pode criar "zonas cinzentas" onde o não cumprimento do nível de serviço

por um dos fornecedores pode prejudicar o nível de serviço do fornecedor "principal".

> Falta de controle por parte do cliente sobre os contratos com todos os fornecedores, devido à delegação do seu gerenciamento para outro fornecedor.

Em suma: **recomenda-se que o tomador do contrato assuma a responsabilidade por gerenciá-lo e não delegue a sua gestão para terceiros.**

> Nota: configurações de terceirizações onde, desde o início, seja previsto que um fornecedor deverá "quarterizar" o serviço de outros fornecedores não podem ser caracterizadas na forma dessa disfunção, uma vez que o fornecedor principal está sendo contratado e pago para realizar esse serviço de gestão dos demais.

10.4. Existem modelos de melhores práticas para a governança e gestão da TI no contexto de terceirizações?

A resposta é SIM!

Faremos uma breve menção e daremos a referência de quatro modelos de melhores práticas que são aplicáveis ao contexto das terceirizações e da gestão de fornecedores, não somente no âmbito da TI, mas de qualquer outro contexto dentro de uma organização. Não faremos uma descrição detalhada desses modelos, por não ser a intenção direta deste livro.

10.4.1. eSCM-SP

O eSCM-SP ou *The eSourcing Capability Model for Service Providers* é um modelo orientado exclusivamente para operações de *sourcing*, que atende não somente a serviços de TI, mas a outros serviços que usam a tecnologia da informação. Foi desenvolvido por um consórcio de empresas e instituições lideradas pela *Carnegie Mellon University*, a mesma universidade que administra o *Software Engineering Institute*, criador do CMMI. Para o desenvolvimento, a manutenção e a evolução do modelo, foi criado o *Information Technology Services Qualification Center* – ITsqc[98]

---

[98] Para maiores detalhes, a documentação dos modelos eSCM-SP e eSCM-CL pode ser encontrada na página <http://www.itsqc.org>.

(HYDER; HESTON; PAULK, 2006). Esse modelo, assim como o CMMI, exige reavaliações periódicas e também mantém credenciamentos para avaliadores certificados, consultores e instrutores.

Os objetivos do modelo são:

> ➢ Fornecer aos provedores de serviços orientação para melhorar a sua capacidade ao longo do ciclo de *sourcing*.
> ➢ Prover aos clientes meios objetivos de avaliar a capacidade do fornecedor de serviços.
> ➢ Oferecer um padrão para que os fornecedores se diferenciem dos competidores.

O modelo é composto por 84 (melhores) práticas, organizadas ao longo de um ciclo de vida do *sourcing* (que cobre as fases de iniciação, entrega, operação contínua[99] e encerramento), agrupadas por área de capacitação e nível de capacitação.

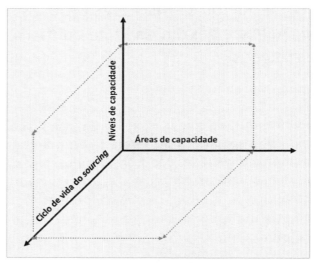

Figura 10.3 – As dimensões do eSCM-SP.
Fonte: adaptado de HYDER; HESTON; PAULK (2006).

10.4.2. eSCM-CL

O eSCM-CL ou *The eSourcing Capability Model for Client Organizations* começou a ser desenvolvido em 2003, motivado pelo fato de que um bom *sourcing* requer que as melhores práticas também sejam seguidas pelo comprador de serviços e não só

---

[99] Tradução livre da expressão em inglês *ongoing*.

pelo fornecedor. Sua versão mais recente foi publicada em 2006 para a comunidade internacional e seu desenvolvimento, manutenção e evolução também são de responsabilidade do *Information Technology Services Qualification Center* – ITsqc.

Os principais objetivos do modelo são:

> - Prover aos clientes um conjunto de melhores práticas para ajudá-los a melhorar suas capacidades em relação às atividades de *sourcing*.
> - Ajudar as organizações clientes a estabelecer, gerenciar e sustentar a melhoria contínua nas suas relações de *sourcing*.
> - Ajudar as organizações clientes a mitigar riscos nas suas relações de *sourcing*.
> - Ajudar as organizações clientes a criar competência na gestão de suas atividades de *sourcing*.
> - Assegurar a satisfação dos interessados relevantes ao longo do ciclo de vida do processo de *sourcing*.
> - Prover meios para as organizações clientes avaliarem, de forma objetiva, suas próprias capacidades em serviços de *sourcing* de TI.

A estrutura desse modelo é similar à do eSCM-SP, com a diferença de que, no ciclo de *sourcing*, foi acrescentada uma atividade adicional de análise (além das fases de iniciação, entrega, operação contínua e encerramento). A Figura 10.4 mostra o foco do eSCM-CL e sua relação com o eSCM-SP.

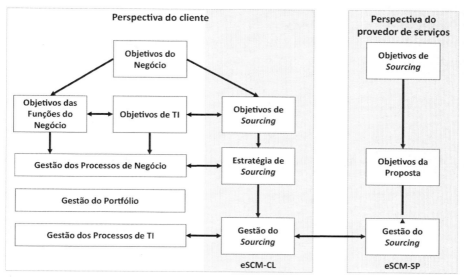

Figura 10.4 – Visão da relação eSCM-CL e eSCM-SP.
Fonte: adaptado de HEFLEY; LOESCHE (2006).

10.4.3. CMMI® Supplier Management

O CMMI-SPM tem o propósito de ser um guia para a implantação das melhores práticas do CMMI para organizações compradoras de componentes, produtos e serviços, sendo que essas melhores práticas estão focadas nas atividades para gerenciar os contratos de fornecimento de produtos e serviços para atender às necessidades dos clientes e usuários finais. Esse modelo é uma evolução do anterior *CMMI for Acquisition* (CMM-ACQ), criado após a aquisição do *CMMI Institute*[100] pela ISACA.

Esse modelo pode ser de grande valia para organizações que realizam, de forma contínua, projetos de aquisição de produtos e serviços de alta complexidade. Entretanto, acreditamos que dificilmente uma organização, pelo menos no Brasil, tente ser avaliada formalmente em relação ao CMMI-SPM. Contudo, esse modelo pode ser usado, assim como o eSCM-CL, como *benchmarking* para a melhoria de seus processos de aquisição.

10.4.4. Vendor Management using COBIT® 5

Como um conjunto de diretrizes práticas adicionais e mais detalhadas complementares às já existentes no modelo de processos do COBIT® 5, a ISACA[101] disponibilizou para a comunidade de TI a publicação "Vendor Management: Using COBIT® 5" (2014).

Esse modelo define e descreve o processo de gestão de fornecedores de produtos e serviços de TI, fornecendo orientações práticas para todas as funções que, direta ou indiretamente, estão nele envolvidas, desde os altos executivos (CEO, CFO, etc.) até os responsáveis pelos processos de negócio, envolvendo as áreas de apoio (tais como compras, riscos, *compliance*, auditoria, jurídico, segurança e recursos humanos) e, obviamente, as funções da área de TI.

Figura 10.5 – Ciclo de vida do relacionamento cliente-fornecedor.
Fonte: adaptado de ISACA (2014).

---

[100] Para maiores detalhes, vide a página do *CMMI Institute* (<https://cmmiinstitute.com/cmmi/spm>).
[101] Para maiores detalhes, vide a página da ISACA (<https://www.isaca.org/pages/default.aspx>).

Governança e gestão da TI em um ambiente de forte terceirização **231**

Além disso, esse modelo propõe uma visão de ciclo de vida aplicável a qualquer relacionamento contratual cliente-fornecedor (ilustrado na Figura 10.5) e apresenta uma abordagem consistente para a gestão de riscos e ameaças relacionadas à gestão de fornecedores de TI.

10.5. O que é preciso fazer para governar e gerenciar em um ambiente de forte terceirização?

Como vimos anteriormente, atualmente, uma parte significativa das organizações de TI dentro das empresas delega parte de sua entrega de serviços a fornecedores externos, utilizando, de alguma forma, modelos de terceirização de serviços. Com frequência cada vez maior, essa terceirização tem atingido a quase totalidade da operação de TI, em termos de entrega de serviços, da administração da infraestrutura, da manutenção e sustentação dos sistemas de informação, da condução de projetos e programas e, em alguns casos, de algumas tarefas táticas e de gestão.

Esse cenário requer uma abordagem criteriosa para assegurar que os riscos relacionados aos fornecedores sejam minimizados e que haja uma otimização dos benefícios e do uso dos recursos relacionados aos seus contratos. A garantia de que esses pilares da governança estejam solidamente firmados, no contexto das terceirizações, pode ser obtida por meio da adoção da disciplina de <u>gerenciamento de terceirizações</u>, de uma forma diligente e consistente. Essa disciplina é a base dos modelos de referência apresentados na seção anterior, que contemplam (cada um dentro do seu estilo) diretrizes e práticas bastante úteis para a sua implementação.

A seguir, apresentaremos algumas recomendações e considerações que julgamos úteis para permitir uma condução satisfatória de práticas de governança e gestão em um ambiente onde a cultura de terceirização seja muito forte. Para facilitar a organização dessas considerações, de acordo com nossa experiência prática, propomos que essa disciplina seja estruturada em três agrupamentos de atividades, conforme ilustrado na Figura 10.6:

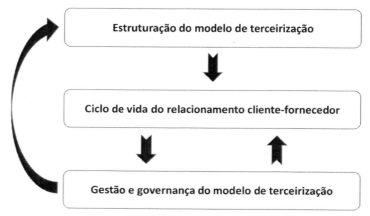

Figura 10.6 – Proposta de modelo de governança e gestão de terceirizações.
Fonte: o autor.

10.5.1. Estruturação do modelo de terceirização

Para que seja estabelecido um modelo consistente para a terceirização de serviços de TI, deve-se assegurar que algumas perguntas estejam respondidas de forma clara e inequívoca para todos os colaboradores da organização de TI. A Tabela 10.2 aborda esses questionamentos.

Tabela 10.2 – Recomendações para estruturação de um modelo de terceirização de serviços de TI.

Questões	Considerações/recomendações
Por que terceirizar?	Como vimos na primeira seção deste capítulo, a <u>decisão de terceirizar processos/serviços</u> pode ser tomada por várias razões. Quaisquer que sejam, é fundamental que elas estejam <u>alinhadas com as iniciativas estratégicas de TI</u>, que, por sua vez, devem ser um desdobramento dos objetivos estratégicos da empresa. Em alguns momentos, falará mais alto a necessidade de redução de custos ou de *headcount*; em outros, o investimento na entrada de abordagens inovadoras que promoverão saltos na qualidade, na produtividade e na experiência dos clientes e usuários.
O que terceirizar?	Definir o que será terceirizado é um dos maiores desafios para o estabelecimento de uma cultura de terceirização. Um recurso que facilita muito a identificação do que poderá ser delegado a outros fornecedores é a <u>existência de um catálogo de serviços adequadamente estruturado</u>, que contemple todos os serviços prestados pela área de TI. O ideal é que a descrição dos serviços nesse catálogo seja suficientemente completa, incluindo escopo, grupos solucionadores e os níveis de serviço acordados com as áreas clientes. O catálogo de serviços fornecerá um mapa mais claro para facilitar as decisões.

Governança e gestão da TI em um ambiente de forte terceirização 233

Questões	Considerações/recomendações
Como padronizar as terceirizações?	Uma das primeiras iniciativas úteis para padronizar o processo de terceirização é o estabelecimento de uma prática de homologação de fornecedores, que consiste na qualificação de um conjunto de fornecedores para cada tipo de serviço a ser fornecido, a partir de critérios técnicos previamente estabelecidos (independentemente das exigências jurídicas, financeiras e societárias que já fazem parte dos processos normais de *procurement*). A presença de um catálogo de fornecedores homologados facilita a seleção para a participação em processos de concorrência para fornecimento de serviços recorrentes e eventuais. Obviamente, a permanência dos fornecedores nesse catálogo deverá ser condicionada ao desempenho na entrega dos serviços, ou à comprovação de conformidade com as exigências que o negócio da empresa possui. Deve-se também estabelecer uma política para a contratação de serviços de TI, totalmente alinhada à política de contratação de fornecedores corporativa e às diretrizes internas de *compliance* e governança. Essa política deve conter, por exemplo, regras sobre a quantidade de fornecedores por concorrência, limites de alçada e casos de exceção, tais como contratações por notória especialização. Um outro aspecto importante é a padronização dos itens de documentação a serem utilizados como registros do modelo de terceirização. Como exemplo, a ISACA em seu modelo (ISACA, 2014) sugere que o ciclo de vida do relacionamento com um fornecedor tenha os seguintes documentos: declaração de requisitos, RFP (podendo incluir RFI e/ou RFQ), contrato e aditivos, acordos de nível de serviço e relatórios de desempenho.
Como se relacionar com os fornecedores?	Faz parte do contexto da governança o estabelecimento de um modelo de relacionamento com os fornecedores que seja eficaz para as comunicações em todos os níveis, desde o operacional até o estratégico. As comunicações operacionais ocorrem entre as equipes técnicas dos fornecedores e os interlocutores técnicos ou gerenciais da TI do cliente, e podem envolver atividades como escaladas funcionais, aprovações de requisições, autorizações de liberação, etc. Comunicações gerenciais/táticas geralmente ocorrem periodicamente na forma de *reports* de desempenho e de nível de serviço, ou sob demanda na forma de escaladas hierárquicas para a obtenção de alçadas predefinidas. Quando aplicável, uma boa prática é o estabelecimento de um "comitê gerencial" para a tomada de decisões acerca do contrato. Recomenda-se que haja um canal para comunicações executivas, que poderão ocorrer periodicamente (periodicidade mínima mensal) ou sob demanda, em situações que requeiram alçadas superiores. A criação de um "comitê diretor" para o contrato pode ser um importante canal para resolução de disputas entre as partes ou decisões que impliquem em alterações contratuais. Em um cenário ideal, o modelo de relacionamento adotado deve ser aplicável a todos os contratos de terceirização.

Questões	Considerações/recomendações
Como mensurar e avaliar as terceirizações?	Um dos principais pontos de atenção nos contratos de terceirização é a forma como o desempenho das entregas será mensurado. Em geral, é estabelecido um <u>conjunto de condições de entrega e de indicadores de desempenho</u>, com valores mínimos ou máximos fixados como metas de nível de serviço. Tais condições devem ser reunidas em um acordo de nível de serviço (do fornecedor para a área de TI) e anexadas ao contrato de terceirização. O cumprimento das metas deve ser mensurado e avaliado dentro das respectivas periodicidades e os eventuais desvios apontados devem disparar ações de melhoria nos serviços prestados. Outro ponto de suma importância é a <u>avaliação e gestão dos riscos</u> que podem ser causados pelos fornecedores ao longo do contrato (ou mesmo por ocorrências após a sua vigência). Tais riscos devem ser identificados, qualificados e quantificados durante a homologação de cada fornecedor, para que sejam adequadamente incluídos na matriz de riscos de TI. Uma outra prática que pode ser bastante útil é a realização de <u>auditorias</u> (periódicas ou avulsas) <u>na operação de serviços do fornecedor</u>, por parte do cliente (denominadas "auditorias de segunda parte"). Geralmente, tais auditorias são aplicáveis quando exigidas por requisitos de *compliance* ou, pontualmente, após quebras sucessivas no nível de serviço ou a constatação de algum indício de problema que possa ter origem no fornecedor. Um dado importante é que esse recurso precisa estar previsto em contrato para que possa ser utilizado.

10.5.2. Ciclo de vida do relacionamento cliente-fornecedor

Um relacionamento cliente-fornecedor começa muito antes da sua contratação para a prestação de um serviço. Para ilustrar todo o fluxo desse relacionamento, será utilizado o ciclo de vida proposto pelo modelo de gerenciamento de fornecedores da ISACA (ISACA, 2014). A Tabela 10.3 mostra algumas dicas e recomendações aplicáveis a cada relacionamento cliente-fornecedor, agrupados pelas etapas desse modelo.

Governança e gestão da TI em um ambiente de forte terceirização **235**

Tabela 10.3 – Recomendações relativas às etapas do ciclo de vida do relacionamento cliente-fornecedor.

Etapa	Considerações/recomendações
Iniciação	Tudo começa quando a área de TI (cliente) decide que vai contratar um fornecedor para terceirizar algum serviço (ou abrir concorrência para a continuidade de um serviço). Nesse momento, o cliente deve especificar detalhadamente os requisitos do serviço que deseja contratar, incluindo escopo, premissas, restrições, condições de exceção, níveis de serviço, dependências com outros contratos e detalhes de operação desejados. Recomenda-se que esses requisitos componham o pedido do cliente na forma de uma requisição para contratação (por exemplo, uma RFP ou um edital) e que esta seja enviada para um conjunto de fornecedores (de preferência previamente homologados). Geralmente, cada um dos fornecedores responde a esse pedido com uma oferta, composta por uma proposta técnica e uma comercial, que precisam ser avaliadas pelo cliente, visando a seleção dos que forem mais bem pontuados, que passarão por rodadas de negociação comercial. Recomenda-se que a avaliação da proposta técnica seja feita pela área que especificou tecnicamente o serviço, e a da proposta comercial seja feita por outra área (por exemplo, a de compras ou *procurement*), para que a lisura do processo de seleção seja assegurada.
Contrato	O contrato é o instrumento que formaliza juridicamente o relacionamento cliente-fornecedor e, por esse motivo, deve refletir fidedignamente o pedido do cliente e a oferta do fornecedor selecionado após a negociação. Por esse motivo, tanto a requisição para contratação quanto as propostas técnica e comercial vitoriosas devem figurar como anexos do contrato. Recomenda-se que o contrato contenha, além das cláusulas legais, destaques para itens relevantes como entregáveis, níveis de serviço, métricas de desempenho e a forma como os custos serão apurados, gerenciados e honrados ao longo do tempo.
Operações	É durante esta etapa que o fornecedor realiza a entrega dos serviços contratados. Usualmente, essa entrega começa com um período de absorção dos serviços (das mãos do cliente ou do fornecedor anterior), durante o qual a cobrança dos níveis de serviço ocorre com regras mais brandas do que as estabelecidas no contrato. Nesta etapa, tanto o cliente quanto o fornecedor, por meio de suas funções de gestão, devem monitorar continuadamente os níveis de serviço contratados, assegurando que estes sejam cumpridos ao longo da entrega dos serviços e que, em caso de quebra, haja ações corretivas para retomar o atendimento das metas. O contrato deve ser o principal instrumento para dirimir quaisquer disputas que eventualmente ocorram.

Etapa	Considerações/recomendações
Encerramento	Esta etapa ocorre quando um outro fornecedor ganha a concorrência para continuar prestando um serviço ao cliente ou quando o serviço é assumido pela organização cliente. Nela, o fornecedor atual, em conjunto com o cliente, deve assegurar que o conhecimento sobre a operação atual do serviço seja transferido para o novo fornecedor. Para que essa transição ocorra de forma transparente para todos os usuários e clientes da TI, é fundamental que o fornecedor atual mantenha uma base de conhecimento atualizada com todas as informações relevantes sobre o funcionamento da operação. <u>Recomenda-se que a existência dessa base de conhecimento, assim como as regras para a manutenção de sua integridade, estejam especificadas no pedido do cliente e na oferta do fornecedor, além de mencionadas no contrato.</u>
Gestão de mudanças no contrato	Durante a vigência de um contrato de terceirização, pode ser necessária a realização de mudanças contratuais, ocasionadas por situações tais como: - Mudança no escopo com inclusão ou exclusão de serviços. - Mudanças na legislação (tributária, civil, societária, etc.) que impactem o contrato de forma não prevista. - Motivos de força maior por parte do cliente. - Revisão dos níveis de serviço inicialmente contratados. - Mudança estrutural no modelo de relacionamento entre cliente e fornecedor. Recomenda-se que <u>toda mudança contratual seja tratada com máximo rigor e formalismo</u>, incluindo o <u>envolvimento das partes interessadas responsáveis pela comunicação tática/gerencial e pela comunicação executiva</u> relativas ao contrato. **Nota:** alterações de membros da equipe não devem ser tratadas como mudanças contratuais.

10.5.3. Gestão e governança do modelo de terceirização

Entre as atividades que precisam ser consideradas para assegurar a gestão e a governança do modelo de terceirização, figuram:

> Avaliar o **alinhamento do modelo de terceirização com os objetivos estratégicos** de TI e, em último caso, com a estratégia corporativa. Essa avaliação deve ocorrer com a mesma periodicidade adotada para as revisões da estratégia de TI ou sempre que ocorrer algum redirecionamento dela devido a um evento imprevisto. Mudanças no alinhamento estratégico podem determinar ajustes nos motivos de terceirização ou mesmo no escopo das terceirizações.

> **Monitorar permanentemente a evolução do catálogo de serviços**, para que possam ser avaliadas possibilidades de novas terceirizações de serviços. Adicionalmente, mudanças na especificação dos serviços terceirizados (tais como níveis de serviço, escopo, grupos solucionadores, etc.) devem ser informadas aos responsáveis pela manutenção do catálogo de serviços, para que as informações nele contidas estejam sempre atualizadas.

Governança e gestão da TI em um ambiente de forte terceirização **237**

➢ Analisar, a cada nova necessidade de terceirização, os **aspectos culturais das empresas envolvidas**. De acordo com Soares e Reinhard *apud* Albertin e Sanchez (2008), deve-se dar especial atenção à dimensão cultural[102] do relacionamento cliente-fornecedor, tanto no aspecto intraorganizacional (aceitação interna da terceirização e desenvolvimento de uma nova cultura interna de trabalho) quanto no aspecto interorganizacional (dinâmicas de adaptação do trabalho entre organizações distintas). Nesse sentido, poderá ser necessário estabelecer uma colaboração entre as áreas de TI e Recursos Humanos ou Desenvolvimento Humano e Organizacional (DHO).

➢ Estar sempre atento para a necessidade de **atualização de padrões e regras** adotados no modelo de terceirização, como, por exemplo, os critérios para homologação de fornecedores e a política de contratação de serviços de TI.

➢ Avaliar a eficácia do **modelo de relacionamento** com os fornecedores, em relação às interações operacionais, gerenciais e executivas.

➢ Avaliar a eficácia da sistemática de **avaliação do desempenho** dos serviços terceirizados, assim como de aplicação de auditorias de conformidade aos fornecedores, caso aplicável.

10.6. Um exemplo prático de cenário de governança de TI em um ambiente altamente terceirizado

Existem várias configurações de terceirização para ambientes de TI. A nossa intenção nesta seção é apresentar um exemplo onde você, leitor, possa visualizar, na prática, como o modelo proposto anteriormente pode ser utilizado.

Imagine-se na posição de um executivo de TI, cujo departamento seja bastante enxuto e que tenha realizado anteriormente terceirizações de vários de seus processos e atividades, como, por exemplo:

➢ Desenvolvimento e manutenção de sistemas, com empresas especialistas em projetos de ERP.

➢ Sustentação de sistemas, com uma integradora de TI especializada em operações de AMS (*Application Management Services*).

➢ Sistemas específicos (tais como gerenciadores de *service desk*, gerenciadores de projetos corporativos, aplicações para área jurídica, *workflows* de processos,

---

[102] Extraído e adaptado do capítulo "Governança da Terceirização de TI: uma contribuição teórica", escrito por Hebbertt de Farias Soares e Nicolau Reinhard, da obra referenciada.

etc.) contratados como serviços na nuvem, junto a fabricantes de software especializados.

➤ Infraestrutura para redes, telecom e sistemas em nuvem, hospedada em um *data center* de classe mundial.

➤ Equipes locais para solução de incidentes e requisições de serviço junto a uma empresa especializada em serviços de campo.

➤ Monitoração de eventos na infraestrutura, junto a uma empresa especializada em NOC (*Network Operation Center*) e SOC (*Security Operation Center*).

Certamente, em um cenário como esse, existem contratos firmados, cada qual com seus períodos de vigência e níveis de serviço estabelecidos, além de regras de relacionamento estabelecidas. Entretanto, a experiência mostra que sempre há pontos a serem ajustados, em maior ou menor escala. A seguir, apresentamos algumas iniciativas que ilustram a aplicação do modelo proposto neste exemplo hipotético.

Tabela 10.4 – Exemplos de iniciativas e mecanismos de gestão e governança em um ambiente terceirizado.

Atividades do modelo	Iniciativas	Mecanismos possíveis/exemplos
Estruturação do modelo de terceirização	Avaliar cada contrato existente (ou processo/serviço ainda não terceirizado) em relação à estratégia de TI	O que fazer? Renovar o contrato, repensar seu escopo, trocar o fornecedor, distribuir o serviço entre vários fornecedores ou internalizar novamente o serviço?
	Revisar o catálogo de serviços, verificando a atualização das informações dos fornecedores	Há novas possibilidades de terceirização? Há outros fornecedores homologados para os mesmos serviços?
	Estabelecer (caso não existam) critérios de homologação de fornecedores (para cada tipo de serviço)	Fornecedores de serviços de *data center* devem ter um plano de recuperação de desastres atualizado e testado, fornecedores de projetos de software devem assegurar que seus métodos prevejam a identificação de requisitos de privacidade de dados.
	Estabelecer/revisar o padrão de documentação gerencial das terceirizações	RFPs, contratos, SLAs, relatórios de desempenho.
	Estabelecer/revisar o padrão de comunicação com os fornecedores terceirizados, para facilitar a gestão por parte da TI, incluindo o *report* periódico dos níveis de serviço	Indicadores de desempenho: incluir novos, ajustar metas e/ou excluir os que não estiverem mais adicionando valor.
	Identificar as operações mais críticas, onde poderá ser recomendada a realização de auditorias periódicas	Recuperação de *backups*, planos de continuidade de operações, conformidade com requisitos legais.

Governança e gestão da TI em um ambiente de forte terceirização **239**

Atividades do modelo	Iniciativas	Mecanismos possíveis/exemplos
Ciclo de vida do relacionamento cliente-fornecedor	Enquadrar os fornecedores atuais nos critérios de homologação e buscar novos potenciais fornecedores que atendam aos critérios de homologação	Por meio da utilização de RFIs – *Requests For Information.*
	Em cada necessidade de terceirização (ou proximidade de término de contrato), abrir concorrência entre os fornecedores homologados, solicitando cotações e propostas.	Utilizando instrumentos como RFQs – *Requests For Quotations* e RFPs – *Requests For Proposals.*
	Analisar as propostas dos fornecedores, à luz das necessidades expressas na RFP, escolhendo aquele que melhor cumprir os requisitos técnicos e comerciais	Utilizando os critérios definidos previamente nas respectivas RFPs.
	Assegurar que o contrato reflita fidedignamente o resultado final da negociação com o fornecedor vitorioso no certame	Utilizar a versão aprovada da proposta técnica/comercial do fornecedor vitorioso como anexo do contrato de serviços.
	Assegurar que a entrega dos serviços cumpra os níveis de serviço contratados	Monitoração constante dos níveis de serviço e comunicação nos níveis operacional, gerencial e estratégico.
Gestão e governança do modelo de terceirização	Avaliar os riscos de cada contrato de fornecimento e incorporá-los ao mapa de riscos de TI	Riscos de falta de continuidade de serviços, degradação do serviço em relação à demanda, etc.
	Analisar o grau de interdependência entre os contratos, verificando o quanto os níveis de serviço estão alinhados entre si	SLAs de resolução firmados com as áreas clientes (*service desk*) alinhados com os SLAs de serviços de campo (segundo nível) e dos fabricantes de tecnologia (terceiro nível).
	Assegurar que exista uma base de conhecimento com todas as informações técnicas, operacionais e gerenciais relativas à operação dos serviços contratados	Documentação das atividades operacionais (serviços de campo), configurações de ativos de redes (*data centers*), perfis de monitoração de ativos (NOCs), etc.

Referências

ALBERTIN, A. L.; SANCHEZ, O. P. (orgs.). **Outsourcing de TI:** impactos, dilemas, discussões e casos reais. Rio de Janeiro: FGV, 2008.

HEFLEY, B.; LOESCHE, E. A. **The eSourcing Capability Model for Client Organizations (eSCM-CL):** model overview. #CMU-ITSQC-WP-06-001b, Draft for public review, v. 1.1. Pittsburgh: ITSQC, July 2006.

HYDER, E. B.; HESTON, K. M.; PAULK, M. C. **The eSCM-SP v2.01:** the eSourcing Capability Maturity Model for Service Providers. Pittsburgh: Carnegie Mellon University, Information Technology Services Qualification Center (ITsqc), Technical Report: CMU-ITSQC-06-006, Dec. 2006.

ISACA. **COBIT® 5:** a business framework for the governance and management of enterprise IT. Rolling Meadows: ISACA, 2012.

ISACA. **Vendor Management:** Using COBIT® 5. Rolling Meadows: ISACA, 2014.

11. Abordagens específicas de governança e gestão de TI

Aguinaldo Aragon Fernandes,
Maritza Carvalho Francisco,
Jairo Cardoso de Oliveira e
Daniel H. Paiva Tonon

Os conceitos de governança de TI podem ser aplicados em diversas situações. É o que faremos neste capítulo.

Escolhemos vários temas importantes, começando por uma área extremamente importante e igualmente complexa de ser implementada, que é a governança e gestão dos dados.

11.1. Governança de dados

11.1.1. Motivação

O mundo atual vive uma verdadeira revolução baseada em dados. A vasta variedade e volumetria de dados gerados por meio das mídias sociais, sinais GPS de telefone, medidores inteligentes de serviços públicos, etiquetas RFID, imagens digitais e vídeos *on-line*, dentre outras fontes, vem permitindo um avanço profundo em todos os tipos de segmentos econômicos e científicos. Vários casos de sucesso do uso de dados podem ser citados, tais como a redução do número de fraudes, a redução de custos na produção industrial, a melhoria na eficiência energética, o aumento de segurança com a identificação de situações de perigo, dentre outros. A sociedade atual vive a era dos dados, na qual o *big data* se evidencia e traz inúmeros desafios, tais como: qual a melhor forma para obter os dados das mais variadas fontes e estruturas? Quais fontes de dados são realmente necessárias para a empresa? Como garantir que as análises realizadas gerarão valor para o negócio? Qual a infraestrutura mais adequada para criar e gerenciar o *big data*? (MARKEZONE, 2017).

Nesse oceano de dados, independentemente do setor no qual a organização atue, uma verdade está cada vez mais clara: não é possível fazer uso efetivo dos dados e conduzir uma transformação digital orientada por dados sem governança de dados corporativos em toda a sua cadeia de valor (INFORMATICA BRASIL, 2018). No entanto, implementar a governança de dados está longe de ser uma tarefa trivial, pois é uma responsabilidade da organização como um todo, que demanda patrocínio da alta gestão e um forte comprometimento de todos. Porém, implementá-la não é mais uma questão de escolha, principalmente com a Lei Geral de Proteção aos Dados (LGPD).

Um estudo realizado pelo Conselho de Governança de Dados da IBM Corp. (DAVIS, 2010) identificou importantes desafios na área de gerenciamento de informações. Dentre as principais tendências identificadas por esse estudo, podem ser citadas:

> A governança de dados se tornará um requisito regulatório, e as empresas terão que demonstrar suas práticas de governança aos órgãos fiscais como parte de auditorias regulares.
> O valor dos dados será tratado como um ativo no balanço e relatado pelo CFO, ao mesmo tempo em que a qualidade dessas informações se tornará crítica.
> Mudança no papel e posicionamento do CIO, que passará a ser responsável por relatar riscos relativos à qualidade de dados ao conselho diretor e terá autoridade para gerenciar o uso da informação.

Nesse cenário, da mesma forma que é essencial que haja alinhamento e transparência entre a governança corporativa e a governança digital, é indispensável que haja integração entre esta última e a governança de dados.

É sobre esse tema que os próximos tópicos discorrem.

11.1.2. Definição de governança de dados

As questões específicas do gerenciamento de dados exigem um grupo multifuncional que tenha o conhecimento necessário para a tomada de decisões relacionadas à gestão de dados. Isso não quer dizer que a governança de TI não enderece as questões que envolvam dados; porém, esse endereçamento é genérico, não tratando das especificidades do universo de dados

Governança de dados, segundo o *Data Governance Institute* (DGI) (THOMAS, 2014), é um sistema de tomada de decisão e responsabilidades para os processos relacionados aos dados, executado de acordo com políticas, normas e restrições.

Segundo o *Data Management Association* (DAMA) (DAMA INTERNATIONAL, s.d.), governança de dados é uma disciplina que deve tratar do planejamento, da supervisão e do controle sobre o gerenciamento de dados e o seu respectivo uso. A governança de dados é a organização e implementação de políticas, procedimentos, comitês, papéis e responsabilidades que delineiam e reforçam regras de comprometimento,

Abordagens específicas de governança e gestão de TI **243**

direitos decisórios e prestação de contas para garantir o gerenciamento apropriado dos ativos de dados. Por esse motivo, a governança de dados exige um conhecimento específico e a participação de especialistas que compreendam os dados e as técnicas para planejá-los, modelá-los, criá-los, mantê-los, integrá-los e distribuí-los.

O foco de atuação da governança de dados pode variar de organização para organização. Alguns programas de governança centram-se em privacidade, *compliance* e segurança de informação. Outros se concentram em aspectos da arquitetura e integração de dados que envolvem critérios de qualidade de dados. Segundo o DGI, é imprescindível que as organizações definam suas necessidades de gestão de dados e a partir daí delimitem o escopo de atuação da governança de dados.

Independentemente do foco definido pela organização, os objetivos listados a seguir são considerados comuns a qualquer programa de governança de dados:

➢ Permitir uma melhor tomada de decisão.
➢ Reduzir o atrito operacional.
➢ Proteger as necessidades das partes interessadas (*stakeholders*).
➢ Institucionalizar uma gerência comum no tratamento de problemas de dados.
➢ Construir padrões, processos e metodologias que possam ser disseminadas pela organização.
➢ Reduzir custos e aumentar a eficácia através da coordenação de esforços conjuntos.
➢ Garantir a transparência dos processos.

Embora não se limite à lista a seguir, observa-se, também, que um programa de governança de dados eficaz possui os seguintes papéis (INFORMATICA, 2012):

➢ **Patrocinador executivo.** O patrocinador executivo ideal será um executivo de nível CxO cujas responsabilidades abrangem toda a organização. Quanto mais cedo os patrocinadores forem identificados, melhor, porque eles direcionam a alocação de recursos, recursos humanos, financiamento, priorização de negócios e funções interfuncionais. Para ser eficaz, um patrocinador deve ser um participante ativo e evangelista.
➢ **Administrador de dados/qualidade de dados.** Os administradores de dados são os especialistas em negócios e de TI que podem traduzir com mais eficácia como os dados e os sistemas influenciam os processos de negócios, decisões e interações mais relevantes para a organização. Os especialistas em qualidade de dados identificam os requisitos de qualidade de dados e garantem que estes sejam implementados nos diversos serviços de dados disponibilizados.

244 Governança Digital 4.0

> **Líder de governança de dados.** A principal responsabilidade – e habilidade – do líder de governança de dados é não se importar com quem "ganha". O líder de governança de dados coordena tarefas para administradores de dados, ajuda a comunicar decisões feitas por administradores a partes interessadas relevantes, impulsiona a auditoria contínua de dados e métricas que avaliam o sucesso do programa e o ROI, e é o principal ponto de escalada para o patrocinador executivo e o comitê diretor.

De maneira genérica, a governança de dados, segundo o DGI, tem seis áreas foco:

> Políticas, normas, estratégia.
> Qualidade dos dados.
> Privacidade/*Compliance*/*Security*.
> Arquitetura/Integração.
> *Data Warehouse* (DW) e *Business Intelligence* (BI).
> Alinhamento entre a governança de dados e as estratégias de TI e negócio.

A seguir são apresentados alguns modelos de maturidade e *frameworks* que direcionam a implantação da governança de dados e podem auxiliar as empresas a obter sucesso nessa missão.

11.1.3. Implantação da governança de dados – modelos, guias e *frameworks*

11.1.3.1. Modelo DMM – *Data Management Maturity Model*

O modelo DMM (*Data Management Maturity Model*) é uma estrutura de maturidade que possibilita a melhoria e maior capacidade de gerenciamento do processo, contendo práticas para estabelecer, sustentar e otimizar o gerenciamento de dados, desde a criação até o arquivamento (MUHSINZODA, 2016; CMMI INSTITUTE, 2014).

Os processos do modelo DMM se aplicam a qualquer setor e qualquer objetivo de gerenciamento de dados, permitindo que o reconheça como infraestrutura crítica através do aumento de recursos e práticas. Este modelo foi criado pelo *CMMI Institute*, que agora pertence à ISACA[103], para que possa ser usado pelas organizações de modo a criar um roteiro personalizado para que se implemente o gerenciamento de dados (MUHSINZODA, 2016).

---

[103] ISACA é a organização sem fins lucrativos que mantém o COBIT e demais modelos e boas práticas relacionadas com a governança e gestão da TI. Recentemente adquiriu a franquia do *CMMI Institute*, o qual pertencia ao *Software Engineering Institute* da *Carnegie Mellon University*.

O modelo DMM apresenta uma metodologia para condução das avaliações do programa de gerenciamento de dados, através de um programa de parceria organizacional que gera certificação como especialista em gerenciamento de dados. Dessa forma, pode-se dizer que o principal foco do DMM é servir como um guia para *assessment* (avaliação) de maturidade em gestão de dados, embora seja possível implementá-la por meio de suas práticas (funcionais e de infraestrutura) divididas em níveis de maturidade.

O DMM auxilia as organizações a se tornarem mais eficientes no gerenciamento de dados críticos, sendo construído com base nos princípios fundamentais do CMMI (*Capability Maturity Model Integration*), resultando em menor risco, maior desempenho e lucratividade (MUHSINZODA, 2016).

Na essência, o DMM apresenta seis categorias e 25 áreas de processos, conforme Tabela 11.1.

Tabela 11.1 – Descrição das categorias DMM

Categoria	Áreas de processos
Estratégia de gestão de dados	Estratégia de gestão de dados
	Comunicações
	Função de gestão de dados
	Caso de negócio
	Financiamento do programa
Governança de dados	Gestão da governança
	Glossário de negócio
	Gestão de metadados
Qualidade de dados	Estratégia de qualidade de dados
	Perfil de dados
	Avaliação da qualidade de dados
	Limpeza de dados
Operações de dados	Definição de requisitos de dados
	Ciclo de vida da gestão de dados
	Gestão do fornecedor
Plataforma e arquitetura	Abordagem arquitetural
	Padrões arquiteturais
	Plataforma de gestão de dados
	Integração de dados
	Dados históricos, arquivamento e retenção
Processos de suporte	Medição e análise
	Gerência de processos
	Garantia da qualidade de processo
	Gestão de risco
	Gestão de configuração

246 Governança Digital 4.0

11.1.3.2. DAMA-DMBOK® V2

O guia DAMA-DMBOK® V2 pretende ser um guia definitivo de gerenciamento de dados, uma vez que ele:

> ➤ Cria consenso e fornece definições para as áreas de conhecimento de gerenciamento de dados comumente usadas. Tais definições envolvem produtos finais, funções e outras terminologias.
> ➤ Identifica princípios que orientam o gerenciamento de dados.
> ➤ Observa as boas práticas comumente aceitas, métodos e técnicas amplamente adotados e abordagens alternativas, sem referenciar fornecedores de tecnologia específicos ou quais produtos.
> ➤ Identifica de forma breve questões organizacionais e culturais que influenciam o gerenciamento de dados.
> ➤ Esclarece o escopo e os limites do gerenciamento de dados.
> ➤ Orienta os leitores para recursos adicionais para maior compreensão e aplicação do gerenciamento de dados.

O modelo DAMA-DMBOK® V2 foi lançado em 2017 e aborda as áreas de conhecimento já presentes em sua versão anterior. Traz um conhecimento estendido que engloba *big data*, a avaliação de maturidade e o gerenciamento de mudanças.

As áreas de conhecimento relacionadas ao gerenciamento de dados são:

1. Governança de Dados
2. Arquitetura de Dados
3. Modelagem e *Design* de Dados
4. Armazenamento e Operações de Dados
5. Segurança de Dados
6. Referência e Dados Mestres
7. Armazenamento de Dados e *Business Intelligence*
8. Integração de Dados e Interoperabilidade
9. Documentos e Conteúdo
10. Metadados
11. Qualidade de Dados

Segundo o DAMA-DMBOK® V2 (CUPOLI; EARLEY; HENDERSON, 2015; DAMA INTERNATIONAL, s.d.; DAMA, 2009), a governança de dados é o exercício da autoridade, do controle e da tomada de decisão compartilhada sobre a gestão dos

Abordagens específicas de governança e gestão de TI **247**

ativos de dados. É um processo de supervisão para todo o gerenciamento de dados, definindo uma estratégia e processos de controle (DAMA, 2009). A governança de dados tem integração com o gerenciamento de informações, a governança de TI, o gerenciamento de serviços de TI, PMO (*Project Management Office*), operações de negócios e gerenciamento de riscos.

Subdivide-se em governança de dados e *stewardship*, desenvolvimento cultural empresarial, dados em *cloud* e ética na manipulação de dados. Cada uma dessas áreas é definida em termos de objetivos e atividades, que podem ser de Planejamento (P), Desenvolvimento (D), Controle (C) ou Operacionais (O) (CUPOLI; EARLEY; HENDERSON, 2015) (DAMA INTERNATIONAL, s.d.).

- ➢ **Governança de dados e *stewardship*:**
  - ▪ Objetivos:
    - 1. Definir, aprovar, comunicar e implementar princípios, políticas, procedimentos, métricas, ferramentas e responsabilidades para o gerenciamento de dados.
    - 2. Rastrear e aplicar a conformidade às políticas de dados internos e regulamentares.
    - 3. Monitorar e orientar o uso de dados e atividades de gerenciamento.
  - ▪ Atividades:
    - 1. (P) Definir a governança de dados para a organização.
    - 2. (P) Definir a estrutura operacional.
    - 3. (P) Criar e implementar princípios e políticas de dados.
    - 4. (P) Definir funções.
    - 5. (O) Implementar e sustentar.
- ➢ **Desenvolvimento cultural empresarial:**
  - ▪ Objetivos:
    - 1. Definir uma organização centrada em dados.
    - 2. Entender como o desenvolvimento da cultura de negócios suporta a governança de dados.
    - 3. Definir atividades de gerenciamento de mudanças que podem suportar o gerenciamento de dados e o alinhamento da cultura de negócios.
    - 4. Destacar a necessidade de comunicação e treinamento em atividades de gerenciamento de dados.
  - ▪ Atividades:
    - 1. (P) Criar uma organização centrada em dados.
    - 2. (D) Desenvolver pontos de contato organizacionais.
    - 3. (C) Desenvolver controles de cultura centrados em dados.

248 Governança Digital 4.0

➤ **Dados em *cloud*:**
- Objetivos:
  - 1. Definir, contratar, implementar e monitorar áreas de gerenciamento de dados baseadas em nuvem de programas.
  - 2. Definir implementação/contrato, monitorar e reportar SLAs em armazenamentos de dados internos e externos.
- Atividades:
  - 1. (P) Avaliar a prontidão organizacional.
  - 2. (P) Definir os requisitos de *cloud* e terceirização para a organização.
  - 3. (P) Definir e (D) executar os requisitos de contratação.
  - 4. (P) Selecionar e (D) executar o ambiente do fornecedor de infraestrutura em nuvem.
  - 5. (D) Desenvolver regras de segurança e código ETL/*Change Data Change* (CDC).
  - 6. (O) Operacionalizar as atividades de dados em nuvem.
  - 7. (C) Relatório sobre monitoramento de serviços.

➤ **Ética na manipulação de dados:**
- Objetivos:
  - 1. (P) Revisar as práticas de manipulação de dados.
  - 2. (P) Desenvolver a estratégia de tratamento ético de dados.
  - 3. (D) Comunicar e educar a equipe.
  - 4. (D) Abordar as lacunas das práticas.
  - 5. (C) Monitorar e manter o alinhamento.
- Atividades:
  - 1. (P) Analisar as práticas de manipulação de dados.
  - 2. (P) Desenvolver a estratégia de tratamento ético de dados.
  - 3. (D) Comunicar e educar a equipe.
  - 4. (D) Abordar as lacunas das práticas.
  - 5. (C) Monitorar e manter o alinhamento.

11.1.3.3. DGI *Framework*

O *Data Governance Institute* criou um *framework* para auxiliar as empresas a empreenderem as iniciativas de governança de dados. O *framework* auxilia as organizações a compreenderem questões vitais para o estabelecimento da governança de dados, tais como:

➤ A missão da governança de dados.

- O trabalho que deverá ser realizado.
- Papéis funcionais envolvidos.
- Como esses papéis irão interagir para gerar valor para a organização.
- Quando os processos serão executados.

Conforme Figura 11.1, o *framework* de governança de dados do DGI é composto por 10 componentes (TANAKA, 2015):

- **Missão:** a governança de dados normalmente tem uma missão que se divide em três partes:
  - Definir e alinhar regras de maneira proativa.
  - Fornecer serviços de dados a todas as partes interessadas.
  - Reagir e resolver problemas decorrentes da não conformidade com as regras.
- **Objetivos, métricas e medidas de sucesso, financiamento.**

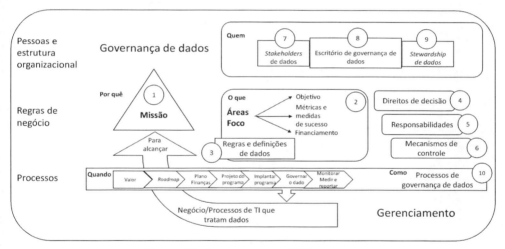

Figura 11.1 – Componentes do DGI *framework*.
Fonte: adaptado de <http://www.datagovernance.com/the-dgi-framework>.

- **Regras e definições de dados:** este componente se refere às políticas relacionadas a dados, normas, requisitos de conformidade e regras de negócios. Dependendo de seu foco, o programa pode trabalhar para:
  - Criar novas regras e definições.
  - Reunir as regras e definições atuais.
  - Identificação de lacunas e sobreposições.
  - Alinhar e priorizar as regras e/ou definições conflitantes.

250 Governança Digital 4.0

> **Direitos de decisão:** é necessário estabelecer o processo de tomada de decisão em relação aos dados, bem como quem e quando as decisões devem ser tomadas.
> **Responsabilidades:** quem deve fazer o quê e quando, ou seja, estabelecimento de papéis e respectivas responsabilidades.
> **Mecanismos de controle:** controles para os riscos do gerenciamento de dados, como a violação de dados sensíveis.
> **Stakeholders de dados:** definição de todos os profissionais envolvidos na governança de dados.
> **Escritório de governança de dados:** facilita e apoia as atividades de governança. Ele coleta as métricas e medidas de sucesso, elabora relatórios sobre os dados e os distribui para as partes interessadas.
> **Stewardship de dados:** conjunto de intervenientes de dados, que se reúnem para decidir sobre as questões de dados. Eles podem definir políticas e especificar normas, ou estabelecer recomendações que são aproveitadas por um nível mais alto, como, por exemplo, o comitê de governança.
> **Processos:** as atividades de governança de dados contemplam:
> - Alinhar políticas, requisitos e controles.
> - Estabelecer o processo e poderes de decisão.
> - Estabelecer papéis e responsabilidades.
> - Executar a administração (*stewardship*).
> - Gerenciar mudanças.
> - Definir os dados.
> - Resolver problemas e questões.
> - Especificar requisitos de qualidade dos dados.
> - Integrar governança de dados e governança de tecnologia.
> - Gerenciar as partes interessadas.
> - Realizar as comunicações devidas.
> - Medir e relatar o valor dos resultados.

11.2. Governança de conteúdo

Conteúdo de uma organização geralmente está associado a conteúdos não estruturados e semiestruturados, como imagens, documentos em papel, conteúdos de planilhas, documentos em processador de texto, vídeos e áudios.

Em algumas organizações, isso tem um papel importante. Por exemplo, registros de funcionários têm que ser mantidos por 70 anos. Em bancos também tem grande

Abordagens específicas de governança e gestão de TI **251**

proeminência, apesar de todo o esforço para digitalizar documentos como contratos e outros.

Bem, o que envolve a governança e gestão do conteúdo (*Enterprise Content Management*)?

➢ Política de conteúdo corporativo.
➢ Estabelecimento de padrões de captura, preservação de conteúdos digitais e físicos, armazenamento digital e físico e destruição ou descarte de conteúdo.
➢ Estabelecimento de padrões de algoritmos de compressão e de resolução para a digitalização de documentos.
➢ Estabelecimento de padrões de classificação e indexação do conteúdo, de extrema importância para a recuperação dos conteúdos (remete à questão de metadados).
➢ Regras para o controle de tempos de retenção ou temporalidade dos conteúdos.
➢ Regras para contratação e gerenciamento de empresas de gestão documental.
➢ Procedimentos para a digitalização de documentos.
➢ Procedimentos de segurança da informação (geralmente são adendos à política e procedimentos de segurança da informação da organização).
➢ Regras para a continuidade dos serviços de captura, classificação, armazenamento, disponibilização e descartes de conteúdo.
➢ Normas para garantia de autenticidade de documentos físicos e digitais.
➢ Regras para transferência de conteúdo.
➢ Regras para reutilização de conteúdo (exemplo: uso de imagens de documentos pessoais).
➢ Atribuições e responsabilidades.
➢ Padronização de escâner.
➢ Padronização de software de captura.
➢ Padronização de sistemas de *records management*.
➢ Padronização de indicadores operacionais e gerenciais táticos e estratégicos de ECM.

Considerando o conceito de governança, que é avaliar, dirigir e monitorar, esses itens anteriores, além de serem elaborados, devem ser monitorados quanto à sua efetiva aplicação e aos benefícios dos projetos e da operação a serem apurados, visto que, se ocorrer algum desvio, haja melhoria contínua.

Se você deseja saber mais sobre o assunto, veja o site da AIIM: <https://www.aiim.org/>.

11.3. Governança de processos

A governança de processos envolve a avaliação do atual estágio de um processo específico, o direcionamento de governança e gestão e o monitoramento da aplicação do direcionamento.

Considerando que todo e qualquer produto ou serviço depende de um processo, em qualquer organização, a ideia da governança de processos é justamente estabelecer e aprimorar o processo ao longo do tempo, visando maximizar o retorno dos produtos e serviços.

Portanto, quando estamos falando em governança de processos, temos que levar em consideração:

> A arquitetura do processo (desenho do processo com suas etapas e atividades).
> O nível de maturidade do processo.
> O nível de conformidade do processo.
> A qualidade dos entregáveis.
> O cumprimento da cadência de execução do processo.
> Resolução de pontos de auditoria.
> Resolução de não conformidades.
> Avaliação de resultados.

11.4. Governança de projetos

A governança de projetos envolve a avaliação do atual estágio dos processos e práticas de gestão de projetos dentro da organização, eventualmente com avaliação de maturidade, o estabelecimento de direcionamento para o processo, o monitoramento sobre se o direcionamento está sendo aplicado, a medição dos benefícios esperados e a melhoria contínua.

Geralmente, aspectos que são envolvidos no processo de governança de projetos são:

> Política corporativa de gerenciamento de projetos.
> O processo de gerenciamento de projetos.
> Métodos e práticas de gerenciamento de projetos.
> Papéis e responsabilidades em projetos dentro da organização.
> Medições relativas aos resultados do processo de gerenciamento de projetos.

Abordagens específicas de governança e gestão de TI **253**

> Organização e papéis do escritório de projetos.
> Política de desenvolvimento de pessoas em gerenciamento de projetos.
> Serviços de suporte em gerenciamento de projetos.
> Política de recuperação de projetos.
> Padrões de *report* de progresso de projetos.

11.5. Governança e gestão de cidades inteligentes

As cidades são hoje geridas a partir das disposições dos planos diretores e definem as ações das secretarias municipais. Essa situação vale enquanto as atividades das secretarias não estão integradas entre si. Em uma Cidade 4.0 Inteligente, as barreiras entre as secretarias caem, uma vez que os serviços deixam de ser estáticos. Alguns exemplos:

> As câmeras do sistema de segurança podem ser as mesmas câmeras que monitoram o trânsito, instaladas nos postes de iluminação pública e que provêm dados para o sistema semafórico inteligente.
> Os sistemas de *e-governance* podem atender a praticamente todos os serviços oferecidos pela prefeitura, como finanças (cobranças, pagamentos, certidões), reclamações, serviço de água, etc.
> A informação em tempo real do monitoramento de eventos climáticos deve alertar todas as instâncias (transporte, educação, segurança, defesa civil, etc.) para prevenir situações de emergência.
> Os dados de consumo de energia e água de todos os prédios públicos podem ser avaliados em uma plataforma conjunta que aponte oportunidades de reduções inteligentes.

Para que isso aconteça, é necessário que todos os serviços sejam integrados em uma plataforma única. Essa plataforma única pode apresentar diversos nomes, podendo ser chamados de Centro de Operação, Centro Inteligente de Operação, Centro Integrado de Operação e Controle ou, como trataremos neste livro, o Centro Inteligente de Operações Integradas (CIOI).

Esse centro integra os diversos entes que prestam serviços ao cidadão, como secretarias, defesa civil, polícia militar e civil, corpo de bombeiros e, também, é para onde todas as informações dos sensores espalhados pela cidade são concentradas. Sua estrutura contempla a parte relacionada à tecnologia (servidores, sistemas aplicativos, concentrador de elementos monitorados) e à estrutura física (salas de operação, salas de gestão de crises).

As condições do trânsito, a situação dos sistemas de mobilidade (ônibus, trem, metrô), as imagens das câmeras de segurança, as previsões meteorológicas, a incidência de pluviosidade, o monitoramento de estruturas, o controle de poluição atmosférica, a situação do abastecimento de água e energia são monitorados e alimentam bancos de informações que se transformam em *big data*. A análise desses dados permite a antecipação de eventuais problemas, e, em caso de situações de emergência, decisões rápidas podem ser tomadas para garantir a qualidade de vida dos cidadãos. Em processos mais evoluídos, sistemas de inteligência artificial podem ser os responsáveis inclusive pela tomada de decisão, atuando com uma infinidade de diferentes cenários que seriam impossíveis de ser preparados mesmo por profissionais experientes.

A Figura 11.2 apresenta um modelo de Cidade 4.0 Inteligente, no qual todos os sistemas que a compõem são unidos pelo Centro de Inteligente de Operações Integradas.

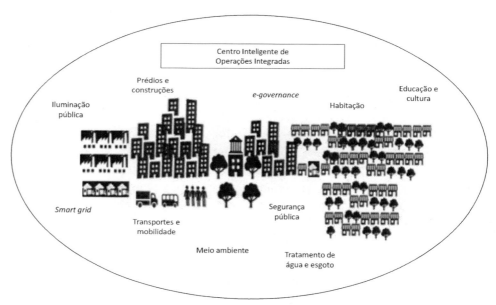

Figura 11.2 – Componentes de uma cidade inteligente.
Fonte: os autores.

Como se vê, a dinâmica que governa a cidade hoje será alterada com a implantação das Cidades 4.0 Inteligentes. O cidadão, através dos sistemas de *e-governance* e também das mídias sociais, terá um papel mais ativo na definição das prioridades e na cobrança das soluções dos entes públicos. Na análise empreendida por Joss, Cook e Dayot (2017) quanto às normas britânicas relacionadas às cidades inteligentes, fica claro que a direção da governança da cidade passa a ser um regime de cidadania inteligente, no

Abordagens específicas de governança e gestão de TI **255**

qual o foco passa a ser de serviços orientados e integrados para os cidadãos, através de tecnologia digital que reduza o custo das operações. Uma mudança significativa no modelo de governança proposto nas normas britânicas é a busca ativa de demandas dos cidadãos, considerando necessidades e comportamentos. O perigo, nesse caso, é ter os sistemas da Cidade 4.0 Inteligente atuando no monitoramento dos cidadãos, exercendo uma espécie de vigilância sobre eles (LEITE, 2015).

Entretanto, não se pode pensar a Cidade 4.0 Inteligente apenas no âmbito municipal, pois parte dos serviços são de competência estadual e mesmo federal, conforme definido pela Constituição de 1988. No caso da mobilidade, este é um exemplo real, pois o sistema de ônibus pode ser municipal (se restrito aos limites do município) ou estadual (se as linhas se estenderem por mais de um município). O mesmo ocorre com sistemas ferroviários, que podem ser estaduais ou federais. Assim, também é necessário incluir os conceitos das Cidades 4.0 Inteligentes nas discussões do pacto federativo, no que concerne às obrigações dos campos de atuação.

Outra mudança no modelo de gestão das cidades é a participação do capital privado na disposição de serviços de Cidades 4.0 Inteligentes. Perboli et al (2014) apresentam um modelo de taxonomia de cidades inteligentes onde tanto o poder público quanto agentes privados podem ser responsáveis pela gestão de projetos de implantação de Cidades 4.0 Inteligentes, como também pela infraestrutura de financiamento e pelos recursos financeiros propriamente ditos. Essa possibilidade está prevista na Constituição de 1988, que define que a prestação de serviços públicos pode ser feita diretamente ou sob regime de concessão ou permissão (BRASIL, 1988). Assim, uma possibilidade é a utilização das Parcerias Público Privadas (PPPs) para a prestação de serviços de Cidades 4.0 Inteligentes. Segundo levantamentos de um *website* especializado em PPPs, desde 2013 a maior quantidade de PPPs disponibilizadas teve como objeto os serviços de iluminação pública, que, segundo Antunes (2017), é o primeiro serviço de cidades inteligentes a ser implantado no Brasil.

Considerando o que vimos até agora, a governança da Cidade 4.0 Inteligente teria com certeza o cidadão em seu centro, demandando serviços dos mais diversos prestadores. A Rede Brasileira de Cidades Inteligentes & Humanas, ligada à Frente Nacional de Prefeitos, também pensa assim, afirmando que "cidadãos 'empoderados' por conhecimento e acesso aos dados e ferramentas digitais podem efetivamente participar do processo de construção de suas cidades" (REDE BRASILEIRA DE CIDADES INTELIGENTES & HUMANAS, 2016, p. 3). A Figura 11.3 mostra essa situação.

Figura 11.3 – Estrutura de governança da Cidade 4.0 Inteligente.
Fonte: os autores.

Seja de que forma for, cada vez mais os cidadãos vão demandar serviços, e a discussão sobre quem o provê não fará diferença na percepção da qualidade de vida que o cidadão busca.

11.6. Governança e gestão de TI em pequenas e médias empresas

Geralmente, as pessoas se perguntam se os conceitos até aqui expostos podem ser aplicados em pequenas e médias empresas. Acreditamos que sim, mas com um foco mais tático, porque atualmente grande parte dos serviços de TI necessários é fornecida por provedores de software como serviço e infraestrutura como serviço.

Há várias classificações adotadas por instituições acerca do que é empresa de pequeno e médio porte. Essas classificações são por faturamento e pessoal alocado. Geralmente, uma pequena empresa tem faturamento entre R$ 360 mil e R$ 4,8 milhões, enquanto uma média empresa tem faturamento entre R$ 4 milhões e R$ 300 milhões[104].

O cenário da TI em pequenas e médias empresas no Brasil pode ser caracterizado como:

> ➢ A necessidade de infraestrutura de TI não é complexa.
> ➢ Os serviços estão na nuvem, então as empresas estão migrando para aquisição de serviços na nuvem.

---

[104] Fonte: BNDES – <https://www.bndes.gov.br/wps/portal/site/home/financiamento/guia/quem-pode-ser-cliente/>

Abordagens específicas de governança e gestão de TI **257**

> Tarefas mais complexas são terceirizadas (tais como suporte à rede, hospedagem de sistemas integrados de gestão, CRM, *e-commerce*, dentre outros).
> Geralmente compra-se em vez de desenvolver.
> Há limitações de habilidades em TI dentro da empresa.
> A tolerância ao risco é alta por parte da administração da organização, muitas vezes pelo desconhecimento desses riscos.
> Há muito foco em relação aos custos.
> A estrutura de comando é simples.
> Existem poucos controles.
> Processos não são repetíveis e padronizados.
> Há aplicações de B2B e B2C, usando serviços na nuvem.

Em pequenas e médias empresas o êxito está associado ao envolvimento da cúpula da empresa, que é impelida a informatizar a empresa por razões de sobrevivência e espera, depois de implantar a informatização, ter benefícios como melhores controles e maior velocidade na tomada de decisões.

Atualmente, com os sistemas de notas fiscais eletrônicas e SPED Fiscal, as empresas são forçadas a informatizar suas funções administrativas e financeiras e também funções que têm impacto direto na contabilidade, tais como controle de estoque, almoxarifado, etc.

Entendemos que um modelo de governança de TI para pequenas e médias empresas deve focar na gestão da privacidade de dados, na continuidade do negócio, nos serviços de TI e em atividades para o crescimento e conformidade do negócio, em alguns aspectos de gestão, e ter como principais fatores críticos de sucesso a postura, as habilidades e as atitudes do responsável pela TI.

> **Privacidade de dados:** agora com a Lei Geral de Proteção de Dados, a LGPD[105], toda e qualquer organização terá que proteger os dados pessoais de seus colaboradores, clientes, contatos comerciais, etc. Os riscos são multas altíssimas no caso de uso indevido desses dados ou mesmo a sua perda. Portanto, segurança da informação passa a ser um item obrigatório na agenda do gestor de TI e dos acionistas da empresa.
> **A continuidade do negócio:** está mais fácil hoje porque há vários fornecedores de serviços de gestão da infraestrutura, segurança da informação, software como serviço, plataforma como serviço e assim por diante, tudo na nuvem e a

---

[105] Lei nº 13.709, de 14 de agosto de 2018, que dispõe sobre a proteção de dados pessoais.

um preço extremamente atrativo, baseado em assinaturas. Portanto, facilitou muito para a empresa que deseja se automatizar por completo, a não ser que seja da indústria, em que a questão é mais complexa. As questões críticas aqui são: saber escolher o provedor de serviços, saber contratar e gerenciar o contrato dos serviços. Outro aspecto crítico é quanto à integração de informações e de dados, quando se usam sistemas e serviços de vários provedores em plataformas distintas.

➢ **Serviços de TI:** contratação de serviços de *help desk* ou central de serviços para atendimento a requisições de serviços e incidentes conforme acordos de níveis de serviços, assim como gerenciamento de redes, etc.

➢ **Apoio ao crescimento e conformidade do negócio:** são atividades relativas a planejamento das necessidades de novas funcionalidades, novas soluções, a sua contratação, integração, testes e assuntos sobre a evolução da arquitetura tecnológica.

➢ **Governança e gestão da TI:** foco em governança no uso de recursos, uso de redes sociais, contratação de serviços na nuvem, gestão de serviços de suporte da TI interna, gestão de contratos e dos respectivos serviços, gestão dos recursos humanos e comunicação sobre o desempenho da TI para os acionistas.

Entretanto, esse cenário exige maiores habilidades do responsável pela TI da empresa, tais como: capacidade de planejamento, de entender o negócio, possuir habilidades técnicas em sistemas e infraestrutura, capacidade de induzir os "donos" do negócio a investir em TI, capacidade de saber contratar serviços e de gerenciar o trabalho de terceiros.

11.7. Governança em operações de desenvolvimento de software

Operações de desenvolvimento de software contêm os seguintes elementos:

➢ Processos de desenvolvimento de software abrangendo identificação, especificação, construção e testes de requisitos, testes integrados, testes de sistemas e de aceitação.

➢ Metodologias e técnicas de desenvolvimento.

➢ Arquiteturas *DevOps*, por exemplo.

➢ Padrões de arquitetura de software.

➢ Processos de gestão de requisitos.

➢ Processos de gestão de configuração.

- ➢ Processos de qualidade de código.
- ➢ Padrões de codificação.
- ➢ Ferramentas de apoio ao desenvolvimento de software.
- ➢ Processo de gestão do desenvolvimento.
- ➢ Processo de gestão da demanda.
- ➢ Processos de gestão da manutenção e sustentação ao software.
- ➢ Requisitos de segurança.
- ➢ Dentre outros.

A organização precisa ter o mínimo de padrão para operar e desenvolver softwares. Um dos papéis da governança é avaliar o ambiente de desenvolvimento, dirigir quanto ao estabelecimento de padrões mínimos e monitorar se estes foram implementados e estão dando os resultados esperados.

Outro aspecto importante é estabelecer padrões para que os fornecedores estejam aptos a prestarem serviços de desenvolvimento de software.

11.8. Governança em operações de serviços de TI

Operações de serviços de TI contêm os seguintes processos:

- ➢ Gerenciamento da disponibilidade.
- ➢ Análise do negócio.
- ➢ Gerenciamento da capacidade e do desempenho.
- ➢ Controle de mudanças.
- ➢ Gerenciamento de incidentes.
- ➢ Gerenciamento de ativos de TI.
- ➢ Monitoramento e gerenciamento de eventos.
- ➢ Gerenciamento de problemas.
- ➢ Gerenciamento da liberação.
- ➢ Gerenciamento do catálogo de serviços.
- ➢ Gerenciamento da configuração dos serviços.
- ➢ Gerenciamento da continuidade dos serviços.
- ➢ Projeto do serviço.
- ➢ *Service desk*.
- ➢ Gerenciamento de níveis de serviços.
- ➢ Gerenciamento das requisições de serviços.
- ➢ Validação e testes de serviços.

260 Governança Digital 4.0

A organização precisa ter o mínimo de padrão para gerenciar e operar os serviços de TI. Um dos papéis da governança é avaliar o ambiente de gerenciamento de serviços, dirigir quanto ao estabelecimento de padrões mínimos e monitorar se estes foram implementados e estão dando os resultados esperados.

Outro aspecto importante é estabelecer padrões para que os fornecedores estejam aptos a prestarem serviços de TI.

11.9. Governança em segurança da informação

Em relação à segurança da informação, a governança deve lidar com o estabelecimento de um sistema de gerenciamento da segurança da informação[106], obviamente, se assim for o desejo da organização ou se tiver necessidade por motivos de exigência de clientes.

A governança também se envolve no estabelecimento de políticas, processos e procedimentos acerca de:

- ➤ Política de segurança da informação.
- ➤ Proteção contra software malicioso.
- ➤ Segurança da rede de comunicação.
- ➤ Segurança física e lógica.
- ➤ Gerenciamento da identificação de usuários.
- ➤ Gerenciamento do acesso a ativos físicos.
- ➤ Gerenciamento de informação e documentos sensíveis.
- ➤ Gerenciar as vulnerabilidades.
- ➤ Monitorar a infraestrutura em relação aos aspectos de segurança.

O papel da governança, seguindo o conceito dado no livro, avalia o sistema de gerenciamento da qualidade e as práticas gerenciais táticas e operacionais chaves e, a partir dos achados, determina e dirige o desenvolvimento e a implantação de práticas, e posteriormente monitora se o que foi determinado está sendo seguido. Caso contrário, executa melhorias ou correções para colocar o padrão sob controle.

---

[106] O COBIT sugere que se use a série de normas ISO 27000 para implementar um sistema de gestão da segurança da informação.

11.10. Governança da proteção de dados

A necessidade preliminar da discussão para aplicação da governança e *compliance* aplicados ao tratamento e à gestão de dados para atendimento das obrigações da Lei nº 13.709/18 (LGPDB – Lei Geral de Proteção de Dados Brasileira)[107] reside em fixar os conceitos básicos do sentido de proteção de dados, especialmente nesse momento brasileiro de 2019, onde a realidade é a total inexistência de proteção aos dados pessoais, convertidos em informações de valor que transitam do mundo físico para o mundo das comunicações.

Registra-se o conceito de governança adotado como três verbos em sequência: avaliar, dirigir e monitorar, que, neste momento de transição organizacional, serve de padrão mínimo às empresas com horizonte de busca da conformidade às obrigações da Lei nº 13.709/18.O *compliance*, como ferramental da governança corporativa, impõe a conformidade de cumprimento, de respeito e de obediência às normas que as organizações e seus membros devem respeitar.

As dimensões do *compliance* se conectam com a gestão da organização, com a gestão de pessoas, com visão atenta e profunda, e interligam-se com a estratégia das organizações em relação ao plano de comportamentos éticos, integradas às normas costumeiras, jurídicas e regulatórias direcionadas ao horizonte de atos íntegros.

Dados correspondem aos *bytes* binários de uma pessoa, processados/tratados, em meios digitais e convertem-se em informações dessa pessoa. As informações são o objeto para realização dos interesses, que, por sua vez, podem ou não se converter em transações. Nesse ponto, o interesse da utilização pessoal desconectado da geração de valor financeiro está excluído, posto que o objeto da proteção é o tratamento dos dados individuais em transações negociais com interesse na geração de valores por outras pessoas (físicas ou jurídicas).

Esse interesse na geração de valores não deve prejudicar os direitos fundamentais de uma pessoa: a Declaração Universal dos Direitos Humanos, proclamada em 10 de dezembro de 1948 pela Organização das Nações Unidas[108], diz em seu art. 3º: "todo indivíduo tem direito à vida, à liberdade e à segurança pessoal".

---

[107] Vide em: <http://www.planalto.gov.br/ccivil_03/_Ato2015-2018/2018/Lei/L13709.htm>.

[108] Vide em: <https://www.ohchr.org/EN/UDHR/Pages/Language.aspx?LangID=por>.

262 Governança Digital 4.0

O desdobramento do direito à vida, à liberdade e à segurança pessoal em relação ao tratamento dos dados pessoais nos meios digitais, na forma dos arts. 1º e 2º da LGPDB, "por pessoa natural ou por pessoa jurídica de direito público ou privado, com o objetivo de proteger os direitos fundamentais de liberdade e de privacidade e o livre desenvolvimento da personalidade da pessoa natural" onde pessoa natural corresponde a pessoa física, tem como fundamentos: o respeito à privacidade; a autodeterminação informativa; a liberdade de expressão, de informação, de comunicação e de opinião; a inviolabilidade da intimidade, da honra e da imagem; o desenvolvimento econômico e tecnológico e a inovação; a livre iniciativa, a livre concorrência e a defesa do consumidor; os direitos humanos, o livre desenvolvimento da personalidade, a dignidade e o exercício da cidadania.

Transações negociais íntegras requerem lideranças que, nesse período de transição, avaliem os processos necessários para a conformidade da LGPD, estabeleçam a direção e monitorem a segurança do tratamento dos dados pelas organizações, que, tal como já apontado, se encontram em momento de mudança, sendo que esse contexto de contemporaneidade insere o *compliance* na gestão das boas práticas de governança das organizações modernas.

A acepção do termo *compliance* mais comum e presente no cotidiano de empresas, governo, órgãos de fiscalização e em leis, de forma geral, é de: programa de conformidade. Conformidade, então, nessa acepção mais comum entregue ao *compliance*, liga-se na forma de programa ético, que estabelece o conjunto de regras e comportamentos que devem ser objeto de conscientização e de procedimentos para implementação em determinado ecossistema e seu objetivo: transações íntegras.

Outra acepção liga o *compliance* aos riscos de determinados comportamentos não conformes, de gestão da boa reputação, da mesma forma a comportamentos aderentes à postura de aceitar determinados riscos com a utilização das expressões: riscos reputacionais e riscos de *compliance*.

Controles sobre os processos e desvios de conduta também são atividades do *compliance*, outra acepção comumente utilizada de atividade de controle como ferramental de monitoramento da governança corporativa.

Nas palavras de Silveira (2015), o *compliance* representa a conformidade da companhia com as normas externas e internas, tais como leis, regulamentações e políticas corporativas, que contemplam aculturamento e mecanismos de prevenção, detecção e solução de não conformidades.

Fixadas as acepções da expressão *compliance*, passemos ao que se conceitua como "programas de *compliance*", de Coimbra e Manzi (2010), que correspondem ao "ato de cumprir, de estar em conformidade e executar regulamentos internos e externos, impostos às atividades da instituição, buscando mitigar o risco atrelado à reputação e ao regulatório/legal".

Programas de *compliance* levando as preocupações e tarefas que lhe são atribuídas são decorrentes do gerenciamento de riscos. Nesse sentido:

> O risco a que se tenta mitigar com a atualização de programas de *compliance* tem relação com o risco legal, de sanções regulatórias, de perda financeira ou perda de reputação, que uma empresa pode sofrer como resultado de falhas no cumprimento das leis, regulamentações, códigos de conduta e das boas práticas (GUARAGNI; SANTOS, 2015).

Decorrente da ausência da proteção de dados pessoais que, ao entender de organizações que não se importam com a integridade em suas transações, e sim com o lucrar com alto apetite de risco, perdurará assim até agosto de 2020 no Brasil o banquete da utilização dos dados pessoais, ao seu bel prazer, já tem no Ministério Público do Distrito Federal atuação repressora antes mesmo do início de vigência da LGPD.

Nesse sentido, transcrevemos trecho do Termo de Ajustamento de Conduta (TAC nº 01/2019), firmado em 16 de janeiro de 2019, que, em sua terceira cláusula, atesta que organizações que prezam pela integridade em suas condutas podem ser vítimas de outras que não prezam:

> A empresa Netshoes (Ns2.Com Internet S.A.) compromete-se a: 1) implantar medidas adicionais ao seu Programa de Proteção de Dados, quais sejam: gerenciamento de riscos e vulnerabilidades no portal Netshoes; ações de adequação à Lei Geral de Proteção dos Dados Pessoais; e atualização contínua de sua Política de Segurança Cibernética; 2) realizar esforços de orientação de consumidores, a aumentar o nível de conhecimento sobre os riscos cibernéticos e medidas de proteção de seus dados pessoais, por meio de campanha de conscientização; e 3) disseminar ao mercado as melhores práticas para privacidade e proteção de dados pessoais, por meio da participação em fóruns e eventos especializados; e difusão de boas práticas de proteção dos dados[109].

---

[109] Vide em: <http://www.mpdft.mp.br/portal/pdf/tacs/espec/TAC_Espec_2019_001.pdf>.

A Lei nº 13.709/18 indica as hipóteses e organizações a quem se aplica em seu art. 3º:

> qualquer operação de tratamento realizada por pessoa natural ou por pessoa jurídica de direito público ou privado, independentemente do meio, do país de sua sede ou do país onde estejam localizados os dados, desde que: a operação de tratamento seja realizada no território nacional; a atividade de tratamento tenha por objetivo a oferta ou o fornecimento de bens ou serviços ou o tratamento de dados de indivíduos localizados no território nacional; a atividade de tratamento tenha por objetivo a oferta ou o fornecimento de bens ou serviços ou o tratamento de dados de indivíduos localizados no território nacional; os dados pessoais objeto do tratamento tenham sido coletados no território nacional.

As exclusões se encontram no art. 4º:

> realizado por pessoa natural para fins exclusivamente particulares e não econômicos; realizado para fins exclusivamente: jornalístico e artísticos ou acadêmicos; segurança pública; defesa nacional; segurança do Estado; ou atividades de investigação e repressão de infrações penais; provenientes de fora do território nacional e que não sejam objeto de comunicação, uso compartilhado de dados com agentes de tratamento brasileiros ou objeto de transferência internacional de dados com outro país que não o de proveniência, desde que o país de proveniência proporcione grau de proteção de dados pessoais adequado.

Disto então, temos que as organizações necessitam adotar uma avaliação de risco de *compliance* de acordo com seu modelo de negócios, apetite ao risco e ambiente regulatório vigente a que está sujeita. É certo que não existe um modelo; assim: "identificar, avaliar e classificar esses riscos é um dos passos mais importantes na criação de um programa sólido de *compliance*, sendo essencial que as classificações de risco reflitam adequadamente os riscos presentes e resultem em avaliações que gerem medidas práticas para mitigá-los e controlá-los"[110].

Para implementação e monitoramento de controles e conformidades em geral, da mesma forma, quando determinados controles internos obrigatórios são impostos por lei, o desafio do conselho e da alta direção reside na arquitetura e construção de modelo de gestão o mais integrativo possível, com objetivo de desenvolver práticas organizacionais de modelagem com a grande série de atividades e variáveis inter-

---

[110] Vide Febraban, 2018.

dependentes, as quais, na presente era da tecnologia da informação, necessitam do suporte e do acompanhamento do ambiente de avanço da tecnologia da informação.

Os modelos de gestão integrativos de processos e procedimentos devem entregar visão geral de tais procedimentos, com a possível visualização de suas interligações, que não deixem estanques um departamento de *compliance*, mas que assim atuem, de forma a concretizar sua parte nas atividades de gestão de riscos.

Os processos e procedimentos das organizações contemporâneas, em praticamente todas as empresas de médio e grande porte, encontram-se de uma forma ou de outra passíveis de acompanhamento por seus departamentos de TI (tecnologia da informação). Por isso, como já mencionado, a ampliação dos conteúdos, no sentido de avaliar, dirigir e monitorar, bem como de orientar, deve ser compartilhada entre *compliance* e TI, que, a partir de agosto de 2020, no Brasil, deve se adequar às prescrições da Lei nº 13.709/18.

Referências

ANTUNES, V. A. **Parcerias Público-Privadas para Smart Cities.** Rio de Janeiro: Lumen Juris, 2017.

BNDES. **Quem pode ser cliente.** Disponível em: <https://www.bndes.gov.br/wps/portal/site/home/financiamento/guia/quem-pode-ser-cliente/>. Acesso em: 05 jul. 2019.

BRASIL. **Constituição da República Federativa do Brasil de 1988.** Disponível em: <http://www.planalto.gov.br/ccivil_03/constituicao/constituicao.htm>. Acesso em: 05 jul. 2019.

BRASIL. **Lei nº 13.709, de 14 de agosto de 2018.** Dispõe sobre a proteção de dados pessoais e altera a Lei nº 12.965, de 23 de abril de 2014 (Marco Civil da Internet). Disponível em: <http://www.planalto.gov.br/ccivil_03/_Ato2015-2018/2018/Lei/L13709.htm>. Acesso em: 05 jul. 2019.

CAROLIS, A. et al. Guiding manufacturing companies towards digitalization: a methodology for supporting manufacturing companies in defining their digitalization roadmap. **2017 International Conference on Engineering, Technology and Innovation (ICE/ITMC)**, Funchal, Portugal, 27-29 June 2017.

CMMI INSTITUTE. **Data Management Maturity (DMM).** Disponível em: <https://cmmiinstitute.com/data-management-maturity>. Acesso em: 05 jul. 2019.

266 Governança Digital 4.0

COIMBRA, M. A.; MANZI, V. A. **Manual de compliance:** preservando a boa governança e a integridade das organizações. São Paulo: Atlas, 2010, p. 2.

CUPOLI, P. et al. **DAMA-DMBOK2 2015: an overview.** Enterprise Data World, Apr. 1, 2015. DAMA International, 2015. Disponível em: <https://pt.scribd.com/document/354915151/Dmbok2-Henderson-Irmac>. Acesso em: 05 jul. 2019.

DAMA INTERNATIONAL. Site. Disponível em: <http://www.dama.org/>. Acesso em: 05 jul. 2019.

DAMA. **The DAMA Data Management Body of Knowledge (DAMA DMBOK).** Data Management International, 2009.

DAVIS, J. R. **Information Governance as a Holistic Approach to Managing and Leveraging Information.** BeyeNetwork, 2010.

FEBRABAN. **Guia Boas Práticas de Compliance.** Edição revista e atualizada. Federação Brasileira de Bancos, 2018. Disponível em: <https://cmsportal.febraban.org.br/Arquivos/documentos/PDF/febraban_manual_compliance_2018_2web.pdf>.

FERNANDES, A. A.; ABREU, V. F. **Implantando a Governança de TI:** da estratégia à gestão dos processos e serviços. 4.ed. Rio de Janeiro: Brasport, 2014.

GILL, M.; VANBORSKIRK, S. **The digital maturity 4.0.** Forrester, Jan. 22, 2016.

GUARAGNI, F. A.; SANTOS, V. H. Compliance e erro no Direito Penal. *In*: GUARAGNI, F. A.; BUSATO, P. C. (coords.); DAVID, D. F. (org.). **Compliance e Direito Penal.** São Paulo: Atlas, 2015, p. 98.

INFORMATICA BRASIL. **Governança de dados "na medida certa".** White Paper, 2018.

INFORMATICA. **Holistic Data Governance:** a framework for competitive advantage. White Paper, Dec. 2012.

JOSS, S.; COOK, M.; DAYOT, Y. Smart cities: towards a new citizenship regime? A discourse analysis of the British smart city standard. **Journal of Urban Technology,** vol. 24, n. 4, 2017, p. 29-49.

LEITE, C. Inteligência territorial: cidades inteligentes com urbanidade. *In*: Cidades Inteligentes e mobilidade urbana. **Cadernos FGV Projetos,** n. 24, 2015.

MARKEZONE, R. **Big Data:** técnicas e tecnologias para extração de valor dos dados. São Paulo: Casa do Código, 2017.

MINISTÉRIO PÚBLICO DO DISTRITO FEDERAL E TERRITÓRIOS. **Termo de Ajustamento de Conduta.** TAC nº 01/2019 – ESPEC. Inquérito Civil Público nº

08190.044813/18-44. Disponível em: <http://www.mpdft.mp.br/portal/pdf/tacs/espec/TAC_Espec_2019_001.pdf>. Acesso em: 16 jul. 2019.

MUHSINZODA, M. Data Management Maturity Model from CMMI. **PublicaTIC**, Jan. 13, 2016. Disponível em: <https://blogs.deusto.es/master-informatica/data-management-maturity-model-from-cmmi/>. Acesso em: 05 jul. 2019.

PACCHINI, A. P. T. **O grau de prontidão das empresas industriais para implantação da indústria 4.0:** um estudo no setor automotivo brasileiro. Tese (Doutorado). Universidade Nove de Julho, São Paulo, 2019.

PERBOLI, G. et al. A new taxonomy of smart city projects. **Transportation Research Procedia**, vol. 3, 2014, p. 470-478.

PORTER, M. **Estratégia Competitiva.** Rio de Janeiro: Elsevier, 2005.

REDE BRASILEIRA DE CIDADES INTELIGENTES & HUMANAS. Site. Disponível em: <http://redebrasileira.org/brasil-2030>. Acesso em: 05 jul. 2019.

SILVEIRA, A. M. **Governança corporativa no Brasil e no mundo:** teoria e prática. 2.ed. Rio de Janeiro: Elsevier, 2015, p. 175 e 176.

TANAKA, A. K. **Governança de Dados:** Frameworks e Modelos de Maturidade. Sistemas de Apoio à Inteligência de Negócios, UNIRIO, 2015. 56p.

THOMAS, G. **The DGI Data Governance Framework.** The Data Governance Institute, 2014. Disponível em: <http://www.datagovernance.com/wp-content/uploads/2014/11/dgi_framework.pdf>. Acesso em: 05 jul. 2019.

UNITED NATIONS HUMAN RIGHTS. **Universal Declaration of Human Rights.** Disponível em: <https://www.ohchr.org/EN/UDHR/Pages/Language.aspx?LangID=por>. Acesso em: 16 jul. 2019.

12. Governança de TI e transformação digital na Administração Pública Federal

Leonardo Leão

Neste capítulo, serão apresentadas as linhas gerais dos arranjos de governança de TI (agentes, estruturas, legislações, publicações e iniciativas) aplicados à Administração Pública Federal (APF), oferecendo ao nosso leitor uma visão panorâmica sobre o tema. Por fim, abordaremos o advento da transformação digital no âmbito da APF, relatando as principais inciativas em curso para aprimoramento do provimento dos serviços públicos e da relação dos órgãos e entidades da APF com a sociedade por meio do uso de tecnologias digitais[111].

12.1. Governança de TI

A governança de TI, dentre os seus objetivos, destaca-se pelo foco na garantia da realização de benefícios ao negócio das organizações, mediante os investimentos realizados em Tecnologia da Informação e Comunicação (TIC)[112], bem como na gestão dos riscos que a TIC representa a essas, uma vez que, na realidade que nos cerca, não é mais possível dissociar a TIC das atividades de negócio de qualquer organização – independentemente do seu porte ou segmento de negócio.

No âmbito da APF, a necessidade do aprimoramento da eficiência dos serviços públicos providos à sociedade, bem como a evolução da forma com que esta se relaciona com o governo, utilizando cada vez mais as tecnologias digitais, demanda o emprego eficiente e racional da TIC por parte dos órgãos e entidades da APF e, por consequência, uma governança adequada.

---

[111] Referem-se às Tecnologias da Informação e Comunicação (TIC), incluindo a internet, as tecnologias e dispositivos móveis, bem como os dados analíticos utilizados para melhorar a geração, coleta, troca, agregação, combinação, análise, acesso, pesquisa e apresentação de conteúdo digital, inclusive para o desenvolvimento de serviços e aplicativos (OECD, 2014, p. 6, tradução nossa).

[112] Ativo estratégico que apoia os processos de negócios institucionais, mediante a conjugação de recursos, processos e técnicas utilizados para obter, processar, armazenar, disseminar e fazer uso de informações (BRASIL, 2016).

Conforme podemos observar no Capítulo 2, "Entendendo a governança de TI e de TA", a governança de TI é parte integrante da governança corporativa das organizações; portanto, ao apresentar as principais definições relacionadas ao tema no âmbito da APF, também manteremos essa estrutura, realizando o desdobramento desde o conceito da governança pública.

De acordo com o Decreto nº 9.203, de 22 de novembro de 2017, o qual dispõe sobre a política de governança da administração pública federal direta, autárquica e fundacional, a governança pública compreende:

> O conjunto de mecanismos de liderança, estratégia e controle postos em prática para avaliar, direcionar e monitorar a gestão, com vistas à condução de políticas públicas e à prestação de serviços de interesse da sociedade (BRASIL, 2017).

Segundo o entendimento do Tribunal de Contas da União (TCU), a governança de TI consiste em:

> Estabelecimento de mecanismos para assegurar que o uso da TI agregue valor ao negócio das organizações, com riscos aceitáveis. Esses mecanismos incluem a definição de políticas, estruturas organizacionais, processos, controles, entre outros componentes que possibilitam que os recursos investidos em tecnologia da informação atendam às necessidades não só do negócio da instituição, mas também das diversas partes interessadas que podem ser afetadas pelas decisões relacionadas à TI (BRASIL, 2015).

Ainda na esfera da APF, segundo o entendimento da Secretaria de Governo Digital do Ministério da Economia, órgão central do Sistema de Administração dos Recursos de Tecnologia da Informação do Poder Executivo Federal (SISP), a governança de TI é:

> O sistema pelo qual o uso atual e futuro de TIC é dirigido e controlado, mediante avaliação e direcionamento, para atender às necessidades prioritárias e estratégicas da organização e monitorar sua efetividade por meio de planos, incluídas a estratégia e as políticas de uso de TIC no âmbito da organização (BRASIL, 2019).

Tendo como base o horizonte das principais definições relacionadas à governança de TI no âmbito da APF, temos que esta compreende os arranjos necessários para se deliberar sobre o uso atual e futuro da TIC, fazendo com que a Tecnologia da Informação e Comunicação realize benefícios às suas partes interessadas, bem como mantenha os riscos que a TIC representa ao negócio da organização dentro dos limites de apetite e tolerância ao risco definidos pela alta administração. Em linhas gerais, a governança de TI tem a ver com a ponderação do uso de TIC em razão das prioridades – atuais e futuras – da organização, levando em consideração, muitas das vezes, os pontos de vistas conflitantes das suas partes interessadas.

12.2. Agentes e estruturas envolvidas na governança de TI

A governança de TI não ocorre no vácuo, conforme bem posto pela *Information Systems Audit and Control Association* (ISACA), na sua publicação *COBIT® 5 Implementation* (ISACA, 2012). Para que a governança de TI seja possível, existe a necessidade do envolvimento de um conjunto de agentes e estruturas, as quais participam do processo de avaliação, direcionamento e monitoramento do uso atual e futuro da TIC. À luz dessa visão, a Figura 12.1 apresenta, em linhas gerais, os principais agentes e estruturas envolvidos na governança de TI no âmbito da APF, levando em consideração a legislação e as principais publicações relacionadas ao tema.

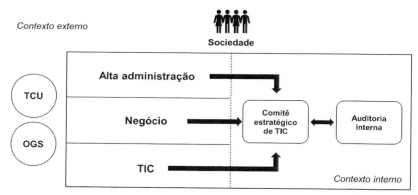

Figura 12.1 – Agentes envolvidos na governança de TI no âmbito da APF.
Fonte: o autor.

Nos itens a seguir, são descritos, em maiores detalhes, os agentes e estruturas apresentados na Figura 12.1.

12.2.1. Contexto externo

12.2.1.1. Sociedade

Principal parte interessada da APF, utiliza cada vez mais as tecnologias digitais para acesso aos serviços públicos e ter participação ativa na definição e monitoração da implementação das políticas públicas. A adoção cada vez maior das tecnologias digitais pela sociedade como um facilitador na sua relação com o governo, e também como eficiente ferramenta de fiscalização da utilização dos recursos públicos, traz requisitos relevantes a serem levados em consideração pela governança de TI, tais como o uso de internet das coisas, dispositivos móveis, análise e armazenamento de grandes volumes de dados, questões relacionadas à privacidade de dados pessoais, segurança da informação e comunicação, e também do ciberespaço.

12.2.1.2. Tribunal de Contas da União (TCU)

O TCU é a instância de controle externo da APF, sendo responsável pela fiscalização contábil, financeira, orçamentária, operacional e patrimonial dos órgãos e entidades pertencentes a esta, no tocante à legalidade, legitimidade e economicidade. No contexto da governança de TI, o TCU, por meio da sua Secretaria de Fiscalização de Tecnologia da Informação (Sefti), fomenta o emprego racional dos recursos de TIC no âmbito da APF, realizando auditorias nos controles de gestão e governança de TI, bem como desenvolvendo publicações técnicas acerca dos principais temas afetos à TIC.

Em 2007, o TCU iniciou a realização do levantamento da maturidade em governança de TI dos órgãos e entidades da APF de forma bienal, empreendimento este que foi intitulado de "Perfil de Governança de TI". A partir da análise dos resultados observados durante os levantamentos do perfil de governança de TI, o Tribunal de Contas, por meio de suas jurisprudências, tem desenvolvido orientações aos órgãos e entidades pertencentes aos diversos segmentos da APF sobre a necessidade de aprimoramento de suas práticas de gestão e governança de TI.

Em 2010, fruto do trabalho de levantamento da maturidade em governança de TI dos órgãos e entidades da APF, o TCU criou o índice de governança de TI (iGovTI), o qual passou a ser utilizado como referência para aferimento e apresentação do perfil de governança de TI da APF.

A partir do ano de 2017, a avaliação da governança de TI no âmbito dos órgãos e entidades da APF passou a ser parte integrante do Questionário Integrado de Governança Pública do Tribunal de Contas, o qual tem como objetivo realizar a avaliação dos seguintes temas: i) governança pública; ii) governança e gestão de pessoas; iii) governança e gestão de TI; e iv) governança e gestão de contratações. Cabe destacar que, nesse ano, o iGovTI passou a ser calculado com fundamento em outros dois índices:

> **GovernancaTI**: este índice avalia a capacidade em governança de TI dos órgãos e entidades da APF, tendo como base os seguintes aspectos:
> - Modelo de gestão de TI.
> - Monitoração e avaliação da gestão de TI.
> - Resultados de TI.
>
> **iGestTI**: este índice avalia a capacidade em gestão de TI dos órgãos e entidades da APF e, assim como o índice anterior, também é assentado em três grandes aspectos. A saber:
> - Planejamento de TI.
> - Pessoas de TI.
> - Processos de TI.

A Figura 12.2 apresenta, em linhas gerais, os valores médios do iGovTI de 2018 para o Judiciário e o Executivo, classificando o índice em três níveis de capacidade: i) inicial – de 0 a 39,99%; ii) intermediário – de 40% a 70%; e iii) aprimorado – de 70,01% a 100%.

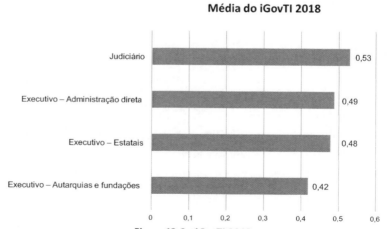

Figura 12.2 – iGovTI 2018.
Fonte: adaptado de BRASIL (2018c).

Dentre as jurisprudências e publicações mais relevantes do TCU acerca do tema governança de TIC, destacam-se:

- ➢ **Nota Técnica 7/2014-Sefti/TCU:** dispõe sobre a organização do sistema de governança de TI em órgãos e entidades pertencentes à APF.
- ➢ **Acórdão nº 1.603/2008-TCU-Plenário:** dispõe, dentre outros, sobre os seguintes temas afetos à governança de TI: i) planejamento estratégico institucional; ii) planejamento estratégico de TI; iii) comitê de TI; iv) estrutura de pessoal de TI; v) segurança da informação; vi) níveis de serviço; vii) contratações de bens e serviços; viii) orçamento de TI; e ix) auditoria de TI.
- ➢ **Acórdão nº 2.471/2008-TCU-Plenário:** dispõe, dentre outros, sobre os seguintes temas afetos à governança de TI: i) modelo de governança de TI; ii) força de trabalho de TIC permanente; e iii) processo de planejamento estratégico institucional.
- ➢ **Acórdão nº 2.308/2010-TCU-Plenário:** dispõe, dentre outros, sobre a necessidade de estabelecimento formal, por parte da alta administração, dos seguintes elementos estratégicos: i) objetivos institucionais de TI alinhados às estratégias de negócio; ii) indicadores para cada objetivo definido; iii) metas para cada indicador definido; e iv) mecanismos para que a alta administração acompanhe o desempenho da TI da instituição.
- ➢ **Acórdão nº 1.233/2012-TCU-Plenário:** dispõe, dentre outros, sobre a necessidade de estabelecimento de comitês de TI no âmbito dos órgãos e entidades da APF.
- ➢ **Acórdão nº 2.585/2012-TCU-Plenário:** dispõe sobre o entendimento de que a governança de TI faz parte da governança corporativa dos órgãos e entidades pertencentes à APF, bem como sobre os seguintes temas afetos à governança de TI: i) planejamento estratégico institucional e de tecnologia da informação; ii) designação formal de gestores responsáveis por sistemas de informação; e iii) definição e formalização de metas de governança como parte do plano diretor de tecnologia da informação.
- ➢ **Acórdão nº 3.051/2014-TCU-Plenário:** dispõe, dentre outros, sobre os seguintes temas afetos à governança de TI: i) sensibilização da alta administração das organizações quanto ao tema governança de TI; ii) análise de viabilidade de projetos de TI; iii) planejamento de TI; iv) gerenciamento de riscos de TI; v) sensibilização e capacitação de gestores das organizações quanto à gestão de riscos de TI; vi) gestão de orçamento e de custos de TI; vii) modelo de custos de TI baseado na definição dos serviços prestados, de forma a tornar a alocação de custos aos serviços de TI identificável, mensurável e previsível; e viii) modelo de gestão de elaboração e monitoração periódica de planejamento estratégico de segurança da informação.

12.2.1.3. Órgãos Governantes Superiores (OGS)

Os OGSs são órgãos centrais dos diversos segmentos da APF, responsáveis pela coordenação, normatização, supervisão e fiscalização de órgãos e entidades pertencentes às suas jurisdições. Fazem parte dos OGS, dentre outros, a Secretaria de Governo Digital do Ministério da Economia, o Conselho Nacional de Justiça (CNJ), o Conselho Nacional do Ministério Público (CNMP), o Departamento de Coordenação e Governança das Estatais (Dest/MP), o Gabinete de Segurança Institucional da Presidência da República (GSI/PR) e o Comitê Interministerial de Governança Corporativa e de Administração de Participações Societárias da União (CGPAR).

No contexto da governança de TI, compete aos OGSs o importante papel de fomentar o desenvolvimento das práticas de governança de TI no âmbito dos órgãos e entidades sob suas jurisdições, por meio do desenvolvimento de estratégias, guias, modelos, manuais, normativos e publicações afetas ao tema, e, também, pela realização de ações de sensibilização e capacitação continuada das partes envolvidas na governança de TI.

Cabe aqui destacar que grande parte dos levantamentos de perfil de governança de TI realizados pelo TCU se desdobra em recomendações aos OGSs, para que estes desenvolvam ações específicas relacionadas à governança de TI no âmbito dos órgãos e entidades sob suas jurisdições.

12.2.2. Contexto interno

12.2.2.1. Alta administração

Conforme redação dada pelo Decreto nº 9.203, de 22 de novembro de 2017, a alta administração compreende os seguintes agentes públicos:

> Ministros de Estado, ocupantes de cargos de natureza especial, ocupantes de cargo de nível 6 do Grupo-Direção e Assessoramento Superiores – DAS e presidentes e diretores de autarquias, inclusive as especiais, e de fundações públicas ou autoridades de hierarquia equivalente (BRASIL, 2017).

Em complemento ao Decreto nº 9.203, de 22 de novembro de 2017, no tocante ao papel da alta administração na governança de TI, a Secretaria de Governo Digital do Ministério da Economia, por meio da Portaria nº 778, de 4 de abril de 2019, art. 2, entende que "a alta administração é responsável pela governança de TIC nos órgãos e entidades do SISP" (BRASIL, 2019).

Dessa forma, temos uma linha de entendimento de que a alta administração – composta pelo nível hierárquico mais alto dos órgãos e entidades da APF – é responsável por governar o uso de TIC no âmbito da Administração Pública Federal, garantindo que a TIC realize benefícios às suas partes interessadas, bem como se mantenha dentro dos limites de apetite e tolerância ao risco definidos no âmbito da organização.

12.2.2.2. Negócio

O negócio compreende as diversas áreas da organização (meio ou finalísticas) que utilizam serviços e soluções de TIC para suportar a entrega dos seus resultados, seja na forma de serviços públicos providos à sociedade, seja na forma de serviços internos, providos para as demais áreas da organização.

No contexto da governança de TI, essa camada da organização é representada pelos clientes de serviços e soluções providos pela área de TIC, os quais patrocinam e deliberam sobre o desenvolvimento e a evolução de serviços e soluções de TIC utilizados por suas áreas, bem como negociam e formalizam os Acordos de Nível de Serviço (ANS) relacionados a estes.

12.2.2.3. Tecnologia da Informação e Comunicação (TIC)

A organização de TIC, ou apenas TIC, como é mais conhecida, está sob a responsabilidade do gestor de TIC, ou *Chief Information Officer* (CIO), como também é conhecido na literatura internacional. À TIC compete o planejamento, o desenvolvimento, a execução, o monitoramento e o *report* do desempenho das suas atividades à alta administração da organização, utilizando-se das práticas de gestão de TIC que podemos observar em detalhes no Capítulo 2 deste livro.

Em linhas gerais, compete à TIC prover os serviços e soluções de Tecnologia da Informação e Comunicação necessários ao atendimento das necessidades atuais e futuras da organização, levando em consideração o direcionamento e a priorização determinados pela instância de governança de TI. Nesse sentido, temos a TIC sendo governada por aqueles que possuem o direito decisório sobre ela.

12.2.2.4. Comitê estratégico de TIC

O Comitê estratégico de TIC é uma estrutura colegiada, presidida pela autoridade máxima da organização, a qual congrega as principais partes interessadas no uso de TIC no âmbito da organização: i) alta administração; ii) representantes das áreas de negócio; e iii) gestor de TIC.

O objetivo do comitê é colocar em prática a governança de TI, tratando, de forma colegiada, e observando os direitos decisórios sobre a TIC, assuntos como a priorização de investimentos em TIC, a formalização dos planos de TIC, a gestão dos riscos relacionados à TIC, bem como o monitoramento do desempenho da TIC.

Devido à falta de envolvimento da alta administração com os assuntos relacionados à TIC, algumas organizações, por mais que possuam comitês estratégicos de TIC formalizados, ainda possuem dificuldade de tratar a pauta de TIC de forma colegiada e no nível organizacional adequado. No âmbito do Poder Executivo Federal, temos observado a implementação satisfatória de práticas relacionadas ao comitê, em função do advento da Política de Governança Digital – relacionada à Estratégia de Governança Digital (EGD) –, a qual, por meio do Decreto nº 8.638, de 15 de janeiro de 2016, determina, em seu art. 9, que:

> Os órgãos e as entidades da administração pública federal direta, autárquica e fundacional deverão manter um Comitê de Governança Digital, ou estrutura equivalente, para deliberar sobre os assuntos relativos à Governança Digital (BRASIL, 2016).

Este decreto trouxe respaldo e motivação legal para a implementação do Comitê de Governança Digital (CGD), presidido pela autoridade máxima da organização, ou seja, a alta administração, facilitando a introdução da pauta de TIC em nível estratégico, uma vez que TIC e transformação digital são assuntos intimamente relacionados.

12.2.2.5. Auditoria interna

À função de auditoria interna compete a fiscalização dos atos e controles de TIC em relação à legislação aplicável à organização, bem como a realização de auditorias internas e o desenvolvimento de recomendações sobre a necessidade de evolução das práticas e controles de gestão e governança de TI. As informações providas pela auditoria interna, com base nas avaliações realizadas, podem ser reportadas à instância de governança de TI como parte do desempenho e conformidade da TIC.

Governança de TI e transformação digital na Administração Pública Federal **277**

Embora a grande maioria dos órgãos e entidades da APF seja dotada de estruturas que desempenham o papel de auditoria interna, é comum observar a inexistência de profissionais que se julguem capacitados para realizar a fiscalização dos atos e controles de TIC. Uma boa prática que temos observado em relação a esse tema é a capacitação dos profissionais de auditoria interna no *framework* COBIT®.

12.2.3. Governança de TIC no Poder Executivo

Conforme disposto no art. 132 do Decreto nº 9.745, de 8 de abril de 2019, a Secretaria de Governo Digital do Ministério da Economia é o órgão central do Sistema de Administração dos Recursos de Tecnologia da Informação (SISP), ao qual compete o planejamento, a coordenação, a organização, a operação, o controle e a supervisão dos recursos de tecnologia da informação de órgãos e entidades da administração pública federal direta, autárquica e fundacional (BRASIL, 2011). Nesse sentido, a Secretaria de Governo Digital se destaca como um dos principais OGS do Poder Executivo, embora existam outros, como o Departamento de Coordenação e Governança das Estatais (Dest/MP), o Gabinete de Segurança Institucional da Presidência da República (GSI/PR) e o Comitê Interministerial de Governança Corporativa e de Administração de Participações Societárias da União (CGPAR).

Como parte da sua atribuição de fomentar o desenvolvimento das práticas de governança de órgãos e entidades sob sua jurisdição, ou seja, aqueles pertencentes ao SISP, a Secretaria de Governo Digital (antiga Secretaria de Logística e Tecnologia da Informação do Ministério do Planejamento, Orçamento e Gestão – SLTI/MP) desenvolveu um guia de governança de TIC para o SISP, o qual foi intitulado "Guia de Governança de TIC do SISP" (BRASIL, 2017b).

O Guia de Governança de TIC do SISP é composto por um conjunto de princípios e diretrizes a serem observados pelos órgãos e entidades do SISP durante o empreendimento de implementação da governança de TI, bem como um agrupamento de dez práticas de governança de TI que dizem respeito à avaliação, ao direcionamento e ao monitoramento do uso de TIC no âmbito da organização. Quais sejam:

- ➢ Envolvimento da alta administração com iniciativas de TIC.
- ➢ Especificação dos direitos decisórios sobre TIC.
- ➢ Comitê de TIC.
- ➢ Riscos de TIC.
- ➢ Portfólio de TIC.

278 Governança Digital 4.0

> Alinhamento estratégico.
> Sistema de comunicação e transparência.
> Conformidade do ambiente de TIC.
> Monitoramento do desempenho da TIC.
> Avaliação do uso da TIC.

Para cada uma das dez práticas de governança de TIC, o Guia de Governança de TIC do SISP dispõe sobre um conjunto de condicionadores que influenciam, direta ou indiretamente, a implementação da prática de governança de TI em questão. Aqui cabe destacar que grande parte desses condicionadores são práticas de gestão de TI.

Com o objetivo de disseminar conhecimento sobre a gestão e a governança de TI no âmbito do SISP e com os demais OGSs, a Secretaria de Governo Digital mantém um canal de conhecimento ativo, intitulado "Wiki SISP"[113].

Dentre as principais publicações relacionadas ao tema governança de TI disponíveis na Wiki SISP, além do Guia de Governança de TIC do SISP, destacam-se:

> **Portaria nº 778, de 04 de abril de 2019:** dispõe sobre a implantação da Governança de Tecnologia da Informação e Comunicação em órgãos e entidades pertencentes ao Sistema de Administração dos Recursos de Tecnologia da Informação do Poder Executivo Federal – SISP.
> **Instrução Normativa nº 1, de 04 de abril de 2019:** dispõe sobre o processo de contratação de soluções de Tecnologia da Informação e Comunicação – TIC pelos órgãos e entidades integrantes do Sistema de Administração dos Recursos de Tecnologia da Informação – SISP do Poder Executivo Federal.
> **Instrução Normativa nº 2, de 04 de abril de 2019:** regulamenta o art. 9º -A do Decreto nº 7.579, de 11 de outubro de 2011, e o art. 22, § 10 do Decreto nº 7.892, de 23 de janeiro de 2013, e dispõe sobre a composição e as competências do Colegiado Interno de Referencial Técnico.
> **Instrução Normativa Conjunta MP/CGU nº 1, de 10 de maio de 2016:** dispõe sobre controles internos, gestão de riscos e governança no âmbito do Poder Executivo federal.
> **Guia de Comitê de TI do SISP:** dispõe sobre um conjunto de práticas para definição, implantação e operacionalização do comitê de TI no âmbito de órgãos e entidades pertencentes ao SISP.

---

[113] Disponível em: <http://www.sisp.gov.br/wikisisp/wiki/principal/>. Acesso em: 16 jul. 2019.

Governança de TI e transformação digital na Administração Pública Federal **279**

- **Guia de PDTIC do SISP:** dispõe sobre um conjunto de práticas que visam auxiliar órgãos e entidades pertencentes ao SISP no desenvolvimento, na implementação e na monitoração de seus planejamentos de TIC.
- **Metodologia de Gestão de Riscos de SIC do SISP (MGR-SISP):** dispõe sobre um conjunto de práticas que visam à gestão dos riscos relacionados à Segurança da Informação e Comunicação (SIC) no âmbito de órgãos e entidades pertencentes ao SISP.
- **Metodologia de Gerenciamento de Portfólio de Projetos do SISP (MGPP-SISP):** fornece orientações para a gestão integrada dos projetos de TIC, favorecendo o alinhamento destes aos objetivos estratégicos organizacionais.

12.2.4. Governança de TIC no Poder Judiciário

O Conselho Nacional de Justiça (CNJ) é o órgão central do Poder Judiciário, ao qual compete a coordenação, normatização, supervisão e fiscalização de órgãos e entidades pertencentes à sua jurisdição. À luz dos demais OGSs, o CNJ fomenta o aprimoramento das práticas de gestão e governança de TI de órgãos e entidades pertencentes ao Poder Judiciário, por meio da publicação de resoluções e atos normativos assentados nos diversos temas afetos à governança de TI. Dentre as principais publicações do CNJ relacionadas à governança de TI, destacam-se:

- **Portaria CNJ nº 25 de 19 de fevereiro de 2019:** institui o Laboratório de Inovação para o Processo Judicial em meio Eletrônico – Inova PJe e o Centro de Inteligência Artificial aplicada ao PJe e dá outras providências.
- **Resolução CNJ nº 239, de 06 de setembro de 2016:** dispõe sobre a Política Nacional de Segurança do Poder Judiciário.
- **Resolução CNJ nº 215, de 16 dezembro de 2015:** dispõe, no âmbito do Poder Judiciário, sobre o acesso à informação e a aplicação da Lei nº 12.527, de 18 de novembro de 2011 (acesso à informação).
- **Resolução CNJ nº 211, de 15 de dezembro de 2015:** institui a Estratégia Nacional de Tecnologia da Informação e Comunicação do Poder Judiciário (ENTIC-JUD).
- **Portaria CNJ nº 47, de 04 de abril de 2014:** institui o Comitê Nacional de Gestão de Tecnologia da Informação e Comunicação do Poder Judiciário.
- **Resolução CNJ nº 182, de 17 de outubro de 2013:** dispõe sobre diretrizes para as contratações de Solução de Tecnologia da Informação e Comunicação pelos órgãos submetidos ao controle administrativo e financeiro do Conselho Nacional de Justiça (CNJ).

280 Governança Digital 4.0

- ➢ **Resolução CNJ nº 176, de 10 de junho de 2013:** institui o Sistema Nacional de Segurança do Poder Judiciário e dá outras providências.
- ➢ **Resolução CNJ nº 171, de 01 de março 2013:** dispõe sobre as normas técnicas de auditoria, inspeção administrativa e fiscalização nas unidades jurisdicionais vinculadas ao Conselho Nacional de Justiça.
- ➢ **Resolução CNJ nº 136, de 13 de julho de 2011:** altera a Resolução CNJ nº 90, de 29 de setembro de 2009, a qual dispõe sobre os requisitos de nivelamento de tecnologia da informação no âmbito do Poder Judiciário.

12.3. Implantando a governança de TI

Relembrando o saudoso título que deu origem a esta obra e a acompanhou até a 4ª edição, este item descreve uma visão geral sobre o empreendimento de implantação da governança de TI pela ótica da experiência que temos observado no dia a dia de órgãos e entidades pertencentes à APF.

12.3.1. Sensibilize a alta administração

Este é o ponto mais importante desse empreendimento, uma vez que a alta administração da organização – representada pelo seu dirigente máximo – é responsável por governar o uso de TIC em função das prioridades institucionais. Sem a participação ativa da alta administração, a governança de TI não ocorre.

12.3.2. Especifique os direitos decisórios sobre TI

Defina papéis e responsabilidades relacionados aos diversos tipos de decisões relacionadas à TIC, tais como: aprovação dos planos de TIC, definição das necessidades de serviços e soluções de TIC, definição da arquitetura de TIC, dentre outros.

A especificação dos direitos decisórios pode ser realizada por meio de uma política de governança de TI, a qual disponha, também, sobre princípios e diretrizes a serem observados pela governança de TI no âmbito da organização.

12.3.3. Estabeleça o comitê estratégico de TIC

Institua o comitê estratégico de TIC com a composição adequada, ou seja: alta administração, representantes das áreas de negócio e o gestor de TIC. A instituição do comitê poderá ser realizada por meio dois instrumentos formais, a saber:

- ➤ **Portaria de instituição do comitê (ou instrumento equivalente):** define a composição, a finalidade e as competências do comitê.
- ➤ **Portaria do regimento interno do comitê (ou instrumento equivalente):** define o funcionamento do comitê.

12.3.4. Estabeleça os processos de governança de TI

Implemente os processos de governança de TI, abrangendo as funções de avalição, direcionamento e monitoração do uso de TIC e observando as características e o nível de maturidade da organização. Aqui, uma boa referência é o *framework* COBIT®, em especial os processos do domínio de governança de TI (*Evaluate, Direct and Monitor* – EDM).

Ao estabelecer os seus processos, não perca de vista os objetivos da governança de TI, quais sejam: i) realização de benefícios; ii) otimização do risco; e iii) otimização de recursos.

12.3.5. Aprimore continuamente os seus processos de gestão de TI

A gestão e a governança de TI são intimamente ligadas. É comum as organizações conseguirem realizar práticas de gestão de TI sem a existência de práticas de governança de TI – nesse cenário, o alinhamento entre as ações de TIC e as reais necessidades do negócio da organização fica comprometido –; porém, de maneira oposta é muito difícil, pois a prática de governança de TI necessita de uma mínima organização dos arranjos de gestão de TI, para que a TIC seja capaz de responder aos direcionamentos da instância de governança, bem como possa se reportar – em termos de desempenho – e, assim, ser monitorada.

Para este item, uma boa referência também é o *framework* COBIT®, porém os processos são os relacionados aos domínios de gestão de TI (*Align, Plan and Organise* –

APO, *Build, Acquire and Implement* – BAI, *Deliver, Service and Support* – DSS, *Monitor, Evaluate and Assess* – MEA).

Durante a elaboração do seu modelo de gestão, garanta que a TIC possua a combinação adequada de processos de gestão de TI, cobrindo o ciclo de vida das soluções e dos serviços de TIC, desde o domínio APO do COBIT®, passando pelo BAI e o DSS até o MEA.

12.3.6. Mantenha o movimento

Tão desafiador quanto realizar os itens citados anteriormente é manter a governança de TI em prática, uma vez que esta tenha sido alcançada. Temos observado que algumas organizações até conseguem estabelecer o seu comitê estratégico de TIC e iniciam alguns ciclos de envolvimento da alta administração na tomada de decisão de assuntos afetos à TIC, porém, com o tempo, esse movimento perde força e os atos do comitê vão diminuindo de frequência até que este pare de ser utilizado.

O que temos notado é que a própria TIC provoca esse movimento, uma vez que, por deficiência dos seus processos de gestão, não consegue manter a pauta relacionada à governança de TI ativa.

Para manter a governança de TI ativa, é mister que a TIC consiga aprimorar os seus processos de gestão de TI que possuam interface com os processos de governança, principalmente aqueles relacionados ao monitoramento das suas ações, garantindo um fluxo contínuo de prestação de contas das ações de TIC à instância de governança de TI, com as seguintes informações:

- ➢ Panorama da implementação dos planos de TIC.
- ➢ Situação dos programas e projetos de TIC.
- ➢ Panorama do atendimento das necessidades de TIC encaminhadas à TIC.
- ➢ *Report* da execução do orçamento de TIC.
- ➢ Relatório de análise dos riscos de TIC.
- ➢ Atendimento dos Acordos de Nível de Serviço (ANS) formalizados entre a TIC e seus clientes de serviços de TIC.

12.4. Transformação digital

As iniciativas de Governo Eletrônico que visam o uso de TIC para aprimoramento dos serviços públicos providos à sociedade, bem como a ampliação da transparência dos atos públicos – principalmente a alocação dos recursos financeiros – e o maior envolvimento da sociedade no processo de definição e fiscalização das políticas públicas, remontam ao início dos anos 2000, com a instituição de um grupo de trabalho interministerial para examinar e propor políticas, diretrizes e normas relacionadas com as novas formas eletrônicas de interação existentes à época (BRASIL, 2000).

Desde a criação do referido grupo interministerial até os dias atuais, muito se evoluiu sobre o tema no âmbito da APF, de forma que, motivado pelo advento da Transformação Digital, o Governo Federal, em 2016, instituiu a Estratégia de Governança Digital (EGD) – revisada em 2018 (BRASIL, 2018) –, a qual define objetivos estratégicos, metas e indicadores da Política de Governança Digital, estabelecida por meio do Decreto nº 8.638, de 15 de janeiro de 2016. A EGD utilizou-se dos avanços e também dos motivadores relacionados ao tema Governo Eletrônico, tais como o Programa Bem Mais Simples Brasil (BRASIL, 2015b), a Política de Dados Abertos do Poder Executivo Federal (BRASIL, 2016b), dentre outros, e desenvolveu uma estratégia de governo, sustentada no uso racional de TIC para o desenvolvimento de três grandes eixos:

> - **Acesso à informação:** refere-se às iniciativas de transparência, disponibilização e uso de dados abertos, bem como de segurança e sigilo de informações do cidadão.
> - **Prestação de serviços:** refere-se às iniciativas que visem ao aprimoramento dos serviços públicos providos por meio digital.
> - **Participação social:** refere-se ao fomento e à participação da sociedade no ciclo de definição e monitoramento da implementação das políticas públicas.

Como um desdobramento das iniciativas relacionadas ao eixo temático da EGD relacionado à prestação de serviços, o Governo Federal instituiu, por meio do Decreto nº 8.936, de 19 de dezembro de 2016, a Plataforma de Cidadania Digital[114], com o objetivo de centralizar e simplificar a oferta dos serviços públicos providos por órgãos e entidades pertencentes à APF.

Após a publicação da sua primeira versão em 2016, a EGD substituiu a Estratégia Geral de Tecnologia da Informação e Comunicação (EGTIC) do Poder Executivo fe-

---

[114] Disponível em: <https://www.servicos.gov.br/>. Acessado em: 16 jul. 2019.

deral, passando a ser o principal referencial estratégico – relacionado ao tema – para elaboração dos planejamentos de TIC de órgãos e entidades pertencentes ao SISP.

Ainda relacionado ao tema da Transformação Digital, com olhar no futuro e se antecipando às oportunidades e aos desafios da economia digital, o Governo Federal, por meio do Decreto nº 9.319, de 21 de março de 2018, instituiu o Sistema Nacional para a Transformação Digital (SinDigita), com o objetivo de estabelecer a estrutura de governança necessária à implantação da Estratégia Brasileira para a Transformação Digital (E-Digital), a qual tem como principal objetivo utilizar-se do potencial das tecnologias digitais para promover o desenvolvimento econômico e social sustentável e inclusivo, com inovação, aumento de competitividade, de produtividade e dos níveis de emprego e renda no país (BRASIL, 2018b).

Conforme podemos observar, a transformação digital já faz parte da coisa pública, exigindo progressivamente o emprego racional de TIC para impulsionar esse movimento e, por consequência, trazendo cada vez mais desafios à governança de TI.

12.4.1. Casos de sucesso na APF

Neste item, apresentaremos alguns casos de sucesso relacionados à transformação digital de serviços públicos, impulsionados pela utilização de TIC, no âmbito da APF. Para uma melhor ilustração, vamos sinalizar o alinhamento dos *cases* apresentados aos eixos da EGD: (i) acesso à informação; (ii) prestação de serviços; e (iii) participação social.

12.4.1.1. Pardal

O Tribunal Superior Eleitoral (TSE), em razão da realização das eleições ordinárias, desenvolveu um serviço digital para fiscalização de denúncias relacionadas a infrações ocorridas durante a campanha eleitoral – trata-se do aplicativo Pardal[115]. O serviço permite ao cidadão reportar ao Tribunal, por meio de um aplicativo *mobile* disponível para *smartphones* e *tablets*, infrações identificadas durante a realização do pleito eleitoral, possibilitando, assim, o aumento da participação social na fiscalização da execução das eleições informatizadas.

---

[115] Disponível em: <https://play.google.com/store/apps/details?id=br.jus.trees.pardalmobile&hl=pt_BR/>. Acesso em: 16 jul. 2019.

As denúncias registradas por meio do Pardal passam por um processo de triagem em meio digital e são encaminhadas para apuração por parte dos Tribunais Regionais Eleitorais (TREs) e do Ministério Público Eleitoral (MPE).

Tal iniciativa permite que cada cidadão brasileiro possa se tornar um fiscal da Justiça Eleitoral (JE) durante o empreendimento de realização das eleições, fortalecendo, cada vez mais, os mecanismos de segurança do processo eleitoral informatizado.

> Alinhamento: prestação de serviços e participação social.

12.4.1.2. Alistar-se no Serviço Militar Obrigatório (SMO)

A Diretoria de Serviço Militar do Exército Brasileiro (DSM/EB) realizou a digitalização do serviço de Alistamento Militar Obrigatório, disponibilizando um portal *web*[116] para que o cidadão possa realizar o seu alistamento junto às Forças Armadas sem a necessidade de se dirigir pessoalmente a uma junta militar.

Tal iniciativa, além de aumentar a comodidade para o cidadão ao acessar o serviço público, também visa gerar uma economia para o Ministério da Defesa (MD), uma vez que o serviço abrange as três Forças, de cerca de 180 milhões de reais. Já o impacto econômico para a sociedade ao utilizar o serviço digital é estimado em cerca de 118 milhões de reais.

> Alinhamento: prestação de serviços.

12.4.1.3. CIVP

A Agência Nacional de Vigilância Sanitária (Anvisa) disponibilizou em meio digital o serviço de emissão do Certificado Internacional de Vacinação e Profilaxia (CIVP[117]), o qual é exigido por alguns países como condição para entrada de um viajante em seu território.

---

[116] Disponível em: <https://www.alistamento.eb.mil.br/>. Acesso em: 06 ago. 2019.
[117] Disponível em: <https://www.servicos.gov.br/servico/obter-o-certificado-internacional-de-vacinacao-e-profilaxia/>. Acesso em: 16 jul. 2019.

286 Governança Digital 4.0

Atualmente o cidadão pode se vacinar na rede pública hospitalar ou em uma clínica privada e, com o certificado de vacinação em mãos, solicitar à Anvisa o CIVP por meio do serviço público digitalizado.

A digitalização do serviço de emissão do CIVP trará uma economia para a Anvisa de cerca de 30 milhões de reais e uma previsão de economia à sociedade de cerca de 89 milhões de reais.

> Alinhamento: prestação de serviços.

12.4.1.4. Uso de IA pela Justiça Brasileira

Em busca de agilidade, o Poder Judiciário brasileiro tem investido em tecnologias de Inteligência Artificial (IA) para aprimorar o atendimento das demandas da sociedade por serviços de justiça. Tais iniciativas de investimento encontram-se alinhadas ao disposto na Portaria CNJ nº 25 de 19 de fevereiro de 2019, a qual institui o Laboratório de Inovação para o Processo Judicial em meio Eletrônico – Inova PJe e o Centro de Inteligência Artificial aplicada ao PJe e dá outras providências.

Dentre as diversas iniciativas de inovação e transformação digital no âmbito dos tribunais ao redor do Brasil, vamos citar dois casos relacionados à aplicação de IA. Quais sejam:

Elis

Desenvolvido pela Comissão para Aplicação de Soluções em Inteligência Artificial (CIA) do Tribunal de Justiça do Estado de Pernambuco (TJPE), a ferramenta Elis realiza de forma automatizada a classificação e a análise de prescrições e de divergências cadastrais dos processos inerentes à execução fiscal cadastrados no Processo Judicial eletrônico (PJe), bem como sugere minutas e até mesmo despachos, caso determinado pelo magistrado. Com a implementação de Elis, o TJPE conseguiu reduzir o tempo de triagem dos processos dessa natureza de 18 meses para 15 dias.

> Alinhamento: prestação de serviços.

Radar

Desenvolvido pelo Tribunal de Justiça do Estado de Minas Gerais (TJMG), a solução Radar realiza, de forma automatizada, a identificação, a análise e o agrupamento de processos que comungam das mesmas características – causas e pedidos – e possibilita ao magistrado a aplicação de decisões comuns para os grupos de processos afins.

> Alinhamento: prestação de serviços.

12.4.1.5. Painel de viagens do Poder Executivo

Desenvolvido pela Secretaria de Gestão do Ministério da Economia, o Painel de Viagens[118] dá transparência aos gastos públicos realizados com deslocamentos a trabalho – nacionais e internacionais – de servidores públicos ou funcionários a serviço da União.

A solução, além de promover ao gestor público melhores informações sobre os gastos realizados nesse tipo de operação, faculta ao cidadão a possibilidade de atuar como um fiscal da alocação dos recursos públicos da União, uma vez que, para acessar o painel, não é necessário possuir cadastro ou realizar *login*.

> Alinhamento: acesso à informação e participação social.

12.4.1.6. Cida

A Controladoria-Geral da União (CGU) desenvolveu, em 2018, um serviço público de atendimento ao cidadão baseado em inteligência artificial chamado *Chatbot* Interativo de Atendimento Cidadão (Cida), o qual recebe e trata, de forma automatizada, denúncias, sugestões, solicitações, reclamações, elogios ou pedidos de simplificação por meio do Facebook Messenger[119] da CGU.

---

[118] Disponível em: <http://paineldeviagens.economia.gov.br/>. Acesso em: 16 jul. 2019.

[119] Disponível em: <https://www.facebook.com/cguonline/>. Acesso em: 16 jul. 2019.

Além de interagir com o cidadão de forma automatizada por meio do *chatbot,* o serviço realiza o protocolo automático da manifestação no Sistema de Ouvidorias do Poder Executivo Federal (e-Ouv).

> Alinhamento: prestação de serviços.

12.4.1.7. Plataforma de recursos educacionais digitais

Desenvolvida pelo Ministério da Educação (MEC), a Plataforma[120] tem como objetivo fornecer um ciberespaço para compartilhamento de conteúdos digitais de educação básica para professores, alunos e a comunidade. A Plataforma também oferece funcionalidades para que os seus usuários possam relatar experiências e avaliar os conteúdos digitais.

Tal iniciativa encontra-se alinhada às diretrizes do programa Educação Conectada do MEC e já dispõe de 31.336 recursos educacionais digitais disponíveis no banco de dados da Plataforma.

> Alinhamento: prestação de serviços.

Referências

BRASIL. **Acórdão 2.699/2018-TCU-Plenário.** Tribunal de Contas da União, 2018c.

BRASIL. **Decreto nº 7.579, de 11 de outubro de 2011.** Dispõe sobre o Sistema de Administração dos Recursos de Tecnologia da Informação – SISP, do Poder Executivo federal. Brasília: Presidência da República, 2011.

BRASIL. **Decreto nº 8.414, de 26 de fevereiro de 2015.** Institui o Programa Bem Mais Simples Brasil e cria o Conselho Deliberativo e o Comitê Gestor do Programa. Brasília: Presidência da República, 2015b.

BRASIL. **Decreto nº 8.638, de 15 de janeiro de 2016.** Institui a Política de Governança Digital no âmbito dos órgãos e das entidades da administração pública federal direta, autárquica e fundacional. Brasília: Presidência da República. 2016.

---

[120] Disponível em <https://plataformaintegrada.mec.gov.br/home>. Acesso em: 03 jun. 2019.

BRASIL. **Decreto nº 8.777, de 11 de maio de 2016.** Institui a Política de Dados Abertos do Poder Executivo federal. Brasília: Presidência da República, 2016b.

BRASIL. **Decreto nº 9.203, de 22 de novembro de 2017.** Dispõe sobre a política de governança da administração pública federal direta, autárquica e fundacional. Brasília: Presidência da República, 2017.

BRASIL. **Decreto nº 9.319, de 21 de março de 2018.** Institui o Sistema Nacional para a Transformação Digital e estabelece a estrutura de governança para a implantação da Estratégia Brasileira para a Transformação Digital. Brasília: Presidência da República, 2018b.

BRASIL. **Decreto Presidencial de 3 de abril de 2000.** Institui Grupo de Trabalho Interministerial para examinar e propor políticas, diretrizes e normas relacionadas com as novas formas eletrônicas de interação. Brasília: Presidência da República, 2000.

BRASIL. **Estratégia de Governança Digital:** Transformação Digital – cidadania e governo. Brasília: Ministério do Planejamento, Desenvolvimento e Gestão e Secretaria de Tecnologia da Informação e Comunicação, 2018.

BRASIL. **Guia de Governança de TIC do SISP V 2.0.** Brasília: Ministério do Planejamento, Desenvolvimento e Gestão, 2017b.

BRASIL. **Portaria nº 778, de 4 de abril de 2019.** Dispõe sobre a implantação da Governança de Tecnologia da Informação e Comunicação nos órgãos e entidades pertencentes ao Sistema de Administração dos Recursos de Tecnologia da Informação do Poder Executivo Federal – SISP. Brasília: Ministério da Economia, 2019.

BRASIL. Tribunal de Contas da União. **Organização do sistema de governança de tecnologia da informação (TI):** Nota Técnica 7/2014 Sefti/TCU/Tribunal de Contas da União. Brasília: TCU, Secretaria de Fiscalização de Tecnologia da Informação, 2015.

ISACA. **COBIT® 5 Implementation.** Rolling Meadows: ISACA, 2012.

OECD. **Recommendation of the Council on Digital Government Strategies.** Organisation for Economic Co-operation and Development, 2014.

13. Para que servem os modelos de melhores práticas para a governança e gestão na transformação digital

Aguinaldo Aragon Fernandes e Vladimir Ferraz de Abreu

Nas três últimas décadas vem surgindo, e sendo elaborada, uma série de modelos de melhores práticas aplicáveis para TI e TA. Alguns desses modelos são originais e outros são derivados e/ou evoluídos de outros modelos. Os principais modelos em voga atualmente, citados no meio acadêmico e profissional, relacionados com a governança de TI, estão apresentados na Tabela 13.1 a seguir:

Tabela 13.1 – Principais modelos de melhores práticas.

Modelo de melhores práticas	Escopo do modelo
ABNT NBR ISO/IEC 38500	Trata a governança corporativa de TI.
COBIT® 5 (ISACA, 2019)	Modelo abrangente aplicável para a governança e o gerenciamento da TI em âmbito corporativo.
ABNT NBR ISO 31000	Trata dos princípios e guias para o gerenciamento de riscos corporativos.
CMMI V 2.0 – *Capability Maturity Model Integration* (CMMI, 2018)	Conjunto de modelos de maturidade para desenvolvimento de sistemas (hardware e software), para serviços de TI e para gerenciamento de fornecedores.
MPS.br para Software (SOFTEX, 2016)	Modelo brasileiro para a melhoria do processo de software.
ITIL® V4 – *Information Technology Infrastructure Library* (AXELOS, 2019)	Biblioteca de melhores práticas para o desenho, a transição e a execução de serviços relacionados com a tecnologia.
ISO/IEC 20000	Norma abordando requisitos e melhores práticas para o gerenciamento de serviços de TI.
MPS.br para Serviços (SOFTEX, 2015)	Modelo brasileiro para a melhoria das práticas de serviços.
ISO/IEC 27001 e ISO/IEC 27002	Requisitos e código de prática para a gestão da segurança da informação.
Modelos ISO – *International Organisation for Standardisation* (<www.iso.org>)	Sistemas da qualidade, ciclo de vida de software, teste de software etc.

Para que servem os modelos de melhores práticas para a governança... **291**

Modelo de melhores práticas	Escopo do modelo
eSCM-SP – *Service Provider Capability Maturity Model* (HEFLEY; LOESCH, 2006)	*Outsourcing* em serviços que usam TI de forma intensiva.
eSCM-CL – *The eSourcing Capability Model for Client Organizations* (HYDER; HESTON; PAULK, 2006)	Modelo para o gerenciamento de serviços de terceiros por parte do cliente.
PRINCE2® – *Projects in controlled environments* (AXELOS, 2017)	Metodologia de gerenciamento de projetos.
PMBOK® Guide – Project Management Body of Knowledge (PMI, 2017)	Base de conhecimento em gestão de projetos.
Modelos PMI – *Project Management Institute* (<www.pmi.org>)	Base de conhecimento para gerenciamento de portfólios e programas, cronograma, gestão ágil de projetos, riscos de projetos e análise de negócios.
Scrum (SUTHERLAND; SUTHERLAND, 2019)	Método ágil para o gerenciamento de projetos.
XP – *Extreme Programming* (BECK, 2004)	Conjunto de práticas para o desenvolvimento ágil de software.
BSC – *Balanced Scorecard* (KAPLAN; NORTON, 1996)	Metodologia de planejamento e gestão da estratégia.
DevOps (MUNIZ et al, 2019)	Conjunto de práticas para integrar as equipes de desenvolvimento e operação para a entrega frequente de software com qualidade.
OKRs – *Objective and key results* (DOERR, 2018)	Abordagem de gestão de desempenho com foco em indicadores e metas que as equipes determinam para atender a objetivos corporativos.
Seis Sigma (ROTONDARO, 2002)	Metodologia para melhoria da qualidade de processos.
SFIA – *Skills Framework for the Information Age* (SFIA, 2018)	Modelo para gestão de competências direcionado aos profissionais de TI.
TOGAF – *The Open Group Architecture Framework* (THE OPEN GROUP, 2018)	Modelo que trata o desenvolvimento e a evolução de arquiteturas de TI.
BPM CBOK – *Business Process Management Body of Knowledge* (BENEDICT; BILODEAU; VITKUS, 2016)	Corpo de conhecimento para o gerenciamento de processos de negócio.
BABOK – *The Guide to the Business Analysis Body of Knowledge* (IIBA, 2016)	Guia de conhecimento para a prática de análise de negócio.
DAMA DMBOK – *Data Management Body of Knowledge* (DAMA, 2009)	Guia de conhecimento para a disciplina de gestão de dados.
DMM – *Data Management Maturity Model* (CMMI INSTITUTE, s.d.)	Modelo de maturidade para o gerenciamento de dados.
ISO 15504	Modelo para avaliação do processo de software.

292 Governança Digital 4.0

Modelo de melhores práticas	Escopo do modelo
Uptime Institute (<https://uptimeinstitute.com/>)	O *Uptime Institute* criou o padrão do Sistema *Tier Classification* como meio de avaliar efetivamente a infraestrutura de *data centers* em termos de exigências de negócios para a disponibilidade de sistemas.
ISO 29110	Esta norma estabelece referências para os processos a aplicar no desenvolvimento e fornecimento de software e são explicitamente elaboradas para atender às necessidades e características de pequenas organizações com até 25 pessoas envolvidas com desenvolvimento de software.
ISO 15408	Norma para desenvolvimento de software seguro.
ISA – *International Society of Automation* (<www.isa.org>)	A ISA tem várias normas pertinentes à automação industrial, algumas das quais se tornaram normas ANSI.
ABNT NBR ISO 22301:2013 Segurança da sociedade – Sistema de gestão de continuidade de negócios – Requisitos	Esta norma especifica requisitos para estabelecer e gerenciar um eficaz Sistema de Gestão de Continuidade de Negócios (SGCN).
ISO/TS 22331:2018	Fornece guias para a determinação e seleção da estratégia de continuidade do negócio.
ISO/TS 22317	Guia para elaborar o *Business Impact Analysis*.
ISO/IEC 27031	Diretrizes para a prontidão para a continuidade dos negócios da tecnologia da informação e comunicação.

Conforme o modelo de Governança Digital 4.0 (vide figura 8.14) proposto neste livro, os modelos de melhores práticas podem ser usados para auxiliar no desenvolvimento de uma arquitetura específica, adaptada às necessidades da organização.

Caso a organização necessite ou deseje obter um certificado, aí o cenário muda de figura. A organização tem que seguir exatamente os requisitos do modelo. E isso pode criar obstáculos para a governança e gestão ágil de processos. Então muito cuidado deve ser tomado em relação a decisões de seguir uma certificação ou não.

Para usar esses modelos, é importante que a organização elabore sua própria arquitetura de processos de TI ou de TA, priorizando o que é importante para a agregação de valor para o negócio e balanceando os riscos para o negócio, assim como os riscos para a continuidade, para a flexibilidade futura dos processos e para o desenvolvimento de novos produtos e serviços.

Ao definir a cadeia de valor e sua arquitetura de processos, você pode empregar várias diretrizes e práticas de vários modelos ao mesmo tempo. Por exemplo, você pode selecionar a área de processo de Medição e Análise do CMMI (no nível 2) e empregá-la para implantar um processo de medição do desempenho dos serviços de TI. Ou você pode seguir as atividades preconizadas pelo COBIT®.

Por exemplo, se o software desenvolvido pela sua organização precisa atender a vários requisitos de segurança da informação, então você pode aplicar requisitos da norma ISO 15408 juntamente com o XP, dentro de um processo ágil de gestão de projetos nos moldes do *Scrum*.

O arquiteto de processos de TI deve ter, no caso, uma visão abrangente dos modelos e um bom entendimento de como operam as atividades de TI ou TA na organização.

Como se propaga no mercado, a governança de TI e TA não se restringe somente à implantação desses modelos de melhores práticas. Entretanto, é importante conhecê--los em termos de seus objetivos, estruturas e aplicabilidade.

A grande vantagem de usar melhores práticas é que elas já foram testadas em ambientes reais e acumulam muito conhecimento e experiência. Ou seja, você não precisa mais começar do zero.

Referências

ABNT ISO/IEC 38500:2018. Tecnologia da informação: Governança da TI para a organização.

ABNT NBR ISO 22301:2013. Segurança da sociedade – Sistema de gestão de continuidade de negócios – Requisitos.

ABNT NBR ISO 31000:2018. Gestão de riscos - Diretrizes.

ABNT NBR ISO/IEC 27001:2013. Tecnologia da informação — Técnicas de segurança — Sistemas de gestão da segurança da informação — Requisitos.

ABNT NBR ISO/IEC 27031:2015. Tecnologia da informação – Técnicas de segurança – Diretrizes para a prontidão para a continuidade dos negócios da tecnologia da informação e comunicação

AXELOS. **ITIL® Foundation.** 4. ed. Norwich: TSO, 2019.

AXELOS. **Managing Successful Projects with PRINCE2®.** 2017 Edition. TSO, London: TSO, 2017.

BECK, K. **Extreme programming explained:** embrace change. 2.ed. Boston: Addison-Wesley Professional, 2004.

BENEDICT, T.; BILODEAU, N.; VITKUS, P. **BPM CBOK Version 3.0:** Guide to the Business Process Management Body of Knowledge (BPM CBOK®). Scotts Valley: Createspace Independent Publishing Platform, 2016.

294 Governança Digital 4.0

CMMI INSTITUTE. **CMMI V 2.0 Development Model.** Pittsburgh, 2018.

CMMI INSTITUTE. **Data Management Maturity (DMM).** Disponível em: <https://cmmiinstitute.com/data-management-maturity>. Acesso em: 05 jul. 2019.

DAMA. **The DAMA Data Management Body of Knowledge (DAMA DMBOK).** Data Management International, 2009.

DOERR, J. **Measure What Matters:** OKRs – The Simple Idea that Drives 10x Growth. New York: Portfolio Penguin, 2018.

HEFLEY, B.; LOESCHE, E. A. **The eSourcing Capability Model for Client Organizations (eSCM-CL):** model overview. #CMU-ITSQC-WP-06-001b, Draft for public review, v. 1.1. Pittsburgh: ITSQC, July 2006.

HYDER, E. B.; HESTON, K. M.; PAULK, M. C. **The eSCM-SP v2.01:** the eSourcing Capability Maturity Model for Service Providers. Pittsburgh: Carnegie Mellon University, Information Technology Services Qualification Center (ITsqc), Technical Report: CMU-ITSQC-06-006, Dec. 2006.

IIBA. **BABOK® v3:** a guide to the Business Analysis Body of Knowledge. 3.ed. International Institute of Business Analysis, 2016.

ISACA. **COBIT® 2019 Framework:** governance and management objectives. Rolling Meadows: ISACA, 2019.

ISACA. **COBIT® 5:** a business framework for the governance and management of enterprise IT. Rolling Meadows: ISACA, 2012.

ISO/IEC 15408-1:2009 Information technology – Security techniques – Evaluation criteria for IT security – Part 1: Introduction and general model.

ISO/IEC 15504-4:2004 Information technology – Process assessment – Part 4: Guidance on use for process improvement and process capability determination.

ISO/IEC 20000-1:2018. Information technology – Service management – Part 1: Service management system requirements.

ISO/IEC 27002:2013. Information technology – Security techniques – Code of practice for information security controls.

ISO/IEC 29110-4-3:2018 – Systems and software engineering – Lifecycle profiles for very small entities (VSEs) – Part 4-3: Service delivery – Profile specification.

ISO/IEC TR 29110-1:2016 Systems and software engineering – Lifecycle profiles for Very Small Entities (VSEs) – Part 1: Overview.

ISO/TS 22317:2015. Societal security – Business continuity management systems – Guidelines for business impact analysis (BIA).

ISO/TS 22331:2018 Security and resilience – Business continuity management systems – Guidelines for business continuity strategy.

KAPLAN, R. S.; NORTON, D. P. **The Balanced Scorecard:** Translating Strategy into Action. 11.ed. Brighton: Harvard Business Review Press, 1996.

MUNIZ, A. et al. **Jornada DevOps:** unindo cultura ágil, Lean e tecnologia para entrega de software de qualidade. Rio de Janeiro: Brasport, 2019.

PMI. **PMBOK® Guide:** A Guide to the Project Management Body of Knowledge. 6th. ed. Newtown Square: Project Management Institute, 2017.

ROTONDARO, Roberto. G. **Seis Sigma:** estratégia gerencial para a melhoria de processos, produtos e serviços. São Paulo: Atlas, 2002.

SFIA FOUNDATION. **Skills framework for the information age.** London: SFIA Foundation, 2018.

SOFTEX. **MPS – Melhoria de Processo de Software e Serviços.** Guia Geral MPS de Serviços. Brasília, 2015.

SOFTEX. **MPS.BR – Melhoria de Processo do Software Brasileiro.** Guia Geral MPS de Software. Brasília, 2016.

SUTHERLAND, J.; SUTHERLAND, J. **Scrum:** a arte de fazer o trabalho na metade do tempo. Rio de Janeiro: Sextante, 2019.

THE OPEN GROUP. **The TOGAF standard.** Version 9.2. Reading: The Open Group, 2018.

14. Como implantar a Governança Digital 4.0

Aguinaldo Aragon Fernandes

14.1. Componentes de implementação do modelo de Governança Digital 4.0

A implantação da Governança Digital 4.0 em uma organização é um empreendimento de longo prazo. Na realidade, é um programa.

Sua forma de implementação dependerá do contexto ambiental de negócios em que a organização está inserida e de seus objetivos.

Alguns fatores de contexto que devem ser analisados quanto ao foco do programa de Governança Digital 4.0:

> ➢ Setores com maior regulamentação externa e de capital aberto (com ações negociadas na Bolsa de Valores) tendem a valorizar uma maior previsibilidade em processos e a transparência na prestação de contas. Possuem uma governança corporativa mais madura, que pode influenciar na necessidade de implantar ou evoluir a sua governança de TI para uma Governança Digital 4.0 (ex.: bancos, seguros, energia, telecom, avaliação, farmacêutica).
> ➢ Setores altamente competitivos e pouco regulados tendem a dar menos valor a processos estruturados, a não ser os relativos ao controle financeiro, fiscal e de pessoal (ex.: empresas de serviços, de consumo de massa, varejo, bebidas, etc.).
> ➢ Organizações de capital aberto, de uma forma geral, requerem uma boa governança corporativa, o que pode influenciar positivamente na implantação da Governança Digital 4.0.
> ➢ Organizações que têm processos produtivos complexos, integrados e/ou trabalham com alta tecnologia, que podem ser fonte de riscos ao meio ambiente e à vida humana, também são propensas a valorizar procedimentos (ex.: fabricantes de aviões, petróleo e gás, automobilística, etc.).

- O estágio em que a organização se encontra ou a maturidade do mercado podem influenciar a adoção da Governança Digital 4.0. Por exemplo, em mercados ainda em fase de crescimento, é muito provável que a organização não tenha ainda normas, procedimentos e regras claras, e que o objetivo seja atender à demanda do mercado, prioritariamente.
- Nas organizações industriais em mercados mais maduros, a automação industrial é valorizada, mas geralmente pertence à área industrial e não à TI. Esse tipo de organização demanda a Governança Digital 4.0, mas com foco em tecnologias de automação de sistemas ciberfísicos.

Os contextos de mercado e competitivo de uma organização, sua história, origem de capital, etc. criam diferentes culturas organizacionais. Existem culturas que valorizam a inovação, outras a obtenção de resultados, outras a hierarquia e o controle e ainda outras que são mais voltadas para pessoas.

A estratégia da organização e a estrutura do tipo de negócio também têm grande influência na forma como a Governança Digital 4.0 será implementada.

A Figura 14.1 mostra a parte do modelo de Governança Digital 4.0 que nos interessa no presente capítulo.

Este modelo é focado para a realidade da implementação da transformação digital pelas organizações, já que carrega em seu bojo abordagens *Lean*, de inovação e de agilidade.

Tudo começa pela escolha das práticas dos modelos de referência que são mais adequadas para a organização, a aplicação dos <u>fatores de design</u> e, a partir daí, definir o modelo objetivo, adaptado, para a organização.

Uma vez definido e aprovado o modelo, elabora-se um plano do programa e são feitas as implementações conforme a prioridade definida e procurando, ao mesmo tempo, cuidar do conhecimento e das pessoas.

Mais adiante sugeriremos um roteiro de implementação.

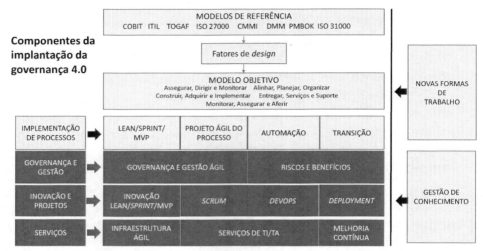

Figura 14.1 – Componentes de implantação da Governança Digital 4.0.
Fonte: o autor.

14.2. Roteiro de implantação da governança de TI

Apresentamos a seguir um roteiro genérico para a implantação da Governança Digital 4.0, ilustrado na Figura 14.2.

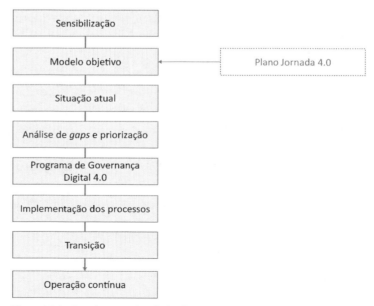

Figura 14.2 – Roteiro genérico de implementação da Governança Digital 4.0.
Fonte: o autor.

14.2.1. Sensibilização

Um programa de governança de TI não acontece se não tiver patrocínio da alta administração da organização. Portanto, a primeira coisa a fazer é sensibilizá-la.

Para tanto, podem ser utilizados vários instrumentos, tais como:

> ➢ Trazer palestrantes para falar sobre os resultados da governança digital em organizações similares.
> ➢ Fornecer acesso à alta administração a pesquisas e testemunhos de outros profissionais executivos que implantaram ou estão implantando a governança digital.
> ➢ Mostrar os riscos que a organização corre se determinadas ações que garantem a continuidade do negócio não forem implantadas, principalmente face à Jornada 4.0 ou à implantação de tecnologias críticas.
> ➢ Mostrar a vulnerabilidade atual a incidentes de segurança da informação.
> ➢ Tentar mostrar benefícios monetários já obtidos com a implantação de projetos ou iniciativas que tenham relacionamento com a governança digital.
> ➢ Obter acesso a relatórios de auditoria interna e externa ou do pessoal de gestão de riscos, de forma a subsidiar a demonstração de urgência para a implantação de boas práticas de gerenciamento de TI e de governança digital em apoio à transformação digital da organização.

Logo, para você, como CIO ou responsável pela TI, ter acesso às pessoas da alta administração é uma condição básica.

O produto desta primeira etapa é obter o comprometimento da alta administração e das demais partes interessadas quanto à Governança Digital 4.0.

14.2.2. Modelo objetivo

Nesta etapa, a ideia é desenvolver o modelo objetivo, considerando os <u>fatores de design</u>, que podem ser:

> ➢ A estratégia da organização.
> ➢ O plano da Jornada 4.0 (seria a situação ideal)[121].

---

[121] Uma alternativa é, dentro do Plano da Jornada 4.0, já desenvolver o modelo objetivo, pois, obrigatoriamente, este dará sustentação para a jornada como um todo.

300 Governança Digital 4.0

- ➤ Objetivos da organização.
- ➤ Modelo de terceirização da organização.
- ➤ Requisitos de conformidade internos e externos.
- ➤ Maturidade da governança corporativa.
- ➤ Tamanho da organização.
- ➤ Mercados, produtos e serviços em que atua.
- ➤ Nível de automação dos processos.
- ➤ Projetos de inovação em andamento.
- ➤ Estrutura da área de TI ou de TA, dentre outros.
- ➤ Modelos de melhores práticas aplicáveis a TI e a TA.

Aplicando os _fatores de design_, a ideia é de que os objetivos e processos de TI e de TA imprescindíveis, dado o cenário observado, possam ser identificados quanto à sua importância.

Lembramos que uma arquitetura de processos poderá ser elaborada a partir de um uma combinação de práticas de vários modelos de melhores práticas aplicáveis à TI e à TA.

Sugerimos, entretanto, que, de forma objetiva, você use o COBIT® como ponto de referência para elaborar o seu modelo objetivo, já que ele congrega vários modelos e suas respectivas práticas.

Provavelmente, no momento de detalhar cada processo, você poderá usar outros modelos para obter melhores detalhes, como, por exemplo, normas de segurança da informação.

Sugerimos também que use os mesmos domínios preconizados pelo COBIT®, ou seja: (i) Avaliar, Dirigir e Monitorar (EDM); (ii) Alinhar, Planejar e Organizar (APO); (iii) Construir, Adquirir e Implementar (BAI); (iv) Entregar, Serviços e Suporte (DSS); e (v) Monitorar, Avaliar e Aferir (MEA).

Agora, com base no modelo objetivo, você terá que obter entendimento da situação atual das atividades de TI e TA da organização.

O produto desta etapa é o Modelo Objetivo da Governança Digital 4.0, que é representado por um modelo de referência de processos de TI ou de TA.

14.2.3. Situação atual

Nesta etapa você deve entender a situação atual correspondente a cada um dos processos do modelo objetivo visando identificar, posteriormente, os *gaps* e os níveis de capacidade.

No levantamento, devem ser levados em consideração todos os componentes de governança, como:

- ➢ Os processos em si.
- ➢ Estruturas organizacionais relativas da TI e da TA.
- ➢ Princípios, políticas e *frameworks*.
- ➢ Informação requerida pela governança.
- ➢ Cultura, ética e comportamento. O entendimento da cultura é importante, pois é o principal inibidor da mudança do *mindset*.
- ➢ Pessoas, habilidades e competências.
- ➢ Serviços, aplicações e infraestrutura para a governança e gestão da TI e/ou TA. Aqui você deve entender quais serviços de TI estão sendo fornecidos, níveis de automação, software e sistemas em uso para apoiar esses serviços.

14.2.4. Análise de *gaps* e priorização

A foco aqui é identificar os *gaps* entre o que é necessário para atender ao novo modelo objetivo (que irá suportar a transformação digital) e a situação atual.

Esses *gaps* indicarão as iniciativas necessárias.

Por exemplo: o processo de desenvolvimento ainda usa métodos tradicionais; não há um processo de gerenciamento de mudanças e de gerenciamento de problemas.

Um aspecto extremamente importante aqui é analisar qual a cultura estabelecida, uma vez que, para mudar para um cenário de inovação e de agilidade, é necessária mudança cultural.

Nesta etapa, as iniciativas de melhoria devem ser identificadas e priorizadas, visando dar suporte à Jornada 4.0 e aos objetivos de capacidade definidos, ou seja, se vai ficar somente no nível 1 ou vai para outros níveis de capacidade.

Os benefícios de cada processo do modelo objetivo devem ser estimados.

302 Governança Digital 4.0

Por fim, você precisa estimar uma verba para a execução das iniciativas e obter aprovação da alta administração ou de quem for o responsável por aprovar a verba.

14.2.5. Programa de Governança Digital 4.0

Nesta etapa, um plano do programa deve ser elaborado, consolidando as iniciativas identificadas. Sugerimos os seguintes passos para tal:

- ➢ Elaborar um *roadmap* de implementação, mostrando as entregas de processos ao longo do tempo.
- ➢ Definir o escopo do programa, ou seja, a lista de processos, estruturas e ações a serem implementados.
- ➢ Estabelecer a sequência de implantação dos processos, considerando as precedências técnicas requeridas.
- ➢ Estabelecer a linha de tempo prevista para a implantação dos processos.
- ➢ Definir o plano de recursos e serviços estimados para o programa.
- ➢ Elaborar orçamento estimado para o programa e para cada um dos projetos.
- ➢ Estimar os benefícios esperados a serem atingidos, à medida que os processos forem sendo implantados.
- ➢ Estabelecer como o programa será gerenciado.
- ➢ Definir a estrutura de gestão do programa, assim como a matriz de responsabilidades.
- ➢ Identificar os riscos do programa.
- ➢ Estabelecer as regras de gerenciamento da mudança para o programa.
- ➢ Definir o plano de comunicação do programa.
- ➢ Estabelecer os critérios de qualidade a serem seguidos pelos projetos.
- ➢ Estabelecer as métricas de progresso a serem consideradas pelos projetos componentes do programa.
- ➢ Estabelecer os pontos de controle do programa.
- ➢ Elaborar um plano de mudança organizacional para mudança cultural[122].
- ➢ Definir a estratégia para escalar o *mindset* e métodos *Lean* e ágil (quando for o caso).
- ➢ Diretrizes e requisitos para constituição e gerenciamento dos projetos de implantação dos processos (exemplo: uso de *Scrum* para o projeto dos processos).
- ➢ Descrever brevemente cada um dos projetos componentes do programa.

---

122 A elaboração e a execução de um plano de mudança organizacional são críticas para o sucesso de qualquer mudança.

14.2.6. Implementação dos processos

A primeira coisa a se fazer aqui é elaborar um plano de implementação do processo ou a identificação do *Product Backlog*.

Nesta etapa, os processos são projetados, automatizados e entregues para serem operados.

Eventualmente, deve ser feito um cenário *as-is* para fazer melhorias em função dos *gaps*; em outros casos, parte-se diretamente para o cenário *to-be*[123].

O ideal é adotar entregas incrementais ao mesmo tempo em que a cultura é paulatinamente mudada, mas sempre com medição de resultados.

Os processos são implementados conforme o *roadmap* estabelecido pelo processo e um plano de implementação. Pode envolver aquisição de ferramentas, treinamento de pessoal, contratação de serviços, etc.

Jamais se esqueça de medir os resultados obtidos com os resultados inicialmente estimados. Dessa forma, você pode comunicar as pequenas vitórias.

14.2.7. Transição

A transição começa pela elaboração de um Plano de Transição, onde todos os componentes do modelo objetivo são observados.

A transição é que faz efetivamente a mudança na forma de trabalhar e de obter resultados.

É a fase onde as maiores resistências são reveladas e devem ser superadas, para o sucesso do empreendimento.

A transição faz a passagem para a operação. É quando os processos são comissionados ou de forma incremental ou de forma integral.

Lições aprendidas também são registradas.

---

[123] Em várias situações implementando governança de TI nas organizações, deparamos com situações onde o risco nunca foi gerenciado de forma estruturada, conforme um processo definido.

Os resultados da implementação do processo e sua documentação são armazenados em uma base de conhecimento para compartilhamento entre equipes dedicadas aos processos de governança e gestão de TI e TA.

14.2.8. Operação contínua

As principais tarefas nesta fase são, conforme sugerimos no modelo de Governança Digital 4.0, são: monitorar a execução do processo, avaliar os resultados, comunicar os resultados para as partes interessadas, identificar pequenos ajustes que sejam necessários e comissionar definitivamente o processo. Ele entra agora em processo de melhoria contínua.

14.3. Fatores críticos de sucesso para a implantação da governança de TI

Para que a implantação de um programa de governança de TI seja bem-sucedida, alguns requisitos devem ser atendidos:

- ➤ **Liderança para a mudança:** nenhuma mudança inovadora de gestão ocorre sem um executivo patrocinador que assuma a sua liderança e garanta os fundos necessários para o empreendimento. Um programa de Governança Digital 4.0 que não possui um patrocinador da alta direção da empresa pode ter sérios problemas na sua implementação.
- ➤ **Envolvimento dos executivos da organização:** além do executivo patrocinador, responsável por liderar a mudança, o programa de Governança Digital 4.0 também necessita do envolvimento dos demais executivos da organização. O motivo é muito simples: a implantação de novos processos de TI ou de TA pode alterar a forma como as demais áreas da organização são atendidas. Geralmente, os executivos de outras áreas não entendem que a TI ou TA também precisa de instrumentos para a gestão de seus serviços.
- ➤ **Atacar as principais vulnerabilidades:** as principais vulnerabilidades devem ser priorizadas no programa de Governança Digital 4.0, de forma que seja possível obter resultados a curto prazo. Isso é extremamente importante para o sucesso do empreendimento. Esses resultados sempre devem ser comparados aos resultados anteriores, para que a melhoria possa ser evidenciada em termos numéricos.

Como implantar a Governança Digital 4.0 **305**

➢ **Ter uma abordagem de gestão de mudança cultural:** a implantação da Governança Digital 4.0 tem impacto sobre o *modus operandi* do pessoal de TI ou TA, dos usuários e clientes dessas áreas e dos fornecedores. As pessoas trabalharão de forma diferente e sempre haverá resistência, tanto passiva como ostensiva. Nesse contexto, deve-se planejar como será feita a abordagem da mudança da cultura. Isso certamente exigirá uma série de novos comportamentos por parte do CIO e da sua equipe.

➢ **Equipe qualificada:** a implantação da Governança Digital 4.0 exige uma equipe qualificada para tal. Portanto, deve-se procurar alocar pessoas que tenham os perfis requeridos para o planejamento, a implantação e o gerenciamento do programa.

➢ **Apurar os benefícios:** certificar-se de que os benefícios previstos pela Governança Digital 4.0 estão sendo atingidos: este elemento é crítico e talvez um dos mais importantes para o programa. A alta administração somente entenderá os investimentos se as melhorias puderem ser demonstradas através de números e, principalmente, da agregação de valor ao negócio.

➢ **Fundos adequados:** um programa dessa natureza deve ter fundos assegurados.

➢ **Estratégia de transformação digital:** a organização deve ter uma estratégia digital clara que dê sustentação à validade de um programa de Governança Digital 4.0.

➢ **Aplicação do pensamento ágil:** o planejamento do programa e a implantação de cada iniciativa podem ser executados por meio de *inceptions*, aplicando-se as práticas e abordagens ágeis.

15. A sua área de TI é auditada com frequência? Então veja isso

Aguinaldo Aragon Fernandes e
Jose Luis Diniz

Chegou o momento de se preparar para uma auditoria externa. Geralmente, você recebe o resultado com indicadores de capacidade e maturidade. Mas como a auditoria chega naqueles valores? O que de fato é importante? O que agrega valor para a sua gestão e para a organização?

15.1. Como as auditorias avaliam o nível de capacidade dos seus processos de TI

As auditorias externas, em sua grande maioria, adotam o COBIT® como modelo de referência para executar as auditorias e avaliam os objetivos e processos conforme uma régua de capacidade baseada na ISO 15504 (ABNT, 2004).

Essas auditorias focam fortemente em avaliação de riscos para o negócio que a TI representa, assim como a conformidade com normas internas ou com modelos de referência. Como a maioria das empresas não tem uma sistemática organizada de processos, elas então usam os modelos de referência.

O modelo de avaliação tem cinco níveis, sendo que cada nível possui atributos, conforme mostra a Tabela 15.1 a seguir.

A sua área de TI é auditada com frequência? Então veja isso **307**

Tabela 15.1 – Atributos dos níveis de capacidade.

Identificação do atributo do processo	Nível de capacidade e atributos do processo
	NÍVEL 0: processo incompleto
	Nível 1: processo desempenhado
PA 1.1	Processo desempenhado
	Nível 2: processo gerenciado
PA 2.1	Desempenho gerenciado
PA 2.2	Gerenciamento do produto de trabalho
	Nível 3: processo estabelecido
PA 3.1	Processo definido
PA3.2	Processo implantado
	Nível 4: processo previsível
PA 4.1	Medição do processo
PA 4.2	Controle do processo
	Nível 5: processo em otimização
PA 5.1	Inovação do processo
PA 5.2	Otimização do processo

Qual o significado dos atributos? Vamos lá.

A Tabela 15.2 mostra a descrição dos atributos.

308 Governança Digital 4.0

Tabela 15.2 – Descrição dos atributos.

Atributos	Descrição
PA 1.1: processo desempenhado	O processo está sendo executado e atende aos objetivos e resultados esperados.
PA 2.1: desempenho gerenciado	<ul><li>O escopo do processo está contido em uma documentação do processo.</li><li>Os objetivos de desempenho do processo estão em um plano do processo.</li><li>Medidas do desempenho do processo, alinhadas aos objetivos do negócio, e que são estabelecidas e monitoradas, estão documentadas em um plano do processo.</li><li>Ações são tomadas quando os objetivos de desempenho do processo não são atingidos. Essas ações que identificam as causas de desvios e o ajustamento de planos e cronograma estão em registros específicos, documentados.</li><li>As responsabilidades e autoridades para a execução das atividades-chave estão definidas, atribuídas, comunicadas e documentadas em uma matriz de responsabilidades.</li><li>Pessoas e grupos envolvidos com o processo são identificados, responsabilidades definidas e os mecanismos de comunicação estão operando, sendo que esses atributos estão documentados em uma matriz de responsabilidades.</li><li>Há um plano de comunicação documentado em um plano do processo.</li><li>Os requisitos de experiência e habilidades para executar atividades do processo estão documentados em um plano do processo.</li><li>Os recursos necessários para a execução do processo, de acordo com o plano, são identificados e disponibilizados e estão documentados em um plano do processo.</li></ul>
PA 2.2: gerenciamento do produto de trabalho	<ul><li>Os requisitos dos produtos de trabalho do processo, tais como estrutura, conteúdo e critérios de qualidade, estão definidos e apresentados no plano de qualidade do processo.</li><li>Requisitos para a documentação e o controle dos produtos de trabalho do processo estão definidos como identificação, dependências, aprovações e rastreabilidade e apresentados na documentação do processo e no plano da qualidade.</li><li>Os produtos de trabalho são submetidos a controle de versão, controle de mudança e configuração quando apropriado e estão apresentados no plano da qualidade.</li><li>Os produtos de trabalho são revistos e ajustados periodicamente, sendo que essas revisões são registradas para fins de auditoria ou verificação.</li></ul>

A sua área de TI é auditada com frequência? Então veja isso **309**

Atributos	Descrição
PA 3.1: processo definido	• Um processo padrão é estabelecido e descreve os elementos fundamentais que devem ser incorporados no processo definido. Este padrão está descrito em políticas e procedimentos e é aplicado em toda a organização. • A sequência e a interação do processo padrão com outros processos são determinadas. Políticas e padrões devem fornecer um mapa do processo com as interações e que se aplicam em toda a organização. • Competências e papéis requeridos para o desempenho do processo são identificados como parte do processo padrão. Políticas e padrões devem fornecer detalhes das competências requeridas para a execução do processo e se aplicam a toda a organização. • A infraestrutura e o ambiente de trabalho requerido para o desempenho do processo são identificados como parte do processo padrão. Políticas e padrões devem fornecer detalhes da infraestrutura e do ambiente de trabalho e se aplicam a toda a organização. • Métodos adequados para o monitoramento da eficácia do processo são determinados. Políticas e padrões devem fornecer detalhes dos objetivos organizacionais para o processo, padrões mínimos de desempenho, procedimentos padrões e requisitos de comunicação e monitoramento.
PA 3.2: processo implantado	• Um processo definido é implantado com base no processo padrão adaptado. Políticas e padrões devem definir os padrões a serem seguidos em todas as implementações. • Papéis requeridos, responsabilidades e autoridades para o desempenho do processo definido são atribuídos e comunicados. Políticas e padrões devem fornecer detalhes de responsabilidades e autoridades para o desempenho do processo definido. • O pessoal que desempenha o processo definido tem competência com base em educação, treinamento e experiência adequados. A documentação do processo deve prover os detalhes de competência e treinamento. O plano do processo deve incluir detalhes do plano de comunicação, plano de treinamento e de recursos para cada instância do processo. • Recursos e informações necessárias para o desempenho do processo definido são disponibilizados, alocados e usados. O plano do processo deve fornecer detalhes sobre o plano de recursos para cada instância do processo. • A infraestrutura e o ambiente de trabalho para a execução do processo definido são disponibilizados, alocados e usados. O plano do processo deve fornecer detalhes sobre a infraestrutura e o ambiente de trabalho para cada instância do processo. • Dados adequados são coletados e analisados como base para o entendimento do comportamento do processo para demonstrar sua adequabilidade e eficácia e para avaliar se a melhoria contínua do processo pode ser feita. Registros de qualidade e de desempenho do processo devem fornecer evidências das revisões para cada instância do processo.

Atributos	Descrição
PA 4.1: medição do processo	• As necessidades de informação do processo são estabelecidas em apoio aos objetivos do negócio. Um plano de melhoria do processo deve fornecer objetivos de melhoria para o processo e ações propostas de melhoria. • Os objetivos de medição do processo são derivados das necessidades de informações do processo. Um plano de medição do processo deve fornecer detalhes dos objetivos de medição do processo. • Objetivos quantitativos para o processo são estabelecidos em apoio aos objetivos relevantes do negócio. Um plano de medição do processo deve fornecer detalhes das medições e dos indicadores. • Medições e respectiva frequência são identificadas e definidas de forma alinhada com os objetivos de medição e de desempenho do processo. O plano de medição do processo deve fornecer os detalhes das medições propostas e indicadores, juntamente com procedimentos de coleta e análise dos dados. • Resultados de medição são coletados, analisados e comunicados visando monitorar a extensão em que os objetivos quantitativos do processo são atendidos. O plano de medição do processo fornece detalhes dos procedimentos analíticos. Registros de desempenho do processo fornecem detalhes dos dados coletados e analisados. • Resultados de medição são usados para caracterizar o desempenho do processo. Registros de desempenho do processo fornecem detalhes dos dados coletados e analisados.
PA 4.2: controle do processo	• Técnicas de análise e controle são determinadas e usadas quando apropriado. A documentação do processo deve fornecer detalhes dos controles. O plano de controle do processo deve especificar, para cada processo, a abordagem de medição. • Limites de controle de variação são estabelecidos para o desempenho normal do processo. O plano de controle do processo especifica os limites de controle. • Dados de medição são analisados para causas especiais de variação. Registros do desempenho do processo fornecem detalhes das medições coletadas e analisadas. • Ações corretivas são executadas para tratar causas especiais de variação. Registros do desempenho do processo fornecem detalhes das medições coletadas e analisadas e das ações corretivas executadas. • Os limites de controle são ajustados seguindo a ação corretiva. O plano de controle do processo é atualizado.

Atributos	Descrição
PA 5.1: inovação do processo	• Objetivos de melhoria para o processo são definidos e apoiam os objetivos de negócio relevantes. Plano de melhoria do processo deve detalhar objetivos e ações de melhoria. • Dados apropriados são analisados para identificar causas comuns de variações no desempenho do processo. Registros de desempenho do processo devem fornecer detalhes das medições coletadas e analisadas. • Dados apropriados são analisados para identificar oportunidades para melhores práticas e inovação. O plano de melhoria do processo deve detalhar as análises em relação às melhores práticas. • Oportunidades de melhoria derivadas de novas tecnologias e novos conceitos de processos são identificados. O plano de melhoria do processo deve fornecer detalhes das análises de oportunidades de melhorias tecnológicas. • Uma estratégia de implementação é estabelecida para atender aos objetivos de melhoria do processo. O plano de melhoria do processo deve fornecer detalhes da estratégia para a melhoria do processo.
PA 5.2: otimização do processo	• O impacto de todas as mudanças propostas é avaliado em relação aos objetivos do processo definido e padrão. O plano de melhoria do processo deve fornecer detalhes sobre a abordagem de qualidade dos projetos de melhoria. • Implementação de todas as melhorias acordadas é gerenciada para assegurar que qualquer desvio ou mau funcionamento do processo seja entendido e resolvido. O plano de melhoria do processo deve fornecer detalhes da estratégia de implementação para a melhoria do processo e evidências de mudanças na documentação do processo, no plano de qualidade do processo e nas políticas e nos padrões. • Com base no desempenho atual, a eficácia de mudanças no processo é avaliada em relação aos requisitos dos produtos e objetivos do processo para determinar se os resultados são em função de causas comuns ou especiais de variação. O plano de melhoria do processo deve fornecer detalhes da abordagem e qualidade do projeto de melhoria.

Para cada processo, o auditor avalia os atributos conforme essas questões, sempre buscando evidências.

Em função de evidências diretas e indiretas e a partir de entrevistas, os processos são enquadrados em termos de sua extensão de implementação. Geralmente é aplicada a régua a seguir (Tabela 15.3).

312 Governança Digital 4.0

Tabela 15.3 – Critérios de atingimento do atributo do processo.

Grau de implantação	Descrição	% do atingimento do atributo
Totalmente atingido	Há evidências de uma abordagem completa e sistemática e pleno atingimento do atributo. Nenhuma deficiência significativa relacionada com este atributo.	85% a 100%
Amplamente atingido	Há evidências de uma abordagem sistemática e um atingimento significativo do atributo. Alguma fraqueza relativa a este atributo pode existir.	50% a 85%
Parcialmente atingido	Há alguma evidência de aproximação e algumas realizações relativas ao atributo.	15% a 50%
Não atingido	Há pouca ou nenhuma evidência de atingimento do atributo definido no processo de avaliação.	0 a 15%

Finalmente, como saber o nível em que se encontra o processo? Veja na Tabela 15.4 a seguir.

Tabela 15.4 – *Ratings* para cada nível de capacidade em relação aos atributos dos processos.

Atributo	Nível 0	Nível 1	Nível 2	Nível 3	Nível 4	Nível 5
PA 5.2 Otimização do processo						Amplamente
PA 5.1 Inovação do processo						Amplamente
PA 4.2 Controle do processo					Amplamente	Totalmente
PA 4.1 Medição do processo					Amplamente	Totalmente
PA 3.2 Processo implantado				Amplamente	Totalmente	Totalmente
PA 3.1 Processo definido				Amplamente	Totalmente	Totalmente
PA 2.2 Gerenciamento dos produtos de trabalho			Amplamente	Totalmente	Totalmente	Totalmente
PA 2.1 Desempenho gerenciado			Amplamente	Totalmente	Totalmente	Totalmente
PA 1.1 Processo desempenhado		Totalmente	Totalmente	Totalmente	Totalmente	Totalmente

Nossa experiência mostra que o foco das áreas de TI é executar o processo. Raramente planejam a execução do processo (a não ser os mais operacionais) e têm processos claramente definidos.

Portanto, cabe ao CIO e sua equipe avaliar o valor dos níveis de capacidade para que possa estabelecer as metas de evolução que deseja e que sejam, de fato, necessárias.

A sua área de TI é auditada com frequência? Então veja isso **313**

15.2. Como se preparar para essas auditorias

O ideal é que os processos estejam sendo executados de forma natural no dia a dia da área de TI.

Um ponto extremamente importante e que vai facilitar muito a sua preparação é ter uma base de conhecimento (que pode até estar em ferramentas como o Sharepoint) onde os produtos de trabalho de cada processo sejam depositados e armazenados.

Você deve estabelecer responsabilidade para isso e cobrar da sua equipe que disponibilize os artefatos.

Outro aspecto é ter as métricas que demonstrem os resultados do processo. Quando você implementa a governança de TI ou de TA, você estabelece algumas métricas que indicam se o processo está funcionando ou não.

Outros pontos que você deve levar em consideração para se preparar para a auditoria:

➢ Planos de evolução da governança e gestão da TI na organização.
➢ Mostrar a resolução dos pontos levantados pela última auditoria.
➢ Mostrar o progresso de planos de resolução dos pontos da auditoria.
➢ Ter as responsabilidades muito bem definidas e atribuir quem irá responder às questões da auditoria.
➢ Ter à mão o acesso à base de conhecimento para as pessoas que serão envolvidas na auditoria.
➢ Definir quem vai acompanhar a auditoria.
➢ Estabelecer um time para implementar correções rapidamente naqueles pontos mais fáceis de resolver.
➢ Não aceitar pontos que não são da alçada da área de TI[124].
➢ Se for uma auditoria de certificação, treinar adequadamente o pessoal e munir-se das evidências necessárias.

Referências

ABNT – ASSOCIAÇÃO BRASILEIRA DE NORMAS TÉCNICAS. ISO/IEC 15504:2004 – Part 5: An exemplar Process Assessment Model. *In*: ABNT – ASSOCIAÇÃO BRASILEIRA DE NORMAS TÉCNICAS. ABNT catálogo. ISO/IEC 15404-5 – 4. Overview of the exemplar Process Assessment Model – Introduction, 2004, p. 2-3.

---

[124] Exemplo: a política de segurança da informação geralmente é corporativa e ações em níveis estratégicos e táticos não devem ser responsabilidade da TI. A TI tem que prover serviços de segurança da informação. Em grandes organizações, a segurança da informação está fora da área de TI.

16. A gamificação do aprendizado para a transformação digital

Soraya Correia de Oliveira

Se você leu este livro na sequência, a essa altura você já deve ter o retrato do novo mundo que as tecnologias habilitadoras da Indústria 4.0 e suas implicações delinearam para a nova realidade das competências da TI nas organizações. Mas, se resolveu vir direto para este capítulo, atraído pelo tema, seguramente você já tem visão suficiente para ter desenvolvido a ansiedade por respostas sobre como lidar com uma demanda de aprendizagem tão complexa. Seja por um caminho ou outro, este capítulo foi preparado para lhe apresentar caminhos de como construir a aprendizagem no contexto da transformação digital; afinal, a forma de aprender mudou e você precisa de referências sobre como ser protagonista nessa nova revolução.

Neste capítulo, iniciaremos com uma visão não exaustiva das principais competências e exigências sobre a transformação do capital humano requerida nesse cenário de transformação digital. Seguiremos com a apresentação de um caso prático da nova forma de aprender para modelar sua visão sobre o poder da gamificação no desenvolvimento de uma aprendizagem inclusiva e que integra em um fluxo natural o desenvolvimento de *hard* e *soft skills*. A partir daqui, apresentaremos nossa proposta de *framework* para construção de soluções de aprendizagem gamificadas, que estruturamos com base na nossa experiência em inovar e explorar esse universo de possibilidades que é a aprendizagem.

Esclareceremos a importância de se preparar e executar uma estratégia de aprendizagem conectada ao plano de transformação digital, conforme visto no Capítulo 9 deste livro. E finalizaremos falando sobre exemplos de como a aprendizagem de processos industriais vem ocorrendo e onde a gamificação e outras tecnologias digitais são protagonistas.

16.1. A transformação do capital humano para a transformação digital

Para garantir a governança corporativa e a governança de TI, esse cenário de transformação digital exige novas dimensões de controle e aplicações de inovações tecnológicas para o gerenciamento. A disponibilidade, a velocidade e as possibilidades de informações e análises se apresentam de forma ampliada para suportar o gerenciamento de desempenho e a tomada de decisão. A gestão é elevada a um novo patamar, muito mais alto em termos de competências para análises complexas, superação de desafios e trabalho colaborativo pela alta descentralização de responsabilidades. Não há mais espaço para hábitos gerenciais ineficazes.

Quanto às organizações exponenciais, há a preocupação que o negócio baseado em plataformas tem sobre humanizar, cada vez mais, suas interfaces e interações, trazendo a empatia como competência central a ser incorporada ao DNA das áreas de tecnologia.

As organizações devem ter a visão holística necessária para envolver e integrar todo o seu ecossistema. Dessa forma, é de extrema importância o desenvolvimento da criatividade e da negociação para o estabelecimento de uma comunicação com inteligência social entre clientes, fornecedores e seu mercado profissional.

As habilidades para a implementação do pensamento ágil não são apenas necessárias, são requerimentos para fazer frente a um mercado cada dia mais dinâmico. Nesse cenário de agilidade, espera-se mais por habilidades, menos por cargos, mais produtividade, maior qualidade do trabalho e mais habilidades sociais e cognitivas dos profissionais nas organizações, principalmente dos profissionais de tecnologia.

Sem falar, finalmente, nas habilidades técnicas que precisam ser descobertas, aprendidas e desenvolvidas. Novos profissionais especialistas em robótica, inteligência artificial, análise de dados, realidade aumentada, realidade virtual e em uma infinidade de tecnologias precisam, além do conhecimento técnico, desenvolver as habilidades comportamentais necessárias para conseguirem prover soluções relevantes. Nessa nova revolução, vemos que a competência técnica (*hard skills*) precisa das competências comportamentais (*soft skills*) para alcançar resultados.

Ainda precisamos considerar as disciplinas gerenciais, que passaram a ser relevantes para toda a organização e não apenas para um nicho específico de profissionais.

Por exemplo, não há mais planejamento estratégico que alcance o resultado sendo construído apenas pela alta gestão. Podemos perceber o mesmo acontecendo com práticas relacionadas ao gerenciamento de projetos, à gestão da qualidade, à segurança, à gestão de riscos, ao *compliance*, entre outras áreas, que se tornaram disciplinas que não podem mais ficar restritas a um papel ou uma área específica para esse fim. Essas disciplinas deixaram de ser funções ou áreas e passaram a ser competências, habilidades requeridas de todos os profissionais.

Dessa forma, as abordagens de aprendizagem nesse cenário precisam assegurar, além do desenvolvimento, a transformação do capital humano, preparando todas as pessoas nas organizações para se tornarem agentes da transformação digital.

16.2. Um caso prático: construindo uma nova forma de aprendizagem

Para entender em que consiste um processo de aprendizagem que tem como foco a consolidação da aprendizagem para a transformação do capital humano, vamos compartilhar um caso prático que norteou nosso trabalho de inovação na aprendizagem, fazendo uso do poder da gamificação para o desenvolvimento de uma aprendizagem inclusiva, em um fluxo natural, integrando o desenvolvimento de *hard* e *soft skills*.

As organizações têm diversos temas ainda não resolvidos, mas que já foram transferidos para sua pauta de pontos "já tratamos isso", principalmente quando se fala em aprendizagem. Normalmente, isso acontece com temas que vieram ao mercado com uma solução mágica para um problema relevante, que se tornou moda por um período, a ponto de ninguém ter qualquer dificuldade em defender a necessidade (já que estava tão óbvio), até um ponto em que os pés voltam a tocar o chão e percebe--se na prática que, apesar dos investimentos, muito pouco ou nada mudou. Exemplos disso são os *assessments* e treinamentos com foco na liderança, para os mais antigos, os famosos programas de *team building*, as avalanches de EADs corporativos e o gerenciamento de projetos – sendo este último o tema que elegemos para começar nosso desafio.

Em 2015, quando iniciamos este projeto, escolhemos o gerenciamento de projetos, por ter sido mapeado como um tema relegado pelas organizações como algo já dominado e apenas não praticado por "falta de tempo"; em outras palavras, já tinha sido migrado para a pauta de pontos "já tratamos isso". Afinal, quantos esforços já

A gamificação do aprendizado para a transformação digital **317**

tinham sido despendidos! Desde dedicar profissionais e áreas inteiras ao papel de gerenciamento de projetos até massificar incentivos para formação e certificação nesse tema. E tudo isso sem grandes resultados, em um cenário que continuava caótico nas organizações. Infelizmente, o quadro naquela época também não dava indícios de melhorias, a não ser pela força que o movimento *Agile* já estava conquistando, evidenciando que o mundo continuava em busca de uma resposta para seus projetos intermináveis ou inócuos. Hoje, com o que estamos vendo nas organizações, sabemos que o mundo continua acelerando para o estágio do gerenciamento ágil, mas sem ter conseguido ainda dominar comunicação, mudanças, prazos, orçamentos, riscos, tratamento de *stakeholders*, etc., o que apenas confirma que acertamos na escolha de tema relevante a ser trabalhado.

Utilizamos como base de pesquisa inicial a realização de *workshops* onde modelamos "como você faz" o gerenciamento de projetos, em um público de 126 profissionais onde 97,6% eram atuantes e com mais de cinco anos de experiência em gerenciamento de projetos em seu dia a dia, sendo que todos declararam ter tido oito horas ou mais de treinamento formal no tema. Foram mais de 100 horas de oficinas, distribuídas em 25 turmas.

O objetivo dessas oficinas foi mapear o nível de competência inconsciente[125] dos profissionais nas práticas de gerenciamento de projetos. Ou seja, durante as oficinas mapearíamos o quanto os treinamentos atuais ou mesmo a experiência no dia a dia foram capazes de consolidar a aprendizagem de um conceito, a ponto de o profissional ser capaz de demonstrar essa competência quando esta se fizesse necessária. Como resultado, a média geral de aderência às melhores práticas de gerenciamento de projetos foi de 66,48%.

Em relação às áreas de conhecimento analisadas, identificamos as seguintes áreas abaixo da média, apresentadas em ordem da menor para a maior aderência: comunicação (46%), riscos (54%), recursos humanos (58%) e escopo/mudanças (63%). Nossa conclusão a partir desses resultados foi termos confirmado aquilo que já sabíamos empiricamente. Nem os treinamentos tradicionais pelos quais todos passaram e nem mesmo suas experiências no dia a dia foram suficientes para consolidar nesses profissionais a aprendizagem de boas práticas de gerenciamento de projetos.

---

[125] Competência inconsciente é o último dos "quatro estágios de ensino" estabelecidos por Martin M. Broadwell, que primeiro articulou o modelo em fevereiro de 1969. Nesse estágio a pessoa já consolidou completamente o aprendizado, ou seja, já aplica o aprendizado de forma tão automática que parece até não ter consciência disso.

318 Governança Digital 4.0

A partir desses resultados, aprofundamos a análise por meio de um grupo de foco, partindo para o objetivo de levantarmos hipóteses sobre as características que uma solução de aprendizagem deveria ter para solucionarmos esse problema do baixo nível de consolidação da aprendizagem que os treinamentos tradicionais possuem.

Essas hipóteses foram levantadas por meio da realização de um *workshop* com profissionais de diversas indústrias com mais de cinco anos de experiência no gerenciamento de projetos. A questão principal deste *workshop* foi responder à seguinte pergunta: "o que um treinamento precisa ter para que as pessoas se tornem competentes em gerenciamento de projetos?". A seguir, apresentamos as hipóteses que foram levantadas:

Tabela 16.1 – Hipóteses sobre desenvolvimento de habilidades em capacitação em gerenciamento de projetos.

Hipóteses	Justificativas
Esse treinamento precisa fazer as pessoas compreenderem que o gerenciamento de projetos é uma responsabilidade de todos os envolvidos e não apenas do gerente de projetos.	Ao considerar que o gerenciamento de projetos seja de responsabilidade de um papel específico na organização, por exemplo do "gerente de projetos", isso restringe os incentivos de aprendizagem (ou até mesmo o acesso aos treinamentos) a um público específico, pouco atraindo ou não envolvendo as equipes ou *stakeholders* dos projetos, gerando uma desobrigação desses envolvidos quanto ao entendimento ou envolvimento com o tema em seu dia a dia.
Esse treinamento precisa descomplicar o gerenciamento de projetos.	A complexidade e a extensão do tema, somadas ao uso de termos especializados e à falta de alinhamento das metodologias criadas às características organizacionais, fazem com que os processos de gestão sejam densos e, muitas vezes, impraticáveis, por conta de uma burocracia excessiva, gerando grande repulsa por parte das pessoas em entender ou mesmo colocar em prática o gerenciamento de projetos.
Esse treinamento precisa desenvolver *hard* e *soft skills* de forma integrada.	A ausência de treinamentos que desenvolvem *hard skills* (competências técnicas) e *soft skills* (competências comportamentais) de forma integrada dificulta a prática do comportamento necessário no dia a dia. Os treinamentos atuais que desenvolvem o lado comportamental fazem isso sem contextualização com a realidade de projetos. Então, fica impossível para o profissional ter que consolidar sozinho nos projetos o aprendizado com as vivências e experiências proporcionadas pelos treinamentos de foco comportamental.

Hipóteses	Justificativas
Esse treinamento precisa ensinar a superar as dificuldades e os desafios reais do gerenciamento de projetos.	A ausência de treinamentos que trouxessem o contexto das dificuldades e desafios reais do gerenciamento, bem como o treino necessário para sua superação, não prepara as pessoas para o enfrentamento do dia a dia com as práticas ou ferramentas ensinadas. Esses treinamentos não provam que as ferramentas de gestão são o melhor caminho para a superação de dificuldades geradas pela organização, por pessoas ou por conflitos. Isso gera frustração nas pessoas em relação ao gerenciamento de projetos, por se sentirem constantemente despreparadas para colocar em prática as ferramentas aprendidas, a ponto de desistirem e por vezes assumirem que sua realidade não permite o uso do conteúdo aprendido.

A partir dessas hipóteses, partimos para o desenvolvimento de uma solução de aprendizagem que fosse capaz de endereçá-las.

Percebemos que deveríamos partir para uma solução capaz de expandir o alcance do gerenciamento de projetos, tornando-o acessível e igualmente útil a todo o espectro de *stakeholders*, trazendo para a mesma experiência desde especialistas da área até pessoas que nunca tivessem tido contato com projetos. Foi com esse intuito que começamos a estudar a gamificação.

Segundo Hamari, Koivisto e Sarsa (2014), a gamificação foi definida como um processo de melhoria de serviços com suportes motivacionais, a fim de invocar experiências de jogo e outros resultados comportamentais. Em seus estudos, confirmou-se que a gamificação vinha sendo um tópico de tendência e um assunto altamente estimulado como um meio de apoiar o engajamento do usuário e melhorar padrões positivos no uso de serviços, na qualidade e na produtividade de ações que se deseja incentivar.

Foi estimado pelo Gartner (BURKE, 2012) que, no futuro, mais da metade das empresas que trabalhavam com inovação utilizariam a gamificação em seus processos empresariais com esse objetivo.

Dessa forma, ter a gamificação como estratégia fez com que fosse possível a construção da motivação e do engajamento de todas as pessoas envolvidas em um projeto, superando todos os pré-conceitos existentes, tornando o aprendizado uma consequência natural, independentemente do seu nível de conhecimento ou especialização no tema. Ou seja, a gamificação nos permitiu abstrair a complexidade do tema.

320 Governança Digital 4.0

Ao optarmos pela criação de um jogo de tabuleiro (*game board*) como estratégia para propiciarmos o máximo de exploração sensorial aos participantes, disponibilizamos uma experiência cognitiva ampliada. Somando-se a isso, com os incentivos que as mecânicas de jogos trazem, foi possível promover o resgate da empatia tão necessária no dia a dia, fazendo os participantes vivenciarem as implicações do exercício de cada um dos principais papéis implicados na execução de um projeto, tais como: gerente de projetos, patrocinador, equipe do projeto, usuários, etc.

A gamificação também nos permitiu explorar um *design* (arte e peças) original, inovador e de alta qualidade. Essa estratégia garantiu que o jogo de tabuleiro provocasse e retivesse o interesse dos participantes, já em seu primeiro contato com a experiência.

Para minimizar a percepção das pessoas sobre a complexidade do gerenciamento de projetos, um ponto importante que contribuiu para isso foi sermos agnósticos ao máximo quanto ao tema. Reunimos o melhor das técnicas sem referenciar de forma direta esta ou aquela metodologia, qualquer instituto ou referencial teórico.

Também apresentamos as técnicas de gerenciamento de projetos de forma evolutiva, introduzindo termos e ferramentas de forma gradativa na experiência do jogo. Cuidamos para que fossem exploradas mais a finalidade das práticas do que a forma em si, com a intenção de demonstrarmos que é possível e permitida a flexibilidade, de acordo com o contexto existente na aplicação das técnicas de gerenciamento de projetos.

A preparação cognitiva das pessoas para não se "assustarem" com a aparente complexidade e se perceberem capazes de interferir na construção da cultura de gerenciamento de projetos em suas organizações fez parte de toda a experiência construída. Afinal, o uso de métodos e processos adaptados de acordo com as características e/ou maturidade organizacional é o caminho para garantir processos descomplicados para projetos (e para quaisquer outros temas, diga-se de passagem). A gamificação também contribuiu para que essa flexibilidade para a adaptação fosse especialmente vivenciada. Por exemplo, componentes de jogo construídos com base no paradigma ágil tiveram que conviver e foram adaptados para serem usados para complementar e suportar outros componentes de jogo criados para o gerenciamento do cronograma de atividades, gerenciamento de riscos, recursos, custos, etc.

Desenvolver *hard* e *soft skills* de forma integrada e ensinar a superar as dificuldades e os desafios reais do gerenciamento de projetos são duas demandas que a gamificação também viabilizou. Ao construirmos a jornada da aprendizagem sob um contexto

A gamificação do aprendizado para a transformação digital **321**

lúdico, tivemos a liberdade de trazer situações reais, criando desafios e missões que, para serem superados, demandavam a aplicação tanto das competências técnicas (*hard skills*) quanto dos comportamentos (*soft skills*) necessários para que o participante evoluísse na experiência por meio da adequada tomada de ação ou decisão. Somado a isso, o contexto gamificado permitiu simular o nível de estresse que também é enfrentado no dia a dia de projetos, o que tornou possível estimularmos também o treino para o desenvolvimento da resiliência necessária ao enfrentamento das situações reais do contexto de projetos.

A adoção da gamificação como metodologia foi a abordagem adequada e suficientemente inclusiva para suportar o desenvolvimento dessa ideia, no que mais tarde culminaria na idealização e materialização do conceito de um *project management experience*, uma inovadora solução de aprendizagem que criamos (OLIVEIRA, 2017) e demos o nome de "Tekrails – Projetos em Jogo"[126], capaz de promover, em oito horas de jogo, esse nível de aprendizado esperado.

O piloto de execução dessa solução de aprendizagem nos permitiu assegurar que os critérios de aceitação do produto final foram plenamente atendidos, pois obtivemos: 98% em abordagem inovadora, 92% em aplicabilidade no dia a dia, 95% em contribuição no desenvolvimento de *soft skills* e 89% em contribuição no desenvolvimento de *hard skills*. Validamos que a solução construída suportava o desenvolvimento dessa aprendizagem (*hard* e *soft skills*) em todo o espectro de *stakeholders* do projeto, pois o submetemos a mais de 120 pessoas com perfis diferentes quanto ao envolvimento em projetos e quanto ao nível de experiência em gerenciamento de projetos.

Além disso, esses resultados também demonstraram que os propósitos primordiais do projeto foram alcançados, pois:

> ➢ Obtivemos, com a estratégia de gamificação, a criação de uma forma inovadora de desenvolvimento de pessoas, ensinando a superação de dificuldades e desafios de forma contextualizada e engajadora.
> ➢ Viabilizamos a conquista de *hard* e *soft skills* requeridos pela área de gerenciamento de projetos, através de uma *project management experience* que descomplicava o tema.
> ➢ O produto final é acessível e igualmente útil a todo o espectro de *stakeholders*.

---

[126] Solução gamificada para aprendizagem de gerenciamento ágil de projetos criada em 2016 pela empresa i3 Governança de Projetos. Disponível em: <http://www.i3gp.com.br/site/solucoes-de-aprendizagem/tekrails>. Acesso em: 16 jul. 2019.

Essa solução de aprendizagem foi resultado de um projeto realizado no período de 15 meses, envolvendo uma equipe multidisciplinar de profissionais especializados. É importante destacar que a interação de várias mecânicas de jogos e o nível de interação do jogador, em conjunto com o ambiente e os recursos utilizados, determinam o equilíbrio do jogo. Todos os jogos usam mecânicas, no entanto, as teorias e os estilos diferem e devem ser selecionados quanto à sua finalidade para o jogo em desenvolvimento. Isso deve ser observado no processo de gamificação. Então, ter experiência e qualificação para observar que a metodologia seja aplicada de forma pragmática e orientada por objetivos claros é fundamental para que a implementação seja bem-sucedida.

O objetivo principal, ao compartilharmos esse caso prático da construção da nova forma de aprendizagem, foi ampliar sua visão quanto ao poder da gamificação: sobre a profundidade com que essa abordagem é capaz de endereçar as questões que limitam os resultados dos treinamentos tradicionais; sobre a viabilidade do desenvolvimento de uma aprendizagem inclusiva e que integra em um fluxo natural o desenvolvimento de *hard* e *soft skills*; e, finalmente, sobre haver caminhos para a implementação da transformação cognitiva que se precisa promover, quando falamos nesse movimento que a Quarta Revolução Industrial está nos trazendo.

16.3. *Framework* para construção de soluções de aprendizagem gamificadas

Agora que você acabou de conhecer um caso prático, apresentaremos de forma esquemática o *framework* para construção de soluções de aprendizagem gamificadas que utilizamos. Estruturamos esse *framework* com base na nossa experiência e no estudo de referências em inovar e explorar esse universo de possibilidades que é a aprendizagem.

A Figura 16.1 mostra o esquema do *framework*.

Figura 16.1 – *Framework* para construção de soluções de aprendizagem.
Fonte: a autora.

Nosso objetivo aqui não é apresentar um passo a passo ou um método detalhado, e sim disponibilizar um roteiro que facilite o seu primeiro passo no entendimento da abrangência que possui um plano de desenvolvimento de uma solução de aprendizagem gamificada.

A seguir apresentamos o roteiro de fases e atividades com uma breve descrição dos seus objetivos.

Tabela 16.2 – Roteiro da construção de um *game* de aprendizagem.

Atividade	Descrição
Fase Levantamento	
Estabelecer título da solução	Estabelecer nome da solução de aprendizagem. Inicialmente, apenas um título provisório precisa ser estabelecido. Deixe para estabelecer o título definitivo até o final da fase pré-produção.
Definir o propósito da aprendizagem	O propósito da aprendizagem deve ser o primeiro passo, assegurando clareza e alinhamento aos reais problemas que deverá resolver. Como ferramenta para o primeiro passo, é muito útil seguir o *Pixar storytelling*[126]. A partir deste propósito macro, você terá um delimitador para o problema que deseja resolver.

---

[127] Você pode encontrar maiores detalhes em <https://www.khanacademy.org/partner-content/pixar/storytelling>.

324 Governança Digital 4.0

Atividade	Descrição
Definir público-alvo e *gaps* de aprendizagem	Descrever o perfil do público-alvo deste curso. Quais suas necessidades, idade, gênero, condições financeiras, interesses, principais dificuldades e problemas relacionados à aprendizagem que será desenvolvida. É importante medir o *gap* atual de aprendizagem, e lembre-se de fazer isso com foco na identificação da lacuna que existe entre a competência esperada e a realmente aplicada. Busque medir as dificuldades e os desafios reais enfrentados, os principais pontos de estresse, as competências técnicas e as comportamentais necessárias, o que torna o tema complexo e qual a responsabilidade que os participantes percebem ter em relação ao tema da aprendizagem. Usar ferramentas para descrição de *personas* ou mapas de empatia ajuda na execução desta atividade.
Fase *Design* da aprendizagem	
Descrever a ementa de aprendizagem	Descrever de forma resumida o que o participante precisa aprender e o perfil do participante que o curso formará. Definir quais tópicos farão parte do conteúdo do curso, a fim de estabelecer a sua abrangência. Considere o conteúdo técnico e comportamental sempre de forma integrada.
Definir os objetivos da aprendizagem	Apresentar em forma de tópicos os objetivos necessários para se atingir a ementa declarada. Os tópicos devem ser divididos em objetivos gerais e específicos. Iniciar com verbos na voz ativa, garantindo que sejam parágrafos curtos apenas indicando a ação (não colocar a metodologia). Os objetivos englobam o que os alunos deverão conhecer, compreender, analisar, executar e avaliar ao longo do curso.
Especificar a jornada da aprendizagem	Especificar o passo a passo da aprendizagem, assegurando uma jornada evolutiva, onde o problema seja sempre oferecido antes da descoberta da solução. A sequência lógica do aprendizado precisa ser estruturada, a fim de assegurar um treino acumulativo e progressivo. Ou seja, o que eu aprender no passo atual será utilizado como ferramenta de superação do passo seguinte e assim sucessivamente.
Fase *Design* da gamificação	
Desenvolver o *high concept*	A partir da análise do *design* da aprendizagem, devem ser propostos caminhos possíveis para o desenvolvimento do jogo. Devem ser apresentadas alternativas preliminares de mecânicas, de componentes e de narrativas. Essas propostas devem ser discutidas e validadas até se chegar à definição do *high concept* adequado que direcionará todo o *design* da gamificação.
Desenvolver a narrativa principal	A narrativa principal deve ser detalhada e validada com o público-alvo, a fim de assegurar um alto nível de interesse.

Atividade	Descrição
Especificar *gameplay*	Para cada passo definido no *design* de aprendizagem deve ser estabelecida a estratégia de gamificação correspondente. Devem ser indicados a mecânica a ser utilizada, os tipos de evolução, a pontuação, os personagens, as regras de jogo, o ranqueamento, etc.; entretanto, cuidado, pois o objetivo aqui não é ser exaustivo. Deve-se dar um direcionamento base, pois o detalhamento acontecerá de forma evolutiva na fase de pré-produção. Faça uso de ilustrações, esquemas representativos que facilitem seu entendimento e análise do equilíbrio e funcionamento do jogo.
Especificar artes visuais e sonoras	As diretrizes de artes e padrões visuais e sonoros devem ser estabelecidas e validadas junto ao público-alvo, a fim de assegurar seu interesse e engajamento. É uma das etapas mais relevantes quanto ao engajamento inicial com o participante.
Fase Pré-produção	
Implementar versão *alpha*	Deve ser criado um protótipo físico jogável da solução de aprendizagem que está sendo construída. Todos os elementos do jogo em formato preliminar devem estar prontos e permitir sua utilização. Mesmo que o jogo seja digital, um protótipo físico deve ser elaborado a fim de permitir sua validação, estudo dos movimentos, avaliação dos tempos e jogabilidade, antes que a produção seja iniciada. A versão *alpha* deve ser testada, a fim de identificar seus pontos de melhoria quanto ao jogo e à garantia da aprendizagem esperada.
Implementar versão *beta*	A versão *beta* é uma versão *alpha* evoluída. A partir dos resultados avaliados durante o teste da versão *alpha*, melhorias devem ser implementadas no protótipo, gerando a versão *beta*. Esta versão também deve ser testada e pontos de melhoria identificados, os quais demandarão as correções para a versão final.
Fase Produção	
Implementar artes visuais e sonoras	Devem ser implementadas as artes visuais e sonoras com base nos resultados dos testes das versões *alpha* e *beta*, bem como seguindo as diretrizes estabelecidas.
Implementar *gameplay*	Devem ser implementadas as mecânicas finais. Os componentes devem ser produzidos, ou, em caso de versão digital, o *game* deve ser desenvolvido. A base para seu desenvolvimento também será o resultado dos testes *alpha* e *beta*, bem como as diretrizes estabelecidas.
Validar produção da versão final	A versão final da solução de aprendizagem deve ser validada, fazendo um polimento das regras ou ajustes finos de tempos e movimentos. Deve-se buscar a realização de turmas-teste, a fim de garantir a qualidade do produto final.

Atividade	Descrição
Fase Pós-produção	
Implementar materiais de apoio	Em caso de soluções em formato físico, são criados manuais, apostilas e apresentações finais que apoiarão os facilitadores. Em caso de soluções digitais, os *helps* e tutoriais devem ser desenvolvidos.
Treinamento de facilitadores	Sempre que a solução de aprendizagem exigir facilitadores, estes devem ser selecionados e treinados, a fim de garantir a qualidade de sua performance na condução do treinamento.
Execução piloto	Devem ser planejadas as turmas piloto necessárias para assegurar a fluência dos facilitados, sempre que a solução exigir. Durante esta execução, melhorias ainda serão identificadas, as quais gerarão insumos para o *roadmap* de novas versões da solução ou mesmo ajustes a serem efetuados na versão final, antes de sua publicação.
Publicação e acompanhamento	A partir da execução piloto, a solução de aprendizagem final validada deve ser liberada para a publicação. A partir daqui, as turmas devem ser monitoradas continuamente. A avaliação da aderência das práticas deve ser contínua e servir como base para a implementação de novas versões.

16.4. A importância da estratégia de aprendizagem conectada ao plano de transformação digital

Enfrentar e alcançar sucesso em um processo de digitização exige que as pessoas nas organizações, principalmente os profissionais de tecnologia, sejam preparadas para atuar de forma totalmente diferente de como atuam hoje. As equipes precisam ser preparadas para, de fato, atuarem com autonomia e visão estratégica sobre a tecnologia e o negócio. Nesse cenário, não se pode esperar receber o direcionamento sobre o trabalho a ser realizado, até mesmo porque não há mais respostas a serem coletadas, há apenas perguntas a serem feitas. Dessa forma, a "ferramenta" de que o profissional de tecnologia mais precisa para ter êxito nesse contexto passa a ser a habilidade cognitiva[128].

Essa habilidade é a base para o desenvolvimento de quaisquer outras competências. Saber aprender com a exploração, a análise de contexto e a criatividade para solução de problemas cada vez mais complexos é o que se espera do profissional daqui para a frente.

---

[128] A habilidade cognitiva é composta por flexibilidade, criatividade, raciocínio lógico, sensibilidade ao problema, raciocínio matemático e capacidade de abstração (WORLD ECONOMIC FORUM, 2016).

Sua empresa está preparada para essas mudanças? E sua equipe está preparada? Infelizmente, a maioria das empresas não está preparada. O que mais vemos nas empresas são ações dirigidas à aquisição de consultorias e treinamentos em tecnologias e alguma brisa de ações dirigidas a aspectos comportamentais e métodos ágeis, porém totalmente desconectadas umas das outras, superficiais e descoordenadas do contexto atual. Vemos com frequência o modelo já obsoleto e ultrapassado de treinamento sendo executado a fim de atender às demandas que estão surgindo, ficando muito aquém de trazer resultados práticos.

Dessa forma, o foco prioritário em um plano de transformação digital que pretende alcançar êxito deve ser desenvolver estratégias de aprendizagem organizacionais que realmente transformem pessoas. Que desenvolvam suas competências técnicas, suportadas pelas competências comportamentais necessárias para o contexto em que atuam. Que desenvolvam suas habilidades cognitivas de forma continuada e contextualizada. Assim, as pessoas serão capazes de colocar em prática suas competências tão importantes para viabilizar a adoção das tecnologias e do processo de digitização, com propósitos claros para o negócio e para as necessidades de mercado.

Ao preparar o plano de transformação digital em sua organização, assegure-se de desenvolver a consciência da alta gestão sobre a necessidade da transformação do capital humano. Identifique os *gaps* sobre as práticas aplicadas e não tenha receio de apontar a obsolescência dos recursos atuais de aprendizagem. Assim, você poderá apoiar sua organização a construir seu protagonismo rumo ao momento da Quarta Revolução Industrial.

16.5. Revolução nos processos industriais e o papel da gamificação e outras tecnologias digitais

É evidente que os processos industriais vêm evoluindo a passos largos com a tecnologia, porém, com o uso das tecnologias disruptivas, a Indústria 4.0 remete a efetivos saltos quânticos.

A grande relevância aqui é a flexibilidade, a personalização, que na indústria atual é inviável em baixa escala. Ao falarmos sobre a impressora 3D, incrível imaginar que qualquer coisa tridimensional possa ser criada por elas. Sejam objetos complexos ou mais simples, as impressoras 3D simplesmente criam de maneira eficiente e, muitas vezes, em um custo mais baixo. Estamos falando em fones de ouvido que se adaptam ao formato do ouvido do usuário, a partir de imagens de sua orelha, como são produzidos pela empresa Normal, com sede em Nova York. Megafones produzidos pela empresa Fuji Xerox, que direcionam o som para somente uma determinada pessoa,

328 Governança Digital 4.0

fazendo com que ela seja a única a escutar a mensagem a ser encaminhada. Prolongando a lista, ainda podemos acrescentar aplicações na fabricação de comidas, casas, veículos, roupas e acessórios, instrumentos musicais, ferramentas e tatuagens. Sem dúvida, uma das áreas mais beneficiadas pela tecnologia de impressão 3D é a medicina. O que a tecnologia é capaz de produzir ajuda desde pesquisas até o tratamento ou recuperação de pacientes com diversos tipos de doenças. Mandíbulas humanas, mapas impressos em 3D para deficientes visuais, próteses das mais diversas, como de braço e vértebras. Cientistas conseguem ainda criar, a partir de impressoras 3D, cartilagem e exoesqueletos capazes de ajudar pessoas paralisadas a andar.

Mais incrível ainda é saber a evolução tecnológica das impressoras 3D. Estamos falando de uma nova impressora 3D que usa a luz para transformar líquidos pegajosos em objetos sólidos complexos em questão de minutos. Essa impressora recebeu o apelido de "replicadora" de seus inventores – inspirada no dispositivo Star Trek que pode materializar qualquer objeto sob demanda. Essa impressora 3D pode criar objetos mais suaves, mais flexíveis e mais complexos do que o que é possível com as impressoras 3D tradicionais. Ela também pode adicionar uma alça a um eixo de chave de fenda de metal, por exemplo. "O fato de você poder pegar um componente metálico ou algo de outro processo de fabricação e adicionar uma geometria personalizável, eu acho que isso pode mudar a forma como os produtos são projetados", disse Taylor em matéria publicada em 31 de janeiro 2019 em site de notícias da UC Berkeley (MANKE, 2019). Você também pode assistir ao trabalho da "Replicadora" no vídeo <https://www.youtube.com/watch?time_continue=3&v=jcwYFBeetH0>. Essas possibilidades reconfiguram o pensamento sobre os processos industriais atuais e ampliam a capacidade das pessoas de aprender a lidar e a tratar com as especificidades.

Em matéria publicada pela NEWMOTORS em 05 de fevereiro de 2019, é divulgado: "A Ford é a primeira montadora a usar o Gravity Sketch, nova ferramenta de realidade virtual 3D que permite projetar carros por meio de gestos, com rastreadores de movimento e óculos especiais, sem precisar passar pela fase de esboço em caneta e papel. Além de revolucionar o trabalho dos estúdios de *design*, a novidade reduz drasticamente o tempo de desenvolvimento dos veículos". Você pode assistir ao vídeo que mostra essa experiência de criação em <https://www.youtube.com/watch?time_continue=2&v=gp0EWYsRTys>. Com essa tecnologia, está sendo totalmente liberada a criatividade do *designer*, que passa a ser capaz de enxergar todos os ângulos do veículo em 360 graus enquanto ele está desenhando. O projetista cria o veículo em torno do motorista, sendo capaz de ajustar detalhes internos prematuramente. Os processos de criação e de aprendizagem do que funciona ou não para o produto final estão integrados, o que agiliza o fluxo de trabalho e também permite a colaboração em tempo real das equipes envolvidas.

O uso da gamificação no ensino, em treinamentos ou em simulações, com as novas tecnologias, está se tornando mais atrativo para as pessoas. E o movimento em direção da aprendizagem ativa, que visa a formação crítica dos profissionais, também contribui para a construção de processos de aprendizagem, que favoreçam aos educandos a autonomia, a curiosidade e as oportunidades para tomadas de decisões individuais ou coletivas.

O Flexsim é um pacote de simulação de eventos discretos, um software que disponibiliza uma poderosa simulação aos seus usuários, que podem construir modelos produtivos mais simples e intuitivos para os diferentes setores industriais. Os seus modelos possuem visualização 2D e 3D e também suporte à visualização de realidade virtual, levando os usuários a uma completa experiência imersiva de aprendizagem. Trata-se de uma ferramenta de aprendizagem tanto para futuros engenheiros quanto para profissionais formados que atuam no mundo real. Um dos maiores problemas que os engenheiros de produção enfrentam ao projetar uma planta produtiva é a dúvida sobre se a teoria irá se consolidar na prática, pois, por mais que use outras ferramentas e teorias de apoio, um simulador como este é capaz de confirmar como a planta projetada se comportará. A simulação virtual mostra pontos críticos, pontos de *lead time*, pontos de acumulação de material e pontos ineficientes, tudo isso antes de sua aplicação no mundo real, fazendo com que o engenheiro gere ganhos de tempo e economias de investimentos.

O jogo "Production Line", da Positech Games, coloca o jogador na posição de um presidente de uma companhia automotiva. Ele deve projetar a sua fábrica e lucrar com a venda da produção de seus carros. O jogador assume a produção de uma linha de montagem de carros, tomando decisões e analisando resultados sobre um total de 42 tipos de máquinas diferentes que o jogador deve utilizar para produzir seus carros, envolvendo 150 tipos diferentes de matéria-prima específica. Além de produzir os carros, o jogador tem por opção produzir a maior parte de sua matéria-prima localmente em vez de importá-las. Nesse estilo de simulador, o jogador tem em foco o desenvolvimento de sua habilidade de tomada de decisão. Ele aprende a balancear a melhor decisão, avaliando as consequências positivas e negativas das várias decisões que pode tomar, sendo preparado para aplicar essa prática no mundo real.

Esses foram alguns exemplos, não exaustivos, da influência da gamificação e da tecnologia digital nos processos industriais e em novos meios para o desenvolvimento das habilidades dos profissionais desse novo cenário. Com tecnologia aliada à aprendizagem ativa, a Indústria 4.0 poderá desenvolver a capacidade humana necessária para ser protagonista nessa nova revolução.

330 Governança Digital 4.0

Referências

BROADWELL, M. M. Teaching for Learning (XVI.). **The Gospel Guardian**, Feb. 20, 1969. Disponível em: <http://www.wordsfitlyspoken.org/gospel_guardian/v20/v20n41p1-3a.html>. Acessado em: 08 jul. 2019.

BURKE, B. **Gamification 2020:** what is the future of gamification? Gartner Research, 05 nov. 2012.

FORD adota nova ferramenta de realidade virtual 3D que permite desenhar carros por gestos. **Newmotors,** 05 fev. 2019. Disponível em: <https://newmotors.com.br/noticias/ford-adota-nova-ferramenta-de-realidade-virtual-3d-que-permite-desenhar-carros-por-gestos>. Acesso em: 08 jul. 2019.

HAMARI, J. KOIVISTO, J.; SARSA, H. Does Gamification Work? — A Literature Review of Empirical Studies on Gamification. **Proceedings of the Annual Hawaii International Conference on System Sciences**, 2014. 10.1109/HICSS.2014.377.

I3 GOVERNANÇA DE PROJETOS. **Inovador e interativo:** você já sabe o que é tekrails? Disponível em: <http://www.i3gp.com.br/site/solucoes-de-aprendizagem/tekrails>. Acesso em: 08 jul. 2019.

KHAN ACADEMY. **The art of storytelling.** Disponível em: <https://www.khanacademy.org/partner-content/pixar/storytelling.>. Acesso em: 08 jul. 2019.

MANKE, K. New 3D printer uses rays of light to shape objects, transform product design. **Berkeley News**, Jan. 31, 2019. Disponível em: <https://news.berkeley.edu/2019/01/31/new-3d-printer-uses-rays-of-light-to-shape-objects-transform-product-design/>. Acesso em: 08 jul. 2019.

OLIVEIRA, S. C. de. Projetos em Jogo: Gamificação aplicada à aprendizagem. **Mundo PM: Project Management,** Curitiba, vol. 12, n. 72, dez./jan. 2016-2017, p. 40-42.

PMI. **Pulse of the Profession:** the high cost of low performance. 8.ed. Newton Square: Project Management Institute, 2016. 36 p. Disponível em: <http://www.pmi.org/learning/thought-leadership/pulse/pulse-of-the-profession-2016>. Acesso em: 08 jul. 2019.

WIKIPEDIA. **Four stages of competence.** Disponível em: <https://en.wikipedia.org/wiki/Four_stages_of_competence>. Acesso em: 08 jul. 2019.

WORLD ECONOMIC FORUM. **The Future of Jobs:** employment, skills and workforce strategy for the fourth industrial revolution. Global Challenge Insight Report, Jan. 2016.

Acompanhe a BRASPORT nas redes sociais e receba regularmente informações sobre atualizações, promoções e lançamentos.

 @Brasport

 /brasporteditora

 /editorabrasport

 /editoraBrasport

Sua sugestão será bem-vinda!

Envie uma mensagem para **marketing@brasport.com.br** informando se deseja receber nossas newsletters através do seu e-mail.